国家古籍整理出版专项经费资助项目

中国禅宗典籍丛刊

碧岩录

[宋]圜悟克勤 著
尚之煜 校注

中州古籍出版社
·郑州·

图书在版编目（CIP）数据

碧岩录 /（宋）圜悟克勤著；尚之煜注评． —郑州：中州古籍出版社，2011.1（2023.4重印）

（中国禅宗典籍丛刊）

ISBN 978-7-5348-3517-9

Ⅰ.①碧… Ⅱ.①圜…②尚… Ⅲ.禅宗 Ⅳ.① B946.5

中国版本图书馆 CIP 数据核字（2010）第 264873 号

BIYAN LU
碧岩录

策划编辑	卢海山　刘　晓
责任编辑	何慧婷
责任校对	李　刚
美术编辑	曾晶晶

出 版 社	中州古籍出版社（地址：郑州市郑东新区祥盛街27号6层邮编：450016　电话：0371-65723280）
发行单位	河南省新华书店发行集团有限公司
承印单位	郑州市毛庄印刷有限公司
开　　本	890 mm×1240 mm　1/32
印　　张	17.25
版　　次	2011年1月第1版
印　　次	2023年4月第5次印刷
定　　价	59.00元

本书如有印装质量问题，请联系出版社调换。

总　序

在中国传统文化中，儒学、佛教和道教鼎足而立，是三个最主要的组成部分。它们在相互排斥的同时又相互吸收，共同丰富和发展了中华民族的文化。

佛教本是从印度传来的外来宗教，然而它在中国这块辽阔丰饶的具有悠久历史文化的国土上传播，经过漫长岁月，已经与中国传统文化和宗教习俗密切结合，演变成中国的民族的主要的宗教。隋唐时期具有民族特色的佛教宗派的创立，标志着佛教中国化历程的基本结束，此后进入中国佛教的持续发展时期。在这些佛教宗派中，天台宗、华严宗和禅宗是最富有民族特色的宗派。在它们的蕴涵深刻哲学思辨内容的教义理论中，有说色空、色心和体用相即的宇宙存在论，有论善恶、净染的心性论，有讲出世不离世间的修行解脱论，有用以沟通色空、色心和体用的"不二"的方法论……这些在中国历史文化，特别是在哲学思想领域都产生过极为深远的影响。研究中国历史文化，研究中国哲学思想都离不开对佛教的考察和研究，这早已成为人们的共识。

禅宗虽奉北魏时期来华的印度僧菩提达摩为初祖，但从历史真实情况考察，实际创立者应是被后世禅宗奉为四祖、五祖的道信（580~651）和弘忍（601~675）。在弘忍去世之后，他的门下形成以神秀（约606~706）及其弟子普寂（651~739）为代表的北宗，以惠能（638~713）及其弟子神会（668或686~760）、行思（671~740）、怀让（677~744）为代表的南宗。在"安史之乱"（755~763）后，北宗逐渐衰微以至湮灭无闻，而南宗则迅速传遍大江南北，日益昌盛，并在唐末五代形成禅门五宗——临济宗、沩仰宗、曹洞宗、云门宗、法眼宗。进入宋代，临济宗又分成杨岐、黄龙二派。两宋是禅宗发展史上的鼎盛时期，它一跃而成为中国佛教宗派中的主流派，在当时社会的各个阶层和文化思想领域都有很大的影响。此后，中国儒、释、道三教日益会通融合，佛教内部各宗也互相融通，禅宗与净土念佛信仰的结合最为密切，以至形成"念佛禅"。

禅宗虽标榜"以心传心，不立文字"，但从实际情况来看，它的文字著述最多，形式也多种多样，其中禅法语录最多。记录惠能言行的语录有《六祖坛经》，记录神会言行的语录有《菩提达摩南宗定是非论》等，此后怀让、马祖、怀海、希运以及禅门五宗的创始人义玄、灵祐和慧寂、良价和本寂、文偃、文益，后世各宗著名禅师几乎都有语录行世。语录有别集，有合集。在语录集子中既有禅师在开堂、上堂、小参、普说等各种场合的说法记录，也有师徒间的答问；有对前人公案的评说——拈古，也有评述这些公案的偈颂——颂古；有代前人回答质询的代语，也有在前人答语之外另作答语的别语；还有书信、法语、序跋、碑铭、题赞、札记、遗表等。在语录中，有贴近当时民众的通俗白话，有含意清丽玄远的诗偈；在语录外，有卷帙浩繁的史传，包括以语录为主的灯史、以记事为主的传记、按编年记述的通史。此外，还有论议、杂著、清规等。这些数量庞大的禅宗文献，无疑是我国宝贵的文化遗产。

我国在20世纪70年代末实行改革开放政策以后，随着社会科学界对宗教研究的深入展开，在对佛教文献的研究和整理、出版方面也取得很大的成绩，为从事佛教研究的人员和社会上广大读者提供了不少经过校订注释的有价值的佛教参考资料。然而在大量佛教文献面前，为了让研究者和读者使用方便，有必要按类别选择其中最重要的文献进行研究和整理，分阶段地作校勘、标点和注释出版。

现在奉献在诸位面前的《中国禅宗典籍丛刊》是一套中国禅宗系列的文献选编，其中收录了中国禅宗的部分重要史书、语录和清规等文献，皆请学者依据较好的版本作了校勘、分段和标点，并且一律改用现在通用的简化字。虽然所收文献的数量不是很大，但在目前公开出版的禅宗著述较少的情况下，这一套丛书的出版一定会给从事佛教禅宗研究和中国哲学、文史研究的学者和广大读者带来不少方便。我们深知此项工作并非轻而易举，希望边工作边改进，谨望读者今后经常给我们提出建议，不吝赐教，以便把这一工作做得更好。

杨曾文
1998年2月9日

千江有水千江月　万里无云万里天
——《碧岩录》修订补言

（一）提示

瞬忽间，《碧岩录》校注出版，已逾十年。届此修订的机会，根据自己的现时体会，再对此书所表达的"明心见性"的中心意旨等，略作简要提示，借以回应常见垂询。

宗门有言："声前一句，千圣不传；未曾亲觐，如隔大千。"（见本书第七则"垂示"）此所谓"声前一句"、"未曾亲觐"的景象，正是"明心见性"境界。所以说，实证"明心见性"是禅家最重要、最基本的追求，又是最奇特的体验。

所谓"明心见性"，如就其法理而言，"明心"，即明见自我真心之体（亦称"般若体"等）；"见性"，即彻见自我佛性之用（亦称"般若用"等）。如就其人感受与境界而言，虽大理趋同，但或因所证程度不同，或视角不同，而表述各异。如《碧岩录》第七则圜悟所"垂示"，暗示"明心"的境界为"天不能盖，地不能载，虚空不能容，日月不能照，无佛处独称尊，始较些子"，而暗示"见性"的境界则为"于一毫头上透得,放大光明,七纵八横,于法自在自由,信手拈来无有不是"。

另如南宋雷庵正受禅师禅诗:"千江有水千江月,万里无云万里天。"首句即借指见性的境界,第二句借指明心的境界。但这仍只是一种启发,能否借此亲睹其心性景象,关键就在其人当下返照。

下面再请看启发"明心见性"的手段在《碧岩录》一书中生动的体现。

(二)明真心

概言之,此圜悟所评唱之《碧岩录》,主要体现临济宗"看话禅"的特点,而首先强调证悟"明真心"的境界。

所谓"看话禅",又作"公案禅"、"话头禅",倡言先悟后修,即"先慧后定";与曹洞宗"默照禅"的"先定后慧"的特点相对应;当机缘相谐时,两者亦可借势相助相融。此"看话禅"之"看",指参究、领悟;"话",指公案等对象;"禅",即禅法。其中应强调"看",非仅眼识之能见,而是前六识(或某一识)瞬间的感受,可谓是当下"廓然"而明空寂心体,此即所谓"明真心"。应该说,此正是"看话禅"入门的关键。

如书中第一则公案:

梁武帝问达磨大师:说这不唧嚼汉。"如何是圣谛第一义?"是甚系驴橛!磨云:"廓然无圣!"将谓多少奇特。箭过新罗,可杀明白?帝曰:"对朕者谁?"满面惭惶,强惺惺。果然摸索不著。磨云："不识。"咄！再来不直半文钱。帝不契。可惜许。却较些子。

结合评注参之，此中武帝所问句句体现求实与明理之心，而达磨所答则句句提示虚灵不分别的明心境界。如能就此"廓然无圣"、"不识"之疑团"反观寂照"，正是"看话禅"之法，正应是"看话禅"所得之禅境，正是虚寂灵明的"明真心"的境界。当然，克实言之，其中妙处亦非是"看"，非是"境"，非是"象"，这些只是帮助领会其中感受的代名词而已。此类公案，意在启发当下即事而明心体，如能当下（所谓"再来不直半文钱"）会通，则一通百通；不然，只好再待机缘。

那么修学者日常如何留意而修呢？日常进修与当下"廓然"又应如何结合呢？请再看书中第二则公案：

赵州示众云：这老汉作什么？莫打这葛藤！"至道无难，非难非易。唯嫌拣择。眼前是什么？三祖犹在。才有语言，是拣择是明白？两头三面。少卖弄，鱼行水浊，鸟飞落毛。老僧不在明白里，贼身已露，这老汉向什么处去？是汝还护惜也无？"败也。也有一个半个。时有僧问："既不在明白里，护惜个什么？"也好与一拶。舌拄上腭。州云："我亦不知。"

简作评释：赵州示众"至道无难，唯嫌拣择"，正是提示禅修者，日常随时养成空寂而不分别的心态，此正是当下开悟明心的基础；而下文赵州答话"老僧不在明白里"、"我亦不知"，正是对日常功夫的考验，对当下领悟的启发与提携。

再结合书中内容及个人体悟，对明心的过程略作提示。古人有云："水就其湿，火就其燥。"禅宗所谓"明真心"，亦应有不同的基础功夫。如就证悟而言，通过念佛号、持咒、看念头、参禅等，不断澄清诸念，渐致有现净念相继的情境。在此基础上，如或棒或喝，或磕着碰着……则量变到质变，忽觉天地人异样，感所未感。此时不知自身在何处，心无所思而朗然不昧。此种情境能随时唤起，如影随形。此或正如禅诗所谓"万里无云万里天"的情景。

如呈现此情景，可请过来人或自寻经典印证确定，此或可称为由一团"杂有"的妄心，转为"空灵"（真心与定心相融）的境界。此即所谓"明真心"，简称"明心"。

至此或有人问：还更有密意否？这令人想起《坛经》中南宗六祖慧能开导慧明的话："与汝说者，即非密也。如若返照，密在汝边。"此即所谓"如人饮水，冷暖自知"，反躬自省可也。

应该说，因借一事、一理、一情、一境的感触而明心非常关键，非常重要。书中类此公案者甚多，读者自可参读，此不赘引。

（三）见佛性

概言之，前"明真心"，为证"真空"；而此"见佛性"，则为证"妙有"。总体而言，禅家之所谓"明心见性"，即非空非有、真空妙有的境界。

那么什么是"见佛性"的境况呢？试为言之：如上"明心"多日（或多年），仍能保持功态，甚而感受静与觉并行不悖；或某日某时，在静定状态中，忽感某境或物似于空寂之中又现虚明灵光（如道家所谓"虚室生白"），同时或似闻天籁之声；此情境易时易地，亦可随现。此或正如禅诗所谓"千江有水千江月"的情景。

此或为"寂然感通"之基础，如此即所谓"见佛性"，简称"见性"。此种景象难以描述，故书中多有启发式的表达。

如书中第二一则公案：

僧问智门："莲花未出水时如何？"钩在不疑之地。泥里洗土块，那里得这消息来？智门云："莲花。"一二三四五六七，疑杀天下人。僧云："出水后如何？"莫向鬼窟里作活计。又怎么去也。门云："荷叶。"幽州犹自可，最苦是江南。两头三面，笑杀天下人。

简释之，此公案借莲花"未出水"、"出水"之关联与不同，形象比喻与提示禅修中"明心"与"见性"的关联与不同。此仍借书中原"点评"略明大意："智门之意或为：莲花未出水时，正如一念未生时，也正像岩头所说'未开口前'，是真如本体；出水之后即为枝叶，即佛性之用了；花、叶不同，而共为一体，正现体用一如，非一非异。尽管智门所答，仅是应机接物，不能截断众流使人当下大悟，却能给证悟者以印证，给初学者以多方面的启迪。"望诸君能心会亲得此种景象。

正如六祖大师《坛经·机缘品》所提示："汝之本性犹如虚空，了无一物可见，是名正见；无一物可知，是名真知。无有青黄长短，但见本源清净，觉体圆明，即名见性成佛。"

为助心会，此借引《从容录》第五十二则公案"曹山法身"：

曹山问德尚座："'佛真法身，犹若虚空。应物现形，如水中月。'作么生说个应底道理?"德云:"如驴觑井。"山云:"道即大晒道,只道得八成。"德云:"和尚又如何?"山云:"如井觑驴。"

这段对话更简明,也更精彩地回答了"返观寂照"、"如井觑驴"!此中情境自应心会。

就此提示,应该说对"明心"或"见性"的领悟,亦有解悟与证悟之别。解悟,可谓懂其言语;证悟,可谓会其心境。此解说主要提示般若禅不同阶段的证悟境界。但学人未证入之前,得到的仍是有助于证悟的解悟之说;一旦证入,不言而喻,此所说"心境"的概念也就成为其心"空寂"或"灵明"的代名词了。

通过此关意义重大,正如先师元音老人所指教:"须知一切神通玄妙,均以明心见性为基础。……有大鹏一翅数千万里,全仗脚下一点劲,如脚不点地一下,亦无由飞起。"当然,此后更有所谓悟后正修诸内容,前景深远,成果宏大,此不及为述。

(四)保任启用

简而论之,前所言"明真心",可谓证其体;而"见佛性",可谓得其用(感通之德用)。应该说"明心见性"是"保任启用"的基础条件。

此所谓"保任启用",指明心见性后的日常心态,即随时随处保持所证心性的状态,应感启用,而与日常打成一片。禅家认为,此中有无为状态下感召因果的现象,亦有无为为体,有为为用,自求因果的现象。

宗门有言："向上一路，千圣不传。"此正指"启用"而言。如究斯理，或不是绝对不可言传，而主要是欲令人自证自明，"如人饮水，冷暖自知"；以防有人未悟谓悟，或"揠苗助长"、"刻舟求剑"，不能自拔。而自悟其真境，亦非甚难，此亦如宗下所言"即得体，不愁用"。如略露端倪，或如禅语所谓"睡中搔痒"，亦如传统内家拳论所谓"拳无拳，意无意，无拳无意是真意"所暗示的境界。

得体而用非常重要，例如书中第一一则"圜悟评唱"之一，举示"百丈参马祖"事，其中提到马祖大师现身说法即事而教，两次警示"即此用，离此用"的奥秘。此正是暗示明体者，如何得其用？此以拂子喻般若之心体，以其作用喻佛性之用，借此以明理体与事用的关系，暗示离体无可为用，无用亦不能显体；而即体又不得活用，以致损体以碍用；因之体用之关系应为不即不离的神与意的关系，所谓运用之妙存乎一心。

再如书中尾篇第一百则，"巴陵吹毛剑"正是体现此意：

僧问巴陵："如何是吹毛剑？"斩！斩！陵云："珊瑚枝枝撑着月。"光吞万象，四海九州。

此就度人的手段而言。暗示：想达到"吹毛剑"的效果，应该用"珊瑚枝枝撑着月"的手段。如果"吹毛剑"是"即体而用"的手段，而"珊瑚枝枝撑着月"则应是不即不离的体用艺术。一时的手段，只能解决一时一地一人的问题；永久的艺术，才能解决更大、更永久的问题。

总之，保任起用，最后应体现为宗与教一体的"八识转为四智"的诸境界。即如《肇论》所云："夫圣心者微妙无相，不可为有;用之弥勤,不可为无;乃至非有,故知而无知;非无,故无知而知。是以无知即知,无以言异于圣人心也。"

(五) 殊途同归

前文结合《碧岩录》案例,大体提示了禅宗"明心见性"等法理与境界。但此所谓"明心",即证得"般若体";所谓"见性",即证得"般若用"。佛典梵语"般若",即华言"智慧"。此总体而言,禅家《碧岩录》是从不同角度体现了佛教"般若"大智慧的宗旨与境界,即所谓殊途同归。

另如《碧岩录》第八〇则,其"评唱"所示:"古人道:'三界唯心。万法唯识。'若证佛地,以八识转为四智,教家谓之改名不改体。……学道之人要复如婴孩,荣辱功名、逆情顺境,都动他不得,眼见色与盲等,耳闻声与聋等,如痴似兀,其心不动如须弥山。这个是衲僧家真实得力处。"就此可明,原来禅家此所谓"八识"(或"六识")相应变化及"明心见性"、"保任启用"的理论基础,亦正是佛家立教的根本原理。

接前而言,何为"转八识为四智"?此仅就大乘佛教"唯识宗"诸理法简言之:证得无相无别般若之体及用,为得"根本智";进而保任中转前五识为"成所作智"(即"后得智"),并能体现于日常;此后即陆续可达转第六识为"妙观察智",转第七识为"平等性智",转第八识为"大圆镜智"。此即所谓"转八识为四智",是佛家戒、定、慧三学中"慧学"的初基。

简言之,明"八识"之虚空,即是"明心体";见"四智"

之灵慧，即为"见性用"；亦即证得"般若体"、证得"般若用"。由此可知，禅宗所倡言所求证得禅的"明心见性"境界，即佛家所倡言所求证的"般若"大智慧的境界。此正如《景德传灯录》卷一世尊提示弟子摩诃迦叶："吾以清净法眼、涅槃妙心、实相无相、微妙正法，将付于汝，汝当护持。"请同人共勉！

最后说明：此次修订《碧岩录》，原书点、校及《前言》《点评》仍之；为方便参读而新增此篇《补言》，并对原"注释"有少许增补。

谨此补言，敬请赐教。

尚之煜
二○二三年三月
岁在癸卯　仲春

前 言

禅宗是我国佛教的中流砥柱，《碧岩录》历来被称为助参公案的"宗门第一书"。教内外有识之士，研讨佛教、佛学，不能不研讨禅宗、禅学；研讨禅宗、禅学，不能不研讨禅宗公案；研讨禅宗公案，不能不参究《碧岩录》。

《碧岩录》十卷，又名《碧岩集》，全称《佛果圜悟禅师碧岩录》，是宋代宗门大德圜悟克勤禅师（1063～1135）为解答弟子们的请益，而对其前辈禅宗大德雪窦重显禅师（980～1052）《颂古百则》的评唱，后由其弟子汇编而成（圜悟当时主持湖南澧州夹山灵泉禅院，其丈室建于碧岩之上，题额"碧岩"，书名源此）。这里的"百则"是指一百则"公案"。所谓"公案"，原指古代官府以律条断案的案例文牍，此指前人参禅悟道的范例，借以显示其断迷悟、决是非的威严性；所谓"颂古"，是指以偈颂的形式表达对公案中禅心的领悟；所谓"评唱"，是指对"公案"、"颂古"再进行较通俗细致的阐释、描述、评说，借以显示公案禅心的着落处。

《碧岩录》主要体现临济宗的"看话禅"特点。"看话禅"，又称"公案禅"、"话头禅",此禅风为看话头、参公案,先慧后定,与曹洞宗"默照禅"的默然观照、先定后慧的特点大异其趣,而又能相辅相成。虽然所参究公案的层次或有不同,侧重有异,而其目的无非是指引学人借参究公案反究内心,觅求心性,即由文字般若体悟禅的实相般若境界。后世所谓"参禅"的说法,大抵由此而来。

《碧岩录》于宋代宣和年间(1119~1125)问世就风行甚盛,甚至洛阳纸贵;借此书而悟入禅道者甚多,因称"宗门第一书"。而由此又发生过一个著名的公案:《碧岩录》风行不久,圜悟禅师的高徒大慧宗杲(1089~1163),为避免传之非人或流入口头禅之失,遂焚书毁版,致使其后二百年左右绝少流通。直至元代大德六年(1302),杭州崵中居士张明远始发心会集、参校残篇,又予以重刊。

此书成、毁、复成,一波三折,当事者不同所为缘由何在呢?这正如三教老人在重刊《序》中所说:"圜悟顾子念孙之心多,故重拈雪窦颂;大慧救焚拯溺之心多,故立毁《碧岩集》。释氏说一《大藏经》,末后乃谓'不曾说一字',岂欺我哉?圜悟之心,释氏说经之心也;大慧之心,释氏讳说之心也。禹、稷、颜子易地皆然,推之挽之,主于车行而已。"由是可知,三者做法不同,而其心皆善,目的无非是为当时禅界纠偏差补不足:圜悟以慈悲婆心驱散迷雾,指引禅悟之路;大慧以严师之心救焚拯溺;张明远则为迷途禅者再架航梯。

七百年后的今天,海内外诸多有识之士,逐步认识到禅宗的特殊思维方式、修持方法及悟道的境界,对促进人文科学发展的重要作用，正展开对禅学多方面的研讨与探究，中国的禅学正在走向世界。作为禅学的故乡人，理应对这份宝贵的文化遗产作更多学习和探究，做出更多贡献。

提起本人对《碧岩录》的学习参究，不得不回顾学禅的行履，这是一段颇富传奇性的陈年往事。

曾记得20世纪60年代末，大学毕业不久，我就被分配到某中等学校，担任文科教师。当时我国正是"东风吹，战鼓擂"的年代，全社会处于"阶级斗争"的大旋涡中。是出于对主流风向的叛逆情绪，还是想在喧嚣之中寻找一块安静的所在？我说不清楚。反正却暗暗喜读一些蕴涵禅意的古典文学作品，而且暗许颇有心得。

直至20世纪70年代末期，国家政通人和，欣欣向荣，我已逾而立之年，才敢公开谈论这个话题。记得当时有同事问我："什么是古典文学作品中的禅意呢？"

我答道："禅意即禅中之意。古典文学作品中的禅意是作者对人生、对世界感悟的一种体现，具体应指蕴涵禅家某些思想特点，如淡泊超然，多言外之意的一种情趣、境界。"

同事说："你这样说或许能让我们从口头上知道一点，但如何能让我们感受到呢？"

我诵道："结庐在人境，而无车马喧。问君何能尔，心远地自偏。采菊东篱下，悠然见南山。山气日夕佳，飞鸟相与还。其中有真意，欲辩已忘言。①

---

① ［晋］陶渊明《饮酒二十首》之五。

"盖自其变者而观之，则天地曾不能一瞬；自其不变者而观之，则物与我皆无尽也，而又何羡乎？且夫天地之间，物各有主，苟非吾之所有，虽一毫而莫取。惟江上之清风，与山间之明月，耳得之而为声，目遇之而成色，取之不禁，用之不竭，是造物之无尽藏也，而吾与子所共适也。①

"松下问童子，言师采药去。只在此山中，云深不知处。②"

同事说："也真是'只在此山中，云深不知处'。从这些作品中，似可感知其'有'，而不能指其即'是'啊？"

我答道："这或许是庄子所谓'混沌'，只能意会，不能清晰展现。"

同事说："如果禅意是花香，那么禅可能是花朵。花香来自花朵，看到花朵，能更真切地感受、辨识花香。能否给我们描述一下'禅'在你心里的感受，让我们先看到什么是禅，从而感知什么是禅意呢？"

我茫然了，再无话可说。因为我虽然知道"禅"即"禅那"，是梵语的译音，意为寂静审虑，可是我并未能领悟"禅心"，更不能让人看到什么是"禅"、感知什么是"禅意"。到此时我才明白，原来自己喜读蕴涵禅意的古典文学作品的本领，竟是这样不堪一击。

于是 20 世纪 80 年代初期，我开始了漫漫的学禅行履。

什么是禅？如何领悟禅心？当时情况并无公开的人可请教。因为我仅知道禅宗是佛教的一个宗派，于是就想到佛家典籍里去

---

① ［宋］苏轼《前赤壁赋》句。
② ［唐］贾岛《寻隐者不遇》。

探寻。当时正是我国改革开放的初期,新版典籍尚未出版,旧版典籍又奇缺,又到哪里去寻找呢?打听来打听去,得知北京法源寺有法物流通处,那里可以请购到一些旧版的典籍,于是我每隔一段时间就到那里取一次经。

有了些经书,我先是泛泛地硬读,渐渐地从《华严经》感知佛家思想的恢弘浩大,从《法华经》感知佛陀救世的苦心,从《楞严经》感知修持方法的殊胜,从《坛经》看到了中国禅修的光辉例证……其后又渐渐得知,禅的精蕴多在般若部经典里,于是又以《心经》、《金刚经》为纲,参读《大般若经》。如此泛泛读来,可是什么是禅,仍然心中茫然。

后来想到,既然禅宗六祖慧能由《金刚经》中"应无所住而生其心"一句话而悟入禅道做佛做祖,我何不熟读《金刚经》!于是我准备了三本《金刚经》,大字本在家随时读,中字本在工作得闲时读,袖珍本外出时读。这样过了一段时间,经文几乎能背诵了。从文字上虽然知道,此经的大意是世尊对须菩提所启请"善男子、善女人,发阿耨多罗三藐三菩提①心,云何应住,云何降伏其心"的解答,谈的正是佛家心性、正是禅心,可是在心地上并未切实体悟到禅心。有时感觉禅就像唐代韩愈所描绘的早春景象"草色遥看近却无"。遥感似有,近求却无……后来求之的结果反使自己又陷入道理和名相的思辨之中,非但不见禅心,连禅意的感觉也不见了。甚至感到语意反复,读起来味同嚼蜡,如"如来说世界,非世界,是名世界"、"如来说诸心,皆为非心,

---

① 阿耨多罗三藐三菩提:梵语译音,意为无上正等正觉,大彻大悟。

是名为心"等一类的句式，正像有人说的，"一桶水在两只桶里倒来倒去"，从哪里能体悟禅意呢？

这如何是好呢？于是我又泛读了一些禅宗灯录、公案等典籍，也未能感觉到其中禅师言行的奇妙处，而文中煞有介事的赞叹，却更使我如聋子听戏——莫名其妙。我想这文字的背后，或许另有一番景象，正像《红楼梦》中描写的"风月宝鉴"有另一面一样。可是如何才能翻转过去看到它的另一面呢？似隔窗纸，又好像远在天涯。此时身心疲惫、走投无路。

到了20世纪80年代中后期，我已逾不惑之年。改革开放形势大好，全国掀起旅游之风，我又萌生借旅游之便，参访佛教大德、亲领言传心授的愿望。于是我在假期中，朝五台、拜峨眉、礼普陀、敬九华……参拜之地不为不远，参访之人不为不多。所得不能说没有，但总觉于心难安。其间又读了一些近现代人的佛学、禅学、心理学及有关的哲学著作，在思考、在等待。

后来在参学中，有幸访到一位有学有证的居士，他听了我的苦衷后说："你走的应该是借教悟宗（借助对佛教经论的理解与践行，渐悟禅宗的真谛）如来禅的路子。既然如此，应在阅读和理解经论的同时发菩提心（求正觉成佛，利乐有情），以戒定慧为纲如法修持。……"他还给我提示了这样一个故事：古时某朝代，有位外域来的和尚晋见东土某皇帝，自称是开悟的圣者。皇帝让国师勘验来僧的悟境，于是在皇帝接见来者的大殿上，国师用铜火箸敲敲取暖用的铜火炉，问道："这叫什么？"来僧答道："是铜碰铜的声音。"于是国师暗示皇帝"送客"。……居士问："这是为什么？"我答："不应分别。"（我在沉寂中感觉到了这种状态）居士说："对！日常观此心，如有机缘明心见性，或能进入顿悟的祖师禅境界。"

自此，我除读经论之外，又参照佛典的要求加强修养：平素诸恶莫作，众善奉行，自净其心；还定时打坐，曾修习持明、数息、观心等法门。但最感兴味的还是日常的观心。后来再读宗门大德如宋代大慧宗杲、无门慧开和近代虚云和尚等关于"参话头"、"看话头"、"起疑情"的开示，使我颇感亲切。我从中又领悟到：不管参看哪个话头或对哪个公案起疑情，无非是不同侧重的观心而已。"看话头"，观照心念未起时的状态，从而明见真心；"起疑情"参公案，是企望彻见佛性的潜意识相续。座上或日常以此观心，常现净寂灵明不分别的状态。但这是真心吗？这是佛性吗？只好再存疑求解。

其后在《五灯会元》中读到东土禅宗初祖达磨接引二祖慧可的故事：可曰："诸佛法印，可得闻乎？"祖曰："诸佛法印，非从人得。"可曰："我心未宁，乞师与安。"祖曰："将心来，与汝安。"可良久曰："觅心了不可得。"祖曰："我与汝安心竟。"此时，我顿感无念的状态，我想此即是定心。而清寂灵明的不分别心，也应是定心中的一种初步状态。后来参读江味农居士《金刚经讲义》又得到启发："有能有所，便是分别执著，我相我见仍在。"既能感知清寂灵明的不分别心，有能感与所感，能所双立，即不为明真心。

后来在静坐中忽然领悟：《楞严经》所谓"性觉必明，妄为明觉"，意为真心本为觉明一体（觉即明，明即觉，无有能所）。此时定心略微上提，即时身心如触电，并与觉明融为一团，言断心灭,灵光独耀,清净本然。原来此心即在定心之中,又在定心之上,不属知与不知;又如静中所感的天籁之声,既在众声之中,又在众声之上,各不相掩,不属空与有。原来妄心本不可得(观照可知),在妄心不可得时可感受定心,在定心无住时可明悟真心……

至此之后,常常一念回光,即与空寂觉明之境相应,身心清虚愉悦不可言状。唐代柳宗元的《江雪》最能体现此时的心境:"千山鸟飞绝,万径人踪灭。孤舟蓑笠翁,独钓寒江雪。"自信此即是明真心。一方面祈盼真善知识能为印证,一方面继续参究如何是见佛性,如何能见佛性。

20世纪90年代初期,也许是机缘巧合,有一天在外地朋友家里,澄心静气聆听元音老人的《〈碧岩录〉讲座》录音。其中讲道:"庞婆说:'易易易,百草头上西来意。'意思说,学佛修道没有难处,容易得很。'百草'表示一切事物,在一切事物的'头上',意思即离开一切事物。即物而离物时还有什么东西呢?心空无住是西来大意啊!"听至此,忽感内心、外物相通明,心目似即物离物,又似相合相融……我如是者良久,朋友见状大声问道:"有何感触?"我笑答:"万卷万里寻不见,我不寻时他自现。"又问道:"是何相貌?"我答道:"睁眼醒着睡正香,面南能见北斗光。"朋友说:"不用卖关子了,直截说出你的真情实感,让我们明白不行吗?"我说:"这正是我能表述出来的真情实感,明白得很。这就像看三维图画,开始总看不出三维立体的形象,只好眼睛睁睁闭闭,瞄来瞄去,凑近或远离……忽然眼前一亮,看出来了!心里好高兴。可是如何表述这种感受,如何教别人必然看到，却无能为力。"

第一次的体验，正像《易经·系辞》所谓："寂然不动，感而遂通天下之故。"此后这种感触很容易再现，而且似乎本来就能如此，只是此前没能察觉而已。此时似乎领略了宋代杨万里《晓出净慈寺送林子方》诗句的妙意："毕竟西湖六月中，风光不与四时同。接天莲叶无穷碧，映日荷花别样红。"

此后，又参读过元音老人的《略论明心见性》等著作，更深感老人的禅法是参公案与直指相结合，相机点拨。"譬如新荔枝剥了壳，去了核，送在你口里，只要你咽一咽。"[①] 抱着感激、求教、求证之心，急切想参拜元音老人，但苦不得其详址。后来多蒙河北佛协《禅》刊编辑部同仁告知，老人有一高徒在浙江温州，于是不辞辛劳南下温州讨教。此时方知，元音老人是上海著名的居士大德，年逾八旬，已不再收徒。随后奔赴上海，得睹老人尊颜，恳求之下忝列师门。灌顶后，老人授我无相密乘"心中心法"（以密为用，以禅为体，由密入禅），并教导：无为之心才能与无为之法相应。死心塌地，刻苦修法，不住所得。继续用《碧录岩》里的公案启迪心智，以期事理圆融，深入禅海。此后开始逐则学习参究《碧岩录》，自觉道眼渐明。

后来在我的修持汇报信中，老人曾为批示印证道：

"不枉你多年修行，证得理体，甚为难得。但你身心、世界未全化空，所证尚浅。因为明真心净裸裸，赤洒洒，一法不立，一尘不染，全体是一个妙觉，无物可得。因之真见性人，接人待

---

① ［宋］慧开《无门关》第二三则语。

物,毫无粘染,潇洒自如,无喜无忧。你今自问自己:在日常生活中还执相否?还动情否?见境还生心否?如心有未稳,常随境转,是未彻见本性。(一)还须打坐,保养圣胎;(二)在事境上锻炼,将执相的习气除尽,须做到处顺境不喜,遇逆境不恼,毫无动摇,丝毫不粘,方为到家。斯时也,心无所求而神通智慧朗然现前,再毋询问人矣。但还须向上,不住在神通智慧边。宗下所谓:向上一着,千圣不传。到此地步,只合你知我知、天知地知,再无言句向人说矣!……"

至20世纪90年代的末期,我已逾知天命之年。因为又在师友的指导之下修学数年,修持境界与再读经论的感受自是与前不同。再诵《金刚经》感到句句皆为妙谛,正像经中所说:"若人满三千大千世界七宝以用布施……若复有人,于此经中受持,乃至四句偈①等,为他人说,其福胜彼。何以故?须菩提!一切诸佛,及诸佛阿耨多罗三藐三菩提法,皆从此经中出。"经中所说"如来说世界,非世界,是名世界"等句式,正是在举例告诉我们"凡所有相,皆是虚妄,若见诸相非相,即见如来",正是在点明真空妙有的道体,为我们解粘去缚,启发我们一念相应、道在目前。六祖因之悟道的名句"应无所住而生其心","无所住",正是我们明悟的真心,而当下的"生其心",正是我们能明见佛性的状态啊!经中的语意反复,反使我们备感亲切,仿佛我们正在聆听佛法,并看到了佛陀谆谆教人的神态。

再读六祖《坛经》,明白我们所求悟者,自识自性、自即自

---

① 四句偈:"偈",佛家称经论中讲述佛理、悟境的有韵或无韵的短语;此处"四句偈"之所指,众说不一,笔者认为应指此经中的任何一个意义完整的四句偈。

性而已。什么是"自性"？即我们真如佛性。六祖也已给我们表露无余："何期自性本自清净，何期自性本不生灭，何期自性本自具足，何期自性本无动摇，何期自性能生万法。"悟其一，则明其余。……庆幸或遗憾，关键是看我们自己是否能以之印心而已。

再读禅宗公案，似乎看到了文字背面的景象，不是远在千里，甚至也不隔窗纸，仅在一念之间即得。其中精彩纷呈，不但令人赞叹，甚至令人手之舞之，足之蹈之，快然于心，乐不可支。如唐代雪峰义存禅师上堂语："要说此事，如古镜相似，胡来胡现，汉来汉现。"原来"此事"即指体悟真如佛性的事，以"古镜"来暗喻真如佛性的万古长存，不生不灭；又以镜面光景来暗喻空寂无住的真如之体，以镜面能现胡人、现汉人的功能，暗喻佛性的无穷妙用。而所有这些又不过是暂借假名而已。另如明代密云圆悟禅师，临冬时命侍者送棉衣与一茅蓬老宿御寒。老宿云："老僧自有娘生裓，不用寒衣。"圆悟嘱侍者再去勘问："娘生前着何衣？"原来"娘生裓"暗喻明心见性后，诸用自足；"娘生前着何衣"，则是勘问明心时是何景象？若能证得其境，问答自易合拍；但在外人看来，无异梦语。

再如诸公案所谓"天上天下，唯我独尊"、"不与万法为侣者"、"无梦无想时"等，不正是当下可见的真如妙体吗？所谓棒喝之用，不正是要打破妄念纷飞或定中漆桶吗？又如所问"什么声响"、"什么飞过"、"珠得谁手"等，皆为试探其得体与否？看其心识在各种情况之下，流浪与否、住境分别与否？再如古德对"西来意"、"本来面目"等探问的种种应答，皆是启发学人返观体认自在心体;"喝茶去"、"柏树子"等,盖为警戒学人不可执言或心外求法,而启发学人净念与外境相映通明中亲见自性。……明乎此,即知其种种设局亦无非是勘验对方悟境,从而直指人心、助人见性或进一步助人进入事理圆融之境而已。

记得有同仁问我:"《碧岩录》开篇第一则'垂示':'隔山见烟,早知是火;隔墙见角,便知是牛。'有何意蕴?"我反问:"'隔墙见角',便知是什么?"答道:"便知是牛。"我说:"不对!"又答:"见牛角是牛,见羊角是羊,见鹿角……"我说:"更不对!"其反问:"如何才对?"我说:"请你问,让我来答。"问:"'隔墙见角',便知是什么?"我猛击桌案喝道:"是你!"同仁先愣后醒,喜形于色。

这种豁然通明的体验,常让我联想起读诗时,由不懂到懂的感受。记得多年前我读到过刘半农先生在 20 世纪 20 年代写的一首诗:"天上飘着些微云,地上吹着些微风。啊!微风吹动了我的头发,教我如何不想她。……"初读时感觉内容空虚、语言无味,简直是无病呻吟。可是当即又产生一个很大的疑问:这首诗为什么那样有名呢?为什么还有名人为之谱曲,并且久唱不衰呢?是人家都不懂,还是我自己不懂呢?后来因为某种机缘,我忽然读懂了:因"微风吹动了我的头发",使"我"想到了"她"的头发、他们的头发(爱人的头发、友人的头发、亲人的头发、中国人的黑头发……),从而触动了压抑在心底的深沉的思念爱恋之情。不想不行,说吧又说不尽道不完,而这一切又似乎用一句"教我如何不想她"表达已尽。明乎此,就感觉到这种情绪,已和"微云"、"微风"融为一体。这种情形与我学禅从茫然到有个入处的感受何其相似!

后来仍有人问起:"你现在如何理解古典文学中的禅意?"我也只好说:"此无非是表达作者对人生、对世界的感悟,而有意或无意地与禅境、禅理相谐合而已。有些作者虽然尚未领悟禅道,但形象地表达了空净之理或某时某地清静灵明的直觉感受,此类似禅的境界,也能引起会禅或不会禅者的共鸣。这就是古典文学作品中的所谓禅意。但对大多数作者或读者来说,可能是偶感禅之体或偶得禅之用,而尚未证悟禅道体用之全。证悟禅道者,理上明心,事上见性,无时不可即用见体,依体显用,心境相融,无处觅我,又无处非我。此佛家所谓一种现量境①,如瞬间超越时空,感悟永恒,又如高天大海,本然如此。这或者就是祖师禅的境界。此时方知体用、禅道等概念亦不过是虚名假言而已。何必再刻舟求剑去寻求想象中的所谓禅花禅味呢!"

话说至此,太直朴的人往往还要问:"说来说去到底什么是禅呢?"我只好再答:"禅是佛法的精髓,禅是无漏的大智慧,禅是真空实相,禅是明心见性的境界,禅是祖师西来意……"但还应该说:"这仅是知见,这不是禅。禅是佛心,需要以心见心,以心印心,正像世尊拈花,迦叶微笑。"有人说,"诗无定诂",甚至说诗是不能讲的,讲出来的不是诗。我想禅更是无定诂,讲出来的不是禅,充其量是指月之指,或说是以有言显无言而已。六祖《坛经》里曾说"如人饮水,冷暖自知",如再有人问禅,我们只好学赵州和尚,请你"喝茶去"!

---

① 现量境:佛家因明学用语,概指根境相对时,不着分别意识而直觉亲得的境界。

最后又想起太务实的人常常问起的话:"得到这个,到底有什么用?"我也只好再应酬几句,虽然也可能是答如不答。如据理体答之,应该说无为而无不为,无用而有大用;识得常驻真心,其用渐明(既有亮眼,自可视物)。如就事用答之,应该说可以健身心、养德性、去烦恼、开智慧、利乐有情。但这些又体现在净念相继时的行住坐卧之中,如走路不觉腿动,似乎飘然而至;说话不觉心动,似乎自然流出;甚至有些事情不求而得,不思而知……如游戏三昧难以言表。

再试作比喻,愿能显其大意:我们中国人日常使用的一双筷子,在西洋人看来切不如刀、插不如叉、舀不如勺……但在我们认识它并掌握了它之后,却可以在无意之间因事而施,圆通无碍:代刀之切、代叉之插、代勺之舀、代锥之扎、代铲之铲、代夹之夹、代剪之剪、代刷之刷……以一驭众,以简驭繁,出神忘我,用而不住。但此中精妙也只有个中人能体味、能受用。

总之,我学禅的过程,就是读书、参禅的过程。由是越来越感知《碧岩录》等禅宗典籍所体现的禅文化,是我国传统文化的精髓,我们应该不失时机地弘扬光大。现在面临的问题是,一方面教内外有学有证的大德甚少,研习禅道者不得不更多地借助禅宗典籍来领悟禅道精髓;另一方面,因典籍年代久远,其特殊的表述方式、专用词、古词及古方言口语,皆成为今人研读的障碍。因此我们认为,当务之急是对禅宗旧典籍加以整理出版,以满足现代人学习与研讨的需要。这也是我们学习参究《碧岩录》,出版《碧岩录》校注本的目的。

其他具体事项再说明如下：

一、本书以《大正新修大藏经》第四十八册《佛果圜悟禅师碧岩录》为底本，以《乾隆大藏经》（《龙藏》）国图缩版第一百四十三册《佛果圜悟禅师碧岩集》为主要参校本，再以日本驹泽大学藏古刻本《圜悟老人碧岩集》（简称《驹本》）等影件为参校本，进行整理、校点、简注、点评。

二、原书为繁体字竖排，文中不分段落，今改为简体（为减少歧义，保留了若干异体字）横排，并酌情分段；原书句读不全并有讹误，今施以现代标点。校正或疑字词有讹误者，脚注中标出。

三、原书分十卷，每卷十则，凡百则公案。每则前无总标题，每则正文虽大体可分为"垂示"、"举公案"、"评唱"、"颂古"、"评唱"等五部分内容，但亦未具分标题（仅在第一部分前标有"垂示"二字，第二部分前标有公案序号及"举"字，以提示内容）；雪窦"举公案"、"颂古"等部分的文字间，有圜悟的小字著语（夹批）。为适应现代人阅读习惯，并便于检索，本书在每则前添加序号，并参照《乾隆大藏经》添加总标题（如："一 武帝问达磨"等）；每则中各部分亦添加分标题（如："圜悟垂示"等）。原书每卷尾复标某卷终、文字中间或有反切注音等字样，整理时一并略去。

四、本书在整理、校点的基础上，用"注释"对原文中关键、生僻的词语作简明的注释，对难透见、易淆讹的语句作适当的串讲（各则之间同词同义的条目，一般只注释首见条）；最后用"点评"融会说明"公案"、"颂古"主旨，并结合"评唱"

启发性地点明公案意向或着落处。

五、本书虽分十卷、百则，但一串穿却，如珠环之无端；正因其无端，又无处不可为端。读者参读，自应各随根性及所需：初学禅道而欲悟入者，应在阅读中任选一则或数则能打动自心者详读细参，或可因一花而知春，悟入禅道；已悟入禅道或研讨佛学、禅学者，自可遍览全参，以求事理圆融之境。书中所举"公案"及"评注"等，多为因机设教，权实并现，不可刻舟求剑，得鱼忘筌，得意忘言，妙在一心。谨此共勉，指正为幸。

书不尽言，言不尽意，就此打住。愿我们能在《碧岩录》境界里相见。

尚之煜
2009年12月6日改定

目 录

碧岩录序 …………………………………………… 1

卷 一

一 武帝问达磨 ………………………………… 1
二 赵州至道无难 ……………………………… 10
三 马大师不安 ………………………………… 16
四 德山挟复子 ………………………………… 21
五 雪峰尽大地 ………………………………… 29
六 云门十五日 ………………………………… 35
七 法眼答慧超 ………………………………… 42
八 翠岩夏末示徒 ……………………………… 48
九 赵州东西南北 ……………………………… 53
一〇 睦州问僧甚处 …………………………… 58

卷 二

一一 黄檗酒糟汉 ……………………………… 63

一二	洞山麻三斤	70
一三	巴陵银碗雪	76
一四	云门对一说	81
一五	云门倒一说	85
一六	镜清草里汉	91
一七	香林西来意	97
一八	肃宗请塔样	102
一九	俱胝指头禅	109
二〇	龙牙西来意	114

卷　三

二一	智门莲花	122
二二	雪峰鳖鼻蛇	127
二三	保福妙高峰	134
二四	刘铁磨台山	139
二五	莲花庵主不住	143
二六	百丈奇特事	149
二七	云门体露金风	153
二八	涅槃和尚诸圣	157
二九	大隋劫火洞然	162
三〇	赵州大萝卜	166

卷　四

| 三一 | 麻谷振锡绕床 | 169 |

三二	临济佛法大意	176
三三	陈尚书看资福	180
三四	仰山问甚处来	185
三五	文殊前三三	189
三六	长沙一日游山	194
三七	盘山垂语	199
三八	风穴铁牛机	204
三九	云门金毛狮子	213
四〇	南泉如梦相似	217

卷 五

四一	赵州大死底人	222
四二	庞居士好雪片片	226
四三	洞山寒暑回避	231
四四	禾山解打鼓	236
四五	赵州万法归一	241
四六	镜清雨滴声	245
四七	云门六不收	249
四八	王太傅煎茶	253
四九	三圣以何为食	258
五〇	云门尘尘三昧	262

卷 六

| 五一 | 雪峰是什么 | 265 |

五二	赵州石桥略彴	272
五三	马大师野鸭子	276
五四	云门近离甚处	281
五五	道吾渐源吊慰	284
五六	钦山一镞破三关	290
五七	赵州至道无难	295
五八	赵州时人窠窟	299
五九	赵州唯嫌拣择	302
六〇	云门挂杖子	306

卷 七

六一	风穴若立一尘	311
六二	云门中有一宝	315
六三	南泉两堂争猫	320
六四	南泉问赵州	324
六五	外道问佛有无	327
六六	岩头什么处来	333
六七	梁武帝请讲经	338
六八	仰山问三圣	342
六九	南泉拜忠国师	347
七〇	沩山侍立百丈	352

卷 八

| 七一 | 百丈并却咽喉 | 357 |

七二	百丈问云岩	360
七三	马大师四句百非	363
七四	金牛和尚呵呵笑	369
七五	乌臼问法道	373
七六	丹霞问甚处来	380
七七	云门答糊饼	386
七八	十六开士入浴	390
七九	投子一切声	394
八〇	赵州孩子六识	399

卷 九

八一	药山射麈中麈	404
八二	大龙坚固法身	409
八三	云门露柱相交	414
八四	维摩不二法门	418
八五	桐峰庵主大虫	423
八六	云门有光明在	429
八七	云门药病相治	433
八八	玄沙接物利生	437
八九	云岩问道吾手眼	443
九〇	智门般若体	449

卷 十

| 九一 | 盐官犀牛扇子 | 454 |

九二　世尊一日升座 ·············· *459*

九三　大光师作舞 ················ *463*

九四　楞严经若见不见 ············ *466*

九五　长庆有三毒 ················ *471*

九六　赵州三转语 ················ *476*

九七　金刚经轻贱 ················ *482*

九八　天平和尚两错 ·············· *488*

九九　肃宗十身调御 ·············· *494*

一〇〇　巴陵吹毛剑 ·············· *500*

后　序 ···························· *505*
　　重刊圜悟禅师《碧岩集》疏 ········ *505*

主要参考书目 ······················ *510*

碧岩录序

至圣命脉,列祖大机;换骨灵方,颐神妙术。其惟雪窦禅师,具超宗越格正眼,提掇正令,不露风规,秉烹佛煅祖钳锤,颂出衲僧向上巴鼻。银山铁壁,孰敢钻研;蚊咬铁牛,难为下口。不逢大匠,焉悉玄微?

粤有佛果老人,住碧岩日,学者迷而请益,老人慭以垂慈。剔抉渊源,剖析底理,当阳直指,岂立见知?百则公案,从头一串穿来;一队老汉,次第总将按过。须知赵璧本无瑕颣,相如谩诳秦王;至道实乎无言,宗师垂慈救弊。傥如是见,方知彻底老婆;其或泥句沉言,未免灭佛种族。

普照幸亲师席,得闻未闻,道友集成简编,鄙拙叙其本末。

　　时建炎戊申暮春晦日　　参学嗣祖比丘普照谨序

自《四十二章经》入中国,始知有佛;自达磨至六祖传衣,始有言句。曰"本来无一物"为南宗,曰"时时勤拂拭"为北宗，于是有禅宗"颂古"行世。其徒有翻案法，呵佛骂祖，无所不为；间有深得吾诗家活法者。然所谓第一义，焉用言句？雪窦、圜悟老婆心切，大慧已一炬丙之矣。峒中张炜明远，燃死灰复板行，亦所谓老婆心切者欤？

大德四年庚子四月初八日癸丑　紫阳山方回万里序

《碧岩集》者，圜悟大师之所述也，其大弟子大慧禅师，乃焚弃其书。

世间种种法皆忌执著，释子所归敬莫如佛，犹有时而骂之，盖有我而无彼，由我而不由彼也。舍己徇物，必至于失己。夫心与道一，道与万物一，充满太虚何适而非道？第常人观之，能见其所见，而不见其所不见。求之于人，而人语之如东坡《日喻》之说，往复推测，愈远愈失。自吾夫子体道，犹欲无言，而况佛氏为出世间法，而可文字言语而求之哉？虽然亦有不可废者，智者少而愚者多，已学者少未学者多，《大藏经》五千余卷，尽为未来世设。苟可以忘言，释迦老子便当闭口，何至如是叮叮。天下之理，固有不离寻常之中，而超出于寻常之表，虽若易知，而实未易知者；不求之于人，则终身不可得。

古者名世之人，非千人之英，则万人之杰也。太阿之剑，天下之利剑也，登山则戮虎豹，入水则剸蛟龙，人之知之，尽于是已。然古人有善用之者，乘城而战，顺风而挥之，三军为之大败，流血赭乎千里，是岂可以一己之所能，而尽疑之哉？自吾闻有是书，求之甚至。峒中张氏始更刻木，来谋于予，遂赞而成之，且为题其首。

大德九年岁乙巳三月吉日　玉岑休休居士聊城周驰书于钱唐观桥寓舍

或问：《碧岩集》之成毁孰是乎？曰：皆是也。鞮鞻来东，单传心印，不立文字固也。而《血脉》、《归空》诸论，果谁为之哉？古谓不在文字、不离文字者，真知言已。使人人于卷帘、闻板、竖指、触脚之际了却大事，文字何有哉？拈花微笑以来，门竿倒却之后，才涉言句，非文字无以传，是又不可废者也。

尝谓祖教之书谓之"公案"者，倡于唐而盛于宋，其来尚矣。二字乃世间法中吏牍语，其用有三：面壁功成，行脚事了，定盘之星难明，野狐之趣易堕，具眼为之勘辨，一呵一喝，要见实诣，如老吏据狱谳罪，底里悉见，情款不遗，一也；其次则岭南初来，西江未吸，亡羊之岐易泣，指海之针必南，悲心为之接引，一棒一痕要令证悟，如廷尉执法平反，出人于死，二也；又其次则犯稼忧深，系驴事重，学弈之志须专，染丝之色易悲，大善知识为之付嘱，俾之心死蒲团，一动一参如官府颁示条令，令人读律知法，恶念才生，旋即寝灭，三也。具方书作案底，陈机境为格令，与世间所谓金科玉条、清明对越诸书初何以异？祖师所以立为公案、留示丛林者，意或取此。

奈何末法以来，求妙心于疮纸，付正法于口谈；点尽鬼神，犹不离簿；傍人门户，任唤作郎；剑去矣而舟犹刻，兔逸矣而株不移；满肚葛藤，能问千转，其于生死大事初无干涉。钟鸣漏尽，将焉用之？乌乎！羚羊挂角，未可以形迹求，而善学下慧者，岂步亦步、趋亦趋哉？

知此，则二老之心皆是矣。圜悟顾子念孙之心多，故重拈雪窦颂；大慧救焚拯溺之心多，故立毁《碧岩集》。释氏说一《大藏经》，末后乃谓"不曾说一字"，岂欺我哉？圜悟之心，释氏说经之心也；大慧之心，释氏讳说之心也。禹、稷、颜子易地皆然，推之挽之，主于车行而已。

尔来二百余年，嵋中张明远，复镂梓以寿其传，岂祖教回春乎？抑世故有数乎？然是书之行，所关甚重，若见水即海，认指作月，不特大慧忧之，而圜悟又将为之去粘解缚矣。

昔人写照之诗曰："分明纸上张公子，尽力高声唤不应。"欲观此书，先参此语！

大德甲辰四月望　三教老人书

卷 一

一 武帝问达磨①

【圜悟垂示②】

隔山见烟,早知是火③;隔墙见角,便知是牛。举一明三,

---

① 武帝:梁武帝萧衍(464~549),南梁第一代皇帝,极崇信佛教,人称佛心天子。 达磨:梵语音译,"菩提达磨"的简称(又作菩提达摩,又称菩提达磨多罗、达磨多罗等),生卒年不详。相传为禅宗西天第二十八祖、中国禅宗初祖。南天竺(印度之古称)香至国(或说婆罗门国、波斯国)国王之第三子。从学般若多罗,四十年之后受衣钵。梁武帝普通元年(520),一说南朝宋代末年,泛海至广州番禺,梁武帝遣使迎至建业。然与武帝语不相契,遂渡江至魏,止嵩山少林寺,面壁坐禅。时人不解其意,称壁观婆罗门。时神光于伊洛披览群书,以旷达闻,慕师之高风,断臂求法,师感其精诚,遂指授安心法门,并为改名慧可。经九载,尽传其宗之秘奥,并授袈裟及《楞伽经》四卷。达磨入寂后葬于熊耳山上林寺。达磨一生颇富传奇,相传示寂之三年后,北魏使臣宋云出使西域,东归度葱岭时,又逢其携只履归西方。唐代宗赐"圆觉大师"之谥号。据资料考据,"二入四行论"为达磨禅法思想所在。其以壁观法门为中心,"二入"指"理入"与"行入"二种修行方法。"理入"属于教理之思维,要求舍伪归真,解决认识问题;"行入"属于宗法之实践,教人去掉一切爱憎情欲,依法践行,即禅法之理论与实践相结合之教义。"四行",指行入的四项基本内容,即报冤行、随缘行、无所求行及称法行。一般作为达磨学说传世者有《少室六门集》、《达磨和尚绝观论》、《释菩提达磨无心论》等论著。"磨",《龙藏》原作"摩",据正文改。
② "圜悟",《大正》、《龙藏》全文同。《驹本》题签为"圜悟",正文均作"圆悟"。不复注。圜悟克勤(1063~1135),宋代禅师,彭州崇宁(今四川崇宁)人,俗姓骆,字无著,五祖山法演之法嗣。与佛鉴慧勤、佛眼清远齐名,世有"演门二勤一远"之称,被誉为丛林三杰。后住夹山灵泉禅院、成都昭觉寺等处弘法。垂示:就此公案的大意对学人的开导和启发。
③ 隔山见烟,早知是火:"火",暗喻真如之体;"烟",暗喻佛性之用。目的是启发学人即用见体、悟入空性。

目机铢两,是衲僧家寻常茶饭;至于截断众流,东涌西没,逆顺纵横,与夺自在①。正当恁么时,且道是什么人行履处?看取雪窦葛藤②:

【雪窦③举公案】

梁武帝问达磨大师:说这不唧𠺕汉④。"如何是圣谛第一义⑤?"是甚系驴橛?磨云:"廓然无圣。"将谓多少奇特。箭过新罗⑥,可杀明白!帝曰:"对朕者谁?"满面惭惶,强惺惺。果然摸索不著⑦。磨云:"不识。"咄!再来不直半文钱⑧。帝不契,可惜许,却较些子。达磨遂渡江至魏。这野狐精,不免一场懡㦬⑨。从西过东,从东过西。

帝后举问志公⑩,贫儿思旧债。傍人有眼。志公云:"陛下还识

---

① 截断众流:"云门三句"之一,比喻能当下消除学人的妄想、世情。逆顺纵横:意为顺境、逆境,皆能任运自在。与夺:适时地断除其依赖、执著等。
② 葛藤:一种木本蔓生植物,枝蔓多缠绕。禅林以之比喻用语言文字不易说清禅意。
③ 雪窦:雪窦重显(980~1052),宋代云门宗禅师,四川遂宁人,俗姓李,字隐之。受戒之后,唯专定业,依止于智门光祚禅师,尽得其道。后住明州(今浙江宁波)雪窦山资圣寺,海众云集,大扬宗风,世称云门宗"中兴之祖"。
④ 说这不唧𠺕汉:(此小号字为圜悟夹批。下同。)"唧𠺕",当时口语,爽快、机敏之意。
⑤ 圣谛第一义:指第一义谛、向上门。在禅籍中,常用以表示超越言思之究竟境地(即明心见性后所能领悟的不生不灭的真空实相)。反之则为向下门,又称第二义门等。梁武帝提出此问,即已陷于名相思辨,落入向下门,所以后面圜悟夹批"是甚系驴橛?"
⑥ 箭过新罗:意为早已错过时机。"新罗",今朝鲜。
⑦ "著",《驹本》作"着"。下同不复注。
⑧ 咄:禅师接引学人时常用的惊喝声。适机的惊喝有截断妄念、惊破顽空、打破疑团、启人见性等作用。再来不直半文钱:意为说破以后再重复,就没有什么启发人的价值了。
⑨ 这野狐精,不免一场懡㦬:(风趣语)意为达磨这样野狐禅的做法,(不能使人悟入)也应一场羞愧。"野狐禅",暗中谐音取意"胡说"。
⑩ 志公:释宝志(418~514),金城人,俗姓朱。年少出家,师事道林寺僧俭,修习禅业,传奇故事甚多。后为辅佐梁武帝弘扬佛法的著名大士。

此人否？"和志公赶出国始得。好与三十棒。达磨来也！帝云："不识。"却是武帝承当得达磨公案。志公云："此是观音大士，传佛心印①。"胡乱指注。臂膊不向外曲。帝悔，遂遣使去请。果然把不住，向道不唧𠺕。志公云："莫道陛下发使去取，阖国人去，他亦不回。"志公也好与三十棒，不知脚跟下放大光明②。

【圜悟评唱】

达磨遥观此土有大乘根器，遂泛海得得而来，单传心印，开示迷涂；不立文字，直指人心，见性成佛③。若恁么见得，便有自由分，不随一切语言转，脱体现成，便能于后头与武帝对谭，并二祖安心处自然见得。无计较情尘，一刀截断，洒洒落落，何必更分是分非，辨得辨失。虽然恁么，能有几人？

武帝尝披袈裟，自讲《放光般若经》，感得天花乱坠，地变黄金。辨④道奉佛，诰诏天下，起寺度僧，依教修行。人谓之佛心天子。达磨初见武帝，帝问："朕起寺度僧，有何功德？"磨云："无功德。"早是恶水蓦头浇。若透得这个无功德话，许尔⑤亲见达磨。且道，起寺度僧，为什么都无功德？此意在什么处？

帝与娄约法师、傅大士、昭明太子，持论真俗二谛。据教中说：真谛以明非有，俗谛以明非无；真俗不二，即是圣谛第一义。此是教家极妙穷玄处。帝便拈此极则处问达磨："如何是圣

---

① 此是观音大士，传佛心印：这就是观音菩萨，这是在传达佛祖以心印心的那个境界。
② 志公也好与三十棒，不知脚跟下放大光明：（风趣语）意为也应该打志公三十棒，因为他的言行当下已透露了佛性光明。
③ 见性成佛：意为证得自心佛性，其见地即与佛无异。
④ "辨"，《龙藏》同，《驹本》作"办"。
⑤ "尔"，《龙藏》、《驹本》作"你"。下同不复注。

谛第一义？"磨云："廓然无圣。"天下衲僧跳不出，达磨与他一刀截断。如今人多少错会，却去弄精魂①，瞠眼睛云："廓然无圣。"且喜没交涉。

五祖先师②尝说："只这'廓然无圣'，若人透得，归家稳坐。"一等是打葛藤，不妨与他打破漆桶③，达磨就中奇特。所以道，参得一句透，千句万句一时透，自然坐得断、把得定。古人道："粉骨碎身未足酬，一句了然超百亿。"达磨劈头与他一拶④，多少漏逗了也。帝不省，却以人我见故，再问"对朕者谁"，达磨慈悲忒杀，又向道"不识"，直得武帝眼目定动，不知落处是何言说。到这里有事无事，拈来即不堪。端和尚⑤有颂云："一箭寻常落一雕，更加一箭已相饶。直归少室峰前坐，梁主休言更去招。"复云："谁欲招？"

帝不契，遂潜出国。这老汉只得惨怆，渡江至魏。时魏孝明帝当位，乃此⑥北人种族，姓拓跋氏，后来方名中国。达磨至彼，亦不出见，直过少林，面壁九年，接得二祖，彼方号为壁观婆罗门⑦。

梁武帝后问志公，公云："陛下还识此人否？"帝曰："不识。"且道与达磨道底是同是别？似则也似，是则不是。人多错会道：前来达磨是答他禅，后来武帝是对他志公，乃相识之识。

---

① 弄精魂：指玩弄念头，如自问自答一样。
② 五祖先师：指北宋五祖法演（？~1104），临济宗杨岐派禅师，俗姓邓，晚年住蕲州五祖山（湖北）传法。其为圜悟之师，故文中屡称"先师"、"老师"。
③ 漆桶：比喻禅者心光未显发前的无明状态。如能当下心光透脱，即所谓桶底脱落。
④ 拶：旧时用以夹手指的刑具。禅林语，意为用语言（或行动）逼迫一下对方。
⑤ 端和尚：白云守端（1025~1072），宋代禅师，为杨岐方会禅师之法嗣，五祖法演之师。有《白云守端禅师广录》传世。
⑥ "此"，《龙藏》、《驹本》无。
⑦ 婆罗门：古印度的贵族之一，当时人以此称谓印度等地来的僧人。

且得没交涉。当时志公恁么问，且道作么生只对①？何不一棒打杀，免见搽胡②。武帝却供他款道"不识"，志公见机而作，便云："此是观音大士，传佛心印。"帝悔，遂遣使去取，好不唧嚼。当时等他道"此是观音大士，传佛心印"，亦好摈他出国，犹较些子。

人传：志公天鉴十三年③化去，达磨普通元年④方来，自隔七年⑤。何故却道同时相见？此必是谬传。据传中所载，如今不论这事，只要知他大纲，且道达磨是观音、志公是观音？阿那个是端的底观音？既是观音，为什么却有两个？何止两个，成群作队！

时后魏光统律师、菩提流支三藏，与师论议，师斥相指心，而褊局之量，自不堪任，竟起害心，数加毒药。至第六度，化缘已毕，传法得人，遂不复救，端居而逝。葬于熊耳山定林寺。后魏宋云奉使，于葱岭遇师手携只履而往。

武帝追忆，自撰碑文云："嗟夫！见之不见，逢之不逢，遇之不遇。今之古之，怨之恨之。"复赞云："心有也，旷劫而滞凡夫⑥；心无也，刹那而登妙⑦觉。"且道达磨即今在什么处？蹉过也不知！

---

① 作么生只对：用什么手段应对呢？
② 搽胡：当时口语，糊涂、错乱之意。
③ "十三年"，《龙藏》、《驹本》作"四年"。
④ "元年"，《龙藏》、《驹本》作"八年"。
⑤ "七年"，《龙藏》、《驹本》作"十余年"。
⑥ "滞凡夫"，《龙藏》、《驹本》作"受沉沦"。
⑦ "登妙"，《龙藏》、《驹本》作"成正"。

【雪窦颂古】

圣谛廓然，箭过新罗。咦！何当辨的？过也。有什么难辨？对朕者谁，再来不直半文钱。又怎么去也？还云"不识"？三个四个中也。咄！因兹暗渡江，穿人鼻孔不得，却被别人穿。苍天苍天，好不大丈夫！岂免生荆棘①？脚跟下已深数丈。阖国人追不再来，两重公案。追作么？在什么处？大丈夫志气何在！千古万古空相忆。换手搥胸，望空启告。休相忆，道什么？向鬼窟里作活计②。清风匝地有何极？果然大小雪窦向草里辊③。师顾视左右云："这里还有祖师么？"尔待番款，那犹作这去就。自云："有！塌萨阿劳④。唤来与老僧洗脚！"更与三十棒赶出也未为分外。作这去就犹较些子。

【圜悟评唱】

且据雪窦颂此公案，一似善舞太阿剑相似，向虚空中盘礴，自然不犯锋芒。若是无这般手段，才拈著便见伤锋犯手。若是具眼者，看他一拈一掇，一褒一贬，只用四句揩⑤定一则公案。大凡颂古，只是绕路说禅，拈古大纲，据款结案而已。雪窦与他一拶，劈头便道："圣谛廓然，何当辨的？"雪窦于他初句下著这一句，不妨奇特。且道毕竟作么生辨的？直饶铁眼铜睛，也摸索不著。

到这里，以情识卜度得么？所以云门道：如击石火，似闪电

---

① 荆棘：木本丛生多刺的植物。此比喻禅修过程中种种磨难如过荆棘林。
② 鬼窟里作活计：意为在幽鬼所栖之暗黑处用心。比喻习禅求悟的过程中，陷入情识或盲昧顽空的错误境界。
③ 大小雪窦向草里辊：意为偌大的一位雪窦禅师，也陷入义理名相之中。"大小"，又作"大小大"，意为偌大。"草里辊"，禅家用语，又作"落草"、"入草"、"草里汉"等，意指皈依佛门，参悟禅道，接引学人等事项；又指参学或接引学人时，因草深障眼而迷路（比喻陷入义理之中），虽苦口婆心，总不能体现出真如实相的人。
④ 塌萨阿劳：当时口语，意为做法粗疏。
⑤ "揩"，《龙藏》、《驹本》，作"楷"。

光。这个些子，不落心机意识情想，等尔开口，堪作什么？计较生时，鹞子过新罗。雪窦道：尔天下衲僧，何当辨的？对朕者谁，著个还云不识？此是雪窦忒杀老婆，重重为人处。且道，"廓然"与"不识"，是一般两般？若是了底人分上，不言而谕，若是未了底人，决定打作两橛。诸方寻常皆道，雪窦重拈一遍，殊不知四句颂尽公案了。

后为慈悲之故，颂出事迹："因兹暗渡江，岂免生荆棘？"达磨本来兹土，与人解粘去缚，抽钉拔楔①，划除荆棘，因何却道生荆棘？非止当时，诸人即今脚跟下，已深数丈。"阖国人追不再来，千古万古空相忆。"可杀不丈夫。且道达磨在什么处？若见达磨，便见雪窦末后为人处。雪窦恐怕人逐情见，所以拨转关捩子②，出自己见解云："休相忆，清风匝地有何极？"既"休相忆"，尔脚跟下事又作么生？雪窦道：即今个里匝地清风，天上天下有何所极？雪窦拈千古万古之事，抛向面前。非止雪窦当时"有何极"，尔诸人分上亦"有何极"！

他又怕人执在这里，再著方便高声云"这里还有祖师么"，自云"有"。雪窦到这里，不妨为人赤心片片。又自云："唤来与老僧洗脚！"太③杀减人威光，当时也好与本分手脚④。且道雪窦意在什么处？到这里，唤作驴则是？唤作马则是？唤作祖师则是？如何名邈？往往唤作雪窦使祖师去也，且喜没交涉。且道毕

---

① 抽钉拔楔：此比喻解除学人某种执著的高妙手段。
② 关捩子："关"，关卡；"捩"，门锁、机轴。引申为关键之意。
③ "太"，《龙藏》、《驹本》作"大"。
④ 本分手脚：本分手段。"本分"，指上弘佛道、下化众生，引导学人明心见性的事。

竟作么生？只许老胡知，不许老胡会①！

【点评】

本则公案的关键是要领悟达磨祖师"廓然无圣"与"不识"的意向所指。"廓然无圣"，意为空虚旷远，无有边畔，超越圣人、圣谛等概念，才能体验真正的圣谛境界。而"不识"，不但扫除了圣人、圣谛，而且又扫除了"廓然"（连"廓然"的概念亦不可得），此时无能无所之灵知，即是禅家所谓"本来面目"。雪窦颂古"圣谛廓然，何当辨的？"亦正是表达此意。

遗憾的是达磨两次慈悲作答，并未能将武帝拖出"有"的窠白，他的"对朕者谁"，仍是强调有圣谛、有圣人（并想让达磨认同），他不能悟解"廓然"、"不识"的境界（或反认为达磨答非所问），当然"不契"达磨妙旨。

或有人会说，达磨为什么不把道理详加说明，甚至口说身示，让武帝心悦诚服地接受呢？这里面有个不便说破的禅家密意：禅道只可心会而不可言说，正如佛陀拈花，迦叶微笑，又如两箭锋相拄（两支相向对发的箭，箭锋瞬间碰在一起），瞬间两心相印即得。如错过时机，即"鹞子已过新罗"，"脚跟下已草深数丈"，只好再伺机缘。所以言语举动如指月之指，仅起伺机点化的作用，而不能代替自求自悟。如其不然，徒增知解，反障悟门。

明乎此，请试答"评唱"提出的问题：达磨答武帝，曾云"不识"，后武帝答志公，亦云"不识"，此两者含意"是同是别"？你或者要答：前者是说禅意，后者是说不相识意，二者当然不同。可是圜悟"评唱"

---

① 只许老胡知，不许老胡会："老胡"，又作胡僧、碧眼胡僧，此指达磨。"知"，指无念灵知（本来面目）。"会"，指有分别念头的领会、理解。达磨为直觉亲得无能所、无分别的现量境，故可"知"而不"会"。

中的批语却是"且得没交涉"(这样的回答不沾一点儿边),并说要将问者"一棒打杀"才是正确的对答。请问这又是为什么?原来你的回答把当机活语变成死语,你的思想又陷入了日常分别境,只有当下打杀此念头才能体现"廓然无圣"呀!

诸位想见达磨祖师吗?请先回答:"颂古"最后雪窦为什么说"唤来与老僧洗脚"?此时笔者想起先师元音老人①在讲解中的提示:"雪窦禅师为什么这样毁损祖师威光呢?因妙明真心是无师智,无依倚,无所知,无名貌,你唤作什么?一有所立,一有所著,早蹉过了也。"

---

① 元音老人:李钟鼎(1905~2000),原籍安徽合肥,上海著名居士大德。青少年即崇尚佛教,曾就学于当时多位显密尊宿,后拜密宗"心中心法"二祖王骧陆居士为师(始祖为大愚阿阇黎),彻悟心要,并成为第三代祖师。老人隐居上海,学习工作之外,数十年来全心研修、弘扬佛法,离亲断爱,终生未娶。尤其是20世纪80年代以来,陆续发表弘法文章,倡导"直指人心,见性成佛",甚有轰动;其法席遍及国内多数省份,并远涉亚欧美,由此明心悟入者众多。有《佛法修证心要》丛书传世。高寿圆寂,于普陀山茶毗时,五彩舍利珠甚多。20世纪90年代初,笔者拜师受法于上海,并被印证"证得理体"。

二 赵州①至道无难

【圜悟垂示】

乾坤窄②,日月星辰一时黑。直饶棒如雨点,喝似雷奔③,也未当得向上宗乘④中事。设使三世诸佛只可自知,历代祖师全提不起⑤,一大藏教诠注不及,明眼衲僧自救不了,到这里作么生请益?道个佛字,拖泥带水;道个禅字,满面惭惶⑥。久参上士不待言之,后学初机直须究取。

【雪窦举公案】

赵州示众云:这老汉作什么?莫打这葛藤。"至道无难,非难非

---

① 赵州:唐代赵州观音院(今河北赵县柏林寺)从谂禅师(778~897),又称赵州和尚、赵州古佛。俗姓郝,山东曹州(一说临淄)人,南泉普愿之法嗣。曾遍访诸方,历参黄檗、宝寿、盐官、夹山及五台诸大德。八十岁应众请住赵州观音院,其后四十年间大扬禅风。其心法直承南泉,而超然独立于五家之外。
② 乾坤窄:此指心量狭窄、缺乏悟性。
③ 直饶棒如雨点,喝似雷奔:意为就是棒打如雨点、喝声如响雷也起不到作用。"棒"、"喝",禅林用语,禅家接引人的手段(警人迷执,启人开悟)。"棒"为象征性的打,"喝"为猛烈发声。禅林有"德山棒,临济喝"之说。
④ 向上宗乘:指禅宗由下向上进、由迷而至悟之极致的宗旨。
⑤ 全提不起:意为真如佛性的景象不可能全部表述出来。
⑥ "道个佛字……满面惭惶":意为真如佛性境界实际上不存在佛、禅、境界等概念。如不得已用这些概念表述,即会感到惭愧和不安。

易。唯嫌拣择①。眼前是什么？三祖犹在②。才有语言，是拣择是明白③？两头三面。少卖弄，鱼行水浊，鸟飞落毛④。老僧不在明白里，贼身已露⑤。这老汉向什么处去？是汝还护惜也无？"败也。也有一个半个。时有僧问："既不在明白里，护惜个什么？"也好与一拶。舌拄上腭。州云："我亦不知。"拶杀这老汉，倒退三千。僧云："和尚既不知，为什么却道'不在明白里'？"看走向什么处去？逐教上树去！州云："问事即得，礼拜了退。"赖有这一著，这老贼！

【圜悟评唱】

赵州和尚，寻常举此话头，只是"唯嫌拣择"。此是三祖《信心铭》云："至道无难，唯嫌拣择。但莫憎爱，洞然明白。"才有是非，是拣择是明白？才怎么会，蹉过了也，铰钉胶粘⑥，堪作何用？州云："是拣择是明白？"如今参禅问道，不在拣择中，便坐在明白里。"老僧不在明白里，汝等还护惜也无？"汝诸人既不在明白里，且道赵州在什么处？为什么却教人护惜？五祖先师当⑦说道："垂手⑧来似过尔，尔作么生会？"且道作么生是垂手处？识取钩头意，莫认定盘星。

---

① 至道无难，唯嫌拣择：相传为我国禅宗三祖《信心铭》语，意为体悟至高无上的妙道，不是太难的事情，只怕不能丢弃分别、挑拣的念头。
② 三祖犹在：意为三祖所传达的真如佛性就在眼前（赵州即体现了三祖的风貌）。"三祖"，指东土禅宗三祖僧璨（？~606），据说有《信心铭》传世。
③ 明白：此指虚明自照的状态，仍有意识用事。若住于此，亦为拣择。
④ 鱼行水浊，鸟飞落毛：比喻凡有言行皆有破绽。暗示佛性不在言说里。
⑤ 贼身已露：贼，比喻禅师暗藏的手段。此意暗藏的目的被发现。
⑥ "铰钉胶粘"，《驹本》作"铁钉胶粘"。
⑦ "当"，《龙藏》《驹本》作"常"。
⑧ 垂手：禅林中形容师家（如父母垂下双手抚爱幼儿）斟酌学人根机之高下，特以第二义门权巧接引之情形。

这僧出来，也不妨奇特，捉赵州空处便去拶他："既不在明白里，护惜个什么？"赵州更不行棒行喝，只道："我亦不知。"若不是这老汉，被他拶著往往忘前失后。赖是这老汉，有①转身自在处，所以如此答他。如今禅和子，问著也道"我亦不知不会"，争奈同途不同辙。这僧有奇特处，方始会问："和尚既不知，为什么却道'不在明白里'？"更好一拶。若是别人，往往分疏不下，赵州是作家，只向他道："问事即得，礼拜了退。"这僧依旧无奈这老汉何，只得饮气吞声。

此是大手宗师，不与尔论玄论妙、论机论境，一向以本分事接人，所以道：相骂饶尔接嘴，相唾饶尔泼水②。殊不知，这老汉平生不以棒喝接人，只以平常言语，只是天下人不奈何。盖为他平生无许多计较，所以横拈倒用，逆行顺行，得大自在。如今人不理会得，只管道赵州不答话不为人说，殊不知当面蹉过。

【雪窦颂古】

至道无难，三重公案。满口含霜③，道什么？言端语端④。鱼行水浊。七花八裂，搽胡也。一有多种，分开好，只一般，有什么了期？二无两般⑤。何堪四五六七，打葛藤作什么？天际日上月下，觌面相呈⑥。头上漫漫，脚下漫漫，切忌昂头低头。槛前山深水寒。一死更不再活，还觉寒毛卓竖么？髑髅识尽喜何立？棺木里瞠眼，卢行者是

---

① "有"，《龙藏》、《驹本》作"会"。
② 论玄论妙、论机论境：意为泛泛谈论玄深奥妙的道理、禅机、境界等。相骂饶尔接嘴，相唾饶尔泼水：比喻手段高强，接引学人时允许对方争辩，以让对方心悦诚服。
③ 满口含霜：意为口已被封冻住，不能再说话了。
④ 言端语端：暗指"话头"。即思虑未起，一念未生时的状态。
⑤ 一有多种，二无两般："一"为佛性本体，"二"为纷纭色相，亦皆本体的显现。
⑥ 觌面相呈：指当下直觉亲得无分别、无能所的现量境。

它同参。枯木龙吟销未干①。咄！枯木再生花，达磨游东土。难难！邪法难扶。倒一说，这里是什么所在，说难说易？拣择明白君自看。瞎！将谓由别人，赖值自看。不干山僧事。

【圜悟评唱】

雪窦知他落处，所以如此颂，"至道无难"，便随后道"言端语端"。举一隅不以三隅反。雪窦道："一有多种，二无两般。"似三隅反一。尔且道什么处是言端语端处？为什么一却有多种，二却无两般？若不具眼，向什么处摸索。若透得这两句，所以古人道打成一片，依旧见山是山，水是水，长是长，短是短，天是天，地是地；有时唤天作地，有时唤地作天，有时唤山不是山，唤水不是水。毕竟怎生得平稳去？风来树动，浪起船高。春生夏长，秋收冬藏。一种平怀，泯然自尽，则此四句颂顿绝了也。雪窦有余才，所以分开结裹算来也只是头上安头道："至道无难，言端语端。一有多种，二无两般。"虽无许多事，天际日上时月便下，槛前山深时水便寒。到这里，言也端，语也端，头头是道，物物全真，岂不是心境俱忘，打成一片处？雪窦头上太孤峻生，末后也漏逗不少。若参得透、见得彻，自然如醍醐②上味相似；若是情解未忘，便见七花八裂，决定不能会如此说。"髑髅识尽喜何立？枯木龙吟销未干。"只这便是交加处。

这僧怎么问，赵州怎么答。州云："至道无难，唯嫌拣择。

---

① 髑髅识尽喜何立？枯木龙吟销未干：大意为像髑髅（死人枯干的头骨）一样没有意识，就没有喜情在；如枯木里有龙吟的声音，就不能说是空彻。两者相反相成，引导学人体悟真空妙有的心性境界。

② 醍醐：古印度指从牛乳里提炼的精品，此指禅的精髓。

才有语言，是拣择是明白？老僧不在明白里，是汝还护惜也无？"时有僧便问："既不在明白里，又护惜个什么？"州云："我亦不知。"僧云："和尚既不知，为什么却道'不在明白里'？"州云："问事即得，礼拜了退。"此是古人问道底公案，雪窦拽来一串穿却，用颂"至道无难，唯嫌拣择"。如今人不会古人意，只管咬言嚼句，有甚了期。若是通方作者，始能辨得这般说话。

不见僧问香严①："如何是道？"严云："枯木里龙吟。"僧云："如何是道中人？"严云："髑髅里眼睛。"僧后问石霜②："如何是枯木里龙吟？"霜云："犹带喜在。""如何是髑髅里眼睛？"霜云："犹带识在。"僧又问曹山③："如何是枯木里龙吟？"山云："血脉不断。""如何是髑髅里眼睛？"山云："干不尽。""什么人得闻？"山云："尽大地未有一个不闻。"僧云："未审龙吟是何章句？"山云："不知是何章句，闻者皆丧。"复有颂云："枯木龙吟真见道，髑髅无识眼初明。喜识尽时消息尽，当人那辨浊中清？"雪窦可谓大有手脚，一时与尔交加颂出。然虽如是，都无两般。

雪窦末后有为人处，更道"难难"，只这"难难"也须通过始得。何故？百丈④道："一切语言、山河大地，一一转归自己。"

---

① 香严：香严智闲（？~898），唐代禅师，初师百丈怀海，后因芟草时，瓦砾击竹之声而得悟。因常住邓州香严山得名。
② 石霜：石霜庆诸（807~888），唐代禅师，因栖止湖南石霜山二十年得名。
③ 曹山：曹山本寂（840~901），唐代禅师。曹洞宗第二祖，泉州（福建）莆田人，俗姓黄，洞山良价之法嗣。后住抚州（江西）曹山，大扬宗风。其说"洞山五位"诀旨，为丛林楷式。
④ 百丈：百丈怀海（720~814），唐代禅师。福州长乐人，俗姓王（一说姓黄）。马祖道一之法嗣。与西堂智藏、南泉普愿并称为三大士。后出主江西百丈山，自立禅院，制订《百丈清规》，天下丛林无不奉行，为禅宗史上划时代之功绩。

雪窦凡是一拈一掇,到末后须归自己。且道什么处是雪窦为人处?"拣择明白君自看。"既是打葛藤颂了,因何却道"君自看"?好彩教尔自看①,且道意落在什么处?莫道诸人理会不得,设使山僧到这里,也只是理会不得。

【点评】

本则所说"至道无难,唯嫌拣择",既是个见地问题,也是个观行问题。非有见地不能指导观行,非有观行不能提升见地。

既然"至道无难",为什么世人悟道如此之难呢?这正是因为"唯嫌拣择":"才有语言"是拣择,住"在明白里"是拣择,"不在明白里"而又"护惜"亦为"拣择"(所以圜悟夹批"贼身已露")。只有赵州的"我亦不知"、"……礼拜了退",表现了不可言说而又朗然感通的真如佛性的境界,尚不为"拣择"(当时不为拣择,如现在重复说,重复做,即落窠臼,亦为拣择)。正像雪窦"颂古"所说"至道无难,言端语端"。"言端语端"即是"话头",即是一念未生时的状态,由此或可趋向明心。

禅林流传着这样的故事:古时某朝代,有位外域来的和尚进见东土某帝王,声称是彻悟的圣者。帝让国师试其悟境,在接见的大殿上,国师用铜火箸敲敲取暖的铜炉子,问道:"圣者!这叫什么声音?"圣者答道:"是铜碰铜的声音。"于是国师暗示"送客"。

请问这是什么道理呢?如能领悟"至道无难,唯嫌拣择"之意,答案自得。

---

① 好彩教尔自看:意为精彩的境界须自证自得,不可言表不可理会。

三　马大师不安①

【圜悟垂示】

一机一境，一言一句，且图有个入处②，好肉上剜疮，成窠成窟；大用现前，不存轨则，且图知有向上事，盖天盖地又摸索不著。怎么也得，不怎么也得，太廉纤生；怎么也不得，不怎么也不得，太孤危生。不涉二涂，如何即是？请试举看：

【雪窦举公案】

马大师不安。这汉漏逗不少，带累别人去也。院主问："和尚近日尊候如何？"四百四病一时发，三日后不送亡僧是好手。仁义道中。大师云："日面佛，月面佛③。"可杀新鲜，养子之缘。

---

① 马大师：马祖道一（709~788），唐代禅师，南岳怀让之法嗣。汉川（今四川广汉）人，俗姓马，世称马大师、江西马祖。倡导"即心即佛"、"非心非佛"等禅法，流派甚大，称为洪州宗。不安：身体欠安。
② "一机一境……且图有个入处"：意为拘泥于悟道规则，只能暂且引导学者在见境知心上有个入处。"机"为初萌之心识，"境"为外物（如烟为境，见烟知火即为机）。
③ 日面佛，月面佛：《佛名经》卷七载：日面佛寿一千八百岁，月面佛寿一日夜。马祖意或为日面佛、月面佛均放普摄慈光，即绝断寿命长短与病健生灭之相的差别；或说日面是佛，月面也是佛，其意为不分日夜打成一片，也没有病与不病的差别。

【圜悟评唱】

马大师不安。院主问："和尚近日尊候如何①？"大师云："日面佛，月面佛。"祖师若不以本分事相见，如何得此道光辉。此个公案，若知落处便独步丹霄，若不知落处，往往枯木岩前差路去在②。若是本分人到这里，须是有驱耕夫之牛、夺饥人之食底手脚③，方见马大师为人处。如今多有人道"马大师接院主"，且喜没交涉。如今众中多错会，瞠眼云"在这里左眼是日面，右眼是月面"，有什么交涉？驴年未梦见在，只管蹉过古人事。

只如马大师如此道，意在什么处？有底云"点平胃散④一盏来"，有什么巴鼻？到这里作么生得平稳去？所以道：向上一路千圣不传，学者劳形，如猿捉影⑤。只这"日面佛，月面佛"极是难见。雪窦到此亦是难颂，却为他见得透，用尽平生工夫指注他。诸人要见雪窦么？看取下文：

【雪窦颂古】

日面佛，月面佛，开口见胆。如两面镜相照，于中无影像。五帝三皇是何物？太高生，莫谩他好。可贵可贱。二十年来曾苦辛，自是尔落草，不干山僧事。哑子吃苦瓜。为君几下苍龙窟。何消恁么，莫错用心好。也莫道无奇特。屈愁杀人。愁人莫向愁人说。堪述，向阿

---

① 院主：禅林僧职，院监、寺主、监事等的通称。尊候如何：您的身体状况（病情）如何？
② 独步丹霄：此比喻获得禅宗向上的极致。枯木岩前：比喻顽空境界亦无生路可走。
③ 须是有驱耕夫之牛、夺饥人之食底手脚：应该有清除学人执著、依赖等习气的手段。
④ 平胃散：胃病常用的药面。比喻是随便应付，不起大作用。
⑤ 向上一路千圣不传，学者劳形，如猿捉影：向上一路的境界，即使千万个圣人也传达不出来；学者空劳其形，就会像猴子水中捞月一样一场空。"向上一路"，禅林用语，与"向上一着"同义，指由末至本而达言绝意断，而只能自证自知之无上至真之道。

谁说？说与愁人愁杀人。明眼衲僧莫轻忽。更须子细。咄！倒退三千。

【圜悟评唱】

神宗在位时，自谓此颂讽国，所以不肯入藏①。雪窦先拈云："日面佛，月面佛。"一拈了，却云："五帝三皇是何物？"且道他意作么生？适来已说了也，直下注他，所以道垂钩四海，只钓狞龙。只此一句已了。后面雪窦自颂他平生所以用心参寻，"二十年来曾苦辛，为君几下苍龙窟"。似个什么？一似人入苍龙窟里取珠相似。后来打破漆桶，将谓多少奇特，元来只消得个"五帝三皇是何物"。且道雪窦语落在什么处？须是自家退步看，方始见得他落处。

岂不见兴阳剖侍者答远录公问②："娑竭③出海乾坤④震，觌面相呈事若何？"剖云："金翅鸟王当宇宙，个中谁是出头人⑤？"远云："忽遇出头，又怎么生？"剖云："似鹘捉鸠君不信，髑髅前验始知真⑥。"远云："恁么则屈节当胸，退身三步。"剖云："须弥座下乌龟子，莫待重遭点额回⑦。"

---

① "神宗在位时……所以不肯入藏"：宋神宗在位时，认为雪窦的颂词是嘲讽国君，故不同意收入当时的经藏。
② 兴阳剖侍者：兴阳清剖，宋代曹洞宗禅师，生平不详。远录公：浮山法远（991~1067），宋代临济宗禅师，有《浮山九带集》等传世。
③ 娑竭：原意为海，此指龙王。
④ "乾坤"，《龙藏》、《驹本》作"龙宫"。
⑤ 金翅鸟王当宇宙，个中谁是出头人：意为观照之法，如生擒猛龙的鸟王在俯瞰宇宙，哪里还有你问话的念头，哪里还有你？"金翅鸟王"，据经传，金翅鸟之王，以龙为食。此比喻消除妄想的手段与能力。
⑥ "真"，《驹本》作"亲"。
⑦ "须弥座下乌龟子，莫待重遭点额回"，《龙藏》、《驹本》作"须弥座下乌龟立，更待临时点额回"。意为不要像背负须弥座的乌龟子，等到被人一指点反而缩回头去。"须弥"，原山名，此指佛尊等法座。"乌龟子"，比喻缺乏悟性的参禅者屡经点化而不悟。

所以三皇五帝亦是何物，人多不见雪窦意，只管道讽国。若恁么会，只是情见。此乃禅月①《题公子行》云："锦衣鲜华手擎鹘，闲行气貌多轻忽。稼穑艰难总不知，五帝三皇是何物？"雪窦道："屈堪述，明眼衲僧莫轻忽。"多少人向苍龙窟里作活计，直饶是顶门具眼，肘后有符②，明眼衲僧照破四天下，到这里也莫轻忽，须是子细始得。

【点评】

马大师的"日面佛，月面佛"，回答了院主的问候了吗？当然回答了！我们将马祖答话之意顺接下去：日面是佛，月面是佛……健康是佛，病痛也是佛。如此无时无地无事不能打成一片，哪里还有什么身体欠安与不欠安的差别？这不正回答了院主的问候吗？

应该说，马大师的境界并非一般的返照光影，而是明心见性后的"自在"境。正像雪窦颂词"明眼衲僧莫轻忽"，也正像圜悟评唱所说，这种境界将摧毁一切似是而非的光影界境，像金翅鸟王能轻松地吃掉龙王一样，如星流电闪，不容拟议。

先师元音老人也曾讲过马大师的另一则公案，说来共勉：

马大师早年修行非常用功，只管打坐。怀让禅师知他是法器，就拿一块砖头在他打坐的地方磨，干扰得他打不成坐。马祖起坐问："你磨砖做什么？"怀让说："磨砖做镜。"马祖说："磨砖岂能成镜？"怀让借机反问："磨砖既不能成镜，坐禅岂能成佛？"这一问震醒了马祖的迷梦，于是请教："如何才对？"怀让又反问："如牛驾车，车若不行，打

---

① 禅月：贯休（832~912），唐末五代诗人、禅僧，人称禅月先生，以诗画称世，著有《禅月集》。
② 顶门具眼，肘后有符：禅家语，比喻彻悟本来的人，接引学人的眼光与手段高妙迅捷，反之则称顶门无眼。

车对打牛对?"马祖由此悟心。

先师讲至此,有人插话:"哦!要打牛才对。"先师说:"你答打牛也不对!"有人问:"那怎么答才对?"先师问:"怎么问的?"那人问:"打车还是打牛?"先师厉声喝道:"打你!"

四　德山挟复子①

【圜悟垂示】

青天白日，不可更指东划西；时节因缘，亦须应病与药②。且道，放行好，把定好③？试举看：

【雪窦举公案】

德山到沩山④，担板汉⑤，野狐精。挟复子于法堂上，不妨令人疑著。纳败缺。从东过西，从西过东，可杀，有禅作什么？顾视云：

---

① 德山：德山宣鉴（782~865），唐代禅师。四川剑南人，俗姓周，法名宣鉴。因善讲《金刚经》，时人美称为"周金刚"。后参谒龙潭崇信禅师豁然得悟，而嗣其法。后居德山，大振宗风。因其道风峻险，常以棒打为教，而有"德山棒"之称誉。挟复子：背着行囊。
② "青天白日……亦须应病与药"：意为真如佛性像青天白日朗然在前，本不用指东划西作说明。因缘到时，师家还应该应病与药，针对性地引导。
③ 放行、把定：指接引学人之方法，又合称作擒纵、收放、卷舒等。"把定"，指把住"向上"无可言表的境界，以此祛除学人妄念、执著。"放行"，指引学人在日常言行中体悟大道。如此则"垂示"中，"青天白日，不可更指东划西"，为"把定"；"时节因缘，亦须应病与药"，为"放行"。
④ 沩山：沩山灵祐（771~853），唐代禅师，沩仰宗初祖。福州长溪（福建霞浦县南）人，俗姓赵，法名灵祐。参谒百丈怀海，顿悟诸佛本怀，承百丈之法。
⑤ 担板汉：本指背上扛板之人只能看前方，而不便看左右，此比喻见偏执，不能融通的人。

"无无!"便出。好与三十棒! 可杀气冲天,真师子儿①,善师子吼。
[雪窦著语云:勘破了也!]错,果然。点。

德山至门首却云:"也不得草草。"放去收来,头上太高生,末后太低生。知过必改,能有几人?便具威仪②,再入相见。依前作这去就,已是第二重败缺。险! 沩山坐次,冷眼看这老汉。捋虎须,也须是这般人始得。德山提起坐具云:"和尚!"改头换面,无风起浪。沩山拟取拂子③,须是那汉始得。运筹帷幄之中,不妨坐断天下人舌头④。德山便喝,拂袖而出。野狐精见解。这一喝,也有权也有实,也有照也有用⑤。一等是拿云攫雾⑥者,就中奇特。[雪窦著语云:勘破了也!]错,果然。点。德山背却法堂,著草鞋便行。风光可爱,公案未圆。赢得项上笠⑦,失却脚下鞋。已是丧身失命⑧了也。

沩山至晚问首座⑨:"适来新到,在什么处?"东边落节,西边拔本⑩。眼观东南,意在西北。首座云:"当时背却法堂,著草鞋去也。"灵龟曳尾⑪。好与三十棒。这般汉脑后合吃多少? 沩山云:"此

---

① 师子儿:即狮子儿(经中喻佛为人中狮子),此赞扬其为佛的后人。
② 威仪:佛家的威德仪则,如称行住坐卧为四威仪。此主要重新振作精神。
③ 拂子:佛家用以赶蚊虫或表主意的用具(将毛、布、麻等束在圆柄上)。
④ 坐断天下人舌头:意为境界、手段高妙,超越语言之上,使人无法再开口说话。"坐断",把住、截断、阻止等意。
⑤ 也有权也有实,也有照也有用:"权",指权宜、暂假等一时方便的做法。"实",指永久真实不虚之实相。"照",寂照、寂体(体现所明之理、所证之心)。"用",指寂体遇境所现的作用(体现行功及日用等)。
⑥ 拿云攫雾:以龙的形象比喻境界手段之高超。
⑦ "笠",《龙藏》、《驹本》作"头"。
⑧ 丧身失命:此指丢却真如佛性的状态。
⑨ 首座:禅寺中的职位名,亦称上座、座主等。禅席中仅在住持之下,更无人高出其上,故名。后来又作对出家人的尊称。
⑩ 东边落节,西边拔本:一处失落枝节,一处拔取根本。比喻得大于失。
⑪ 灵龟曳尾:此比喻禅家不得已而有言行时,随作随扫,但扫去足迹又显扫迹。"灵龟",龟古为四灵之一,故称。

子已后,向孤峰顶上,盘结草庵,呵佛骂祖去在①。"贼过后张弓,天下衲僧跳不出②。[雪窦著语云:雪上加霜。]错,果然。点。

【圜悟评唱】

夹山下三个"点"字③,诸人还会么?有时将一茎草作丈六金身用,有时将丈六金身作一茎草用④。

德山本是讲僧,在西蜀讲《金刚经》。因教中道:金刚喻定,后得智中,千劫学佛威仪,万劫学佛细行,然后成佛。他南方魔子,便说即心是佛,遂发愤担《疏钞》行脚,直往南方破这魔子辈。看他怎么发愤,也是个猛利底汉。

初到澧州,路上见一婆子卖油糍,遂放下《疏钞》且买点心吃⑤。婆云:"所载者是什么?"德山云:"《金刚经疏钞》。"婆云:"我有一问,尔若答得,布施油糍作点心。若答不得,别处买去。"德山云:"但问!"婆云:"《金刚经》云:'过去心不可得,现在心不可得,未来心不可得。'上座欲点那个心?"山无语,婆遂指令去参龙潭。

才跨门便问:"久向龙潭,及乎到来,潭又不见,龙又不

---

① 孤峰顶:比喻他境界高峻。盘结草庵:指建立道场。呵佛骂祖:呵斥佛祖责骂祖师,指以非常的手段祛除学人的法执等妄念。
② 贼过后张弓,天下衲僧跳不出:此比喻沩山本领高强,能从容不迫地达到目的,天下的禅僧也跳不出他预见的范围。
③ 夹山下三个"点"字:"夹山",此圜悟自称,因久住湖南夹山故此称。"三个'点'字",意为著语中的三个"点"字是"公案"的关键,特提请注意。
④ 有时将一茎草作丈六金身用,有时将丈六金身作一茎草用:意为如能即物象而空物象,彻见佛性,即可随心转物,随缘起用。形象地表达了佛教的"三界唯心,万法唯识"和物我不二的思想。
⑤ 油糍:当时的一种米制食品,或说像现在的糯米团子。此婆子借所卖之点心为缘,巧妙地引用《金刚经》文句勘验德山,成为传诵千古的著名公案。

现。"龙潭和尚于屏风后引身云:"子亲到龙潭。"师乃设礼而退。至夜间入室,侍立更深,潭云:"何不下去?"山遂珍重,揭廉而出。见外面黑却回云:"门外黑。"潭遂点纸烛度与山,山方接,潭便吹灭。山豁然大悟,便礼拜。潭云:"子见个什么便礼拜?"山云:"某甲自今后,更不疑著天下老和尚舌头。"至来日,潭上堂云:"可中有个汉,牙如剑树,口似血盆,一棒打不回头。他时异日,向孤峰顶上,立吾道去在。"山遂取《疏钞》,于法堂前,将火炬举起云:"穷诸玄辩,若一毫置于太虚;竭世枢机,似一滴投于巨壑①。"遂烧之。

后闻沩山盛化,直造沩山,便作家相见。包亦不解,直上法堂,从东过西,从西过东,顾视云"无无",便出。且道意作么生?莫是颠么?人多错会,用作建立,直是无交涉。看他恁么,不妨奇特。所以道:"出群须是英灵汉,敌胜②还他师子儿。选佛若无如是眼,假饶千载又奚为?"到这里须是通方作者,方始见得。何故?佛法无许多事,那里著得情见来?是他心机那里有如许多阿劳。所以玄沙道:"直似秋潭月影,静夜钟声,随扣击以无亏,触波澜而不散,犹是生死岸头事。"到这里亦无得失是非,亦无奇特玄妙。既无奇特玄妙,作么生会他从东过西,从西过东?且道意作么生?沩山老汉也不管他。若不是沩山,也被他折挫一上。看他沩山老作家相见,只管坐观成败,若不深辩来风,争能如此?

---

① "穷诸玄辩……似一滴投于巨壑":意为穷尽了玄妙的思辨,也像一根毫毛放在太空;竭尽了世间的聪明才智,只像一滴水投入大海。此"太虚"、"巨壑",比喻真如佛性。
② "胜",《龙藏》、《驹本》作"圣"。

雪窦著语云："勘破了也！"一似铁橛相似。众中谓之著语，虽然在两边却不住在两边。作么生会他道"勘破了也"？什么处是勘破处？且道勘破德山，勘破沩山？

德山遂出，到门首却要拔本，自云："也不得草草。"要与沩山掀出五脏心肝法战一场，再具威仪却回相见。沩山坐次，德山提起坐具云："和尚！"沩山拟取拂子，德山便喝，拂袖而出。可杀奇特。众中多道："沩山怕他。"有甚交涉？沩山亦不忙，所以道：智过于禽获得禽，智过于兽获得兽，智过于人获得人。参得这般禅，尽大地森罗万象，天堂地狱，草芥人畜，一时作一喝来，他亦不管；掀倒禅床，喝散大众，他亦不顾。如天之高，似地之厚。沩山若无坐断天下人舌头底手脚时验他也大难。若不是他一千五百人善知识①，到这里也分疏不下。沩山是运筹帷幄，决胜千里。德山背却法堂，著草鞋便出去，且道他意作么生？尔道德山是胜是负？沩山怎么是胜是负？

雪窦著语云："勘破了也！"是他下工夫，见透古人聱讹极则处，方能恁么。不妨奇特。讷堂云："雪窦著两个勘破，作三段判，方显此公案。似傍人断二人相似。"

后来，这老汉缓缓地至晚方问首座："适来新到在什么处？"首座云："当时背却法堂，著草鞋出去也。"沩山云："此子已后向孤峰顶上盘结草庵，呵佛骂祖去在。"且道他意旨如何？沩山老汉不是好心，德山后来呵佛骂祖，打风打雨，依旧不出他窠窟，被这老汉见透平生伎俩。到这里唤作沩山与他受记得么②？

---

① 善知识：能教化众生远离恶法、修行善法的人（与恶知识相对）。
② 唤作沩山与他受记得么：这叫做沩山与他受记可以吗？"受记"，佛等所说的预言。

唤作泽广藏山，理能伏豹得么①？若恁么，且喜没交涉。

雪窦知此公案落处，敢与他断，更道："雪上加霜。"又重拈起来教人见。若见得去，许尔与沩山、德山、雪窦同参；若也不见，切忌妄生情解。

【雪窦颂古】

一勘破，言犹在耳。过。二勘破，两重公案。雪上加霜曾险堕。三段不同，在什么处？飞骑将军入虏庭，险！败军之将，无劳再斩，丧身失命。再得完全能几个？死中得活。急走过，傍若无人。三十六策，尽尔神通，堪作何用②？不放过，理能伏豹，穿却鼻孔。孤峰顶上草里坐。果然。穿过鼻孔，也未为奇特。为什么却在草里坐？咄！会么？两刃相伤。两两三三旧路行，唱拍相随。便打。

【圆悟评唱】

雪窦颂一百则公案，一则则焚香拈出，所以大行于世。他更会文章，透得公案，盘礴得熟，方可下笔。何故如此？龙蛇易辨，衲子难瞒。雪窦参透这公案，于节角聱讹处，著三句语，撮来颂出：雪上加霜，几乎险堕。

只如德山似什么？一似李广天性善射，天子封为飞骑将军。深入虏庭，被单于生获。广时伤病，置广两马间，络而盛卧。广遂诈死，睨其傍有一胡儿骑善马，广腾身上马推堕胡儿，夺其弓矢，鞭马南驰，弯弓射退追骑，以故得脱。这汉有这般手段，死

---

① 唤作泽广藏山，理能伏豹得么：此两句反问，均表示这样的说法太笼统太没有针对性了。
② "三十六策……堪作何用"：意为用尽你的三十六种计策和神通，又能顶什么事？"神通"，佛家指依修禅定而得的无碍不测之力用。又有五通（神足、天眼、天耳、他心、宿命等五神通）、六通（五通加漏尽通）等称谓。

中得活。雪窦引在颂中,用比德山再入相见,依旧被他跳得出去。看他古人,见到说到,行到用到,不妨英灵。有杀人不眨眼底手脚,方可立地成佛;有立地成佛底人,自然杀人不眨眼,方有自由自在分①。如今人有底问著,头上一似衲僧气概,轻轻拶著便腰做段、股做截,七支八离,浑无些子相续处。所以古人道,相续也大难。看他德山、沩山如此,岂是灭灭掣掣②底见解。

"再得完全能几个,急走过。"德山喝便出去,一似李广被捉后,设计一箭射杀一个番将,得出房庭相似。雪窦颂到此,大有工夫。德山背却法堂,著草鞋出去道得便宜,殊不知这老汉依旧不放他出头在。

雪窦道:"不放过。"沩山至晚间问首座:"适来新到在什么处?"首座云:"当时背却法堂,著草鞋去也。"沩山云:"此子他日向孤峰顶上,盘结草庵,呵佛骂祖去在。"几曾是放过来?不妨奇特。到这里,雪窦为什么道"孤峰顶上草里坐",又下一喝?且道落在什么处?更参三十年!

【点评】

这则公案描述了德山与沩山的一场法战:用行动和语言烘托、暗示自身对真如佛性的体悟,从而显出高低胜负。双方都能心会而又不点明,颇似古代的射覆游戏。

二人言行大意,我们权且作如此理会:德山的挟复走动及自言"无

---

① "有立地成佛底人……方有自由自在分":意为能立地成佛的人才能杀灭(自己或他人的)执著、妄想,也能使真如佛性显活,有这样的境界和手段,才能自由自在。这样"杀"、"活"同时的手段,称为"杀人刀、活人剑"。
② 灭灭掣掣:琐碎模糊,残缺不整。"灭灭掣掣",《龙藏》作"㷉㷉㷉㷉",《驹本》作"㷉㷉㷉㷉"。

无",其意为:真如佛性本空,要这些设施作甚?要你等诸人作甚?一来一往,早被我杀得片甲不存了!想借以唤出沩山"有"的反应,从而击败之。沩山默而任之,其意为:空有一如,本来如此;如说空,我连你都空掉了,理你做甚?德山只有败退。此偏重于沩山勘破德山(而雪窦又勘破"两山"),所以雪窦颂道:"一勘破。"

德山"便具威仪,再入相见",提坐具云:"和尚!"意为:你这次该露馅了吧?"沩山拟取拂子",意为:我看透你了,拂去你言行妄念,打你个清醒。"德山便喝,拂袖而去。"意为:我先喝空你,我亦本空。看似德山占上风,实际不然,下文自明。此为二人互勘(雪窦又勘破二人),所以雪窦颂曰:"二勘破……急走过,不放过……"

德山急走过,沩山并没有放过他,贼过后张弓,至晚间始评价说:"孤峰顶上,盘结草庵,呵佛骂祖去在。"不但勘破了德山当时的执"无"成"有"之相,而且勘破了其一生。

话说至此,或有人会提出疑问:"'评唱'所举,龙潭禅师的点、吹纸烛,为什么能让德山悟道?"我只好回答:"积疑顿悟,当下便是。"如求理悟,也可以说真如佛性犹如虚空,无杂无坏;明暗之境自相陵夺,虚空之性廓然不变。明此即易悟入。另请参详《楞严经》第一卷主客、空尘之义,亦应得个悟处。

或有人还会问:"如何能吃到婆婆的油糍?"记得当年先师元音老人曾举例回答说:"你知我也知,不能告诉他人知。"

五　雪峰①尽大地

【圜悟垂示】

大凡扶竖宗教②，须是英灵底汉，有杀人不眨眼底手脚，方可立地成佛。所以照用同时，卷舒齐唱，理事不二，权实并行。放过一着，建立第二义门；直下截断葛藤，后学初机难为凑泊③。昨日恁么，事不获已；今日又恁么，罪过弥天。若是明眼汉，一点谩他不得；其或未然，虎口里横身，不免丧身失命。试举看：

【雪窦举公案】

雪峰示众云：一盲引众盲，不为分外④。"尽大地撮来如粟米粒大，是什么手段？山僧从来不弄鬼眼睛。抛向面前，只恐抛不下，有

---

① 雪峰：雪峰义存（822~908），唐代禅师，泉州南安人，俗姓曾，号雪峰。参谒宣鉴，承其法系。后住福州象骨山，立庵兴法。相传因其山未冬先雪，盛夏尚寒，故又名雪峰。
② 宗教：此指禅宗与佛教的其他宗派。佛陀为适应教化对象而说之教法，称为教（教门）；教中之根本旨趣，则称为宗。另禅宗自谓为宗（宗门），即教外别传之禅门；而指依大小乘之经论等言教而立之教派为教。
③ 第二义门：指向下借义理教化学人的方法（亦称第二头，再等而下之，戏称第三头等），以别于向上真空实相无可言说的第一义门（亦称第一机、第一头）。凑泊：随便应付、轻易地达到。
④ 一盲引众盲，不为分外：风趣语，意为凡有言说皆非实义，再巧妙的语言也不是真空实相本身。

什么伎俩？漆桶不会①。倚势欺人，自领出去，莫谩大众好②。打鼓普请看③。"瞎。打鼓为三军。

【圜悟评唱】

长庆问云门④："雪峰与么道，还有出头不得处么？"门云："有。"庆云："作么生？"门云："不可总作野狐精见解。雪峰云：'匝上不足，匝下有余。'我更与尔打葛藤。"拈拄杖云："还见雪峰么？咄！王令稍严，不许攥夺行市。"大沩喆云："我更与喆⑤诸人，土上加泥。"拈拄杖云："看看雪峰向诸人面前放屙。咄！为什么屎臭也不知？"

雪峰示众云："尽大地撮来如粟米粒大。"古人接物利生，有奇特处，只是不妨辛勤。三上投子，九到洞山⑥，置漆桶木杓，到处作饭头，也只为透脱此事。及至洞山作饭头，一日洞山问雪峰："作什么？"峰云："淘米。"山云："淘沙去米，淘米去沙？"

---

① "尽大地撮来如粟米粒大……漆桶不会"：整个大地，拈起来不过像一粒米一样大，不开悟的人不能领悟。意在提示万物法性平等，破除学人对大小广狭等相对之偏见，而展现自在境界。
② "倚势欺人……莫谩大众好"：风趣语，意为雪峰上面称人"漆桶"的话，是仗势欺人，还是自领这种称号去，不要蒙蔽大家才好。
③ 打鼓普请看：打鼓召集众僧，请大家劳作去。意在启发大家从"尽大地"句去感悟佛性。
④ 长庆：长庆慧棱（854~932），唐末五代禅师。杭州盐官人（又作海盐人），俗姓孙，人称孙公。曾依止雪峰义存三十年，后嗣其法。曾住泉州长庆院，故又称"长庆慧棱"。云门：云门文偃（864~949），唐末五代禅师，为云门宗初祖。浙江嘉兴人，俗姓张。法名文偃。谒雪峰义存，受其宗印。又历叩诸方，参究玄要，声名渐著。后投于灵树如敏会下，被推为首座。
⑤ "喆"，《龙藏》、《驹本》作"你"。
⑥ 投子：投子大同（819~914），唐代禅师，舒州（安徽）怀宁人，俗姓刘。曾谒翠微无学，顿悟玄旨。其后周游四方，又归隐投子山，故后世多称之为"投子大同"。洞山：洞山良价（807~869），曹洞宗之祖。唐代越州会稽（今浙江绍兴）人，俗姓俞。谒南泉普愿，深领其旨。后参云岩昙晟，问无情说法之义，辞归时涉水睹影，大悟玄旨，并嗣其法。

峰云:"沙米一齐去!"山云:"大众吃个什么?"峰便覆盆。山云:"子缘在德山。"指令见之。才到便问:"从上宗乘中事,学人还有分也无?"德山打一棒云:"道什么?"因此有省。

后在鳌山阻雪,谓岩头①云:"我当时在德山棒下,如桶底脱相似。"岩头喝云:"尔不见道'从门入者,不是家珍②'?须是自己胸中流出,盖天盖地,方有少分相应③。"雪峰忽然大悟,礼拜云:"师兄,今日始是鳌山成道。"如今人只管道:古人特地做作,教后人依规矩。若恁么,正是谤他古人,谓之出佛身血④。古人不似如今人苟且,岂以一言半句以当平生?若扶竖宗教,续佛寿命,所以吐一言半句,自然坐断天下人舌头,无尔著意路、作情解、涉道理处。看他此个示众,盖为他曾见作家来,所以有作家钳锤。凡出一言半句,不是心机意识、思量鬼窟里作活计,直是超群拔萃,坐断古今,不容拟议。他家用处,尽是如此。

一日示众云:"南山有一条鳖鼻蛇,汝等诸人切须好看取。"时棱道者出众云:"恁么则今日堂中大有人丧身失命去在。"又云:"尽大地是沙门一只眼,汝等诸人向什么处屙⑤?"又云:"望州亭与汝相见了也,乌石岭与汝相见了也,僧堂前与汝相见了也。"时有僧出便问⑥:"僧堂前即且置,如何是望州亭、乌石

---

① 岩头:岩头全豁(828~887),唐末禅师,参德山宣鉴而契旨,因住鄂州岩头得名。
② 从门入者,不是家珍:从外边(别人那里)得到的,不是自家(印心)的珍宝。
③ 相应:与道(真空实相)的状态相融合。
④ 出佛身血:五逆罪之一,又作出佛身血罪。据《增一阿含经》卷四十七等所载,若伤害佛之身体以致出血者,则犯此罪,将堕无间地狱。禅林转指于清净佛性中生一念之执著。
⑤ 尽大地是沙门一只眼,汝等诸人向什么处屙:整个大地不过是真如佛性的体现,哪有你们这些人的心思言动处。"沙门",梵语"沙门那"等之转音,原意为勤修佛道、去除烦恼,后为对佛教出家人的通称。
⑥ "有僧出便问",原作"保福问鹅湖",据《龙藏》、《驹本》改。

岭相见处①？"雪峰②骤步归方丈。

他常举这般语示众，只如道"尽大地撮来如粟米粒大"，这个时节，且道以情识卜度得么？须是打破罗笼，得失是非一时放下，洒洒落落，自然透得他圈缋③，方见他用处。且道雪峰意在什么处？人多作情解道："心是万法之主，尽大地一时在我手里。"且喜没交涉。到这里，须是个真实汉，聊闻举著，彻骨彻髓见得透，且不落情思意想。若是个本色行脚衲子，见他怎么，已是郎当为人④了也。看他雪窦颂云：

【雪窦颂古】

牛头没，闪电相似，蹉过了也。马头回⑤，如击石火。曹溪镜里绝尘埃⑥。打破镜来与尔相见。须是打破始得。打鼓看来君不见，刺破尔眼睛，莫轻易好。漆桶！有什么难见处？百花春至为谁开？法不相饶。一场狼籍，葛藤窟里出头来。

【圜悟评唱】

雪窦自然见他古人，只消去他命脉上一扎，与他颂出："牛头没，马头回。"且道说个什么？见得透底，如早朝吃粥斋时吃饭相似，只是寻常。雪窦慈悲，当头一锤击碎，一句截断，只是不妨孤峻，如击石火、似闪电光，不露锋芒，无尔凑泊处。且道

---

① "僧堂前即且置……相见处"：句意为真如佛性即在目前，为什么还说远呢？（此事本空，不应分别，故下文"雪峰骤步归方丈"。）
② "雪峰"，原作"鹅湖"，据《龙藏》、《驹本》改。
③ 圈缋：指用以试探学人的圈套。
④ 郎当为人：此意指轻松洒脱悟入禅道。
⑤ 牛头没，马头回：意为人的思虑、念头快速多变，像牛头刚过去，马头又过来一样在佛性宝镜里或隐或现。
⑥ 曹溪镜里绝尘埃：意为在六祖的佛性境界里是没有尘埃的，甚至连此境界也不能说有。（此正是著语"打破镜来与尔相见"之意。）

向意根下摸索得么？此两句一时道尽了也。

雪窦第三句，却通一线道，略露些风规，早是落草①；第四句，直下更是落草。若向言上生言，句上生句，意上生意，作解作会，不唯带累老僧，亦乃辜负雪窦。古人句虽如此，意不如此，终不作道理系缚人。"曹溪镜里绝尘埃"，多少人道，静心便是镜，且喜没交涉。只管作计较道理，有什么了期？这个是本分说，山僧不敢不依本分，"牛头没，马头回"，雪窦分明说了也，自是人不见。所以雪窦如此郎当颂道："打鼓看来君不见。"痴人还见么？更向尔道："百花春至为谁开？"可谓豁开户牖，与尔一时"八字"打开了也。及乎春来，幽谷野涧，乃至无人处，百花竞发，尔且道更为谁开？

【点评】

雪峰所说"尽大地撮来如粟米粒大，抛向面前"，是提示给我们：面对天地万物大小纷繁，皆可体认心性一如；但须亲会亲见，别人不可能代替。"颂古"所云："打鼓看来君不见，百花春至为谁开？"是说，如上大张旗鼓地告知你，如你还不能领悟，那么再换个角度，请问：春天的百花是为谁开呢（不要再瞎了）？其意仍是在启发我们即物即用彻见佛性呀！

"评唱"里所述雪峰悟道中的故事，对我等初机颇具启发。雪峰淘米，为什么"米沙一齐去"？那就先请回答，赵州为什么引"至道无难，唯嫌拣择"？六祖为什么说"不思善，不思恶"？随后"峰便覆盆"（雪峰便把淘米盆反扣在地上），其意何在？诸位会得吗？

"评唱"里岩头说："从门入者，不是家珍。"读经论、听言教，恐

---

① 略露些风规，早是落草：略为透露一些风光法度，早可以说是落草（讲义理）为人了。

怕都是从门入者,那如何能从自家胸中流出呢?先师元音老人曾说,我们的所学、所修、所疑,皆如积累炸药的过程,渐集渐多,机缘到来,一遇石火电光轰然爆炸,如迅雷不可掩耳,无尔思量处。此正可明心见性,正是"曹溪镜里绝尘埃"的境界,正是"打破镜来与尔相见"的境界。此时还能再说什么呢?

六 云门十五日

【雪窦举公案】

云门垂语云："十五日已前不问汝，半河南，半河北。这里不收旧历日。十五日已后道将一句来。"不免从朝至暮，切忌道著。来日是十六，日月如流。自代云："日日是好日。"收，虾跳不出斗。谁家无明月清风，还知么？海神知贵不知价。

【圜悟评唱】

云门初参睦州①，州旋机电转，直是难凑泊。寻常接人，才跨门便搊住云："道道！"拟议不来，便推出云："秦时𨍏轹钻②。"云门凡去见至第三回，才敲门，州云："谁？"门云："文偃！"才开门便跳入，州搊住云："道道！"门拟议，便被推出门，一足在门阃内，被州急合门，拶折云门脚，门忍痛作声，忽然大

---

① 睦州：睦州道明（780~877），唐代禅师，黄檗希运禅师之法嗣。俗姓陈，居浙江睦州龙兴寺。常织蒲鞋，鬻而奉母，人称陈蒲鞋。学人叩问，随问随答，词语锐不可当。四方归慕，号为陈尊宿。尝接引修行中的云门文偃，以痛喝"秦时𨍏轹钻"，传为禅林佳话。

② 秦时𨍏轹钻：原指古老的钻孔工具，此为猛然截断思路而言。"𨍏轹"，《驹本》作"轹𨍏"。

悟。后来语脉接人，一模①脱出睦州。后于陈操尚书宅住三年。睦州指往雪峰处去，至彼出众便问："如何是佛？"峰云："莫寐语②。"云门便礼拜，一住三年。雪峰一日问："子见处如何？"门云："某甲见处与从上诸圣，不移易一丝毫许。"

灵树二十年不请首座，常云："我首座生也。"又云："我首座牧牛也。"复云："我首座行脚也。"忽一日令撞钟，三门③前接首座。众皆讶之。云门果至，便请入首座寮解包。

灵树人号曰知圣禅师，过去未来事皆预知。一日广主刘王将兴兵，躬入院，请师决臧否，灵树已先知，怡然坐化。广主怒曰："和尚何时得疾？"侍者对曰："师不曾有疾。适封一合子，令俟王来呈之。"广主开合，得一帖子云："人天眼目，堂中首座。"广主悟旨，遂寝兵。

请云门出世住灵树，后来方住云门。师开堂说法，有鞠常侍致问："灵树果子熟也未？"门云："什么年中，得信道生④？"复引刘王昔为卖香客等因缘，刘王后谥灵树为知圣禅师。灵树生生不失通，云门凡三生为王，所以失通。一日刘王诏师入内过夏，共数人尊宿皆受内人问讯说法，唯师一人不言，亦无人亲近。有一直殿使书一偈⑤，贴在碧玉殿上，云："大智修行始是禅，禅门宜默不宜喧。万般巧说争如实？输却云门总不言。"

---

① "模"，原作"摸"，据《龙藏》、《驹本》改。
② 莫寐语：不要说梦话（因问者住于"有"）。
③ 三门：又作山门，为禅宗伽蓝之正门。
④ 什么年中，得信道生：都到什么年头了，还会相信道果未成熟？
⑤ 偈：又称偈子、偈言，佛家用以表示佛理、禅境的有韵或无韵的短语。

云门寻常爱说三字禅："顾、鉴、咦①。"又说一字禅，僧问："杀父杀母，佛前忏悔。杀佛杀祖，向什么处忏悔?"门云："露。"又问："如何是正法眼藏?"门云："普。"直是不容拟议。到平铺处又却骂人，若下一句语，如铁橛子相似。后出四哲，乃洞山初、智门宽、德山密②、香林远，皆为大宗师。香林十八年为侍者，凡接他，只叫："远侍者!"远云："喏!"门云："是什么?"如此十八年，一日方悟。门云："我今后更不叫汝。"云门寻常接人，多用睦州手段，只是难为凑泊，有抽钉拔楔底钳锤。

雪窦道："我爱韶阳新定机，一生与人抽钉拔楔③。"垂个问头示众云："十五日已前不问汝，十五日已后道将一句来!"坐断千差，不通凡圣。自代云："日日是好日。"十五日已前，这语已坐断千差；十五日已后，这语也坐断千差。是他不道明日是十六，后人只管随语生解，有什么交涉？他云门立个宗风，须是有个为人处。垂语了，却自代云："日日是好日。"此语通贯古今，从前至后，一时坐断。山僧如此说，也是随语生解。他杀不如自杀，才作道理，堕坑落堑。云门一句中，三句俱备④。盖是他家宗旨如此，垂一句语，须要归宗，若不如此，只是杜撰。此事无许多论说，而未透者却要如此，若透得，便见古人意旨。看取雪

---

① 顾、鉴、咦：云门启发学人悟入禅道惯用的三个字。常见的说法是来僧请益，云门必以目"顾"之曰："鉴。"僧如拟议，云门则曰："咦。"
② "密"，《龙藏》、《驹本》作"圆"。
③ 我爱韶阳新定机，一生与人抽钉拔楔：我喜爱云门新设的机锋，他一生都在给人解除执著。"韶阳"，指云门文偃。
④ 云门三句：云门宗接引学人的方法，概括为"云门三句"。一般指"函盖乾坤句"、"截断众流句"、"随波逐浪句"，大体显示佛性的普遍性、超越性及顺机接人等作用，而要求在一句（甚至一字）之中都有所体现。

窦打葛藤。

【雪窦颂古】

去却一，七穿八穴，向什么处去？放过一著。拈得七，拈不出，却不放过。上下四维无等匹。何似生？上是天下是地，东南西北与四维，有什么等匹？争奈挂杖在我手里。徐行踏断流水声，莫问脚跟下。难为体究，打入葛藤窟里去了也。纵观写出飞禽迹①。眼里亦无此消息，野狐精见解。依前只在旧窠窟里。草茸茸，脑后拔箭，是什么消息？堕在平实处。烟幂幂，未出这窠窟。足下云生。空生岩畔花狼籍。在什么处，不唧噌汉？勘破了也！弹指堪悲舜若多，四方八面尽法界。向舜若多鼻孔里道将一句来，在什么处？莫动著，前言何在？动著时如何？动著三十棒。自领出去便打。

【圜悟评唱】

雪窦颂古，偏能如此，当头以金刚王宝剑②挥一下了，然后略露些风规。虽然如此，毕竟无有二解。"去却一，拈得七"，人多作算数会道："去却一"是十五日已前事。雪窦蓦头下两句言语印破了，却露出教人见。"去却一，拈得七"，切忌向言句中作活计，何故？胡饼有什么汁！人多落在意识中，须是向语句未生已前会取始得。

大用现前，自然见得也。所以释迦老子成道后，于摩竭提国，三七日中，思惟如是事："诸法寂灭相，不可以言宣。我宁

---

① 徐行踏断流水声，纵观写出飞禽迹：前句表达无为而不住的佛性境界，后句表达佛性的大机大用。
② 金刚王宝剑：最硬的金刚石所做的最坚利的宝剑。比喻接引学人的手段锐利，可当下斩断情识葛藤。此"临济四喝"的作用之一。

不说法，疾入于涅槃①。"到这里觅个开口处不得，以方便力故，为五比丘说已，至三百六十会，说一代时教，只是方便。所以脱珍御服，著弊垢衣，不得已而向第二义门中浅近之处诱引诸子；若教他向上全提，尽大地无一个半个。

且道作么生是第一句？到这里，雪窦露些意教人见，尔但上不见有诸佛，下不见有众生，外不见有山河大地，内不见有见闻觉知，如大死底人却活相似，长短好恶，打成一片，一一拈来更无异见。然后应用不失其宜，方见他道："去却一，拈得七，上下四维无等匹。"若于此句透得，直得上下四维无有等匹，森罗万象，草芥人畜，著著全彰自己家风。所以道："万象之中独露身，惟人自肯乃方亲。昔年谬向途中觅，今日看来火里冰。""天上天下惟我独尊"，人多逐末，不求其本，先得本正，自然风行草偃，水到渠成。

"徐行踏断流水声"，徐徐行动时，浩浩流水声也应踏断；"纵观写出飞禽迹"，纵目一观，直饶是飞禽迹亦如写出相似。到这里"镬汤炉炭吹教灭，剑树刀山喝便摧②"不为难事。雪窦到此，慈悲之故，恐人坐在无事界中，复道："草茸茸，烟幂幂。"所以盖覆却直得"草茸茸，烟幂幂"，且道是什么人境界？唤作"日日是好日"得么？且喜没交涉。直得"徐行踏断流水声"也不是，"纵观写出飞禽迹"也不是，"草茸茸"也不是，"烟幂

---

① 涅槃：梵语译音，原意指吹灭，或表吹灭的状态，其后转指烦恼之火灭尽，完成悟智（即菩提）的境界。此悟界超越生死（迷界），为佛教修持的终极目的。
② 镬汤炉炭吹教灭，剑树刀山喝便摧：此比喻佛性的大机大用可以摧毁一切艰险困苦。"镬汤炉炭"、"剑树刀山"，传说中的地狱景象。

幂"也不是，直饶总不恁么，正是"空生岩畔花狼籍"，也须是转过那边始得。

岂不见须菩提岩中宴坐，诸天雨花赞叹①，尊者曰："空中雨花赞叹复是何人？"天曰："我是天帝释。"尊者曰："汝何赞叹？"天曰："我重尊者善说般若波罗蜜多②。"尊者曰："我于般若，未尝说一字。汝云何赞叹？"天曰："尊者无说，我乃无闻，无说无闻是真般若。"又复动地雨花。

雪窦亦曾有颂云："雨过云凝晓半开，数峰如画碧崔嵬。空生不解岩中坐，惹得天花动地来③。"天帝既动地雨花，到这里更藏去那里？雪窦又道："我恐逃之逃不得，大方之外皆充塞。忙忙扰扰知何穷，八面清风惹衣裓。"直得净裸裸赤洒洒，都无纤毫患也未为极则。

且毕竟如何即是？看取下文云："弹指堪悲舜若多。"梵语"舜若多"，此云虚空神，以虚空为体，无身觉触，得佛光照方现得身。尔若得似舜若多神时，雪窦正好弹指悲叹。又云："莫动著。"动著时如何？白日青天，开眼瞌睡！

【点评】

禅宗语录常以"十五日前"（月未圆）暗喻初修阶段，"十五日"（月圆）暗喻明心，"十五日后"暗喻保任或"百尺竿头更进身"。

此公案中云门借以启示我们：过去的时日（十五日前）已了不可

---

① 须菩提：梵名译音，又称苏补底、须扶提等，意译为善业、空生等，乃佛陀十大弟子之一，被誉为解空第一。诸天：对诸天神的总称。
② 般若波罗蜜多：梵语译音。"般若"，意为佛性大智慧。"波罗蜜多"，意为到达彼岸。
③ "雨过云凝晓半开……惹得天花动地来"：意为心性本体的奇瑰景象，正如空生岩坐不说而说，诸天洒花不赞而赞的情景。

得，未来的时日（十五日后）也一样了不可得；如此看来，即在今日也是前念了不可得，后念亦了不可得，如这样空却当前念（去却一），即可百尺竿头再进一步，亲证亘古长存的真心（拈得七）。如此下去当然"上下四维无等匹"，当然"日日是好日"。

如此再向上提，机缘巧合即可感通见性，即可明白"徐行踏断流水声，纵观写出飞禽迹"的境界，这样"镬汤炉炭吹教灭，剑树刀山喝便摧"，也不为难事。但如没有恳切之心，不能于定中疑念打成一片，就不能"感而遂通"。"评唱"中云门的悟道因缘，在这方面正应该给我们诸多真切的启发。

尽管如此，也不能住此境界。"草茸茸，烟幂幂"，正是说要覆盖、空却前境界，即使这样也不是；甚至"空生岩畔花狼籍"，也不是；甚至像舜若多，住于虚影境界，也堪悲叹……如此总不是。如何才是？同仁共勉，待我们自己去会得。

七 法眼①答慧超

【圜悟垂示】

声前一句,千圣不传;未曾亲觌,如隔大千②。设使向声前辨得,截断天下人舌头,亦未是性躁汉。所以道:天不能盖,地不能载,虚空不能容,日月不能照,无佛处独称尊,始较些子③;其或未然,于一毫头上透得④,放大光明,七纵八横,于法自在自由,信手拈来无有不是。且道得个什么,如此奇特?复云:大众会么?从前汗马无人识,只要重论盖代功⑤。即今事且致,雪窦公案又作么生?看取下文:

---

① 法眼:法眼文益(885~958),唐末五代时禅师,我国法眼宗初祖。俗姓鲁,浙江余杭人。因云游湖湘,受地藏桂琛启发而大有省悟,诸方丛林咸仰其风。
② "声前一句……如隔大千":意为一念未生前的佛性本来面目,多少个圣者,也传达不出;没有见到它时,就像隔着大千世界。
③ 无佛处独称尊,始较些子:意为消除有佛的概念及境界虚影,才算差不多。
④ 一毫头上透得:指因日常某种机缘悟得佛性。
⑤ 从前汗马无人识,只要重论盖代功:从前的汗马功劳,人认识不到,只要重新评价现在谁有盖世的功勋。意为未悟前的盲修瞎练似乎没有太大的作用。

【雪窦举公案】

僧问法眼：道什么？担枷过状①。"慧超咨和尚：如何是佛？"道什么？眼睛突出。法眼云："汝是慧超！"依模脱出，铁馂馅②。就身打劫。

【圜悟评唱】

法眼禅师有啐啄同时底机，具啐啄同时③底用，方能如此答话。所谓超声越色，得大自在④，纵夺临时，杀活在我，不妨奇特。然而此个公案诸方商量者多，作情解会者不少。不知古人凡垂示一言半句，如击石火、似闪电光，直下拨开一条正路。后人只管去言句上作解会道："慧超便是佛，所以法眼恁么答。"有者道："大似骑牛觅牛。"有者道："问处便是。"有什么交涉！若恁么会去，不惟辜负自己，亦乃深屈古人。若要见他全机，除非是一棒打不回头底汉，牙如剑树、口似血盆，向言外知归，方有少分相应；若一一作情解，尽大地是灭胡种族底汉。只如超禅客于此悟去，也是他寻常管带参究，所以一言之下，如桶底脱相似。

只如则监院在法眼会中，也不曾参请入室，一日法眼问云："则监院何不来入室？"则云："和尚岂不知？某甲于青林处有个入头。"法眼云："汝试为我举看！"则云："某甲问如何是佛？林云：'丙丁童子来求火'。"法眼云："好语！恐尔错会，可更说

---

① 担枷过状：担着枷锁（刑具）受审。意为既询问就准备自身受惩罚。"担枷"，原作"檐枷"，据《龙藏》、《驹本》改。下同不注。
② 铁馂馅：比喻答话难嚼难咬，不可思议。
③ 啐啄同时：原指孵鸡出壳时，雏鸡在内以嘴吮壳声名为啐，母鸡在外以嘴啅壳声名为啄。借指学人请师家启发为啐，师启发学人为啄。
④ 得大自在：此指真如佛性力用广大，凡有所为无不如意，又毫无挂碍。

看?"则云:"丙丁属火,以火求火。如某甲是佛,更去觅佛。"法眼云:"监院果然错会了也!"则不愤,便起单①渡江去。法眼云:"此人若回可救,若不回救不得也。"则到中路自忖云:"他是五百人善知识,岂可赚我耶?"遂回再参。法眼云:"尔但问我,我为尔答。"则便问:"如何是佛?"法眼云:"丙丁童子来求火!"则于言下大悟。如今有者,只管瞠眼作解会,所谓彼既无疮,勿伤之也。这般公案,久参者一举便知落处,法眼下谓之箭锋相拄,更不用五位君臣、四料简②,直论箭锋相拄。是他家风如此,一句下便见,当阳便透;若向句下寻思,卒摸索不著。

法眼出世,有五百众,是时佛法大兴。时韶国师久依疏山,自谓得旨,乃集疏山平生文字顶相③,领众行脚。至法眼会下,他亦不去入室,只令参徒随众入室。一日法眼升座,有僧问:"如何是曹源一滴水④?"法眼云:"是曹源一滴水。"其僧惘然而退。韶在众闻之,忽然大悟,后出世,承嗣法眼。有颂呈云:"通玄峰顶,不是人间。心外无法,满目青山。"法眼印云:"只这一颂,可继吾宗。子后有王侯敬重,吾不如汝。"看他古人,怎么悟去是什么道理?不可只教山僧说,须是自己二六时中打办精神,似怎么与他承当,他日向十字街头垂手为人⑤,也不为难

---

① 起单:禅林用语,原指起离禅座,引申为禅僧离寺庙而去。
② 五位君臣:曹洞宗祖师洞山所设。以理体为君为正位,以事用为臣为偏位,其偏正二位相交互,建立五种名目以接引学人。四料简:即四种简别法,又作四料拣。临济义玄所设教导学人之四种规则,即夺人不夺境、夺境不夺人、人境俱夺、人境俱不夺。
③ 疏山:指唐末疏山匡仁禅师。顶相:原指佛祖顶髻之相,佛祖顶上有肉髻,一切人天不能得见,故有"无见顶相"之称,其后转用为禅宗祖师及先德之肖像。
④ 曹源一滴水:即六祖曹溪法脉。
⑤ 向十字街头垂手为人:意为悟得殊途同归的根本境界,才能接引教化学人。

事。所以僧问法眼："如何是佛？"法眼云："汝是慧超！"有甚相辜负处？不见云门道："举不顾，即差互。拟思量，何劫悟？"雪窦后面颂得不妨显赫。试举看：

【雪窦颂古】

江国春风吹不起，尽大地那里得这消息？文彩已彰。鹧鸪啼在深花里？喃喃何用？又被风吹别调中。岂有恁么事？三级浪高鱼化龙，通这一路，莫谩大众好。踏著龙头。痴人犹戽夜塘水。扶篱摸壁、挨门傍户①，衲僧有什么用处？守株待兔。

【圜悟评唱】

雪窦是作家，于古人难咬难嚼、难透难见、节角诮讹处，颂出教人见，不妨奇特。雪窦识得法眼关捩子②，又知慧超落处，更恐后人向法眼言句下错作解会，所以颂出这僧如此问、法眼如是答，便是"江国春风吹不起，鹧鸪啼在深花里"。此两句只是一句，且道雪窦意在什么处？江西、江南多作两般解会道："江国春风吹不起"，用颂"汝是慧超"。只这个消息，直饶江国春风也吹不起。"鹧鸪啼在深花里"，用颂诸方商量这话浩浩地，似鹧鸪啼在深花里相似。有什么交涉？殊不知，雪窦这两句只是一句，要得无缝无罅，明明向汝道：言也端，语也端，盖天盖地。他问："如何是佛？"法眼云："汝是慧超！"雪窦道："江国春风吹不起，鹧鸪啼在深花里。"向这里荐得去，可以丹霄独步；尔

---

① 扶篱摸壁、挨门傍户：比喻有依赖、有执著，不能悟入。
② "关捩子"，原为"关棙子"，《驹本》同。据上下文改。

若作情解，三生六十劫①。

雪窦第三、第四句忒杀伤慈，为人一时说破：超禅师当下大悟处，如"三级浪高鱼化龙，痴人犹戽夜塘水"。禹门三级浪，孟津即是龙门，禹帝凿为三级。今三月三，桃花开时，天地所感，有鱼透得龙门，头上生角，昂鬐鬣尾，拿云而去，跳不得者点额而回。痴人向言下咬嚼，似戽夜塘之水求鱼相似，殊不知，鱼已化为龙也。端师翁②有颂云："一文大光钱，买得个油糍。吃向肚里了，当下不闻饥。"此颂极好，只是太拙。雪窦颂得极巧，不伤锋犯手。旧时庆藏主爱问人："如何是'三级浪高鱼化龙'？"我也不必在，我且问尔：化作龙去，即今在什么处？

【点评】

此公案法眼答："汝是慧超！"其意何在？为什么能使慧超当即如桶底脱？姑且可说，意想不到的答话直触其心，如击石火、似闪电光，直下指开一条正路。如此问、如是答，言也端，语也端，盖天盖地，所感所会，如人饮水，冷暖自知。此正是"江国春风吹不起，鹧鸪啼在深花里"。

尽管如此，如我等仍不能就此悟入，只好继续参学"评唱"所举的公案：为什么监院知道"丙丁童子来求火"的含义不能悟入，而听到法眼答一句"丙丁童子来求火"即可使他言下大悟？为什么法眼答某僧"是曹源一滴水"，韶国师闻之即大悟？此只能说，这不是概念的理解，是"声前一句"状态下瞬间的一念相应；答案即在问处，如能"啐啄同

---

① 三生六十劫："三生"，指前生、今生、后生。"劫"，指极长的时间单位（其说不一）。佛家言，断尽三界之烦恼，证阿罗汉果，其极速者三生，极迟者则经六十劫。此指悟入尚需漫长时日。
② 端师翁：指白云守端禅师，为圜悟禅师之师翁。

时"、"箭锋相拄"当下回光即可得悟;其他也只好说,"眼前有景道不得"了。

明乎此,如能二六时中净念相续,抱疑求悟,机缘到时,定能当下会得"鹧鸪啼在深花里"的风光,定能避免"痴人犹庠夜塘水"的遗憾。

八 翠岩①夏末示徒

【圜悟垂示】

会则途中受用，如龙得水，似虎靠山②；不会则世谛流布，羝羊触藩③，守株待兔。有时一句，如踞地狮子④；有时一句，如金刚王宝剑；有时一句，坐断天下人舌头；有时一句，随波逐浪⑤。若也途中受用，遇知音、别机宜、识休咎，相共证明⑥；若也世谛流布，具一只眼可以坐断十方，壁立千仞⑦。所以道大用现前，不存轨则⑧，有时将一茎草作丈六金身用，有时将丈六金身作一茎草用。且道凭个什么道理？还委悉么？试举看：

---

① 翠岩：翠岩永明，五代时禅师，雪峰义存之法嗣，因住于明州翠岩山得名。
② 会则途中受用，如龙得水，似虎靠山：如能领会（佛性意），即可受用如龙得水、似虎靠山的乐趣与自由。
③ 世谛：即俗谛、世俗的道理。羝羊触藩：公羊将角钩在篱笆上，比喻进退不得状。
④ 踞地狮子：以狮子四爪踞地待发的威势，比喻接引手段威猛，可使学人顿断妄念。
⑤ 随波逐浪：云门三句之一，意为顺机接引学人。
⑥ "若也途中受用……相共证明"：意为如果能享用修持中的快乐与自由，就可以与同道知音在审视机宜、辨别吉凶等方面共相证明。
⑦ "若也世谛流布……壁立千仞"：意为如果世俗的道理泛滥，你可以用开悟的眼光与手段，建立坐断十方、壁立千仞的高境界助其悟入佛道。
⑧ 大用现前，不存轨则：意为佛性的大机大用展现时，不存固定的程式和手段。

【雪窦举公案】

翠岩夏末示众云："一夏以来，为兄弟说，开口焉知怎么？看翠岩眉毛在么①?"只赢得眼睛也落地，和鼻孔也失了。入地狱如箭射。保福云："作贼人心虚。"灼然是贼识贼。长庆云："生也。"舌头落地，将错就错。果然。云门云："关。"走在什么处去？天下衲僧跳不出。败也。

【圜悟评唱】

古人有晨参暮请②，翠岩至夏末，却恁么示众，然而不妨孤峻，不妨惊天动地。且道一大藏教五千四十八卷，有说心说性、说顿说渐，还有这个消息么？一等是恁么时节，翠岩就中奇特。看他怎么道，且道他意落在什么处？古人垂一钩，终不虚设，须是有个道理为人。人多错会道："白日青天说无向当话，无事生事。夏末先自说过，先自点检，免得别人点检他。"且喜没交涉。这般见解，谓之灭胡种族。历代宗师出世，若不垂示于人，都无利益图个什么？到这里见得透，方知古人有驱耕夫之牛，夺饥人之食手段③。如今人问著，便向言句下咬嚼，眉毛上作活计。看他屋里人，自然知他行履处，千变万化、节角聱讹，著著有出身之路，便能如此与他酬唱。

此语若无奇特，云门、保福、长庆三人，哑哑地与他酬唱作什么？保福云："作贼人心虚。"只因此语，惹得适来说许多情

---

① 夏末示众：指夏日安居的最后一天（解夏）对众宣讲。"夏日安居"，又名坐夏、坐腊，即夏季三个月僧众不得外出行脚，集中一起致力坐禅和参悟佛法。眉毛在么：禅林传说，若误说佛法，罪过将致须眉脱落。故有此问。
② 晨参暮请：禅林制度，早晨师家普讲，或自参学；晚上学人个别入丈室请师开示。
③ 驱耕夫之牛，夺饥人之食手段：此比喻断绝学人的执著与依赖，使之悟入空性。

解,且道保福意作么生?切忌向句下觅他古人。尔若生情起念,则换尔眼睛。殊不知,保福下一转语,截断翠岩脚跟。

长庆云:"生也。"人多道:"长庆随翠岩脚跟转,所以道生也。"且得没交涉。不知长庆自出他见解道"生也",各有出身处。我且问尔:是什么处是生处?一似作家面前金刚王宝剑,直下便用,若能打破常流见解,截断得失是非,方见长庆与他酬唱处。

云门云:"关。"不妨奇特,只是难参。云门大师,多以一字禅示人;虽一字中,须具三句。看他古人,临机酬唱,自然与今时人迥别。此乃下句底样子。他虽如此道,意决不在那里。既不在那里,且道在什么处?也须子细自参始得。若是明眼人,有照天照地底手脚,直下八面玲珑。

雪窦为他一个"关"字和他三个,穿作一串颂出:

【雪窦颂古】

翠岩示徒,这老贼,教坏人家男女。千古无对。千个万个,也有一个半个。分一节。"关"字相酬,不信道,不妨奇特。若是恁么人,方解恁么道。失钱遭罪。饮气吞声,雪窦也不少。和声便打。潦倒保福,同行道伴,犹作这去就。两个三个。抑扬难得。放行把住,谁是同生同死?莫谤他好。且喜没交涉。唠唠翠岩,这野狐精,合取口好。分明是贼。道著也不妨。捉败了也。白圭无玷,还辨得么?天下人不知价。谁辨真假?多只是假,山僧从来无眼。碧眼胡僧。长庆相谙,是精识精,须是他始得。未得一半在。眉毛生也。在什么处?从顶门上至脚跟下,一茎草也无。

【圜悟评唱】

雪窦若不恁么慈悲颂出令人见，争得名善知识？古人如此，一一皆是事不获已，盖为后学著他言句，转生情解，所以不见古人意旨。如今忽有个出来，掀倒禅床、喝散大众，怪他不得。虽然如此，也须实到这田地始得。

雪窦道："千古无对。"他只道："看翠岩眉毛在么？"有什么奇特处，便乃"千古无对"？须知古人吐一言半句出来，不是造次，须是有定乾坤底眼始得。雪窦著一言半句，如金刚王宝剑、如踞地狮子、如击石火、似闪电光，若不是顶门具眼，争能见他古人落处？这个示众直得"千古无对"，过于德山棒、临济喝。且道雪窦为人意在什么处？尔且作么生会他道"千古无对"？

"关字相酬，失钱遭罪。"这个意如何？直饶是具透关底眼，到这里也须子细始得。且道是翠岩"失钱遭罪"、是雪窦"失钱遭罪"、是云门"失钱遭罪"？尔若透得，许尔具眼。"潦倒保福，抑扬难得。"抑自己扬古人，且道保福在什么处是抑，什么处是扬？"唠唠翠岩，分明是贼。"且道他偷什么来，雪窦却道是贼？切忌随他语脉转却，到这里须是自有操持始得。"白圭无玷"，颂翠岩大似白圭相似，更无些瑕翳。"谁辨真假"。可谓罕有人辨得。

雪窦有大才，所以从头至尾，一串穿却。末后却方道："长庆相谙，眉毛生也。"且道"生也"在什么处？急著眼看。

【点评】

本则公案显示了翠岩禅师竭诚为人的一片婆心；保福、长庆、云门的答话，互助互补，圆融无碍，烘托出了佛家的真空实相。

从翠岩的角度看,说少了怕学人不明不悟,说多了又恐学人死于句下而仍不得悟,所以在夏安居的最后一日,又提醒学人"看翠岩眉毛在么?"如灵龟曳尾,想扫去言说之迹,借以提示当下返照空性。

保福说:"作贼人心虚。"是提醒大家:翠岩有言外之意。长庆说:"生也。"非单是告诉学人,翠岩这样做非但无罪,反而有功,眉毛长得会更旺盛,而且提醒大众,即此可生起非空非有的真空实相境界。话说至此,云门又恐人再陷入"有"的窠臼,又提醒说:"关!"其意或说,关闭前面诸言说,正显实相,或说以上翠岩等诸说,正是学人参禅的一"关",如能参透则独步丹霄。

明乎此,下面"雪窦颂古"所寓之意即可一目了然。我再说更是"失钱遭罪"!

九　赵州东西南北

【圜悟垂示】

明镜当台，妍丑自辨；镆铘在手，杀活临时①。汉去胡来，胡来汉去；死中得活，活中得死②。且道到这里又作么生？若无透关底眼③、转身处，到这里灼然不奈何。且道如何是透关底眼、转身处？试举看：

【雪窦举公案】

僧问赵州："如何是赵州？"河北河南总说不著。烂泥里有刺。不在河南，正在河北。州云："东门西门南门北门。"开也。相骂饶尔接嘴，相唾饶尔泼水。见成公案④，还见么？便打。

---

① "明镜当台……杀活临时"：意为如明镜当台映照，美丑的形象自可明辨；又如镆铘宝剑拿在手中，杀死还是放生当下即可决定。"当"，《龙藏》、《驹本》作"临"。明镜：比喻佛性的境界。镆铘：古代名剑，此喻佛性威力。
② "汉去胡来……活中得死"：此比喻心物映在自性佛光宝镜里的景象，来而自现，去而不留，不住死活、空有。
③ 透关底眼：能看透公案和禅修中关键处的眼光。
④ 见成公案：意为明摆着的赵州四座城门，即是一则现成的公案。

【圜悟评唱】

大凡参禅问道明究自己，切忌拣择言句。何故？不见赵州举道："至道无难，唯嫌拣择。"又不见云门道：如今禅和子，三个五个聚头口喃喃地，便道"这个是上才语句，那个是就身处打出语"，不知古人方便门中，为初机后学，未明心地、未见本性，不得已而立个方便语句。如祖师西来，单传心印，直指人心，见性成佛，那里如此葛藤？须是斩断语言，格外见谛，透脱得去可谓如龙得水、似虎靠山。久参先德，有见而未透，透而未明，谓之请益；若是见得透，请益却要语句上周旋，无有凝滞。久参请益，与贼过梯，其实此事不在言句上。所以云门道："此事若在言句上，三乘十二分教，岂是无言句？何须达磨西来？"汾阳十八问中，此问谓之验主问①，亦谓之探拔问。

这僧致个问头，也不妨奇特，若不是赵州，也难抵对他。这僧问："如何是赵州？"赵州是本分作家，便向道："东门西门南门北门。"僧云："某甲不问这个赵州。"州云："尔问那个赵州？"后人唤作"无事禅"，赚人不少。何故？他问赵州，州答云"东门西门南门北门"，所以只答他赵州。尔若恁么会，三家村里汉②，更是会佛法去，只这便是破灭佛法。如将鱼目比况明珠，似则似，是则不是。山僧道："不在河南，正在河北。"且道是有事是无事？也须是子细始得。

---

① 汾阳十八问：宋代临济宗禅师汾阳善昭，将学人对师家之问话的类型分为十八种，禅林称"汾阳十八问"。验主问：指学人探知师家之见地的问法。
② 三家村里汉：偏僻小乡村里没有见过世面的人。

远录公云:"末后一句始到牢关①,指南之旨不在言诠。"十日一风,五日一雨,安邦乐业,鼓腹讴歌,谓之太平时节,谓之无事;不是拍盲便道无事,须是通过关捩子,出得荆棘林,净裸裸赤洒洒,依前似平常人。由尔有事也得,无事也得,七纵八横,终不执无定有。

有般底人道:"本来无一星事,但只遇茶吃茶、遇饭吃饭。"此是大妄语,谓之未得谓得,未证谓证,元来不曾参得透。见人说心说性,说玄说妙,便道只是狂言,本来无事。可谓一盲引众盲。殊不知祖师未来时,那里唤天作地、唤山作水来?为什么祖师更西来?诸方升堂入室,说个什么,尽是情识计较。若是情识计较,情尽方见得透;若见得透,依旧天是天、地是地、山是山、水是水。

古人道:"心是根,法是尘,两种犹如镜上痕②。"到这个田地,自然净裸裸赤洒洒。若极则理论,也未是安稳处在。到这里,人多错会,打在无事界里,佛也不礼、香也不烧,似则也似,争奈脱体不是。才问著却是极则相似,才掭著七花八裂,坐在空腹高心处,及到腊月三十③日,换手搥胸,已是迟了也。这僧怎么问,赵州怎么答,且道作么生摸索?恁么也不得,不恁么也不得,毕竟如何?这些子是难处,所以雪窦拈出来,当面示人。

---

① 末后一句:禅宗指彻悟至极时,对世间差别智的体验,本为无言可表的境界。牢关:(禅宗悟道三关之一)意为禅家向上境界中坚固难破的最后关隘。
② "心是根……两种犹如镜上痕":"心根",心之所依之六根(眼、耳、鼻、舌、身、意);"法尘",诸法所染污情识之尘。此二者皆为佛光宝镜上的污痕,皆可空去。
③ 腊月三十:年末最后一天。暗指生命的最后时日。

赵州一日坐次，侍者报云："大王来也。"赵州矍然云："大王万福！"侍者云："未到，和尚！"州云："又道来也？"参到这里，见到这里，不妨奇特。南禅师拈云："侍者只知报客，不知身在帝乡；赵州入草求人，不觉浑身泥水。"这些子实处，诸人还知么？看取雪窦颂：

【雪窦颂古】

句里呈机劈面来，响！鱼行水浊，莫谤赵州好。烁迦罗眼绝纤埃。撒沙撒土，莫带累赵州。捞天摸地作什么？东西南北门相对，开也。那里有许多门？背却赵州城，向什么处去？无限轮锤击不开。自是尔轮锤不到。开也！

【圜悟评唱】

赵州临机，一似金刚王宝剑，拟议即截却尔头，往往更当面换却尔眼睛。这僧也敢捋虎须致个问头，大似无事生事，争奈句中有机。他既呈机来，赵州也不辜负他问头，所以亦呈机答。不是他特地如此，盖为透底人自然合辙，一似安排来相似。不见有一外道①，手握雀儿，来问世尊云："某甲手中雀儿，是死耶是活耶？"世尊遂骑门阃云："尔道我出耶入耶？"一本云："世尊竖起拳头云：开也合也？"外道无语，遂礼拜。此话便似这公案。古人自是血脉不断，所以道"问在答处，答在问处"。

雪窦如此见得透，便道："句里呈机劈面来。"句里有机，如带两意，又似问人，又似问境相似。赵州不移易一丝毫，便向他道："东门西门南门北门。""烁迦罗眼绝纤埃"，此颂赵州人境俱

---

① 外道：指佛教外的其他宗教，又称外教、外法等。

夺,向句里呈机与他答,此谓之有机有境,才转便照破他心胆。若不如此难塞他问头。"烁迦罗眼"者,是梵语,此云坚固眼,亦云金刚眼,照见无碍。不唯千里明察秋毫,亦乃定邪决正,辨得失、别机宜、识休咎。

雪窦云:"东西南北门相对,无限轮锤击不开。"既是无限轮锤,何故击不开?自是雪窦见处如此,尔诸人又作么生得此门开去?请参详看。

【点评】

僧问赵州:"如何是赵州?"此句中暗伏禅机:此"赵州",明指赵州城,暗指赵州和尚的禅法特点。赵州劈面而答:"东门西门南门北门。"正可暗应其伏机:此"四门",即可回答赵州城的特点,又可回答赵州和尚的禅法特点。问得好,答得妙,令人叫绝。

或有人会问:此"四门"如何能回答赵州禅法的特点呢?我们只好落草为人:赵州禅法像此"四门"一样,无不可入,无不可通;而且本来现成、本来如此,像"四门"一样就摆在那里呀!初听赵州所答,似乎是仅答赵州城特点的有意味语,再品味一下,原来泥里有刺,更像是说佛法本来如此的无意味语。"烁迦罗眼绝纤埃",这正能体现赵州的高明处,当下将问者人境俱夺,从而使其当下悟得空性而与道相应。

公案中圜悟的著语,"不在河南,正在河北",与赵州所答有异曲同工之妙。同人会得吗?雪窦"颂古":"东西南北门相对,无限轮锤击不开。"请问"门"在哪里?我等击也未击?开也未开?

一〇　睦州问僧甚处

【圜悟垂示】

恁么恁么，不恁么不恁么，若论战也，个个立在转处①。所以道，若向上转去，直得释迦、弥勒，文殊、普贤，千圣万圣，天下宗师普皆饮气吞声；若向下转去，醯鸡、蠛蠓、蠢动、含灵，一一放大光明，一一壁立万仞②。倘或不上不下，又作么生商量？有条攀条，无条攀例。试举看：

【雪窦举公案】

睦州问僧："近离甚处？"探竿影草③。僧便喝，作家禅客。且莫诈，明头也解恁么去。州云："老僧被汝一喝。"陷虎之机，猱人作么④？僧又喝，看取头角，似则似，是则未是，只恐龙头蛇尾。州云："三喝四喝后作么生？"逆水之波，未曾有一人出得头，入那里去。僧

---

① 若论战也，个个立在转处：如说禅家的斗机锋，人人都应立在灵活转换处。
② "若向上转去……一一壁立万仞"：意为如果向上一路转换，就是释迦佛、弥勒佛，文殊菩萨、普贤菩萨，乃至千万个圣人都无可言表；如果向下一路转换，即使微小的昆虫类，也应让它领悟佛法，有可能达到大放光明、壁立万仞的境界。
③ 探竿影草："探竿"，探查之用具。"影草"，隐身之用具。引申为探测学人悟境的手段。
④ 陷虎之机，猱人作么：意为本是陷虎之机，用来作弄人干什么呢？"陷虎之机"，禅林常以之比喻禅师权且使人一时空心的手段。

无语,果然摸索不著。州便打云:若使睦州尽令而行,尽大地草木,悉斩为三段。"这掠虚头汉①!"放过一著,落在第二。

【圜悟评唱】

大凡扶竖宗教,须是有本分宗师眼目、有本分宗师作用②。睦州机锋③,如闪电相似,爱勘座主。寻常出一言半句,似个荆棘丛相似,著脚手不得。他才见僧来,便道:"见成公案,放尔三十棒!"又见僧云:"上座!"僧回首,州云:"担板汉④!"又示众云:"未有个入头处,须得个入头处;既得个入头处,不得辜负老僧。"睦州为人多如此。

这僧也善雕琢,争奈龙头蛇尾。当时若不是睦州,也被他惑乱一场。只如他问:"近离什么处?"僧便喝。且道他意作么生?这老汉也不忙,缓缓地向他道:"老僧被汝一喝。"似领他话在一边,又似验他相似,斜身看他如何⑤?这僧又喝,似则似,是则未是,被这老汉穿却鼻孔来也。遂问云:"三喝四喝后作么生?"这僧果然无语,州便打云:"这掠虚头汉!"验人端的处,下口便知音。可惜许,这僧无语,惹得睦州道:"掠虚头汉。"若是诸人,被睦州道"三喝四喝后作么生",合作么生只对,免得他道"掠虚头汉"?这里若是识存亡、别休咎,脚踏实地汉,谁管三喝四喝后作么生?只为这僧无语,被这老汉便据款结案。听取雪窦

---

① 掠虚头汉:掠取虚妄名声的人。指似是而非的禅者。
② 宗教:此指佛家禅宗。本分宗师:此指能直指人心、启人明心见性的禅师。
③ 机锋:禅林用语,"机",机宜,指适宜的机缘或火候。"锋",锐利的锋刃,此比喻能激发人的言语或行动。
④ "担板汉",原为"檐板汉",《龙藏》、《驹本》亦同。"檐"应为"担"之误,故改。下同不注。
⑤ 斜身看他如何:意为斜身站着,做半攻半守的姿态观察对方动静。

颂出：

【雪窦颂古】

两喝与三喝，雷声浩大，雨点全无。自古至今，罕有人恁么。作者知机变。若不是作家争验得？只恐不恁么。若谓骑虎头，囡！瞎汉。虎头如何骑？多少人恁么会，也有人作这见解。二俱成瞎汉①。亲言出亲口，何止两个？自领出去。谁瞎汉？教谁辨？赖有末后句。泊乎赚杀人。拈来天下与人看！看即不无，觑②著即瞎。阇黎③若著眼看，则两手搣空④。恁么举且道是第几机？

【圜悟评唱】

雪窦不妨有为人处，若不是作者，只是胡喝乱喝。所以古人道："有时一喝不作一喝用，有时一喝却作一喝用，有时一喝如踞地狮子，有时一喝如金刚王宝剑⑤。"兴化⑥道："我见尔诸人，东廊下也喝，西廊下也喝。且莫胡喝乱喝，直饶喝得兴化上三十三天，却扑下来，气息一点也无，待我苏醒起来，向汝道：'未在。'何故？兴化未曾向紫罗帐里撒真珠与尔诸人在，只管胡喝

---

① 若谓骑虎头，二俱成瞎汉：意为如果谁说喝者在斗机锋中掌握了主动、控制了杀活，那么喝者与说者都是没有眼光的瞎子。
② "觑"，原作"觎"，据《龙藏》、《驹本》改。下同不注。
③ 阇黎：阿阇黎之简称。为梵语音译，原意为能纠正弟子品行的人，后指称僧徒教授或密宗上师，又用于尊称。"黎"，原作"梨"，《龙藏》作"黎"，为文中统一故改。
④ 两手搣空：用两手击打虚空。
⑤ "有时一喝不作一喝用……有时一喝如金刚王宝剑"：此为"临济四喝"说法之一种。一般说法，第一喝为启发大机之喝，在学人执著知解情量，拘于名相言句时鸣之，犹如宝剑截物；第二喝为呈现大机大用之喝，在学人测度师家，来呈小机小见时，震威一喝，犹如狮子哮吼野干（狐类）脑裂；第三喝为师家勘验学人或学人测试师家时所用勘验之喝；第四喝为向上之喝，虽不入前三喝之中，却能将前三喝收摄在其中。
⑥ 兴化：兴化存奖（830~925），唐末禅师。河北蓟县人，俗姓孔。临济义玄之法嗣。因住于河北魏府兴化寺，发扬临济义玄之禅风而得名。示寂后敕谥"广济大师"。有《兴化禅师语录》行世。

乱喝作什么？"临济①道："我闻汝等总学我喝，我且问尔：东堂有僧出，西堂有僧出，两个齐下喝，那个是宾？那个是主？尔若分宾主②不得，已后不得学老僧。"

所以雪窦颂道："作者知机变。"这僧虽被睦州收，他却有识机变处。且道什么处是这僧识机变处？鹿门智禅师点这僧云："识法者惧。"岩头道："若论战也，个个立在转处。"黄龙心和尚道："穷则变，变则通。"这个些子，是祖师坐断天下人舌头处。尔若识机变，举著便知落处。有般汉云："管他道三喝四喝作什么？只管喝将去，说什么三十二十喝，喝到弥勒佛下生，谓之骑虎头。"若恁么知见，不识睦州则故是，要见这僧太远在。

如人骑虎头，须是手中有刀，兼有转变始得。雪窦道：若恁么，"二俱成瞎汉"。雪窦似倚天长剑，凛凛全威，若会得雪窦意，自然千处万处一时会。便见他雪窦后面颂，只是下注脚。又道："谁瞎汉？"且道是宾家瞎是主家瞎？莫是宾主一时瞎么？"拈来天下与人看"，此是活处，雪窦一时颂了也。为什么却道"拈来天下与人看"？且道作么生看？开眼也著，合眼也著，还有人免得么？③

---

① 临济：临济义玄（？~867），临济宗初祖。唐代曹州南华人，俗姓邢。初到江西参黄檗希运，又礼谒高安大愚、沩山灵祐等。又还黄檗受印可。后住镇州（今河北正定）临济院，设"三玄三要"、"四料简"等机法接引徒众，更以机锋峭峻著名于世。师接化学人，每以叱喝显大机用。其对参禅行者极为严苛，然学徒奔凑，门风兴隆，为我国禅宗最盛之一派。
② 宾主：临济宗常用的说法。指禅师接引学人或互相勘验时，所体现的师家、学人，主动、被动，智体、境界，内证、外用等对应关系。其中前者为"主"，后者为"宾"。
③ 卷末原有"补白"，因与正文无关删之。下同不注。

【点评】

临济之喝震魂慑魄、名满天下，但此公案中的某僧，仅得其形，未解其理，未得其心，当然不能得其用。睦州闻喝，从容不迫说道："老僧被汝一喝。"又像是认可，又像是勘验，斜身（能攻能守的姿势）看其如何？僧又喝，却被睦州识破（原来是黔州之驴），遂转为全面进攻："三喝四喝后作么生？"僧无语，睦州趁机打之，或能引出向上一路也未可知。

喝得恰好，固然可以令人在寻思中顿空得悟，或打破顽空漆桶，顿见光明，可谓能"骑虎头"；但如果"三喝四喝"之后无计可施，还说能"骑虎头"，那就是"二俱成瞎汉"（岂止两个？说者、施者、受者、听者……俱可能是。我等警惕呀）。

这里再问："东堂有僧出，西堂有僧出，两个齐下喝，那个是宾？那个是主？"如果说一念相应者为主，拟议思量者为客，那么您是哪一位？您又该如何应对睦州的问话呢？

卷 二

一一 黄檗①酒糟汉

【圜悟垂示】

佛祖大机,全归掌握;人天命脉②,悉受指呼。等闲一句一言,惊群动众;一机一境,打锁敲枷。接向上机,提向上事,且道什么人曾怎么来?还有知落处么?试举看:

【雪窦举公案】

黄檗示众云:打水碍盆,一口吞尽③。天下衲僧跳不出。"汝等诸人,尽是噇酒糟汉。恁么行脚,道著。踏破草鞋,掀天摇地。何处有今日?用今日作什么?不妨惊群动众。还知大唐国里无禅师么?"老僧不会。一口吞尽,也是云居罗汉④。时有僧出云:"只如诸方匡徒领众又作么生?"也好与一拶。临机不得不恁么。檗云:"不道无

---

① 黄檗:黄檗希运(?~850),唐代禅师。福州闽县人。得百丈怀海所传心印,声誉甚高。后于洪州黄檗山黄檗寺,倡导直指单传之心要,四方学子云集而来。当时裴休镇宛陵,曾建寺迎请其说法。
② 人天命脉:人界天界的生命所系(指佛祖大机)。
③ 打水碍盆,一口吞尽:打出的水还得占用盆,不如直截喝了。比喻直截实现目的。
④ 云居罗汉:形容超凡脱俗或傲视他人的神态。

禅，只是无师。"直得分疏不下。瓦解冰消，龙头蛇尾汉。

【圜悟评唱】

黄檗身长七尺，额有圆珠，天性会禅。师昔游天台，路逢一僧，与之谈笑，如故相识。熟视之，目光射人，颇有异相，乃偕行。属溪水暴涨，乃植杖捐笠而止。其僧率师同渡，师曰："请渡。"彼即褰衣，蹑波如履平地。回顾云："渡来！渡来！"师咄云："这自了汉！吾早知捏怪，当斫汝胫①！"其僧叹曰："真大乘法器！"言讫不见。

初到百丈，丈问云："巍巍堂堂②，从什么处来？"檗云："巍巍堂堂从岭中来。"丈云："来为何事？"檗云："不为别事。"百丈深器之。次日辞百丈，丈云："什么处去？"檗云："江西礼拜马祖大师去。"丈云："马大师已迁化去也。"你道黄檗怎么问，是知来问，是不知来问？却云："某甲特地去礼拜，福缘浅薄，不及一见。未审平日有何言句？愿闻举示。"丈遂举再参马祖因缘："祖见我来，便竖起拂子。我问云：'即此用，离此用③？'祖遂挂拂子于禅床角。良久，祖却问我：'汝已后鼓两片皮，如何为人④？'我取拂子竖起，祖云：'即此用，离此用？'我将拂子挂禅床角⑤，祖振威一喝，我当时直得三日耳聋。"黄檗不觉悚

---

① "师咄云……当斫汝胫"：黄檗禅师呵斥道：你这个自了汉，我要早知道你这样出怪相，就该砍断你的腿骨。"自了汉"，禅林中指无悟他、利他之念，唯图自身之利益者。
② 巍巍堂堂：高大的身材，堂堂的相貌（此暗指佛性）。
③ 即此用，离此用：离开这个体而用，还是不离开而用。此以空间与拂子的关系暗喻真如之体与佛性之用的关系，即理体与事用的关系。简而言之，因事因理亦或有不同侧重，但最高境界应为不即不离、体用一如。
④ 汝已后鼓两片皮，如何为人：你（如把体与用分离）以后如何鼓动口唇教化别人。
⑤ 我将拂子挂禅床角：此示意离此体而用。

然吐舌。丈云:"子已后莫承嗣马大师么?"檗云:"不然。今日因师举,得见马大师大机大用,若承嗣马师,他日已后丧我儿孙。"丈云:"如是如是。见与师齐,减师半德;智过于师,方堪传授。子今见处,宛有超师之作。"诸人且道,黄檗怎么问,是知而故问耶?是不知而问耶?须是亲见他家父子行履处始得。黄檗一日又问百丈:"从上宗乘,如何指示?"百丈良久。檗云:"不可教后人断绝去。"百丈云:"将谓汝是个人!"遂乃起入方丈。

檗与裴相国①为方外友,裴镇宛陵,请师至郡,以所解一编示师。师接置于座,略不披阅。良久乃云:"会么?"裴云:"不会。"檗云:"若便恁么会得,犹较些子。若也形于纸墨,何处更有吾宗?"裴乃以颂赞云:"自从大士传心印,额有圆珠七尺身②。挂锡十年栖蜀水,浮杯今日渡漳滨③。八千龙象随高步,万里香花结胜因④。拟欲事师为弟子,不知将法付何人?"师亦无喜色,云:"心如大海无边际,口吐红莲养病身。自有一双无事手,不曾只揖等闲人。"檗住后,机锋峭峻。

临济在会下,睦州为首座,问云:"上座在此多时,何不去问话?"济云:"教某甲问什么话即得?"座云:"何不去问如何是

---

① 裴相国:裴休(791~864),唐代人,曾任兵部侍郎,户部、吏部尚书等职。善书能文,信奉佛法,为黄檗禅师的俗家弟子。编有《黄檗断际禅师宛陵录》传世。
② 自从大士传心印,额有圆珠七尺身:意为自从达磨大师传来禅宗心印,才有黄檗禅师这样的得道者。
③ 挂锡十年栖蜀水,浮杯今日渡漳滨:意为黄檗在蜀中住道场多年,今天云游到我们漳水之滨。"挂锡",将锡杖挂起来,意为住此道场。"浮杯",酒杯在水中漂流,此比喻云游。
④ 八千龙象随高步,万里香花结胜因:意为众多的高徒追随而来,此地众多的仰道者以旺盛的香火、鲜花相供奉,欲结殊胜的佛缘。

佛法的大意？"济便去问，三度被打出。济辞座曰："蒙首座令三番去问，被打出。恐因缘不在这里，暂且下山。"座云："子若去，须辞和尚去方可。"首座预去白檗云："问话上座，甚不可得。和尚何不穿凿教成一株树去，与后人为阴凉？"檗云："吾已知。"济来辞，檗云："汝不得向别处去，直向高安滩头，见大愚去。"济到大愚，遂举前话："不知某甲过在什么处？"愚云："檗与么老婆心切，为你彻困。更说什么有过无过？"济忽然大悟云："黄檗佛法无多子。"大愚捏住云："适来又道有过，而今却道佛法无多子。"济于大愚胁下，筑三拳，愚拓开云："汝师黄檗，非干我事。"

一日，檗示众云："牛头融大师，横说竖说，犹未知向上关捩子在。"是时石头、马祖下，禅和子浩浩地，说禅、说道，他何故却与么道？所以示众云："汝等诸人尽是噇酒糟汉。恁么行脚，取笑于人，但见八百、一千人处便去，不可只图热闹也。可中总似汝如此容易，何处更有今日事也。"唐时爱骂人作"噇酒糟汉"，人多唤作黄檗骂人，具眼者自见他落处。大意垂一钩①，钓人问，众中有不惜身命底禅和，便解恁么出众问他道："只如诸方匡徒领众，又作么生？"也好一拶。这老汉果然分疏不下，便却漏逗云："不道无禅，只是无师。"且道意在什么处？他从上宗旨，有时擒有时纵、有时杀有时活、有时放有时收，敢问诸人，作么生是禅中师？山僧怎么道，已是和头没却了也②。诸人

---

① "钩"，《龙藏》、《驹本》作"钓"。
② 山僧怎么道，已是和头没却了也：我这么说（因为太露骨了），恐怕连自己脑袋（佛性境界）都已经丢掉了。"山僧"，圜悟谦称。

鼻孔在什么处①？良久云：穿却了也！

【雪窦颂古】

凛凛孤风不自夸，犹自不知有，也是云居罗汉。端居寰海定龙蛇。也要别缁素，也要皂白分明。大中天子曾轻触，说什么大中天子，任大也须从地起②，更高争奈有天何？三度亲遭弄爪牙。死虾蟆多口作什么？未为奇特，犹是小机巧。若是大机大用现前，尽十方世界，乃至山河大地，尽在黄檗处乞命。

【圜悟评唱】

雪窦此一颂，一似黄檗真赞③相似，人却不得作真赞会。他底句下，便有出身处，分明道："凛凛孤风不自夸。"黄檗怎么示众，且不是争人负我，自逞自夸。若会这个消息，一任七纵八横，有时孤峰顶独立，有时闹市里横身，岂可僻守一隅？愈舍愈不歇，愈寻愈不见，愈担荷愈没溺。古人道："无翼飞天下，有名传世间。"尽情舍却佛法道理，玄妙奇特一时放下，却较些子。自然触处现成。雪窦道："端居寰海定龙蛇。"是龙是蛇，入门来便验取，谓之定龙蛇眼、擒虎兕机④。

雪窦又道："定龙蛇兮眼何正，擒虎兕兮机不全。"又道："大中天子曾轻触，三度亲遭弄爪牙。"黄檗岂是如今恶脚手？从来如此。大中天子者，《续感通传》中载：唐宪宗有二子：一曰穆宗、一曰宣宗。宣宗乃大中也。年十三，少而敏黠，常爱跏趺

---

① 诸人鼻孔在什么处：意为像牛一样被人牵了鼻子。
② "任大也须从地起"，《龙藏》、《驹本》作"在大地须从地起"。
③ 真赞：对写真（画像）的赞语。
④ 定龙蛇眼：有判定是龙还是蛇的眼光。"龙蛇"，分别比喻开悟者、未悟者。擒虎兕机：有及时擒得虎兕的手段。"虎兕"，猛虎和犀牛。此比喻机锋峻烈的禅师。

坐。穆宗在位时，因早朝罢，大中乃戏登龙床，作揖群臣势。大臣见而谓之心风，乃奏穆宗。穆宗见而抚叹曰："我弟乃吾宗英胄也。"穆宗于长庆四年晏驾，有三子：曰敬宗、文宗、武宗。敬宗继父位二年，内臣谋易之。文宗继位一十四年，武宗即位，常唤大中作痴奴。

一日，武宗恨大中昔日戏登父位，遂打杀致后苑中。以不洁灌①而复苏，遂潜遁在香严闲和尚会下。后剃度为沙弥，未受具戒②。后与志闲游方到庐山，因志闲题瀑布诗云："穿云透石不辞劳，地远方知出处高。"闲吟此两句伫思久之，欲钓他语脉看如何。大中续云："溪涧岂能留得住？终归大海作波涛。"闲方知不是寻常人，乃默而识之。

后到盐官会中，请大中作书记。黄檗在彼作首座，檗一日礼佛次，大中见而问曰："不著佛求，不著法求，不著众求，礼拜当何所求？"檗云："不著佛求，不著法求，不著众求，常礼如是。"大中云："用礼何为？"檗便掌。大中云："太粗生。"檗云："这里什么所在？说粗说细。"檗又掌。大中后继国位，赐黄檗为粗行沙门，裴相国在朝，后奏赐断际禅师。

雪窦知他血脉出处，便用得巧。如今还有弄爪牙底么？便打。

【点评】

黄檗为什么说"汝等诸人，尽是噇酒糟汉"？酒糟是酒的糟粕而不

---

① 以不洁灌：用大便澄清后的水灌入口中。
② 沙弥：年少尚未受具足戒之出家男子。具戒：具足戒的简称，意为具足圆满之戒（如比丘的二百五十戒、比丘尼的三百四十八戒）。

是酒，如果以月比禅，那么以言动引人思虑只是指月之指，而不是月。如果人们执著于思虑言动中求禅，那就是"噇酒糟汉"。既然禅只能在言语道断处体现而不是言教，那当然是"大唐国里无禅师"了。与第一则"雪窦颂古"对看（"这里还有祖师么？"自云："有！唤来与老僧洗脚！"），更易得其精神。

如此说来何处悟禅呢？向"评唱"里所指示的方向看去或可见月：临济为什么三问三被打？其后为什么又说"黄檗佛法无多子"？他为什么又敲打大愚三拳？这当然要在一无粘著、言语道断处两心会通，此即所谓心心相印。此中情景也只能如人饮水，冷暖自知，别人只能提醒，而不能代替。

可是大中天子明知不粘著，"不著佛求，不著法求"，当他提出"用礼何为"，为什么仍遭打？因为他的认识又陷于顽空，不得其用，所以仍是"噇酒糟汉"。

一二　洞山麻三斤

【圜悟垂示】

杀人刀、活人剑①，乃上古之风规，亦今时之枢要。若论杀也，不伤一毫；若论活也，丧身失命。所以道：向上一路，千圣不传；学者劳形，如猿捉影。且道，既是不传，为什么却有许多葛藤公案？具眼者试说看：

【雪窦举公案】

僧问洞山："如何是佛？"铁蒺藜，天下衲僧跳不出②。山云："麻三斤！"灼然破草鞋③。指槐树骂柳树为秤锤④。

【圜悟评唱】

这个公案，多少人错会，直是难咬嚼，无尔下口处。何故？

---

① 杀人刀、活人剑：比喻以灵活果断的手段，杀灭妄念以明真心之体，点醒昏昧以明佛性之用。
② 铁蒺藜，天下衲僧跳不出：意为这句话作为一个公案像铁做的蒺藜，天下的禅僧也不能跨过。
③ 灼然破草鞋：意为这样的说法正像麻草编的草鞋，不可重复多用。
④ 指槐树骂柳树为秤锤：比喻这样的说法似乎与佛不相干。

淡而无味。古人有多少答佛话，或云"殿里底"，或云"三十二相①"，或云"杖林山下竹筋鞭"，及至洞山却道"麻三斤"，不妨截断古人舌头。人多作话会道：洞山是时在库下秤麻，有僧问，所以如此答。有底道：洞山问东答西。有底道：尔是佛，更去问佛，所以洞山绕路答之。死汉。更有一般道：只这麻三斤便是佛。且得没交涉。尔若恁么去洞山句下寻讨，参到弥勒佛下生，也未梦见在！何故？言语只是载道之器②，殊不知古人意，只管去句中求有什么巴鼻？

不见古人道："道本无言，因言显道。"见道即忘言，若到这里，还我第一机来始得。只这"麻三斤"，一似长安大路一条相似，举足下足，无有不是。这个话与"云门糊饼"话是一般，不妨难会③。五祖先师颂云："贱卖担板汉，贴秤麻三斤④。千百年滞货，无处著浑身。"尔但打叠得情尘意想，计较得失是非一时净尽，自然会去。

【雪窦颂古】

金乌急，左眼半斤。快鹞赶不及，火焰里横身。玉兔速⑤，右眼八两。姮娥宫里作窠窟。善应何曾有轻触？如钟在扣，如谷受响。展

---

① 三十二相：指佛及转轮王的三十二种殊胜容貌特征。"二"，《龙藏》同。《驹本》作"三"。
② 言语只是载道之器：意为语言只是负载道体的工具，而不是道体的本身。
③ "这个话与……不妨难会"：意为"麻三斤"这样的说法，与"云门糊饼"的公案一个类型，不妨说是很难理会。此意在截断思量分别，使人当下见性。
④ 贱卖担板汉，贴秤麻三斤：贱卖掉这个愚笨的人，（谁要买）再白贴给他麻三斤。
⑤ 金乌急，玉兔速：意为日月光阴迅速，此又指禅机迅捷。因为二者同是体现光阴迅速，所以著语中说"左眼半斤"，"右眼八两"。

事投机①见洞山,错认定盘星,自是阇黎怎么见。跛鳖盲龟②入空谷。自领出去,同坑无异土。阿谁打尔鹞子死?花簇簇,锦簇簇,两重公案。一状领过,依旧一般。南地竹兮北地木。三重也有。四重公案,头上安头。因思长庆陆大夫,懒儿牵伴。山僧也恁么,雪窦也恁么。解道合笑不合哭。呵呵,苍天!夜半更添冤苦。咦!咄!是什么?便打。

【圜悟评唱】

雪窦见得透,所以劈头便道:"金乌急,玉兔速。"与洞山答"麻三斤",更无两般。日出月没,日日如是。人多情解,只管道:金乌是左眼,玉兔是右眼。才问著便瞠眼云:在这里有什么交涉?若恁么会,达磨一宗扫地而尽。所以道:垂钩四海只钓狞龙,格外玄机为寻知己。雪窦是出阴界③底人,岂作这般见解?

雪窦轻轻去敲关击节处,略露些子教尔见,便下个注脚道:"善应何曾有轻触。"洞山不轻酬这僧,如钟在扣,如谷受响,大小随应,不敢轻触。雪窦一时突出心肝五脏,呈似尔诸人了也。雪窦有《静而善应颂》云:"觌面相呈,不在多端。龙蛇易辨,衲子难瞒。金锤影动,宝剑光寒。直下来也,急著眼看。"

洞山初参云门,门问:"近离甚处?"山云:"渣渡。"门云:"夏在甚么处?"山云:"湖南报慈。"门云:"几时离彼中?"山

---

① 展事投机:意为努力修持、请益,以求契合禅机。
② 跛鳖盲龟:见于《法华经》、《涅槃经》等,原意为跛鳖盲龟海中遇浮木难,比喻佛法难明,机缘难得。
③ 阴界:指五阴十八界。"五阴",又作五蕴,即色、受、想、行、识;"十八界",即眼、耳、鼻、舌、身、意等六根(为认识之功能),及其所对之色、声、香、味、触、法等六境(为认识之对象),以及六根对六境所生之眼识、耳识、鼻识、舌识、身识、意识等六识合称。

云："八月二十五。"门云："放尔三顿棒，参堂去。"师晚间入室亲近，问云："某甲过在什么处？"门云："饭袋子！江西、湖南便怎么去？"洞山于言下豁然大悟，遂云："某甲他日向无人烟处卓个庵子，不蓄一粒米，不种一茎菜，常接待往来十方大善知识，尽与伊抽却钉拔①却楔，拈却肗脂帽子，脱却鹘臭布衫②，各令洒洒落落地作个无事人去。"门云："身如椰子大，开得许大口。"洞山便辞去。

他当时悟处，直下颖脱，岂同小见。后来出世，应机"麻三斤"语，诸方只作答佛话会。"如何是佛？""杖林山下竹筋鞭"、"丙丁童子来求火"，只管于佛上作道理。雪窦云：若怎么作展事与投机会，正似"跛鳖盲龟入空谷"，何年日月寻得出路去？

"花簇簇，锦簇簇"。此是僧问智门和尚③："洞山道'麻三斤'意旨如何？"智门云："花簇簇，锦簇簇。会么？"僧云："不会。"智门云："南地竹兮北地木。"僧回举似洞山，山云："我不为汝说，我为大众说。"遂上堂云："言无展事，语不投机。承言者丧，滞句者迷。"雪窦破人情见，故意引作一串颂出。后人却转生情见道："麻是孝服，竹是孝杖。所以道：'南地竹兮北地木。''花簇簇，锦簇簇'，是棺材头边画底花草。"还识羞么？殊不知，"南地竹兮北地木"与"麻三斤"，只是阿爷与阿爹相似。古人答一转语，决是意不恁么，正似雪窦道"金乌急，玉兔

---

① "拔"，原作"技"，据《龙藏》、《驹本》改。
② 拈却肗脂帽子，脱却鹘臭布衫：意为摘掉油腻的帽子，脱去狐臭的衣服。比喻抛弃种种思想负担。
③ 智门和尚：智门光祚，宋代云门宗禅师，浙江人，生平不详。青城山香林院澄远之法嗣，有《智门祚禅师语录》传世。

速",自是一般宽旷,只是金鍮难辨、鱼鲁参差①。

雪窦老婆心切,要破尔疑情,更引个死汉。"因思长庆陆大夫,解道合笑不合哭",若论他颂,只头上三句,一时颂了。我且问尔:都卢②只是个"麻三斤",雪窦却有许多葛藤?只是慈悲忒杀,所以如此。陆亘大夫,作宣州观察使,参南泉③,泉迁化,亘闻丧入寺下祭,却呵呵大笑。院主云:"先师与大夫,有师资之义。何不哭?"大夫云:"道得即哭。"院主无语,亘大哭云:"苍天苍天!先师去世远矣。"后来长庆闻云:"大夫合笑不合哭。"雪窦借此意大纲道:尔若作这般情解,正好笑莫哭。是即是,末后有一个字不妨聱讹,更道"咦",雪窦还洗得脱么?

【点评】

僧问:"如何是佛?"洞山答:"麻三斤!"洞山所答与某僧所问似风牛马不相及,而恰恰这不相及或许能将真如本心觌面相呈。

原来洞山之意并非"麻三斤"就是佛、米三斤就不是佛,而是要截断问者的思路。问者可能认为"佛"是如何神秘,如何尊贵,忽然碰上"麻三斤",可能撞个天昏。此时心空无住"如钟在扣,如谷受响",大小随应,当下即可感通不可言说之第一机。正像"麻三斤",本来现成,本来如此,而只可心会,不可言说。本则"评唱"所举,"洞山初参云门"公案,云门几句问话,使"洞山于言下豁然大悟",亦自是离相感通之妙。

---

① 金鍮难辨、鱼鲁参差:真金与金色的石头难以分辨,就像"鱼、鲁"两字常会混淆。
② 都卢:全部的意思。
③ 南泉:南泉普愿(748~834),唐代禅师。河南新郑人,俗姓王,常自称王老师。因参江西马祖道一,有所省悟。曾于池阳南泉山建禅堂,三十余年不出山。后应众请出山,学徒云集,法道大扬。法嗣众多,以赵州从谂为最著。

此种机缘正像"颂古"所云:"金乌急,玉兔速……"觌面相呈,即是"花簇簇,锦簇簇……"此正是"麻三斤",也正是"如何是佛"的答案。

一三　巴陵银碗雪①

【圜悟垂示】

云凝大野，遍界不藏；雪覆芦花，难分朕迹。冷处冷如冰雪，细处细如米末；深深处佛眼难窥，密密处魔外莫测②。举一明三即且止，坐断天下人舌头作么生道？且道是什么人分上事？试举看：

【雪窦举公案】

僧问巴陵："如何是提婆宗③？"白马入芦花，道什么点④？巴陵云："银碗里盛雪。"塞断尔咽喉，七花八裂。

【圜悟评唱】

这个公案，人多错会道："此是外道宗。"有什么交涉？第十

---

① 巴陵：巴陵颢鉴，唐末五代禅师，云门文偃之法嗣。银碗雪：巴陵三转语之一，表达真如理体与佛性事用（如白光为体，碗、雪为用）非一非异等观念，引导学人即用见体。
② 深深处佛眼难窥，密密处魔外莫测：意为佛性的深密境界即使是佛的眼光也不能看透，魔道、外道也不能测知。
③ 提婆宗：依龙树菩萨所造《中论》、《十二门论》及其弟子提婆《百论》所建立的宗派，亦称"三论"宗。
④ 白马入芦花，道什么点：白马进入芦花丛中，说不清身上的白点是马的还是芦花的。意为体用难分。

五祖提婆尊者，亦是外道中一数，因见第十四祖龙树尊者，以针投钵①，龙树深器之，传佛心宗，继为第十五祖。《楞伽经》云："佛语心为宗，无门为法门。"马祖云："凡有言句，是提婆宗。"只以此个为主。诸人尽是衲僧门下客，还曾体究得提婆宗么？若体究得，西天九十六种外道②被汝一时降伏；若体究不得，未免著返披袈裟去在③。且道是怎么生？若道言句是，也没交涉；若道言句不是，也没交涉。且道马大师意在什么处？

后来云门道："马大师好言语，只是无人问。"有僧便问："如何是提婆宗？"门云："九十六种，汝是最下一种。"昔有僧辞大隋④，隋云："什么处去？"僧云："礼拜普贤去。"大隋竖起拂子云："文殊、普贤尽在这里⑤。"僧画一圆相以手托呈师，又抛向背后⑥。隋云："侍者将一贴茶来，与这僧去⑦。"云门别云："西天斩头截臂，这里自领出去。"又云："赤幡在我手里。"西天论议，胜者手执赤幡，负堕者返披袈裟，从偏门出入。

西天欲论议，须得奉王敕，于大寺中声钟击鼓，然后论议。

---

① 龙树尊者：据传佛灭度七百年后出生于南天竺，印度大乘中观学派的创始人，提婆菩萨之师。以针投钵：传说提婆初谒龙树，龙树让弟子持满钵之水示提婆，提婆默而将针投入水中，龙树遂收其为徒。
② 九十六种外道：指佛在世前后出现于印度的异于佛教的教派。
③ 若体究不得，未免著返披袈裟去在：如果不能体悟，就不免要反披着袈裟走出去，等待处理（对失败者的要求）。
④ 大隋：大隋法真（834~919），唐末五代南岳派禅师。因住四川大隋山得名。
⑤ 文殊、普贤尽在这里：意为文殊、普贤的境界，都体现在这里了。
⑥ 僧画一圆相以手托呈师，又抛向背后：来僧在虚空中画一圆相，用手托着示意呈给大隋禅师，随后又示意将圆相抛到背后去。来僧认为佛性体用本空，但他却又出现了执于空的偏差。
⑦ 侍者将一贴茶来，与这僧去：侍者端杯茶来，送给这僧去。示意请离开这里，你败露了。

于是外道于僧寺中封禁钟鼓,为之沙汰①。时迦那提婆尊者②,知佛法有难,遂运神通登楼撞钟,欲摈外道。外道遂问:"楼上声钟者谁③?"提婆云:"天。"外道云:"天是谁?"婆云:"我。"外道云:"我是谁?"婆云:"我是尔。"外道云:"尔是谁?"婆云:"尔是狗。"外道云:"狗是谁?"婆云:"狗是尔。"如是七返,外道自知负堕伏义,遂自开门,提婆于是从楼上持赤幡下来。外道云:"汝何不后?"婆云:"汝何不前?"外道云:"汝是贱人。"婆云:"汝是良人。"如是展转酬问,提婆折以无碍之辩,由是归伏。时提婆尊者,手持赤幡,义堕者幡下立。外道皆斩首谢过,时提婆止之,但化令削发入道。于是提婆宗大兴。雪窦后用此事而颂之。

巴陵,众中谓之鉴多口④,常缝坐具行脚,深得他云门脚跟下大事,所以奇特。后出世,法嗣云门。先住岳州巴陵,更不作法嗣书,只将三转语上云门⑤:"如何是道?明眼人落井。如何是吹毛剑?珊瑚枝枝撑着月⑥。如何是提婆宗?银碗里盛雪。"云门云:"他日老僧忌辰只举此三转语,报恩足矣。"自后果不作忌辰斋,依云门之嘱,只举此三转语。然诸方答此话,多就事上答。唯有巴陵恁么道,极是孤峻,不妨难会,亦不露些子锋芒。八面

---

① 沙汰:此意作为淘汰对方的手段。
② 迦那提婆尊者:即提婆尊者,又称独眼提婆,龙树弟子,著有《百论》等。
③ 楼上声钟者谁:暗意是在问自身如何体现天道。后面的往返问答均围绕此进行,直至外道被动而失败。
④ 鉴多口:对巴陵禅师辩才无碍的称赞。因其法号颢鉴,故简称此。
⑤ 转语:禅林称参禅至进退不得处,请人下一转身语。使语转心而悟入。
⑥ 珊瑚枝枝撑着月:唐末五代贯休(禅月大师)诗句,比喻真如佛性,本来圆成。

受敌,著著有出身之路;有陷虎之机,脱人情见。若论一色边事①,到这里须是自家透脱了,却须是遇人始得。所以道:"道吾舞笏同人会,石巩弯弓作者谙。此理若无师印授,拟将何法语玄谈②。"雪窦随后拈提为人,所以颂出:

【雪窦颂古】

老新开③,千兵易得,一将难求。多口阿师。端的别,是什么端的?顶门上一著,梦见也未?解道银碗里盛雪。虾跳不出斗。两重公案,多少人丧身失命。九十六个应自知,兼身在内,阇黎还知么?一坑埋却。不知却问天边月。远之远矣。自领出去,望空启告。提婆宗,提婆宗,道什么?山僧在这里,满口含霜。赤幡之下起清风。百杂碎!打云:已著了也。尔且去斩头截臂来,与尔道一句。

【圜悟评唱】

"老新开",新开乃院名也。"端的别",雪窦赞叹有分,且道什么处是别处?一切语言,皆是佛法。山僧如此说,成什么道理去?雪窦微露些子意道:只是"端的别"。后面打开云:"解道银碗里盛雪。"更与尔下个注脚。"九十六个应自知",负堕始得。尔若不知,问取天边月。古人曾答此话云:"问④取天边月。"雪窦颂了,末后须有活路,有狮子返掷之句,更提起与尔道:"提

---

① 一色边事:指超越差别相对的观念,而进入纯一绝对的境界。
② "道吾舞笏同人会……拟将何法语玄谈":意为道吾禅师(装扮神灵)舞动笏板,同道中人即能领会其心;石巩一旦拉弓,明白的人也会了解其意。此中的道理如不能印心相授,还能再用什么办法谈论禅家妙旨呢?"道吾",道吾圆智(《五灯会元》又称宗智)(769~835),唐代禅师。江西豫章人,俗姓张。幼时依涅槃和尚出家,后投药山惟俨门下,得其心印而嗣其法。历访诸山,至潭州(今湖南长沙)道吾山大振禅风。"石巩",石巩慧藏,唐代禅师马祖道一之法嗣。
③ 老新开:新开院为巴陵禅师所在的禅院名,此用以代指巴陵禅师。
④ "问",《龙藏》、《驹本》作"门"。

婆宗,提婆宗,赤幡之下起清风。"

巴陵道"银碗里盛雪",为什么雪窦却道"赤幡之下起清风"?还知雪窦杀人不用刀么?

【点评】

僧问:"如何是提婆宗?"实际上是换一个角度在问如何才能体悟真如本体?巴陵禅师不愧被称为"鉴多口",辩才无碍,酬答道:"银碗里盛雪。"此妙答真是截断天下人舌头,不管你就此悟解还是就此返照,都可通向领悟佛性之路。

"银碗里盛雪",巧妙形象地表达了禅者对心体与相用的看法,或者说应具有的境界:碗与雪为相用,而以白光为性体,正体现体用非一非异;银雪相映,能所俱泯,学人正可即用见体。原来巴陵回答"银碗里盛雪",正是暗示问僧:答案即在问处,"提婆宗"正能体现真如本体呀!

正因为巴陵回答得高妙,所以雪窦赞道:"老新开,端的别,解道银碗里盛雪。……"问者之流如不服气,可用天边月(自证真如境界)去印证。

巴陵回答得再高妙,总还会有虚影,所以雪窦最后又说:"赤幡之下起清风。"这是警告我们千万不能有所执,即便如"清风"。不然就是"九十六种,汝是最下一种"了。

一四 云门对一说

【雪窦举公案】

僧问云门："如何是一代时教？"直至如今不了，座主不会。葛藤窠里。云门云："对一说。"无孔铁锤，七花八裂①。老鼠咬生姜。

【圜悟评唱】

禅家流，欲知佛性义，当观时节因缘②，谓之教外别传，单传心印，直指人心，见性成佛。释迦老子四十九年住世，三百六十会开谈顿渐权实，谓之一代时教。这僧拈来问云："如何是一代时教？"云门何不与他纷纷解说，却向他道个"对一说"？

云门寻常一句中须具三句，谓之函盖乾坤句、随波逐浪句、截断众流句，放去收来，自然奇特，如斩钉截铁，教人义解卜度③他底不得。一大藏教，只消三个字，四方八面，无尔穿凿处。人多错会，却道对一时机宜之事故说；又道森罗及万象，皆是一

---

① 无孔铁锤：比喻应机答话像无柄孔的铁锤一样，无抓摸处，而来势迅猛。下文"颂古"中"无孔铁锤重下楔（木楔子）"意同此。七花八裂：比喻尘情妄想被锤击打得碎裂开来。
② 时节因缘：合适的时间与条件（自己条件为因，旁助条件为缘）。
③ 义解卜度：从义理上理解或猜测。

法之所印,谓之对一说;更有道,只是说那个一法。有什么交涉?非唯不会,更入地狱如箭①。

殊不知古人意不如此,所以道:"粉骨碎身未足酬,一句了然超百亿②。"不妨奇特。"如何是一代时教"?只消道个"对一说"。若当头荐得③,便可归家稳坐。若荐不得,且伏听处分:

【雪窦颂古】

对一说,活鲅鲅④,言犹在耳。不妨孤峻。太孤绝,傍观有分,何止壁立千仞?岂有恁⑤么事?无孔铁锤重下楔。错会名言也。云门老汉也是泥里洗土块⑥,雪窦也是妆饰。阎浮树下笑呵呵,四州八县,不会见个汉。同道者方知,能有几人知。昨夜骊龙拗角折。非止骊龙拗折。有谁见来?还有证明么?哑。别别!赞叹有分。须是雪窦始得,有什么别处?韶⑦阳老人得一橛。在什么处?更有一橛分付阿谁?德山、临济也须退倒⑧三千。那一橛又怎么生?便打。

【圜悟评唱】

"对一说,太孤绝。"雪窦赞之不及。此语独脱孤危,光前绝后,如万丈悬崖相似,亦如百万军阵,无尔入处,只是忒杀孤

---

① 非唯不会,更入地狱如箭:意为非但是对云门的话不理解,而且这种错误,会使你像射出的箭一样很快进入地狱。
② 粉骨碎身未足酬,一句了然超百亿:唐代禅师永嘉玄觉《证道歌》句,其意为粉骨碎身未足报答佛法深恩,若能一句话中悟入,其功德即可超常百亿倍。
③ 当头荐得:当时即能领会。
④ 活鲅鲅:生动鲜活貌。
⑤ "恁",《龙藏》同。《驹本》作"偬"。
⑥ 错会名言:错误领会了对方说话的意识。泥里洗土块:意为如不能领悟云门的答话真意,就会使人越思忖越糊涂。
⑦ "韶",原作"韵",据《龙藏》、《驹本》改。
⑧ "倒",《龙藏》、《驹本》作"到"。

危①。古人道："欲得亲切,莫将问来问②。"问在答处,答在问端,直是孤峻。且道什么处是孤峻处?天下人奈何不得。这僧也是个作家,所以如此问,云门又怎么答,大似"无孔铁锤重下楔"相似。雪窦使③文言用得甚巧。

"阎浮树下笑呵呵",《起世经》中说:"须弥南畔吠琉璃树,映阎浮洲中皆青色,此洲乃大树为名,名阎浮提。其树纵广七千由旬,下有阎浮坛金聚,高二十由旬。以金从树下出生故,号阎浮树④。"所以雪窦自说,他在"阎浮树下笑呵呵"。且道他笑个什么?笑"昨夜骊龙拗角折"。只得瞻之仰之,赞叹云门有分。云门道"对一说"似个什么?如拗折骊龙一角相似。

到这里若无怎么事,焉能怎么说?雪窦一时颂了,末后却道:"别别!韶阳老人得一橛。"何不道全得?如何只得一橛?且道那一橛在什么处?直得穿过第二人。

【点评】

僧问"如何是一代时教"?云门所答"对一说",表面字意是"请你针对着'一'来说"。关键是"一",这里是暗指真如本体,这正是一代时教的核心。

如何是一代时教?如从义解,正如"评唱"所举:"释迦老子四十

---

① 忒杀孤危:太孤傲险绝了。
② 欲得亲切,莫将问来问:意为要想使对方的答话深切自己所需,不要直截把问话当问话(而要把预先想到的对方答话的内容当问话来问)。
③ "使",《龙藏》同。《驹本》作"便"。
④ "须弥南畔……号阎浮树":"须弥南畔",须弥山(佛典称,为一小世界中央的山,其四方咸海中有四洲)的南畔,即阎浮提(又译南赡部洲)。"吠琉璃树",青色宝石树。"阎浮洲",意为生长有阎浮树的洲,(即阎浮提)人类居住的娑婆世界。"七千由旬",《驹本》作"七十由旬"。"由旬",梵语译音,古印度的计程单位。

九年住世,三百六十会开谈顿渐权实,谓之一代时教。"尽管千言万语,在当时也是应病与药,现在看来却是个大药铺。何药可治问者之病?而云门的"对一说",正是应病与药。

因为真如本体只能心证才算数(如强为之解说,就如泥里洗土块),巧妙的是云门的"对一说",如无孔铁锤,不容寻思、不可拟议,猛击问者心扉,如其顿然明悟真如空相,即可心证一代时教就是本心呀!这正是某僧之问,也正是云门应答。

"无孔铁锤重下楔","昨夜骊龙拗角折"。打得色身死,方许法身活。问者得悟,引者所愿,观者所乐,当然"阎浮树下笑呵呵"。至于为什么云门只得"一橛",我们只能说些个中景象任何人不能全提,而从门入者又不是自家珍宝。

此则公案与第十九则"俱胝指头禅"公案相映成趣,不妨对参。

一五 云门倒一说

【圜悟垂示】

杀人刀、活人剑,乃上古之风规,是今时之枢要。且道如今那个是杀人刀、活人剑?试举看:

【雪窦举公案】

僧问云门:"不是目前机,亦非目前事时如何?"踔跳①作什么?倒退三千里。门云:"倒一说。"平出款出,囚人口也不得放过②。荒草里横身。

【圜悟评唱】

这僧不妨是个作家,解恁么问,头边③谓之请益,此是呈解问④,亦谓之藏锋问。若不是云门,也不奈他何。云门有这般手脚,他既将问来,不得已而应之。何故?作家宗师,如明镜临

---

① 踔跳:蹦跳不停。此指问僧不断换话题。
② 平出款出,囚人口也不得放过:要求平躺着出去或要求弯腰出去,对囚禁人的出口都不放过。意为要抱紧向上的悟门。"囚",《龙藏》、《驹本》作"自"。
③ "边",《龙藏》、《驹本》作"遍"。
④ 请益、呈解问:"请益",指学人直截向师家请教。"呈解问",指学人先呈己见,再就此请教。

台,胡来胡现,汉来汉现。古人道:"欲得亲切,莫将问来问。"何故?问在答处,答在问处。

从上诸圣,何曾有一法与人?那里有禅道与尔来?尔若不造地狱业,自然不招地狱果①;尔若不造天堂因,自然不受天堂果。一切业缘,皆是自作自受。古人分明向尔道,若论此事,不在言句上。若在言句上,三乘十二分教②岂是无言句?更何用祖师西来?

前头道"对一说",这里却道"倒一说",只争一字,为什么却有千差万别?且道謦欬在什么处?所以道:法随法行,法幢③随处建立。"不是目前机,亦非目前事时如何?"只消当头一点,若是具眼汉,一点也谩他不得。问处既謦欬,答处须得恁么,其实云门骑贼马赶贼。有者错会道:本是主家话,却是宾家道,所以云门云"倒一说"。有什么死急?这僧问得好:"不是目前机,亦非目前事时如何?"云门何不答他别语言,却只向他道"倒一说"?云门一时打破他底。到这里道"倒一说",也是好肉上剜疮④。何故?言迹之兴白云万里⑤,异途之所由生也。设使一时无言无句,露柱灯笼何曾有言句⑥?还会么?若不会,到这里也须

---

① 尔若不造地狱业,自然不招地狱果:"业",指身心造作所积之善恶。"果",由业所感之果报。
② 三乘十二分教:"三乘",佛教以交通工具比喻三种不同教法,即声闻乘、缘觉乘、菩萨乘(大乘)。"十二分教",指佛典的十二种分类,又称十二部经。
③ 法幢:说法道场之标志。宣扬大法之际,将幢幡建于道场门前,称为法幢、法旆。禅宗又转其意,将开场说法称为建法幢。
④ 好肉上剜疮:比喻这样做费劲受罪而没有必要。
⑤ 言迹之兴白云万里:一有说话的念头,距离禅道已如白云飘出万里。
⑥ 露柱灯笼何曾有言句:意为佛殿外的露柱和灯笼虽无言句,亦可使人即境见性。"露柱",殿外廊檐下的明柱(有说是殿外的拴马桩)。

是转动始知落处。

【雪窦颂古】

倒一说,放不下,七花八裂。须弥南畔。卷尽五千四十八。分一节,在尔边在我边?半河南半河北。把手共行。同生同死为君诀①。泥里洗土块,著甚来由?放尔不得。八万四千非凤毛,羽毛相似。太杀减人威光。漆桶如麻如粟。三十三人入虎穴②。唯我能知。一将难求,野狐精一队。别别!有什么别处?少卖弄。一任踔跳。扰扰匆匆水里月③。青天白日,迷头认影,著忙作什么?

【圜悟评唱】

雪窦亦不妨作家,于一句下,便道"分一节",分明放过一著,与他把手共行。他从来有放行手段,敢与尔入泥入水,同死同生。所以雪窦怎么颂,其实无他,只要与尔解粘去缚,抽钉拔楔。如今却因言句,转生情解。只如岩头道"雪峰虽与我同条生,不与我同条死④",若非全机透脱得大自在底人,焉能与尔同死同生?何故?为他无许多得失是非渗漏处。故洞山云:"若要辨认向上之人真伪者,有三种渗漏:情渗漏、见渗漏、语渗漏。见渗漏,机不离位,堕在毒海;情渗漏,智常向背,见处偏枯;语

---

① 同生同死为君诀:是同生还是同死,我来为您抉择。"诀",同"决"。"同生同死",师家接引学人时,悟则如同生,不悟则如同死。
② 三十三人入虎穴:禅宗三十三位(西天二十七、东土有六)祖师,有入虎穴(各种危难情况下度人)的胆量和手段。
③ 扰扰匆匆水里月:如月影(非真、非实)在水里抖动。
④ "与我同条生,不与我同条死":意为与我同在一门下开悟,证得真如之体,而在事用(接引学人)上并不完全一样。

渗漏,体妙失宗,机昧终始。此三渗漏,宜已知之。"又有三玄①:体中玄、句中玄、玄中玄。古人到这境界,全机大用,遇生与尔同生,遇死与尔同死,向虎口里横身放得手脚,千里万里随尔衔去。何故?还他得这一著子始得。

"八万四千非凤毛"者,灵山八万四千圣众,非凤毛也。《南史》云:"宋②时谢超宗,陈郡阳夏人谢凤之子,博学文才杰俊,朝中无比,当世为之独步。善为文,为王府③常侍。王母殷淑仪薨,超宗作诔奏之。武帝见其文,大加叹赏曰:超宗殊有凤毛。"古诗云:"朝罢香烟携满袖,诗成珠玉在挥毫。欲知世掌丝纶美,池上如今有凤毛。"昔日灵山会上,四众云集,世尊拈花,唯迦叶独破颜微笑④,余者不知是何宗旨。雪窦所以道:"八万四千非凤毛,三十三人入虎穴。"

阿难⑤问迦叶云:"世尊传金襕袈裟外,别传何法?"迦叶召:"阿难!"⑥ 阿难应:"喏。"迦叶云:"倒却门前刹竿著⑦。"阿难遂悟。已后祖祖相传,西天此土,三十三人有入虎穴底手脚。古

---

① 三玄:临济义玄接引学人时,要求一句话须具三玄门,一玄门须具三要。但临济当时并未明言三玄门与三要之内容,其目的乃教人领会言句中权实、照用之功能(一句话中有玄有要即是活语)。后之习禅者于此三玄三要各寻其解。
② "宋",《龙藏》、《驹本》作"齐"。
③ "府",《龙藏》、《驹本》作"国"。
④ 世尊拈花,唯迦叶独破颜微笑:《大梵天王问佛决疑经》云:梵王至灵山,以金色波罗花献佛,请佛说法。世尊拈花示众,并不说法,一时百万人天,皆不解其意,独迦叶尊者,破颜微笑,佛因传о涅槃妙心。传说此为禅宗的起源。"迦叶",即摩诃迦叶,佛陀十大弟子之一,传说为禅宗始祖。
⑤ 阿难:即阿难陀,佛陀十大弟子之一,佛陀堂弟,被称多闻第一。
⑥ "迦叶召:阿难":意为阿难在被惊呼的一瞬间或能心空无念,此时返照自心或能明心。
⑦ 倒却门前刹竿著:将门前的刹竿放倒。意为打灭奇特之想,空却面前物相,明心见性就体现在当下。"刹竿",立于寺前挂着幢幡的高竿,为佛家道场标志。

人道:不入虎穴,争得虎子。云门是这般人,善能同死同生。宗师为人须至如此,据曲录木床①上坐,舍得教尔打破,容尔捋虎须。也须是到这般田地始得具七事随身②,可以同生同死。高者抑之,下者举之,不足者与之;在孤峰者,救令入荒草;落荒草者,救令处孤峰③;尔若入镬汤炉炭④,我也入镬汤炉炭。其实无他,只要与尔解粘去缚、抽钉拔楔,脱却笼头、卸却角驮⑤。田和尚有一颂最好:"灵光不昧,万古徽猷⑥。入此门来,莫存知解。"

"别别!扰扰匆匆水里月。"不妨有出身之路,亦有活人之机。雪窦拈了,教人自去明悟生机,莫随他语句。尔若随他,正是"扰扰匆匆水里月"。如今作么生得平稳去?放过一著。

【点评】

本则公案是前则公案情节的延续和对应。如果说前则公案某僧问的是禅宗明心的境界,那么本则问的则是见性的境界;如果说明心是内证佛光之体,那么见性则是外现佛光之用。如何见性,则需要机缘到来时的豁然感通。

云门答"倒一说"。其表面意思是"请把刚才的'一'倒转过来对

---

① 曲录木床:原指外域传入汉地的类似椅子的坐具(其状屈曲,故名),后代指住持僧之座位。
② 七事随身:原指僧尼常持之用具(如衣、钵、香等),此指随时与佛性的境界打成一片。
③ "在孤峰者……救令处孤峰":在修持中有高境界者,引导他去实践接引学人;已能接引学人者,引导他提升更高的境界。
④ 镬汤炉炭:大锅里的沸水、炉膛里的火炭(佛典中镬汤地狱景象)。比喻不畏苦难,教化学人。
⑤ 脱却笼头、卸却角驮:脱掉牲口的笼头,卸去身上的负重。比喻说解脱心理上的一切束缚与执著,抛却行为上的一切习气与负担,才有可能达到无事道人的境界。
⑥ 万古徽猷:万古不朽的美善之道。

己说（则正是你要的答案）"。若说其深意与作用，只能说引导问者在不失本心的状态下当下见性。如再解说，恐怕开口即错。因为佛性的大机大用，只能启发，不能代替。

可以想象，面对某僧的问话，云门在前答的基础上，不得不如此作答。但此答的结果，可能是同生（问者得悟，即答者成功）之喜，也可能是同死（问者不悟，即答者失败）之悲，这对于当时声名大震的云门，非有"我不下地狱，谁下地狱"的大无畏的精神不能冒此险。因此雪窦颂道："……同生同死为君诀。"至于问僧是否因此悟入不得而知，而云门的这种精神、手段，无疑将使无数后人起死回生。

雪窦最后告诫我们，不要滞于言句，不然就是只知捞摸"扰扰匆匆水里月"的猴子了。但既然不应滞于言句，如机缘成熟，即使是"扰扰匆匆水里月"的景象，又何尝不能启发我们当下见性呢？

一六　镜清①草里汉

【圜悟垂示】

道无横径，立者孤危；法非见闻，言思迥绝②。若能通过荆棘林，解开佛祖缚，得个稳密田地，诸天捧花无路，外道潜窥无门；终日行而未尝行，终日说而未尝说③，便可以自由自在，展啐啄之机，用杀活之剑。直饶恁么，更须知有建化门中一手抬一手搦犹较些子④。若是本分事上，且得没交涉。作么生是本分事？试举看：

【雪窦举公案】

僧问镜清："学人啐，请师啄。"无风起浪作什么？尔用许多见

---

① 镜清：镜清道怤（868~937），唐末五代禅师，温州永嘉人，俗姓陈。曾入闽参谒雪峰义存，后嗣其法。历住浙江镜清寺，吴越禅学之兴即始于此。
② "道无横径……言思迥绝"：意为大道上（比喻佛道）没有横行的小路，若停在那里非常危险；佛法不是单靠见闻能得到的，它超出思想、言谈的境界。
③ 终日行而未尝行，终日说而未尝说：整天行动，就像从未行动；整天言说，就像从未言说（时刻不失禅心，不粘著事相）。
④ 更须知有建化门中一手抬一手搦犹较些子：更应知道在教化学人时，有同时一手抬起、一手按下的手段还差不多。比喻教化手段的灵活高妙。

解作什么？清云："还得活也无①？"扎。买帽相头②。将错就错，不可总怎么。僧云："若不活，遭人怪笑。"相带累。撑天拄地。担板汉。清云："也是草里汉。"果然。自领出去。放过即不可。

【圜悟评唱】

镜清承嗣雪峰，与本仁、玄沙、疏山、太原孚辈同时。初见雪峰得旨，后常以啐啄之机开示后学，善能应机说法。示众云："大凡行脚人，须具啐啄同时眼，有啐啄同时用，方称衲僧。如母欲啄，而子不得不啐；子欲啐，而母不得不啄。"有僧便出问："母啄子啐，于和尚分上，成得个什么边事？"清云："好个消息。"僧云："子啐母啄，于学人分上，成得个什么边事？"清云："露个面目。"所以镜清门下，有啐啄之机。

这僧亦是他门下客，会他家里事，所以如此问："学人啐，请师啄。"此问洞下③谓之借事明机，那里如此子啐而母啄，自然恰好同时？镜清也好，可谓拳踢相应、心眼相照，便答道："还得活也无？"其僧也好，亦知机变，一句下有宾有主、有照有用、有杀有活，僧云："若不活，遭人怪笑。"清云："也是草里汉。"一等是入泥入水。镜清不妨恶脚手，这僧既会恁么问，为什么却道"也是草里汉"？所以作家眼目须是恁么，如击石火似闪电光，构得构不得，未免丧身失命。若恁么，便见镜清道"草里汉"。

---

① 得活也无：能成活不能成活。"活"，比喻悟入佛道。
② 买帽相头：意为买帽子要看看头的大小。"帽"，原作"帕"，《龙藏》、《驹本》亦同，据上下文改。下同不注。
③ 洞下：指禅宗中的曹洞宗。

所以南院示众云："诸方只具啐啄同时眼，不具啐啄同时用①。"有僧出问："如何是啐啄同时用？"南院云："作家不啐啄，啐啄同时失②。"僧云："犹是学人疑处。"南院云："作么生是尔疑处？"僧云："失！"南院便打，其僧不肯，院便赶出。僧后到云门会里举前话，有一僧云："南院棒折那③！"其僧豁然有省。且道意在什么处？其僧却回见南院，院适已迁化，却见风穴④，才礼拜，穴云："莫是当时问先师啐啄同时底僧么？"僧云："是。"穴云："尔当时作么生会？"僧云："某甲当初时，如灯影里行相似⑤。"穴云："尔会也。"且道是个什么道理？这僧都来只道"某甲当初时，如灯影里行相似"，因甚么风穴便向他道"尔会也"？

后来翠岩拈云："南院虽然运筹帷幄，争奈土旷人稀，知音者少。"风穴拈云："南院当时，待他开口，劈脊便打。看他作么生？"若见此公案，便见这僧与镜清相见处，诸人作么生免得他道"草里汉"？所以雪窦爱他道"草里汉"，便颂出：

【雪窦颂古】

古佛有家风，言犹在耳，千古榜样。莫谤释迦老子好。对扬遭贬

---

① 南院：指南院慧颙禅师，生平不详。诸方只具啐啄同时眼，不具啐啄同时用：意为禅林里只有"啐啄同时"的认识，但还不具备施之于用的手段。
② 作家不啐啄，啐啄同时失：意为明眼禅师的境界里，不存在有意的"啐啄"，啐啄的双方同时空却，此时的相应，才是真正的"啐啄"之用。"失"，本为真空实相的佛性的境界，所以后面某僧再问"失"的境界而遭南院之打，欲使其当下见性。
③ 南院棒折那：意为南院禅师为你棒子都打折了，而你还不悟。
④ 风穴：风穴延沼（896~973），北宋临济宗禅师，浙江余杭人，俗姓刘，曾住汝州风穴寺故称。
⑤ 某甲当初时，如灯影里行相似：我在当时（遭打时），如在灯影里行走一样。意为只得一些虚明的感觉，而未彻悟。

剥。鼻孔为什么却在山僧手里？八棒对十三，尔作么生？放过一著，便打。子母不相知，既不相知，为什么却有啐啄天然？是谁同啐啄？百杂碎。老婆心切，且莫错认。啄觉道什么？落在第二头。犹在壳，何不出头来？重遭扑，错，便打。两重公案。三重四重了也。天下衲僧徒名邈。放过了也。不须举起，还有名邈得底么？若名邈得，也是草里汉。千古万古黑漫漫，填沟塞壑无人会。

【圜悟评唱】

"古佛有家风"，雪窦一句颂了也。凡是出头来，直是近傍不得。若近傍著，则万里崖州①；才出头来，便是落草。直饶七纵八横，不消一捏。雪窦道，"古佛有家风"，不是如今怎么也。释迦老子初生下来，一手指天，一手指地，目顾四方云："天上天下，唯我独尊②。"云门道："我当时若见，一棒打杀，与狗子吃却。贵要天下太平。"如此方酬得恰好。所以啐啄之机，皆是古佛家风。若达此道者，便可一拳拳倒黄鹤楼，一踢踢翻鹦鹉洲③。如大火聚，近之则燎却面门；如太阿剑，拟之则丧身失命。此个唯是透脱得大解脱者，方能如此。苟或迷源滞句，决定构这般说不得。"对扬遭贬剥"，则是一宾一主，一问一答，于问答处便有贬剥，谓之"对扬遭贬剥"。

雪窦深知此事，所以只向两句下颂了，末后只是落草，为尔注破。"子母不相知，是谁同啐啄？"母虽啄，不能致子之啐；子

---

① 若近傍著，则万里崖州：如执著于道为实有可得，那它又在万里崖州之外了。
② 天上天下，唯我独尊：体现佛祖的志向，表达佛性无分别、无对待的唯一性。
③ 一拳拳倒黄鹤楼，一踢踢翻鹦鹉洲：此意为破有自可显性。"黄鹤楼"、"鹦鹉洲"，为武汉长江边名胜。

虽啐，不能致母之啄，各不相知，当啐啄之时，"是谁同啐啄"？若怎么会，也出雪窦末后句不得在。何故？不见香严道："子啐母啄，子觉无壳。子母俱忘，应缘不错。同道唱和，妙玄独脚①。"

雪窦不妨落草，打葛藤道"啄"，此一字颂镜清答道"还得活也无"；"觉"颂这僧道"若不活，遭人怪笑"。为什么雪窦却便道"犹在壳"？雪窦向石火光中别缁素，闪电机里辨端倪。镜清道"也是草里汉"，雪窦道"重遭扑"者，难处些子。是镜清道"也是草里汉"，唤作镜清换人眼睛得么？这句莫是犹在壳么？且得没交涉，那里如此？若会得，绕天下行脚，报恩有分。

山僧怎么说，"也是草里汉"。"天下衲僧徒名邈"，谁不是名邈者？到这里，雪窦自名邈不出，却更累他天下衲僧。且道镜清作么生是为这僧处？天下衲僧跳不出。

【点评】

孵鸡出壳时，雏鸡在内以嘴吮壳声，名为啐；母鸡在外以嘴啮壳声，名为啄。以此来比喻禅林学人请益、师家接引，以雏鸡出壳得活来比喻学人得悟，这都不难理解。

某僧所说："学人啐，请师啄。"或许是在表达：我已明心，请引导我见性。如何引导见性呢？若施之于行，似非易事。正像南院所说："诸方只具啐啄同时眼，不具啐啄同时用。"只有同样的愿望，没有具体的机缘相应是达不到目的的。但有时又好像甚易，你看佛祖说"天上天

---

① "子啐母啄……妙玄独脚"：像雏鸡出壳时，子在壳内啐、母在壳外啄一样，如果子能得活，就不再有壳的间隔。此时子母会忘掉刚才的作为，而子母之间的相应关系是不会有差错的。禅者之间的唱和（斗机锋）的相应境界，也如此玄妙独步。

下，唯我独尊"，云门道"一棒打杀"，不也正是啐啄之用吗？不正是启发我们见性吗？

啐啄同时，并非如公案中问僧的约定："学人啐，请师啄。"这样自问自答，岂能豁然得悟？公案中镜清问："还得活也无？"正是在启发问僧当下见性"得活"，正是在啄。而问僧所答"若不活，遭人怪笑"，显示出虽有所觉，但并未得活（即"啄觉，犹在壳"）。或者说他认"得活"为实有，或者说他仅知其理不得其用，不知以啐应啄，错过时机，死在壳里。所以镜清说他"也是草里汉"。

既然说啐啄之机如大火聚、如太阿剑，不可向迹、不可拟议，那么鸟类子母为何用得如此巧妙？答曰：如能消除时空的间隔，自然感而遂通！师家学人之间不正应如此吗？那么时空又是什么呢？

一七　香林①西来意

【圜悟垂示】

斩钉截铁，始可为本分宗师；避箭畏刀，焉能为通方作者②？针扎不入处则且置，白浪滔天时如何③？试举看：

【雪窦举公案】

僧问香林："如何是祖师西来意？"大有人疑著。犹有这个消息在。林云："坐久成劳④。"鱼行水浊，鸟飞落毛，合取狗口好。作家眼目。锯解秤锤⑤。

【圜悟评唱】

香林道："坐久成劳。"还会么？若会得，百草头上⑥罢却干

---

① 香林：香林澄远（908—987），蜀地汉川人，俗姓上官，五代时云门宗禅师，云门文偃之法嗣，因久住汉川香林院得名。
② "斩钉截铁……焉能为通方作者"：意为机缘到时，斩钉截铁直指人心，才可以说是宗下大师；如果是回避险峻的机锋，怎么能叫通宗通教的高手呢？"畏"，原作"隈"，据《龙藏》、《驹本》改。
③ 针扎不入处则且置，白浪滔天时如何：意为佛性无可言表的情况就先放在一边，习气发作时又该如何处理呢？
④ 坐久成劳：打坐时间长了，就会疲劳。意为佛性亦本来如此，勿用言说。
⑤ 锯解秤锤：解说这个公案，就像是用锯分解铁秤砣（里外如一，无可分别）。
⑥ 百草头上："百草"，比喻万物万事。"头上"，指即物而离物可见佛性。

戈；若也不会，伏听处分。

古人行脚，结交择友，为同行道伴拨草瞻风①。是时云门旺化广南，香林得得出蜀，与鹅湖、镜清同时，先参湖南报慈，后方至云门会下。作侍者十八年，在云门处亲得亲闻。他悟时虽晚，不妨是大根器。居云门左右十八年，云门常只唤："远侍者！"才应喏，门云："是什么？"香林当时下语呈见解弄精魂，终不相契②。一日忽云："我会也！"门云："何不向上道将来？"又住三年，云门室中垂大机辩，多半为他远侍者。随处入作，云门凡有一言一句都收在远侍者处。

香林后归蜀，初住导江水晶宫，后住青城香林。智门祚和尚，本浙人，盛闻香林道化，特来入蜀参礼。祚乃雪窦师也。云门虽接人无数，当代道行者，只香林一派最盛，归川住院四十年，八十岁方迁化。尝云："我四十年方打成一片。"凡示众云："大凡行脚参寻知识，要带眼行，须分缁素、看浅深始得。"先须立志，而释迦老子在因地时发一言一念，皆是立志。后来僧问："如何是室内一盏灯③？"林云："三人证龟成鳖④。"又问："如何是衲衣下事⑤？"林云："腊月火烧山⑥。"

古来答祖师意甚多，唯香林此一则坐断天下人舌头，无尔计

---

① 拨草瞻风：此比喻截断烦恼，可睹佛祖（心性）风貌。
② 呈见解弄精魂，终不相契：呈现见解玩弄念头（自问自答），到底也不能与道相应。
③ 如何是室内一盏灯：暗问什么是真如佛性呢？
④ 三人证龟成鳖：意为真如佛性本为真空实相，可是人们说得多了就像有三人把龟错证为鳖也会使人相信一样，把真如佛性也认为是实有了。
⑤ 如何是衲衣下事：暗问法身与色身的关系怎样呢？
⑥ 腊月火烧山：意为像冬腊月引火烧山，草木焚烧尽才能看到山的本来面目一样，打得身念死方许法身活。

较作道理处。僧问："如何是祖师西来意？"林云："坐久成劳。"可谓言无味句无味，无味之谈，塞断人口，无尔出气处。要见便见，若不见切忌作解会。香林曾遇作家来，所以有云门手段，有三句体调。人多错会道："祖师西来，九年面壁，岂不是坐久成劳？"有什么巴鼻？不见他古人得大自在处。他是脚踏实地，无许多佛法知见道理，临时应用，所谓法随法行，法幢随处建立。雪窦因风吹火，傍指出一个半个：

【雪窦颂古】

一个两个千万个，何不依而行之？如麻似粟，成群作队作什么？脱却笼头卸角驮。从今日去应须洒洒落落，还休得也未？左转右转随后来，犹自放不下，影影响响。便打。紫胡要打刘铁磨①。山僧拗折拄杖子②，更不行此令。贼过后张弓。便打。险！

【圜悟评唱】

雪窦直下如击石火、似闪电光，拶出放教尔见，聊闻举著便会始得。也不妨是他屋里儿孙，方能恁么道，若能直下便恁么会去不妨奇特。

"一个两个千万个，脱却笼头卸角驮。"洒洒落落，不被生死所染，不被圣凡情解所缚，上无攀仰，下绝己躬，一如他香林雪

---

① 紫胡：唐代禅师子湖利踪（800~880），俗姓周，澶州（今河南清丰县内）人，南泉普愿之法嗣。因曾住衢州马蹄山子湖院得名。刘铁磨：唐代禅宗尼师，俗姓刘，因机锋峻峭，人称之刘铁磨。
② 山僧拗折拄杖子：我要折断他的拄杖子（断除依赖、执著）。"拄杖子"（又作"柱杖子"），僧侣出行助力、探路的木杖子。常以之比喻学人尚有某种借助或依附（尚未彻悟），或比喻禅师借用的手段。

窦①相似。何止只②是千万个？直得尽大地人悉皆如此，前佛后佛也悉皆如此。

苟或于言句中作解会，便似紫胡要打刘铁磨相似，其实才举，和声便打。紫胡参南泉，与赵州、岑大虫③同参，时刘铁磨在沩山下卓庵，诸方皆不奈何他。一日紫胡得得去访，云："莫便是刘铁磨否？"磨云："不敢。"胡云："左转右转④？"磨云："和尚莫颠倒。"胡和声便打。

香林答这僧问"如何是祖师西来意"？却云"坐久成劳"。若恁么会得，左转右转随后来也。且道雪窦如此颂出，意作么生？无事好，试请举看。

【点评】

僧问："如何是祖师西来意？"表面上是问达磨祖师从西天到此东土的意图，实际上是暗问禅的境界或如何明心见性悟入禅道。

香林禅师答："坐久成劳。"从表面说，祖师西来，九年面壁，岂不是要"坐久成劳"？此本来真实又勿容思议之答，正可使人心空言断。此时问话者的暗中感受，正回答了什么是禅的境界和如何悟入的问题。古来答祖师西来意者甚多，香林此答，真所谓坐断天下人舌头。可谓言无味、句无味，无味之谈，塞断人口，无尔出气处。

如能当下悟入，洒洒落落，不被生死所染，不被圣凡情解所缚，当然就是"脱却笼头卸角驮"。如此者何止"一个两个千万个"？直得尽大

---

① "窦"，原作"窜"，据《驹本》改。
② "只"，《驹本》作"必"。
③ 岑大虫：唐代长沙景岑禅师。南泉普愿之法嗣，曾住长沙鹿苑寺，人称"长沙和尚"，因机锋猛如虎，又称岑大虫。
④ 左转右转：故问之以引对方起分别念，故遭打。

地人悉皆如此，前佛后佛也悉皆如此。苟或于言句中作解会、示分别，就只能"左转右转随后来，紫胡要打刘铁磨"了。

一八　肃宗请塔样

【雪窦举公案】

肃宗皇帝本是代宗，此误。问忠国师①："百年后所须何物?"预搔待痒，果然起模画样。老老大大作这去就，不可指东作西。国师云："与老僧作个无缝塔②。"把不住。帝曰："请师塔样。"好与一扎。国师良久云："会么?"停囚长智。直得指东划西，将南作北，直得口似匾檐③。帝云："不会。"赖值不会。当时更与一捞，教伊满口含霜，却较些子。国师云："吾有付法弟子耽源④却谙此事，请诏问之。"赖值不掀倒禅床。何不与他本分草料⑤? 莫搽胡人好。放过一著。

国师迁化后，可惜，果然错认定盘星。帝诏耽源，问："此意

---

① 忠国师：南阳慧忠（? ~775），唐代禅师，越州诸暨（今浙江诸暨市）人，俗姓冉。自幼好学，受法于慧能。曾游历名山，后入南阳（今河南南阳市）白崖山党子谷，四十余年不出山门。唐玄宗、肃宗、代宗均曾迎师入宫，问治国之要。后敕住千福寺、光宅寺，公卿士庶多来参叩求法。
② 无缝塔：此暗喻真如佛性。
③ 口似匾檐：比喻紧闭嘴唇不能说话的样子。"檐"，有作"担"，意亦通。
④ 耽源：即耽源应真，忠国师之法嗣。
⑤ 本分草料：原指本分所需的资粮，此指应点明心性。

如何？"子承父业去也。落在第二头、第三头。源云："湘之南潭之北，也是把不住。两两三三作什么？半开半合。[雪窦著语云：独掌不浪鸣①。]一盲引众盲，果然随语生解。随邪逐恶作什么？中有黄金充一国。上是天，下是地，无这个消息。是谁分上事？[雪窦著语云：山形拄杖子②。]拗折了也。也是起模画样。无影树下合同船，祖师丧了也。阇黎道什么？[雪窦著语云：海晏河清③。]洪波浩渺白浪滔天，犹较些子。琉璃殿上无知识。"咄！[雪窦著语云：拈了也]。贼过后张弓。言犹在耳。

【圜悟评唱】

肃宗、代宗皆玄宗之子孙，为太子时，常爱参禅。为国有巨盗，玄宗遂幸蜀。唐本都长安为安禄山僭据④，后都洛阳，肃宗摄政。是时忠国师在邓州白崖山住庵，今香严道场是也。四十余年不下山，道行闻于帝里。上元二年，敕中使诏入内，待以师礼，甚敬重之。尝与帝演无上道，师退朝，帝自攀车而送之，朝臣皆有愠色，欲奏其不便。国师具他心通⑤，而先见圣奏曰："我在天帝释前，见粟散天子⑥，如闪电光相似。"帝愈加敬重。及代宗临御，复延止光宅寺，十有六载随机说法，至大历十年迁化。山南府青锉山和尚，昔与国师同行，国师尝奏帝令诏他，三诏不起，常骂国师耽名爱利、恋著人间。

---

① 独掌不浪鸣：单个手掌不能随便发出响声。此比喻应求而答。
② 山形拄杖子：像山形的大拄杖子。意为虽是大的提示亦不易借此明白。
③ 海晏河清：四海平静，黄河清澈。比喻大事已毕。
④ 安禄山僭据：指唐代的"安史之乱"安禄山篡权事。
⑤ 他心通：佛典所说六通之一，能知他人心所想。
⑥ 天帝释：佛典称欲界忉利天之王为帝释（姓释迦）。粟散天子：比喻世间诸王多如粟粒。

国师于他父子①三朝中为国师，他家父子，一时参禅。据《传灯录》所考，此乃是代宗设问；若是问国师"如何是十身调御②"，此却是肃宗问也。国师缘终，将入涅槃，乃辞代宗，代宗问曰："国师百年后，所须何物？"也只是平常一个问端，这老汉无风起浪，却道"与老僧造个无缝塔"。且道白日青天如此作什么？做个塔便了，为什么却道"做个无缝塔"？代宗也不妨作家，与尔一拶道："请师塔样。"国师良久云："会么？"奇怪这些子，最是难参。大小大国师③，被他一拶，直得口似匾檐。然虽如此，若不是这老汉，几乎弄倒了。

多少人道，国师不言处便是塔样。若恁么会，达④磨一宗扫地而尽。若谓"良久"便是，哑子也合会禅。岂不见外道问佛："不问有言，不问无言？"世尊良久，外道礼拜，赞叹曰："世尊大慈大悲，开我迷云，令我得入。"及外道去后，阿难问佛："外道有何所证，而言得入？"世尊云："如世良马，见鞭影而行。"人多向"良久"处会，有什么巴鼻？五祖先师拈云："前面是珍珠玛瑙，后面是玛瑙珍珠；左边是观音势至，右边是文殊普贤；中间有个幡子，被风吹著道'胡卢胡卢⑤'。"国师云："会么？"帝曰："不会。"却较些子。且道这个"不会"，与武帝"不识"是同是别？虽然似则似，是则未是。

国师云："吾有付法弟子耽源却谙此事，请诏问之。"雪窦拈

---

① "子"，原作"于"，据《龙藏》、《驹本》改。
② 十身调御：此指佛或菩萨教化众生，如驭师之驾驭有方。
③ 大小大国师：意为偌大一个国师。
④ "达"，原作"绕"，据《龙藏》、《驹本》改。
⑤ 胡卢：风吹经幡发出的声音。此意无言之声正显佛性。

云："独掌不浪鸣。"代宗不会则且置，耽源还会么？只消道个"请师塔样"尽大地人不奈何。五祖先师拈云："尔是一国之师，为个什么不道，却推与弟子？"

国师迁化后，帝诏耽源，问："此意如何？"源便来为国师胡言汉语说道理，自然会他国师说只消一颂：《祖庭事苑》出齐时。"湘之南潭之北，中有黄金充一国。无影树下合同船，琉璃殿上无知识。"

耽源名应真，在国师处作侍者，后住吉州耽源寺。时仰山来参耽源，源言重性恶不可犯①，住不得。仰山先去参性空禅师，有僧问性空："如何是祖师西来意？"空云："如人在千尺井中，不假寸绳出得此人，即答汝西来意②。"僧云："近日湖南畅和尚，亦为人东语西话。"空乃唤沙弥："拽出这死尸著！"沙弥仰山山后举问耽源："如何出得井中人？"耽源曰："咄！痴汉，谁在井中？"仰山不契，后问沩山。山乃呼："慧寂！"山应诺。沩云："出了也。"仰山因此大悟，云："我在耽源处得体，沩山处得用。"

也只是这一个颂子，引人邪解不少。人多错会道："相是相见，谭是谭论，中间有个无缝塔。所以道：'中有黄金充一国。'帝与国师对答，便是'无影树下合同船'。帝不会，遂道'琉璃

---

① 仰山：仰山慧寂，唐代禅师，广东番禺人，俗姓叶。幼依和安寺通禅师，十七岁自断二指，立誓落发。参谒耽源应真，了悟玄旨。入沩山灵祐之室，受其印可。执侍灵祐凡十五年，互相激扬宗门。唐僖宗时迁大仰山，大振沩山之法道，是为沩仰宗。有仰山小释迦之号。言重性恶：言辞严厉，脾气不好。
② "如人在千尺井中……即答汝西来意"：如有人掉在千尺深井中，你如果能不用一寸绳索就能把这个人救出井，我就回答你什么是祖师的西来意。意为你如果能领悟诸法空相（就能从"有"的深井中解脱出来），就不用我再来回答什么是祖师西来意了。

殿上无知识'。"又有底道："相是相州之南，潭是潭州之北。'中有黄金充一国'，须①官家眨眼顾视云：这个是无缝塔。"若怎么会，不出情见。

只如雪窦下四转语②，又作么生会？今人殊不知古人意，且道"湘之南潭之北"，尔作么生会？"中有黄金充一国"，尔作么生会？"无影树下合同船"，尔作么生会？"琉璃殿上无知识"，尔作么生会？若怎么见得，不妨庆快平生。"湘之南潭之北"，雪窦道："独掌不浪鸣。"不得已与尔说。"中有黄金充一国"，雪窦道："山形拄杖子。"古人道："识得拄杖子，一生参学事毕。""无影树下合同船"，雪窦道："海晏河清。"一时豁开户牖，八面玲珑③。"琉璃殿上无知识"，雪窦道："拈了也。"一时与尔说了也，不妨难见。见得也好，只是有些子错认处，随语生解。至末后道"拈了也"，却较些子。雪窦分明一时下语了，后面单颂个无缝塔子：

【雪窦颂古】

无缝塔，这一缝，大小大道什么？见还难，非眼可见。瞎。澄潭不许苍龙蟠④。见么？洪波浩渺，苍龙向什处蟠？这里直得摸索不著。层落落莫眼花。眼花作什么？影团团，通身是眼，落七落八。两两三三旧路行，左转右转随后来。千古万古与人看。见么？瞎汉作么生看？阇黎觑得见么？

---

① "须"，原作"颂"，据《龙藏》、《驹本》改。
② 雪窦下四转语：指"公案"雪窦的四句"著语"。
③ 豁开户牖，八面玲珑：敞开门窗，可见八面玲珑的景象。比喻顿然使人领悟佛性境界。
④ 澄潭不许苍龙蟠：此暗示"无缝塔"为不可思议之清净境界。

【圜悟评唱】

雪窦当头道:"无缝塔,见还难。"虽然独露无私,则是要见时还难。雪窦忒杀慈悲,更向尔道:"澄潭不许苍龙蟠。"五祖先师道:"雪窦颂古一册,我只爱他'澄潭不许苍龙蟠'一句,犹较些子。"多少人去他国师良久处作活计,若恁么会,一时错了也。不见道"卧龙不鉴止水","无处有月波澄,有处无风浪起①",又道"卧龙长怖碧潭清"。若是这个汉,直饶洪波浩渺、白浪滔天亦不在里许蟠。

雪窦到此颂了,后头著些子眼目,琢出一个无缝塔。随后说道:"层落落影团团,千古万古与人看。"尔作么生看?即今在什么处?直饶尔见得分明,也莫错认定盘星。

【点评】

此则公案是在用烘云托月的手法显现"无缝塔"的真相。那么到底什么是"无缝塔"呢?

这使我们想起《坛经》里的一段对话:祖师告众:"我有一物,无头无尾,无名无字,无背无面,诸人还识否?"神会出曰:"是诸佛之本源,神会之佛性。"师曰:"向汝道'无名无字',汝便唤作本源佛性,汝向去有把茅盖头,也只成个知解宗徒。"

这段对话告知我们,所谓"无缝塔",原来也是比喻,也是假名。所说之"物",没有名相,真是"好个风流画不成","爷娘所生口,终不为你道"。这段对话也正告知我们,忠国师为什么拿不出塔样?耽源为什么说南道北?雪窦、圜悟为什么绕路说禅?

---

① 无处有月波澄,有处无风浪起:比喻"无缝塔"(禅境)不著于空有两边,而是真空妙有的境界。

尽管如此,我们仍然可以从烘云托月的手法中,影影绰绰感知"无缝塔"的真相:"湘之南潭之北"(《从容录》作"相之南谭之北"),暗示其灭色相、绝言谈的境界;"中有黄金充一国",暗示其空而非空的尊贵相;"无影树下合同船",暗示其空有一如而又无处不在;"琉璃殿上无知识",暗示其不可以识得,不可以知求。

说到这里,不得不再入泥入水。原来"无缝塔"就指我们的真如佛性。那么又如何明心见性呢?此则公案不正在启发我们吗?虽暗喻种种,如能得鱼忘筌,无不可者。如仍懵懂,请再参本则"评唱"中外道问佛公案(因"良久"而悟本心),或能即此悟见真空妙有的本地风光。

一九　俱胝①指头禅

【圜悟垂示】

一尘举，大地收；一花开，世界起②。只如尘未举、花未开时③如何著眼？所以道，如斩缏丝，一斩一切斩；如染一缏丝，一染一切染。只如今便将葛藤截断，运出自己家珍，高低普应，前后无差，各各现成。倘或未然，看取下文：

【雪窦举公案】

俱胝和尚，凡有所问，有什么消息？钝根阿师。只竖一指。这老汉也要坐断天下人舌头。热则普天普地热，寒则普天普地寒④。换却天下人舌头⑤。

【圜悟评唱】

若向指头上会，则辜负俱胝；若不向指头上会，则生铁铸就

---

① 俱胝：唐代南岳派禅师，因常诵俱胝观音咒得名。常用"一指禅"接人，名满天下。
② "一尘举……世界起"：此即所谓事理圆融、事事圆融的真如佛性境界。
③ 尘未举、花未开时：启发学人领悟思虑未起时的真如实相。
④ 热则普天普地热，寒则普天普地寒：意为不滞于对诸有（如寒、热）的分别，从而超越它并空掉它。
⑤ 换却天下人舌头：意为让天下人改换一种说法（刷新认识）。

相似。会也恁么去，不会也恁么去；高也恁么去，低也恁么去；是也恁么去，非也恁么去。所以道，一尘才起，大地全收；一花欲开，世界便起；一毛头狮子，百亿毛头现。圆明道："寒则普天普地寒，热则普天普地热。山河大地，下彻黄泉；万象森罗，上通霄汉。"且道是什么物得恁么奇怪①？若也识得，不消一捏；若识不得，碍塞杀人②。

俱胝和尚，乃婺州金华人。初住庵时，有一尼名实际，到庵直入，更不下笠，持锡绕禅床三匝云："道得即下笠。"③ 如是三问，俱胝无对，尼便去。俱胝曰："天势稍晚，且留一宿。"尼曰："道得即宿。"胝又无对，尼便行。胝叹曰："我虽处丈夫之形，而无丈夫之气。"遂发愤要明此事，拟弃庵往诸方参请，打叠行脚。其夜山神告曰："不须离此。来日有肉身菩萨，来为和尚说法。不须去。"果是次日，天龙和尚到庵，胝乃迎礼，具陈前事。天龙只竖一指而示之，俱胝忽然大悟。是他当时郑重专注，所以桶底易脱。

后来凡有所问，只竖一指。长庆道："美食不中饱人吃。"玄沙④道："我当时若见，拗折指头。"玄觉云："玄沙恁么道，意作么生？"云居锡云："只如玄沙恁么道，是肯伊是不肯伊？若肯伊，何言拗折

---

① "寒则普天普地寒……且道是什么物得恁么奇怪"：真如佛性超越诸有境界，而又无时无处不可体现。
② "若也识得……碍塞杀人"：如能体悟这样的境界，就太轻松了（甚至不用手指轻轻地捏一下的气力）；如不能体悟，那么他的障碍和困难就太大了。
③ 持锡绕禅床三匝云："道得即下笠："手持锡杖绕禅床走了三圈说："如能表达得出（真如佛性的境界），我就摘下斗笠（表示尊重和留宿）。"
④ 玄沙：玄沙师备（835~918），唐末五代青原法系禅师。俗姓谢，排行老三，人称谢三郎。因持律严谨，人亦称备头陀。

指头?若不肯伊,俱胝过在什么处?"先曹山云:"俱胝承当处莽卤,只认得一机一境,一等①是拍手抚掌。"见他西园奇怪,玄觉又云:"且道俱胝还悟也未?为什么承当处莽卤?若是不悟,又道'平生只用一指头禅不尽'?"且道曹山意在什么处?当时俱胝实然不会,及乎到他悟后,凡有所问只竖一指,因什么千人万人罗笼不住、扑他不破?尔若用作指头会,决定不见古人意。

这般禅易参,只是难会②。如今人才问著,也竖指竖拳,只是弄精魂;也须是彻骨彻髓见透始得。俱胝庵中有一童子,于外被人诘曰:"和尚寻常以何法示人?"童子竖起指头。归而举似师,俱胝以刀断其指,童子叫唤走出,俱胝召一声,童子回首,俱胝却竖起指头,童子豁然领解。且道见个什么道理?及至迁化,谓众曰:"吾得天龙一指头禅,平生用不尽。要会么?"竖起指头便脱去。

后来,明招独眼龙③问国泰深师叔云:"古人道:'俱胝只念三行咒,便得名超一切人。'作么生与他拈却三行咒?"深亦竖起一指头。招云:"不因今日,争识得这瓜州客④?"且道意作么生?秘魔平生只用一杈,打地和尚凡有所问只打地一下⑤。后被人藏却他棒,却问如何是佛?他只张口,亦是一生用不尽。无业云:

---

① "等",《龙藏》、《驹本》作"种"。
② 易参、难会:意为容易理解,不容易领悟。
③ 明招独眼龙:明招德谦禅师,唐末人。为青原行思之法系,受罗山道闲印可。大力弘扬玄旨,机法灵活锐利,为耆宿、后学所敬畏。曾任婺州智者寺首座,后住明招山四十余年。以左眼残疾,人称独眼龙。
④ 瓜州客:意为有自卖自夸的嫌疑。
⑤ 秘魔:五台山秘魔岩和尚,唐代禅师。打地和尚:忻州打地和尚,唐代禅师,马祖道一之法嗣。凡学者致问,唯以棒打地示之,故名。

"祖师观此土有大乘根器，唯单传心印，指示迷涂，得之者不拣愚之与智、凡之与圣，且多虚不如少实。大丈夫汉即今直下休歇去，顿息万缘去，超生死流，迥出常格。纵有眷属庄严，不求自得。"无业一生凡有所问，只道"莫妄想"。所以道，一处透，千处万处一时透；一机明，千机万机一时明。

如今人总不恁么，只管恣意情解，不会他古人省要处。他岂不是无机关转换处？为什么只用一指头？须知俱胝到这里，有深密为人处。要会得省力么？还他圆明道："寒则普天普地寒，热则普天普地热。山河大地，通上孤危；万象森罗，彻下险峻。"什么处得一指头禅来？

【雪窦颂古】

对扬深爱老俱胝，癞儿牵伴，同道方知。不免是一机一境。宇宙空来更有谁？两个、三个。更有一个，也须打杀。曾向沧溟下浮木，全是这个。是则是，太孤峻生。破草鞋有什么用处？夜涛相共接盲龟。捞天摸地，有什么了期？接得堪作何用？据令而行，赶向无佛世界。接得阇黎一个瞎汉。

【圜悟评唱】

雪窦会四六文章，七通八达①，凡是诵讹奇特公案，偏爱去颂："对扬深爱老俱胝，宇宙空来更有谁？"今时学者，抑扬古人，或宾或主，一问一答，当面提持，有如此为人处。所以道："对扬深爱老俱胝。"且道雪窦爱他作什么？自天地开辟以来，更有谁人，只是老俱胝一个。若是别人须参杂，唯是俱胝老，只用

---

① 四六文章：原指旧时的多用四字或六字为句的骈体文，此指"颂古"。七通八达：即现在所说的四通八达意。

一指头,直至老死。时人多邪解道:"山河大地也空、人也空、法也空,直饶宇宙一时空来,只是俱胝老一个。"且得没交涉!

"曾向沧溟下浮木",如今谓之生死海,众生在业海之中,头出头没,不明自己,无有出期。俱胝老垂慈接物,于生死海中,用一指头接人,似下浮木接盲龟相似,令诸众生得到彼岸。"夜涛相共接盲龟",《法华经》云:"如一眼之龟,值浮木孔,无没溺之患。"大善知识接得一个如龙似虎底汉,教他向有佛世界互为宾主,无佛世界坐断要津。接得个盲龟堪作何用?

【点评】

俱胝禅师竖一指之意是启发学人即物而空、即用明体,会得真如本心。其童子亦竖一指,或能认识到万法归一之理,但以一为实,俱胝断其指,逼其再悟一归为虚灵本体。

人之观物,似以眼观,实以心观。平常所说,心不在焉视而不见,就是此意。既知以心观物,当观之时再返照自心,此时心亦空、物亦空,而了知诸法空相,即所谓明心。正如庞婆所说:"易易易!百草头上西来意。"

体本为一,即一指而见体与即诸色见体不别;用为万殊,以指为用,又可一指代万用;体用一如,此一指之上亦可体现真如佛性,而且最方便、最现成。俱胝因竖一指而悟道,童子因断一指而悟道……所以俱胝说:"平生只用一指禅不尽。"所以雪窦赞颂说:"对扬深爱老俱胝,宇宙空来更有谁?……"但是我们要明白:"天龙只竖一指而示之,俱胝忽然大悟。是他当时郑重专注,所以桶底易脱。"我们千万不要错过这"曾向沧溟下浮木,夜涛相共接盲龟"的难得机缘。

"纸上得来终觉浅,绝知此事要躬行。"请问:"尘未举、花未开时如何著眼?"岂待断指而后明乎!

二〇 龙牙①西来意

【圜悟垂示】

堆山积岳,撞墙磕壁②;伫思停机,一场苦屈③。或有个汉出来,掀翻大海,踢倒须弥,喝散白云,打破虚空④,直下向一机一境坐断天下人舌头,无尔近傍处。且道从上来是什么人曾恁么?试举看:

【雪窦举公案】

龙牙问翠微⑤:"如何是祖师西来意?"诸方旧话,也要勘过。

---

① 龙牙:龙牙居遁(835~923),唐末五代禅师,江西抚州南城人,俗姓郭。受戒后游历诸方。初参谒翠微无学与临济义玄,复谒德山,后礼谒洞山良价,并嗣其法。其后住持龙牙山妙济禅苑。
② 堆山积岳,撞墙磕壁:比喻参禅过程中,虽然积学苦修但不明心地,也会撞墙碰壁不得解脱。
③ 伫思停机,一场苦屈:意为如果是沉思或是压制念头,也是白白受苦一场。
④ "掀翻大海……打破虚空":意为像掀翻大海、踢倒须弥山一样,排除诸有的观念;像喝散白云、打破虚空一样,冲破顽空的境界,正觉才有可能现前。
⑤ 翠微:唐代翠微无学禅师,因住终南山翠微寺得名。

微云:"与我过禅板①来!"用禅板作什么?洎合放过,险②!牙过禅板与翠微,也是把不住。驾与青龙不解骑,可惜许当面不承当③。微接得便打,著!打得个死汉济甚事?也落在第二头了也。牙云:"打即任打,要且无祖师西来意!"这汉话在第二头,贼过后张弓。

牙又问临济:"如何是祖师西来意?"诸方旧公案,再问将来不直半文钱。济云:"与我过蒲团④来!"曹溪波浪如相似,无限平人被陆沉⑤。一状领过,一坑埋却。牙取蒲团过与临济,依前把不住,依前不伶俐。依稀越国,仿佛扬州⑥。济接得便打。著!可惜打这般死汉。一模脱出。牙云:"打即任打,要且无祖师西来意!"灼然在鬼窟里作活计。将谓得便宜,贼过后张弓。

【圜悟评唱】

翠岩芝和尚云:"当时如是,今时衲子皮下还有血么⑦?"沩山喆云:"翠微、临济,可谓本分宗师。龙牙一等是拨草瞻风,不妨与后人作龟鉴⑧。住院后有僧问:'和尚当时还肯二尊宿⑨么?'牙云:'肯即肯,只是无祖师西来意!'龙牙瞻前顾后,应病与药。大沩则不然,待伊问'和尚当时还肯二尊宿么',明不

---

① 过禅板:拿过来禅板(僧人坐禅时用以靠背或搁手的木板)。此暗示用禅板打破你问话的念头,即现"西来意"。
② 洎合放过,险:即使放过他,此事仍是险峻难攀。"险",原作"唫",据《龙藏》、《驹本》改。下同不注。
③ 驾与青龙不解骑,可惜许当面不承当:意为把他扶到青龙身上,他也不知道去骑。太可惜了,他当面不能承当得悟。
④ 蒲团:以蒲草编织而成之圆形扁平坐具,又称圆座。
⑤ 陆沉:此指人被埋没,不得悟道。
⑥ 依稀越国,仿佛扬州:意为还看不透翠微的真实意图。
⑦ 今时衲子皮下还有血么:意为现在的禅僧还有开悟的灵性吗?
⑧ 龟鉴:以龟甲占卜之事例做镜子(避免再犯同样的错误)。
⑨ 尊宿:禅林称德尊年长者。

明,劈脊便打。非惟扶竖翠微、临济,亦不辜负来问。"石门聪云:"龙牙无人拶著犹可,被个衲子挨著,失却一只眼①。"雪窦云:"临济、翠微,只解把住,不解放开。我当时如作龙牙,待伊索蒲团禅板,拈起劈面便掷。"五祖戒②云:"和尚得怎么面长?"或云:"祖师土宿临头③。"黄龙新云:"龙牙驱耕夫之牛,夺饥人之食④。既明则明矣,因什么却无祖师西来意?"会么?棒头有眼明如日,要识真金火里看。大凡激扬要妙,提唱宗乘,向第一机下明得,可以坐断天下人舌头;傥或踌躇,落在第二。这二老汉,虽然打风打雨,惊天动地,要且不曾打著个明眼汉。

古人参禅多少辛苦,立大丈夫志气,经历山川,参见尊宿。龙牙先参翠微、临济,后参德山,遂问:"学人仗镆铘剑,拟取师头时如何?"德山引颈云:"囗!"牙云:"师头落也。"山微笑便休去。次到洞山,洞山问:"近离甚处?"牙云:"德山来。"洞山云:"德山有何言句?"牙遂举前话,洞山云:"他道什么?"牙云:"他无语。"洞山云:"莫道无语,且试将德山落底头呈似老僧看。"牙于此有省,遂焚香遥望德山礼拜忏悔。德山闻云:"洞山老汉不识好恶。这汉死来多少时⑤,救得有什么用处?从他担老僧头⑥绕天下走。"

---

① "龙牙无人拶著犹可……失却一只眼":龙牙禅师的境界无人逼拶时还可以,一旦被出家人逼拶着,就显出道眼未明来。
② 五祖戒:五祖师戒禅师,宋代云门宗禅师,双泉师宽之法嗣,为云门文偃再传法子。
③ 土宿临头:即凶神太岁星(值岁地支之别名)当头,暗指举动不利。
④ 黄龙新:黄龙悟新(1043~1114),宋代临济宗黄龙派禅师,号死心。广东曲江人,俗姓黄。黄龙寺晦堂祖心之法嗣。驱耕夫之牛,夺饥人之食:比喻断然粉碎学人顽固的执著之心。
⑤ 死来多少时:错过成活(开悟)的机会太久了。
⑥ 担老僧头:比喻执于有而不能解脱。

龙牙根性聪敏，担一肚皮禅行脚，直向长安翠微，便问："如何是祖师西来意？"微云："与我过禅板来！"牙取禅板与微，微接得便打，牙云："打即任打，要且无祖师西来意！"又问临济："如何是祖师西来意？"济云："与我过蒲团来！"牙取蒲团与临济，济接得便打，牙云："打即任打，要且无祖师西来意！"他致个问端，不妨要见他曲录木床上老汉，亦要明自己一段大事。可谓言不虚设，机不乱发，出在做工夫处。

不见五泄参石头①，先自约曰："若一言相契，即住。不然即去。"石头据座，泄拂袖而出，石头知是法器，即垂开示。泄不领其旨，告辞而出至门，石头呼之云："阇黎！"泄回顾，石头云："从生至死，只是这个。回头转脑，更莫别求。"泄于言下大悟。又麻谷持锡到章敬②，绕禅床三匝，振锡一下，卓然而立。敬云："是是！"又到南泉，依前绕床振锡而立，南泉云："不是不是！此是风力所转，终成败坏③。"谷云："章敬道'是'，和尚为什么道'不是'？"南泉云："章敬即是，是汝不是。"古人也不妨要提持透脱此一件事，如今人才问著，全无些子用工夫处，今日也只是恁么，明日也只是恁么。尔若只恁么，尽未来际也未有了日；须是抖擞精神，始得有少分相应。

尔看龙牙发一问道："如何是祖师西来意？"翠微云："与我

---

① 石头：石头希迁（700~790），唐代禅僧。又称无际大师。端州高要（广东）人，俗姓陈。曾礼六祖慧能，后得青原行思之印可。天宝初年，居衡山南寺，结庵坐禅于寺东石台上，大扬宗风，世称"石头和尚"。有《参同契》、《草庵歌》行世。
② 麻谷：麻谷宝彻，唐代禅师，马祖道一之法嗣。因住于蒲州麻谷山得名。章敬：章敬怀恽（754~815），唐代禅师，泉州人，俗姓谢。礼马祖道一，得其心要。
③ 风力所转，终成败坏：风，佛典谓四大（地、水、火、风）之一，本质为空。此意为被风力所支配，最终也是毁空。

过禅板来!"牙过与微,微接得便打。牙当时取禅板时,岂不知翠微要打他?也不得便道他不会,为什么却过禅板与他?且道当机承当得时,合作么生?他不向活水处用,自去死水里作活计,一向作主宰,便道"打即任打,要且无祖师西来意"。又走去河北参临济,依前恁么问,济云:"与我过蒲团来!"牙过与济,济接得便打,牙云:"打即任打,要且无祖师西来意!"且道二尊宿,又不同法嗣,为什么答处相似、用处一般?须知古人,一言一句,不乱施为。

他后来住院,有僧问云:"和尚当时见二尊宿,是肯他不肯他?"牙云:"肯则肯,要且无祖师西来意!"烂泥里有刺。放过与人,已落第二。这老汉把得定,只做得洞下尊宿;若是德山、临济门下,须知别有生涯。若是山僧则不然,只向他道:"肯即未肯,要且无祖师西来意!"不见僧问大梅①:"如何是祖师西来意?"梅云:"西来无意。"盐官②闻云:"一个棺材,两个死汉。"玄沙闻云:"盐官是作家。"雪窦道:"三个也有。"只如这僧问"祖师西来意",却向他道"西来无意",尔若恁么会,堕在无事界里。

所以道:须参活句,莫参死句③。活句下荐得,永劫不忘;死句下荐得,自救不了。龙牙恁么道,不妨尽善。古人道相续也

---

① 大梅:大梅法常(752~839),唐代禅师,马祖道一之法嗣。因马祖一句"即心即佛"而悟道,并直下猛进,不受诱惑。马祖赞曰:"梅子熟了。"后因住大梅山得名。
② 盐官:盐官齐安(?~842),唐代禅师,马祖道一之法嗣。
③ 活句、死句:禅林用语,又称活语、死语。一般说语中有语(有义味、通意路)易使人产生分别,不能启人心性者,名为死句;语中无语(无义味、不通意路)超越分别,能启人心性者,名为活句。

大难，他古人一言一句，不乱施为。前后相照，有权有实，有照有用，宾主历然，互换纵横。若要辨其亲切，龙牙虽不昧宗乘，争奈落在第二头。当时二尊宿索禅板、蒲团，牙不可不知他意，是他要用他胸襟里事。虽然如是，不妨用得太峻。龙牙怎么问，二老怎么答，为什么却无祖师西来意？到这里须知别有个奇特处，雪窦拈出令人看。

【雪窦颂古】

龙牙山里龙无眼，瞎，谩别人即得。泥里洗土块，天下人总知。死水何曾振古风。忽然活时，无奈何累及天下人出头不得。禅板蒲团不能用，教阿谁说，尔要禅板蒲团作什么？莫是分付阇黎么？只应分付与卢公。也则分付不著，漆桶，莫作这般见解。

【圜悟评唱】

雪窦据款结案。他虽恁么颂，且道意在什么处？甚处是无眼？甚处是死水里？到这里须是有变通始得。所以道："澄潭不许苍龙蟠"，死水何曾有狞龙。不见道死水不藏龙；若是活底龙，须向洪波浩渺、白浪滔天处去。此言龙牙走入死水中去，被人打，他却道"打即任打，要且无祖师西来意"，招得雪窦道"死水何曾振古风"。虽然如此，且道雪窦是扶持伊、是减他威光？

人多错会道：为什么"只应分付与卢公"？殊不知，却是龙牙分付与人。大凡参请，须是向机上辨别，方见他古人相见处。"禅板蒲团不能用"，翠微云，"与我过禅板来"，牙过与他，岂不是死里作活计？分明是驾与青龙，只是他不解骑，是不能用也。"只应分付与卢公"，往往唤作六祖，非也。不曾分付与人，若道分付与人要用打人，却成个什么去？昔雪窦自呼为卢公，他题

《晦迹自贻》云:"图画当年爱洞庭,波心七十二峰青。而今高卧思前事,添得卢公倚石屏。"雪窦要去龙牙头上行,又恐人错会,所以别颂要剪人疑解。雪窦复拈云:

【雪窦复颂】

这老汉也未得剿绝,复成一颂:灼然。能有几人知?自知较一半,赖有末后句①。卢公付了亦何凭?尽大地讨恁么人也难得,教谁领话?坐倚休将继祖灯。草里汉。打入黑山下坐,落在鬼窟里去也。堪对暮云归未合,一个半个。举著即错。果然出不得。远山无限碧层层。塞却尔眼、塞却尔耳。没溺深坑,更参三十年!

【圜悟评唱】

"卢公付了亦何凭?"有何凭据?直须向这里怎么会去,更莫守株待兔。髑髅前一时打破,无一点事在胸中,放教洒洒落落地,又何必要凭?或坐或倚,不消作佛法道理,所以道"坐倚休将继祖灯"。雪窦一时拈了也。

他有个转身处,末后自露个消息,有些子好处道:"堪对暮云归未合。"且道雪窦意在什么处?暮云归欲合未合之时,尔道作么生?"远山无限碧层层",依旧打入鬼窟里去,到这里得失是非一时坐断,洒洒落落,始较些子。"远山无限碧层层",且道是文殊境界耶?是普贤境界耶?是观音境界耶?到此且道是什么人分上事?

【点评】

龙牙第一次"失机"遭打之后,为什么第二次还迎打而上?为什么

---

① 末后句:参禅参至最后可达的无可言说境界。

两次遭打之后，还要说"打即任打，要且无祖师西来意"？况且此时，临济三次问"佛法大意"，三次遭黄檗痛打的公案也已名满天下，龙牙为什么还要涉死水、耽死句，以身试法？

原来龙牙所作所为，有深意在焉。"祖师西来意"（佛法大意），既不在问上，也不在答上，故问者遭打。但是西来意也不在打上，师家、学人又将何为？原来龙牙以身试法，正是想启迪后人跳出此窠臼。正如"评唱"所说，"拨草瞻风，不妨与后人作龟鉴"。

尽管如此，恐怕龙牙自己还是所悟未彻，并未跳出此窠臼，所以"颂古"说"龙牙山里龙无眼，死水何曾振古风"。那么什么是此窠臼呢？那就是只知外求，不曾明心，故外境与心体不能相应，乃至在此窠臼中愈陷愈深。试看"评唱"中龙牙参德山"学人仗镆铘剑，拟取师头时如何"的公案，正可印证此说。

那么，龙牙所问的"西来意"又在哪里呢？"颂古"第二段有明示："堪对暮云归未合，远山无限碧层层。"暮云归而未合，夕阳返照、彩云烘托之际，所显示的"无限碧层层"，不正像他吗？原来所问、所答、所打，虽非"西来意"，又不离"西来意"，正是烘托显示"西来意"。石头云："从生至死，只是这个。回头转脑，更莫别求。"关键是看我们能否当下一念感通！

卷 三

二一　智门莲花

【圜悟垂示】

建法幢立宗旨，锦上铺花①；脱笼头卸角驮，太平时节②。或若辨得格外句，举一明三；其或未然，依旧伏听处分。

【雪窦举公案】

僧问智门："莲花未出水时如何？"钩在不疑之地。泥里洗土块，那里得这消息来？智门云："莲花。"一二三四五六七，疑杀天下人。僧云："出水后如何？"莫向鬼窟里作活计。又怎么去也。门云："荷叶。"幽州犹自可，最苦是江南③。两头三面，笑杀天下人。

【圜悟评唱】

智门若是应机接物，犹较些子；若是截断众流，千里万里。

---

① 建法幢立宗旨，锦上铺花：建立禅宗的道场与宗旨，对圣教来说是锦上添花。此暗指信、解的阶段。
② 脱笼头卸角驮，太平时节：比喻说明解脱心理上的一切束缚与执著，抛却行为上的一切习气与负担，才有可能达到无事道人的境界。此暗指行、证的阶段。
③ 幽州犹自可，最苦是江南：（风趣语）北方幽州莲少，分别起来还可以；江南莲多，分别起来可是太辛苦了。

且道这莲花，出水与未出水是一是二？若怎么见得，许尔有个入处。虽然如是，若道是一，颟顸佛性，侗伫真如①；若道是二，心境未忘，落在解路上走，有什么歇期？且道古人意作么生？其实无许多事。所以投子道："尔但莫著名言数句②。若了诸事自然不著，即无许多位次不同。尔摄一切法，一切法摄尔不得。本无得失梦幻，如许多名目不可强与他安立名字。诳谑尔诸人得么？尔诸人问故，所以有言，尔若不问，教我向尔道什么即得？一切事皆是尔将得来，都不干我事。"

古人道："欲识佛性义，当观时节因缘。"不见云门举僧问灵云③云："佛未出世时如何？"云竖起拂子④。僧云："出世后如何？"云亦竖起拂子。云门云："前头打著，后头打不著⑤。"又云："不说出与不出，何处有伊问时节也？"古人一问一答，应时应节无许多事，尔若寻言逐句，了无交涉。尔若能言中透得言⑥，意中透得意，机中透得机，放令闲闲地，方见智门答话处。

问佛未出世时如何？牛头未见四祖时如何⑦？斑石内混沌未

---

① 颟顸佛性，侗伫真如：意为对真如本体与佛性之用的关系模糊不清。
② 尔但莫著名言数句：你只要不执著名相与数说言句就容易领悟真谛。
③ 灵云：福州灵云山志勤禅师，唐代禅师，福建长溪人，嗣法于长庆大安。初住大沩山，因睹桃花而悟道。
④ 竖起拂子：竖举起拂子。意为真如之体自在。
⑤ 前头打著，后头打不著：意为前面动作能体现真如之体，后面动作则不能体现佛性之用。
⑥ 言中透得言：透过语言的表面，领悟真实的意味（下面几句，句式同此）。
⑦ 牛头：牛头法融（594~657），唐代禅师，为牛头宗之初祖。润州延陵（今江苏镇江）人，俗姓韦。十九岁通经史，偶阅《般若经》，遂皈信佛法。曾于牛头山幽栖寺北岩下别立禅室，潜修禅观，净侣四至。道信闻之，往付所受僧璨之顿教法门。此后，以此山为中心之法系称为牛头宗。四祖：四祖道信（580~651），为我国禅宗第四祖。嗣法于僧璨，传于弘忍。蕲州广济人，俗姓司马。因弟子弘忍居于黄梅（湖北）东山弘传禅法，故世人并称师与弘忍之道法为东山法门，并遥尊师为东山法门之初祖。

分①时如何？父母未生时如何？云门道："从古至今，只是一段事。无是无非，无得无失，无生与未生。"古人到这里，放一线道有出有入，若是未了底人，扶篱摸壁，依草附木；或教他放下，又打入莽莽荡荡荒然处去②。若是得底人，二六时中不依倚一物。虽不依倚一物，若露一机一境，作么生摸索他？这僧问道："莲花未出水时如何？"智门云："莲花。"便只拦问一答，不妨奇特。诸方皆谓之颠倒语，那里如此？不见岩头道"常贵未开口已前③"，犹较些子。古人露机处，已是漏逗了也。

如今学者，不省古人意，只管去理论出水与未出水，有什么交涉？不见僧问智门："如何是般若体④？"门云："蚌含明月。"僧云："如何是般若用⑤？"门云："兔子怀胎。"看他如此对答，天下人讨他语脉不得。或有人问夹山道："莲花未出水时如何？"只对他道："露柱灯笼⑥！"且道与莲花是同是别？"出水后如何？"对他道："杖头挑日月！"脚下太泥深，尔且道是不是？且莫错认定盘星。雪窦忒杀慈悲，打破人情解，所以颂出：

---

① 混沌未分：天地未辟时的状态。此指一念未生时的状态。
② "古人到这里……又打入莽莽荡荡荒然处去"：意为古代禅师面对这种情况，常常会给人指一条活路，对其有肯定有否定。如果是未彻悟的人，常常会依赖这种说法，就像扶篱摸壁，依草附木；如果开导他放下这些依赖，他就又会出现新的偏差，陷入漫无边际的顽空或思想流浪的状态。"依草附木"，禅林用语，本指人死后生缘未定之际，精灵无法独立自存，必须依附草木而住。禅宗转指为语言文字等所拘束，或无力自行证悟而一味追随他人意旨之学者，无法顿达到绝对自由自在之悟境。
③ 常贵未开口已前：应当常常珍视未开口前的境界（看话头）。
④ 般若体：指佛性大智慧的道体。
⑤ 般若用：指佛性大智慧的器用。
⑥ 露柱灯笼：意为像露柱和灯笼明摆在那里一样，真如佛性本来现成、本来如此，无处不可体现。

【雪窦颂古】

莲花荷叶报君知，老婆心切。见成公案，文彩已彰。出水何如未出时？泥里洗土块。分开也好，不可佁侗去也。江北江南问王老①，主人公在什么处，问王老师作什么？尔自踏破草鞋。一狐疑了一狐疑。一坑埋却，自是尔疑。不免疑情未息。打云：会么！

【圜悟评唱】

智门本是浙人，得得入川参香林，既彻却回住隋州智门。雪窦是他的子，见得好穷玄极妙，直道："莲花荷叶报君知，出水何如未出时？"这里要人直下便会。山僧道未出水时如何？露柱灯笼！出水后如何？杖头挑日月！脚下太泥深，尔且莫错认定盘星。如今人咬人言句者，有甚么限？尔且道出水时是什么时节？未出水时是什么时节？若向这里见得，许尔亲见智门。

雪窦道尔若不见，"江北江南问王老"，雪窦意道：尔只管去江北江南，问尊宿出水与未出水，江南添得两句，江北添得两句，一重添一重，展转生疑，且道何时得不疑去？如野狐多疑，冰凌上行以听水声，若不鸣方可过河。参学人若"一狐疑了一狐疑"，几时得平稳去？

【点评】

佛家认为真如本心为体，其示相为用，而又体用一如，非一非异。尽管如此，学人在修证过程中，还是会有明心与见性阶段的不同体验。此僧所问正为此。"莲花未出水时"的状态似暗喻真如本体，"出水后"的状态似暗喻佛性之用，从而探问出水与未出水是一是二？这样的问题

---

① 王老：南泉普愿禅师，俗姓王，人称王老、王老师。此又泛指各地尊宿。

颇难作答。正像"评唱"所说:"若道是一,颟顸佛性,侊侗真如;若道是二,心境未忘,落在解路上走,有什么歇期?"

智门应机所答"莲花"、"荷叶",却令人叫绝。智门之意或为:莲花未出水时,正如一念未生时,也正像岩头所说"未开口已前",是真如本体;出水之后即为枝叶,即佛性之用了;花、叶不同,而共为一体,正体现体用一如,非一非异。尽管智门所答,仅是应机接物,不能截断众流使人当下大悟,却能给证悟者以印证,给修学者以多方面的启迪。

如出水之后再分别不休,那就会又失掉本根,只能是"一狐疑了一狐疑"。那么出水如何保持未出水的状态呢?回光返照,净念相续!如仍懵懂,只好再参:"出水时是什么时节?未出水时是什么时节?"

二二　雪峰鳖鼻蛇①

【圜悟垂示】

大方无外，小若邻虚②；擒纵非他，卷舒在我。必欲解粘去缚，直须削迹吞声，人人坐断要津，个个壁立千仞③。且道是什么人境界？试举看：

【雪窦举公案】

雪峰示众云："南山有一条鳖鼻蛇，见怪不怪，其怪自坏。大小大怪事④，不妨令人疑著。汝等诸人切须好看。"囚！一场漏逗。长庆云："今日堂中，大有人丧身失命⑤。"普州人送贼，以己妨人⑥。僧举似玄沙，同坑无异土。奴见婢殷勤，同病相怜。玄沙云："须是棱兄始得。虽然如此，我即不恁么。"不免作野狐精见解。是什么消息，毒气伤人。僧云："和尚作么生？"也好捞著这老汉。玄沙云：

---

① 鳖鼻蛇：一种少见的毒蛇。此比喻雪峰机锋险峻。
② 大方无外，小若邻虚：比喻真如佛性其大无外，其小无内。
③ 坐断要津，壁立千仞：比喻真如佛性像壁立千仞，阻断言动妄想。
④ 大小大怪事：偌大的怪事。
⑤ 丧身失命：迷却佛性慧命。
⑥ 普州人送贼，以己妨人：意为非常理解对方，以送行来阻止对方的偷窃。"妨"，原作"方"，据《龙藏》、《驹本》改。

"用南山作什么①?"钓鱼船上谢三郎,只这野狐精,犹较些子②。丧身失命也不知。云门以拄杖撺向雪峰面前,作怕势。怕他作什么?一子亲得。一等是弄精魂,诸人试辨看。

【圜悟评唱】

尔若平展一任平展,尔若打破一任打破。雪峰与岩头、钦山③同行,凡三到投子、九上洞山,后参德山方打破漆桶。一日率岩头访钦山,至鳌山店上阻雪,岩头每日只是打睡,雪峰一向坐禅。岩头喝云:"噇!眠去。每日床上,恰似七村里土地相似④。他时后日,魔魅人家男女去在。"峰自点胸云:"某甲这里未稳在,不敢自瞒。"头云:"我将谓尔已后向孤峰顶上盘结草庵,播扬大教,犹作这个语话。"峰云:"某甲实未稳在。"头云:"尔若实如此,据尔见处,一一通来,是处我与尔证明,不是处与尔划却。"峰遂举:"见盐官上堂举色空义,得个入处。"头云:"此去三十年,切忌举著。"峰又举:"见洞山《过水颂》⑤,得个入处。"头云:"若与么自救不了。""后到德山,问:'从上宗乘中事,学人还有分也无?'山打一棒:'道什么?'我当时如桶底脱相似。"头遂喝云:"尔不闻道,'从门入者,不是家珍'?"峰云:"他后如何即是?"头云:"他日若欲播扬大教,一一从自己

---

① 用南山作什么:意为真如佛性的境界无处不可体现,何必分别南北呢?
② 钓鱼船上谢三郎,只这野狐精,犹较些子:谢三郎像坐在钓鱼船上(引人上钩),就这样的精明做法还差不多。"谢三郎",指玄沙师备,玄沙俗姓谢,排行老三,故此称。
③ 钦山:钦山文邃,唐代禅师,曾住湖北钦山,生卒年不详。福州人,洞山良价之法嗣。
④ 噇:催促意语气词。七村里土地:像七个小村子供奉的土地神(调侃意)。
⑤ 洞山《过水颂》:洞山良价告辞其师云岩昙晟,于途中将渡水时,见自己身影,悟而赋《过水颂》:"切忌从他觅,迢迢与我疏;我今独自往,处处得逢渠。渠今正是我,我今不是渠;应须怎么会,方得契如如。"

胸襟流出将来，与我盖天盖地去。"峰于言下大悟，便礼拜，起来连声叫云："今日始是鳌山成道！今日始是鳌山成道！"

后回闽中住象骨山，自贻作颂云："人生倏忽暂须臾，浮世那能得久居。出岭才登三十二，入闽早是四旬余。他非不用频频举，已过应须旋旋除。奉报满朝朱紫贵，阎王不怕佩金鱼。"凡上堂示众云，一一盖天盖地，更不说玄说妙，亦不说心说性。突然独露，如大火聚，近之则燎却面门；似太阿剑，拟之则丧身失命。若也伫思停机，则没干涉。

只如百丈问黄檗："甚处去来①？"檗云："大雄山下采菌去来。"丈云："还见大虫么？"檗便作虎声，丈便拈斧作斫势，檗遂打百丈一掴。丈吟吟而笑便归，升座谓众云："大雄山有一大虫，汝等诸人切须好看。老僧今日，亲遭一口。"赵州凡见僧便问："曾到此间么？"云"曾到"或云"不曾到"，州总云"吃茶去②"。院主云："和尚寻常问僧，曾到与不曾到，总道'吃茶去'。意旨如何？"州云："院主！"主应诺，州云："吃茶去。"紫胡门下立一执照，执照上书云："紫胡有一狗，上取人头，中取人腰，下取人脚，拟议则丧身失命。"或新到才相看，师便喝云："看狗。"僧才回首，师便归方丈。

正如雪峰道："南山有一条鳖鼻蛇，汝等诸人切须好看。"正当恁么时，尔作么生只对？不蹑前踪，试请道看？到这里也须是

---

① 甚处去来：暗问生从何来，即问真如佛性境界。后面的言动均围绕此意进行。
② 吃茶去：赵州暗示禅悟境界本为真空实相，如人饮水冷暖自知。后面问答均围绕此意进行。

会格外句始得①。一切公案语言，举得将来，便知落处。看他恁么示众，且不与尔说行说解，还将情识测度么？是他家儿孙，自然道得恰好。所以古人道："承言须会宗，勿自立规矩②。"言须有格外，句须要透关。若是语不离窠窟，堕在毒海中也。雪峰恁么示众，可谓无味之谈，塞断人口。长庆、玄沙，皆是他家屋里人，方会他恁么说。

只如雪峰道"南山有一条鳖鼻蛇"，诸人还知落处么？到这里，须是具通方眼始得。不见真净有颂云："打鼓弄琵琶，相逢两会家③。云门能唱和，长庆解随邪。古曲无音韵，南山鳖鼻蛇。何人知此意？端的是玄沙。"只如长庆恁么只对，且道意作么生？到这里如击石火，似闪电光，方可构得；若有纤毫去不尽，便构他底不得。可惜许人多向长庆言下生情解，道堂中才有闻处，便是丧身失命。有者道，元无一星事，平白地上说这般话疑人，人闻他道"南山有一条鳖鼻蛇"尔便疑著。若恁么会，且得没交涉。只去他言语上作活计，既不恁么会，又作么生会？

后来有僧举似玄沙，玄沙云："须是棱兄始得。虽然如是，我即不恁么。"僧云："和尚又作么生？"沙云："用南山作什么？"但看玄沙语中便有出身处。便云："用南山作什么？"若不是玄沙，也大难酬对。只如他恁么道"南山有一条鳖鼻蛇"，且道在什么处？到这里须

---

① 也须是会格外句始得：此意为如果能领悟言外之意，才会真正明白。
② 承言须会宗，勿自立规矩：唐代禅师石头希迁《参同契》句，意为回答问题，要领悟其宗派的特点，不要自己妄立新规矩。
③ 真净：真净克文（1025~1102），北宋临济宗黄龙派禅师，俗姓郑，号云庵，陕州阌乡人。参积翠黄龙慧南，嗣其法。因机锋锐利，颇得当时宰相王安石、张商英之推崇。打鼓弄琵琶，相逢两会家：意为打鼓的人与演奏琵琶的人相逢，两人都是懂音乐的人。比喻都是懂禅的人碰在一起，可以心领神会，定会有一场妙趣横生的表演。

是向上人方会怎么说。古人道："钓鱼船上谢三郎，不爱南山鳖鼻蛇。"却到云门，以拄杖擉向雪峰面前作怕势。云门有弄蛇手脚，不犯锋芒，明头也打著，暗头也打著。他寻常为人，如舞太阿剑相似，有时飞向人眉毛眼睫上，有时飞向三千里外取人头。云门擉拄杖作怕势，且不是弄精魂，他莫也是丧身失命么？

作家宗师，终不去一言一句上作活计，雪窦只为爱云门契证得雪峰意，所以颂出：

【雪窦颂古】

象骨岩高人不到，千个万个摸索不著，非公境界。到者须是弄蛇手。是精识精，是贼识贼。成群作队作什么？也须是同火始得。棱师备师不奈何，一状领过，放过一著。丧身失命有多少？罪不重科，带累平人。韶阳①知，犹较些子。这老汉只具一只眼，老汉不免作伎俩。重拨草，落草汉有什么用处？果然在什么处？便打。南北东西无处讨。有么有么？阇黎眼瞎。忽然突出拄杖头，看高著眼。便打。抛对雪峰大张口。自作自受，吞却千个万个济什么事？天下人摸索不著。大张口兮同闪电，两重公案。果然赖有末后句。剔起眉毛还不见。蹉过了也。五湖四海觅怎么人也难得，如今在什么处？如今藏在乳峰前，向什么处去也？大小雪窦也作这去就。山僧今日也遭一口。来者一一看方便。瞎！莫向脚跟下看。看取上座脚跟下。著一箭了也。师高声喝云："看脚下！"贼过后张弓，第二头、第三头。重言不当吃。

【圜悟评唱】

"象骨岩高人不到，到者须是弄蛇手。"雪峰山下有象骨岩，

---

① 韶阳：指云门文偃，因久住韶州，人称韶阳老人。

雪峰机锋高峻，罕有人到他处。雪窦是他屋里人，毛羽相似，同声相应，同气相求，也须是通方作者共相证明。只这鳖鼻蛇，也不妨难弄，须是解弄始得；若不解弄反被蛇伤。五祖先师道："此鳖鼻蛇，须是有不伤犯手脚底机，于他七寸上，一捏捏住①，便与老僧把手共行。"长庆、玄沙有这般手脚。

雪窦道"棱师备师不奈何"，人多道长庆、玄沙不奈何，所以雪窦独美云门。且得没交涉。殊不知三人中，机无得失，只是有亲疏。且问诸人，什么处是"棱师备师不奈何"处？"丧身失命有多少"，此颂长庆道"今日堂中，大有人丧身失命"。到这里，须是有弄蛇手，子细始得。

雪窦出他云门，所以一时拨却，独存云门一个，道"韶阳知，重拨草"。盖为云门知他雪峰道"南山有一条鳖鼻蛇"落处，所以"重拨草"。雪窦颂到这里，更有妙处云"南北东西无处讨"，尔道在什么处？"忽然突出拄杖头"，元来只在这里，尔不可便向拄杖头上作活计去也。云门以拄杖撑向雪峰面前作怕势，云门便以拄杖作鳖鼻蛇用，有时却云"拄杖子化为龙，吞却乾坤了也"。山河大地甚处得来，只是一条拄杖子，有时作龙，有时作蛇。为什么如此？到这里方知，古人道"心随万境转，转处实能幽"。

颂道："抛对雪峰大张口，大张口兮同闪电。"雪窦有余才，拈出云门毒蛇云：只这"大张口兮"同于闪电相似，尔若拟议，则丧身失命。"剔起眉毛还不见"，向什么处去也？雪窦颂了，须去活处为人，将雪峰蛇自拈自弄，不妨杀活临时。要见么？云

---

① 七寸：距蛇头七寸，是蛇的心脏部位。捏住：抓住，制服。

"如今藏在乳峰前",乳峰乃雪窦山名也。雪窦有颂云:"石窗① 四顾沧溟窄,寥寥不许白云白。"长庆、玄沙、云门,虽弄得了不见,却云:"如今藏在乳峰前,来者一一看方便。"雪窦犹涉廉纤在,不言便用,却高声喝云:"看脚下!"② 从上来有多少人拈弄,且道还曾伤著人不曾伤著人?师便打。

【点评】

民间称一种少见的鼻如鳖的剧毒蛇为"鳖鼻蛇"。此暗喻雪峰禅师的机锋险峻,如金刚王宝剑,随时随地即可斩断人的妄念、执著,让人在向上的境界上得以新生。雪峰、长庆、玄沙、云门四禅师,像四位丹青高手,即兴合作画出了活生生的"鳖鼻蛇"。

雪峰首先点出了"鳖鼻蛇"的名目,已让人闻之丧胆;长庆提醒大众,它有马上让人丧命的威慑之力;玄沙渲染了它超越时空的凶险面目;云门的最后一笔更是为龙点睛:"以拄杖撺向雪峰面前,作怕势",他让"鳖鼻蛇"活现在我们面前、脚下。我们还得活吗?如不得活,那又是什么境界呢?

此公案复杂难参,不但考验着初参者,而且会使明心见性的开悟者丧心失命;如能在此公案得活者,或能会得末后句,而直到牢关。既然如此,就无可言说,赵州古佛也只能说"吃茶去",叫我们自己去体验了。我们只好积定慧之功努力参详,总能有一天如"评唱"中五祖先师所说:"此鳖鼻蛇,须是有不伤犯手脚底机,于他七寸上,一捏捏住,便与老僧把手共行。"

到那时,鳖鼻蛇也没有了。"别起眉毛还不见",扬长而去即是!

---

① "窗",原作"总",据《龙藏》、《驹本》改。
② "雪窦犹涉廉纤在……看脚下":意为雪窦前面"颂古"的句子似乎也有点啰唆无力,他不再表述如何起用,却又高声喝道:"看脚下!"启发人当下观心,明见心体。

二三　保福妙高峰①

【圜悟垂示】

玉将火试，金将石试，剑将毛试，水将杖试。至于衲僧门下，一言一句，一机一境，一出一入，一挨一拶，要见深浅，要见向背，且道将什么②？试请举看：

【雪窦举公案】

保福、长庆游山次，这两个落草汉③。福以手指云："只这里便是妙峰顶！"平地上起骨堆④。切忌道著，掘地深埋。庆云："是则是，可惜许。"若不是铁眼铜睛几被惑了。同病相怜，两个一坑埋却。[雪窦著语云：今日共这汉游山，图个什么？]不妨减人斤两，犹较些子。傍人按剑。[复云：百千年后不道无，只是少。]少卖弄。也是云居罗汉。后举似镜清，有好有恶。清云："若不是孙公，便见

---

① 妙高峰：即须弥山，此比喻超绝言思的真如佛性境界。
② "至于衲僧门下……且道将什么"：至于说到禅门的衲僧们，要从他们的一言一句问答中，一机一境的反应中，一出一入的行动中，一挨一拶的应对中，要看其境界的深浅，要知其意图的向背，用什么办法来测试呢？（意为请看下面的公案）"一挨一拶"，禅林用语，指师家、学人之间在问答中一逼一挨的情景。
③ 落草汉：意为纠缠于言说的人。
④ 平地上起骨堆：平地上突然冒起一个土堆。比喻呈言突兀。

髑髅遍野①。"同道者方知，大地茫茫愁杀人②。奴见婢殷勤。设使临济、德山出来，也须吃棒③。

【圜悟评唱】

保福、长庆、镜清，总承嗣雪峰。他三人同得同证，同见同闻，同拈同用，一出一入，递相挨拶。盖为他是同条生④底人，举著便知落处。在雪峰会里，居常问答只是他三人。

古人行住坐卧，以此道为念，所以举著便知落处。一日游山次，保福以手指云："只这里便是妙峰顶！"如今禅和子，怎么问著，便只口似匾檐，赖值问著长庆。尔道保福恁么道图个什么？古人如此，要验他有眼无眼。是他家里人，自然知他落处，便对他道："是即是，可惜许。"且道长庆怎么道，意旨如何？不可一向恁么去也。似则似，罕有等闲无一星事，赖是长庆识破他。

雪窦著语云："今日共这汉游山，图个什么？"且道落在什么处？复云："百千年后不道无，只是少。"雪窦解点胸正似黄檗道"不道无禅，只是无师"。雪窦怎么道，也不妨险峻，若不是同声相应，争得如此孤危奇怪？此谓之著语。落在两边，虽落在两边，却不住两边。后举似镜清，清云："若不是孙公，便见髑髅遍野。"孙公乃长庆俗姓也。不见僧问赵州："如何是妙峰孤顶？"州云："老僧不答尔这话。"僧云："为什么不答这话？"州云：

---

① 若不是孙公，便见髑髅遍野：如果不是长庆（"孙公"），便又会看到多少人失去佛性慧命。
② 同道者方知，大地茫茫愁杀人：意为同是禅道中人才能知道，茫茫大地之上没有几个开悟的人，这太让人发愁了。
③ 设使临济、德山出来，也须吃棒：意为因有住著之病，这时即使临济、德山禅师出来，也会遭棒打的。
④ 同条生：指同一师门下开悟。

"我若答尔,恐落在平地上。"

教中说:妙峰孤顶德云比丘①,从来不下山。善财②去参,七日不逢,一日却在别峰相见。及乎见了,却与他说:一念三世,一切诸佛智慧光明普见法门。德云既不下山,因什么却在别峰相见?若道他下山,教中道:德云比丘从来不曾下山,常在妙峰孤顶。到这里,德云与善财的的在那里?自后李长者③打葛藤打得好,道:"妙峰孤顶是一味平等法门,一一皆真、一一皆全,向无得无失、无是无非处独露,所以善财不见。到称性处,如眼不自见、耳不自闻、指不自触,如刀不自割、火不自烧、水不自洗。"到这里,教中大有老婆相为处,所以放一线道,于第二义门立宾立主、立机境立问答。所以道:诸佛不出世,亦无有涅槃。方便度众生,故现如斯事。

且道毕竟作么生免得镜清、雪窦怎么道去?当时不能拍拍④相应,所以尽大地人髑髅遍野。镜清怎么证将来,那两个怎么用将来,雪窦后面颂出更显焕。颂云:

【雪窦颂古】

妙峰孤顶草离离,和身没却,脚下已深数丈也。拈得分明付与

---

① 德云比丘:《华严经》中胜乐国功德云比丘,善财童子曾向其参访求教。
② 善财:即善财童子,《华严经·入法界品》中之求道菩萨(因入胎及出生时,种种珍宝自然涌现,故称之为善财)。曾南行参访五十五位善知识,遇普贤菩萨而成就佛道。大乘佛教用以作为即身成佛之例证,其求法过程,则表示华严入法界之各阶段。
③ 李长者:即李通玄(635~730),唐代的华严学者,河北沧州人。世称李长者,又称枣柏大士。青年时钻研易理,到四十余岁时,专攻佛典,潜心《华严》,著有《新华严经论》四十卷。
④ "拍拍",《龙藏》、《驹本》作"拍指"。

谁①？用作什么？大地没人知，干屎橛②堪作何用？拈得鼻孔失却口。不是孙公辨端的，错看箭。著贼了也不知。髑髅著地几人知？更不再活，如麻似粟③。阇黎拈得鼻孔失却口。

【圜悟评唱】

"妙峰孤顶草离离"，草里辊有什么了期？"拈得分明付与谁"，什么处是分明处？颂保福道"只这里便是妙峰顶"。"不是孙公辨端的"，孙公见什么道理，便云"是则是，可惜许"？只如"髑髅著地几人知"，汝等诸人还知么？瞎！

【点评】

此公案中"妙峰顶"，暗喻真如佛性，亦暗喻人的悟境。保福道："只这里便是妙峰顶！"似自言悟境，又似勘验长庆。

既然"妙峰顶"暗喻真如佛性，而真如佛性本是无处无时不可体现，任指一处即是，而任定一处即不是，所以长庆答道："是则是，可惜许。"意为是也算是，可惜有些不太圆满。正如《华严经》所云："妙峰孤顶德云比丘，从来不下山。善财去参，七日不逢，一日却在别峰相见。"如真的确定只能在妙峰顶相见，恐怕此妙峰顶即不是真正的妙峰顶了。也正像"评唱"中所引，僧问赵州："如何是妙峰孤顶？"赵州答道："老僧不答尔这话。""我若答尔，恐落在平地上。"意为如答出什么是"妙峰孤顶"，那这个"妙峰孤顶"就不再是"妙峰孤顶"，而是"落在平地上"了。这也使我们很容易想起《金刚经》"如来说世界，

---

① 妙峰孤顶草离离，拈得分明付与谁：意为"妙峰顶"（真如佛性境界）野草繁茂（人迹罕至），长庆虽然提示得很清楚，又能给谁说呢？
② 干屎橛：禅林用语。原指厕筹（即拭净之木橛），用后则掷。临济宗常借此说明无须执著之意。
③ 更不再活，如麻似粟：意为虽经多次启发仍不能悟的人像麻棵粟粒一样多。

非世界，是名世界"、"凡所有相，皆是虚妄"等精彩的说法。

　　雪窦的"颂古"又提醒我们：保福的话易使人陷入草丛迷途，长庆虽然提示得很清楚，又能给谁说呢？

二四　刘铁磨台山

【圜悟垂示】

高高峰顶立,魔外莫能知;深深海底行,佛眼觑不见①。直饶眼似流星,机如掣电,未免灵龟曳尾。到这里合作么生?试举看:

【雪窦举公案】

刘铁磨到沩山,不妨难凑泊。这老婆不守本分。山云:"老牸牛,汝来也?"点。探竿影草,向什么处见觱栗。磨云:"来日台山大会斋,和尚还去么?"箭不虚发。大唐打鼓新罗舞,放去太速收来太迟②。沩山放身卧,中也。尔向什么处见沩山?谁知远烟浪,别有好思量。磨便出去。过也。见机而作。

【圜悟评唱】

刘铁磨尼也。如击石火,似闪电光,拟议则丧身失命。禅道

---

① 高高峰顶立,魔外莫能知:比喻见地高超卓绝,即使魔等外道也不能觉知。深深海底行,佛眼觑不见:比喻功行深厚踏实的境界,即使有佛的眼光也不能发现。
② 大唐打鼓新罗舞,放去太速收来太迟:如在大唐国里打鼓,让新罗国(朝鲜古名)里跳舞,虽然鼓声传得很快,但对方的反应还是迟缓。意为问话表面上看有些辽远不合节拍。

若到紧要处,那里有许多事?他作家相见,如隔墙见角便知是牛,隔山见烟便知是火,捋著便动,捺著便转①。沩山道:"老僧百年后,向山下檀越家作一头水牯牛,左胁下书五字云'沩山僧某甲'。且正当怎么时,唤作沩山僧即是、唤作水牯牛即是②?"如今人问著,管取分疏不下③。

刘铁磨久参,机锋峭峻,人号为刘铁磨,去沩山十里卓庵。一日去访沩山,山见来便云:"老牸牛,汝来也?"磨云:"来日台山大会斋,和尚还去么?"沩山放身便卧,磨便出去。尔看他一如说相似,且不是禅又不是道,唤作无事会得么?沩山去台山,自隔数千里,刘铁磨因什么却令沩山去斋?且④道意旨如何?这老婆会他沩山说,丝来线去,一放一收,互相酬唱,如两镜相照,无影像可观,机机相副,句句相投;如今人,三搭不回头。这老婆一点也瞒他不得,这个却不是世谛情见⑤,如明镜当台、明珠在掌,胡来胡现,汉来汉现。是他知有向上事,所以如此;如今只管做无事会。

四⑥祖演和尚道:"莫将有事为无事,往往事从无事生。"尔若参得透去,见他怎么如寻常人说一般;多被言语隔碍,所以不会。唯是知音方会他底。只如乾峰示众云:"举一不得举二,放

---

① 捋著便动,捺著便转:被逼捋或触动都能灵敏转动。比喻机锋敏捷。
② "正当怎么时……唤作水牯牛即是":正当这个时候,称呼"沩山僧"对呢,称呼"水牯牛"对呢?沩山试图以真如空相与名相繁相混淆来勘验学人的悟境。
③ 如今人问著,管取分疏不下:现在的人要是被人问着,准保是判断解释不了。
④ "且",原作"旦",据《龙藏》、《驹本》改。
⑤ 世谛情见:世俗的道理及人情见解。
⑥ "四",《龙藏》、《驹本》同。(《大正藏》附注:"瑞龙寺版宫内省图书寮本"作"五"。)疑为"五"之误。

过一著，落在第二。"① 云门出众云："昨日有一僧，从天台来，却往南岳去。"② 乾峰云："典座今日不得普请③。"看他两人，放则双放，收则双收，沩仰下谓之境致④，风尘草动，悉究端倪；亦谓之隔身句⑤，意通而语隔。到这里，须是左拨右转方是作家。

【雪窦颂古】

曾骑铁马入重城，惯战作家，塞外将军。七事随身。敕下传闻六国清。狗衔赦书。寰中天子，争奈海晏河清。犹握金鞭问归客，是什么消息？一条拄杖两人扶，相招同往又同来。夜深谁共御街行？君向潇湘我向秦，且道行作什么？

【圜悟评唱】

雪窦颂，诸方以为极则。一百颂中，这一颂最具理路，就中极妙贴体分明颂出。"曾骑铁马入重城"，颂刘铁磨恁么来；"敕下传闻六国清"，颂沩山恁么问；"犹握金鞭问归客"，颂磨云"来日台山大会斋，和尚还去么"；"夜深谁共御街行"，颂沩山放身便卧，磨便出去。雪窦有这般才调，急切处向急切处颂，缓缓处向缓缓处颂。风穴亦曾拈同雪窦意，此颂诸方皆美之："高高峰顶立，魔外莫能知；深深海底行，佛眼觑不见。"

---

① 乾峰：唐末曹洞宗禅师，为曹洞宗之祖洞山良价之法嗣。举一不得举二，放过一著，落在第二：应该向上提起第一机的境界，而不应该露出第二头的痕迹；错过第一机，往往会落到第二头。
② "云门出众云……却往南岳去"：云门从众中站出来说：昨天有一位僧人，从天台山过来，却要到南岳衡山去。暗指前面的"示众"太迂回了。
③ 典座今日不得普请：您今天不能同大众一起去劳作了。意为您说如此分别的话，已经脱离了真如本体。"典座"，禅寺中主管饮食等杂务者的职称。
④ "放则双放……沩仰下谓之境致"：要放行则双方都放行，要把定双方都把定，这在沩仰宗称之为"境致"。
⑤ 隔身句：禅林用语，又作隔手句，指无法用语言文字表达的句意。

看他一个放身卧,一个便出去,若更周遮①,一时求路不见。雪窦颂意最好,是"曾骑铁马入重城",若不是同得同证,焉能恁么?且道得个什么意?不见僧问风穴:"沩山道:'老牸牛,汝来也?'意旨如何?"穴云:"白云深处金龙跃。"僧云:"只如刘铁磨道:'来日台山大会斋,和尚还去么?'意旨如何?"穴云:"碧波心里玉兔惊。"僧云:"沩山便作卧势,意旨如何?"穴云:"老倒疏慵无事日,闲眠高卧对青山。"此意亦与雪窦同也。

【点评】

沩山与刘铁磨在貌似平淡的言行中,展开了一场针锋相对的法战,显示了他们对真如之体与佛性之用的深切体认。

沩山问:"老牸牛,汝来也?"容易使人认为是在调侃刘铁磨,而真意是在说:你的"本来面目"到此了?(本来面目廓然无相,何有来去?此是勘验铁磨的眼光)刘铁磨当然心知肚明,说道:"来日台山大会斋,和尚还去么?"表面上好像是问事,实意在说:"本来面目"如有来去,让他去参加明日的台山大会斋吧!"沩山放身卧",其意为:去就去,这不就到了吗(本体不动而起应万机)?"磨便出去",意为:你以不去为去,我以去为不去,自由自在,何处而非真如之体,何事而非佛性之用?当然,这是他们瞬然而应,不思而得的境界。

雪窦"颂古"自可会意,此不赘述。这里只想再问一下,此则"评唱"所举,沩山道:"老僧百年后,向山下檀越家作一头水牯牛……唤作沩山僧即是、唤作水牯牛即是?"请诸位下一转语可乎?记得先师元音老人曾为此下过一转语:"闲名从来满五湖!"诸位会得吗?

---

① 周遮:全部遮蔽或消除。

二五　莲花庵主①不住

【圜悟垂示】

机不离位,堕在毒海②;语不惊群,陷于流俗。忽若击石火里别缁素,闪电光中辨杀活,可以坐断十方,壁立千仞。还知有恁么时节么?试举看:

【雪窦举公案】

莲花峰庵主拈拄杖示众云:看顶门上具一只眼,也是时人窠窟③。"古人到这里为什么不肯住?"不可向虚空里钉橛,权立化城④。众无语,千个万个如麻似粟。却较些子。可惜许,一棚俊鹘。自代云:"为他途路不得力。"若向途中辨,犹争半月程。设使得力堪作什么?岂可全无一个。复云:"毕竟如何?"千人万人只向个里坐却,千人万人中一个两个会。又自代云:"榔栗横担⑤不顾人,直入千峰万峰

---

① 莲花庵主:指北宋初叶天台山(今浙江台州)莲花峰庵主。
② 机不离位,堕在毒海:执著某种见地,常会陷入障碍修道的境遇之中。
③ 看顶门上具一只眼,也是时人窠窟:自认为顶门上具只眼,也是不能自拔的固定模式。
④ 虚空里钉橛:在虚无形质处钉橛子。意为不可又执空为有。权立化城:暂且变化出来的虚幻城邑(见《法华经》)。意为只能供人暂息,而非究竟之地。
⑤ 榔栗横担:将榔栗木做的拄杖横担在肩上(不依赖它)。

去!"也好与三十棒,只为他担板。脑后见腮,莫与往来①。

【圜悟评唱】

诸人还裁辨得莲花峰庵主么?脚跟也未点地在②。国初时在天台莲花峰卓庵。古人既得道之后,茅茨石室中、折脚铛儿内,煮野菜根吃过日,且不求名利,放旷随缘;垂一转语,且要报佛祖恩,传佛心印。才见僧来,便拈拄杖云:"古人到这里为什么不肯住?"前后二十余年,终无一人答得。只这一问,也有权有实、有照有用。若也知他圈缋,不消一捏。尔且道因什么二十年如此问?既是宗师所为,何故只守一橛③?若向个里见得,自然不向情尘上走。凡二十年中,有多少人与他平展下语呈见解,做尽伎俩;设有个道得,也不到他极则处。况此事虽不在言句中,非言句即不能辨,不见道"道本无言,因言显道"?所以验人端的处,下口便知音。

古人垂一言半句亦无他,只要见尔知有不知有。他见人不会,所以自代云:"为他途路不得力。"看他道得,自然契理契机,几曾失却宗旨?古人云:承言须会宗,勿自立规矩。如今人只管撞将去便了,得则得,争奈颟顸侊侗。若到作家面前④,将三要语印空、印泥、印水验他,便见方木逗圆孔⑤,无下落处。到这里讨一个同得同证,临时向什么处求?若是知有底人,开怀

---

① 脑后见腮,莫与往来:旧相学观点,让人能从脑后看见腮的人多阴险,不可交往。此比喻暗藏别意。
② 脚跟也未点地在:意为如果不能识透莲花的意向则是修持悟境不高,眼光不明。
③ 只守一橛:比喻因执著于某一境界、某一种手段而障道。
④ "面前",《龙藏》、《驹本》作"汉"。
⑤ 三要语:临济要求接引学人时必于一句之中具三玄,一玄之中具三要,以己领悟之佛心印,印证对方。方木逗圆孔:方木榫与圆木槽不能配套(不能起到印证的作用)。

通个消息，有何不可？若不遇人，且卷而怀之。且问尔诸人，拄杖子是衲僧寻常用底，因什么却道"途路不得力"？古人到此不肯住，其实金屑虽贵，落眼成翳。

石室善道和尚，当时遭沙汰，常以拄杖示众云："过去诸佛也恁么，未来诸佛也恁么，现前诸佛也恁么。"雪峰一日僧堂前拈拄杖示众云："这个只为中下根人。"时有僧出问云："忽遇上上人来时如何？"峰拈拄杖便去。云门云："我即不似雪峰，打破狼籍。"僧问："未审和尚如何？"云门便打。大凡参问也无许多事，为尔外见有山河大地，内见有见闻觉知，上见有诸佛可求，下见有众生可度；直须一时吐却，然后十二时中，行住坐卧，打成一片。虽在一毛头上，宽若大千沙界；虽居镬汤炉炭中，如在安乐国土；虽居七珍八宝中，如在茅茨蓬蒿下。

这般事，若是通方作者，到古人实处，自然不费力。他见无人构得他底，复自征云："毕竟如何？"又奈何不得，自云："栗栗横担不顾人，直入千峰万峰去。"这个意又作么生？且道指什么处为地头？不妨句中有眼，言外有意，自起自倒，自放自收。岂不见严阳尊者路逢一僧，拈起拄杖云："是什么？"僧云："不识。"严云："一条拄杖也不识①？"严复以拄杖地上札一下云："还识么？"僧云："不识。"严云："土窟子也不识？"严复以拄杖担云："会么？"僧云："不会。"严云："栗栗横担不顾人，直入千峰万峰去。"

"古人到这里为什么不肯住？"雪窦有颂云："谁当机举？不

---

① 一条拄杖也不识：意为禅道就像拄杖一样，现现成成本来如此，如再有思辨则非。下面的对话含意同此。

赚亦还希。摧残峭峻,销铄玄微。重关曾巨辟,作者未同归。玉兔乍圆乍缺,金乌似飞不飞。卢老不知何处去?白云流水共依依。"

因什么山僧道"脑后见腮,莫与往来"?才作计较,便是黑山鬼窟里作活计。若见得彻、信得及,千人万人,自然罗笼不住、奈何不得,动著拶著,自然有杀有活。雪窦会他意道"直入千峰万峰去",方始成颂。要知落处,看取雪窦颂云:

【雪窦颂古】

眼里尘沙耳里土①,懵憧三百担,鹘鹘突突有什么限②?更有怎么汉?千峰万峰不肯住。尔向什么处去?且道是什么消息?落花流水太茫茫,好个消息。闪电之机,徒劳伫思。左顾千生,右顾万劫。剔起眉毛何处去?脚跟下更赠一对眼。元来只在这里,还截得庵主脚跟么?虽然如是,也须是到这田地始得。打云:为什么只在这里?

【圜悟评唱】

雪窦颂得甚好,有转身处,不守一隅,便道"眼里尘沙耳里土"。此一句颂莲花峰庵主、衲僧家到这里,上无攀仰,下绝己躬,于一切时中如痴似兀。不见南泉道:"学道之人,如痴钝者也难得。"禅月诗云:"常忆南泉好言语,如斯痴钝者还希。"法灯③云:"谁人知此意,令我忆南泉。"南泉又道:"七百高僧,

---

① 眼里尘沙耳里土:此指修道者心无旁骛、专心修道的形象。
② 懵憧三百担,鹘鹘突突有什么限:蒙昧的人也有三百担之多,如此糊涂莽撞地干下去,也会没完没了。"三百担",原为"三百檐",《龙藏》、《驹本》同。"檐",应为"担"之误。下同不注。
③ 法灯:清凉泰钦(?~974),宋代法眼宗禅师。曾入法眼文益门下参禅悟道。初住洪州(江西南昌)双林院,后迁金陵清凉山。世人多称其为金陵法灯、清凉泰钦。示寂后谥号"法灯禅师"。

尽是会佛法底人,唯有卢行者不会佛法只会道①,所以得他衣钵。且道佛法与道相去多少?"雪窦拈云:"眼里著沙不得,耳里著水不得。或若有个汉,信得及把得住,不受人瞒,祖佛言教是什么热碗鸣声?便请高挂钵囊、拗折拄杖,管取一员无事道人。"又云:"眼里著得须弥山,耳里著得大海水。有一般汉,受人商量祖佛言教如龙得水、似虎靠山,却须挑起钵囊、横担拄杖,亦是一员无事道人。"复云:"恁么也不②得,不恁么也不③得。然后没交涉。三员无事道人中要选一人为师,正是这般生铁铸就底汉。何故?或遇恶境界,或遇奇特境界,到他面前悉皆如梦相似;不知有六根,亦不知有旦暮。"

直饶到这般田地,切忌守寒灰死火,打入黑漫漫处去;也须是有转身一路始得。不见古人道:"莫守寒岩异草青,坐却白云宗不妙。"所以莲花峰庵主道:"为他途路不得力",直须是"千峰万峰去"始得。且道唤什么作"千峰万峰"?

雪窦只爱他道"栗横担不顾人,直入千峰万峰去",所以颂出。且道向什么处去?还有知得去处者么?"落花流水太茫茫",落花纷纷,流水茫茫,闪电之机,眼前是什么?"剔起眉毛何处去?"雪窦为什么也不知他去处?只如山僧道:适来举拂子,且道即今在什么处④?尔诸人若见得,与莲花峰庵主同参;其或

---

① 不会佛法只会道:不理会佛法的名相概念,只体悟佛法的大道精髓。
② "不",《龙藏》、《驹本》无。
③ "不",《龙藏》、《驹本》无。
④ 适来举拂子,且道即今在什么处:刚才举拂子是佛性之用,现在佛性又体现在什么地方呢?

未然，三条椽下、七尺单前①，试去参详看。

【点评】

初修时，人们往往依赖师家、依赖经典、依赖打坐或依赖某感某境，这就是人们的"拄杖子"。修持到一定程度不能再前进时，如何办？这则公案就是修持人走投无路时的大转语。

莲花峰庵主举起拄杖，恳切开示学人：古人到这里为什么不肯住？为他途路不得力。毕竟如何？柳栗横担不顾人，直入千峰万峰去！为什么拄杖子反而使"途路不得力"？因为此时如再执著它、依赖它，它就会成为你前进的拖累。正像下文所说，"金屑虽贵，落眼成翳"。那该如何办？抛弃它！勇往直前，一步步去攀登更高的境界。

这种向道的风貌，满面尘垢，出神忘我，正如雪窦所颂："眼里尘沙耳里土，千峰万峰不肯住。"至于"剔起眉毛何处去"，那种境界只有天知地知自己知了。

---

① 三条椽下、七尺单前：指禅家僧堂内坐禅之床位。床宽三尺，可对应屋顶三条椽，故称三条椽下；床长七尺，故称七尺单前。

二六　百丈奇特事

【雪窦举公案】

僧问百丈："如何是奇特事？"言中有响，句里呈机①。惊杀人，有眼不曾见。丈云："独坐大雄峰②。"凛凛威风四百州。坐者立者二俱败缺③。僧礼拜，伶俐衲僧。也有恁么人，要见恁么事④。丈便打。作家宗师，何故来言不丰？令不虚行。

【圜悟评唱】

临机具眼⑤，不顾危亡，所以道：不入虎穴，争得虎子。百丈寻常如虎插翅相似，这僧也不避死生，敢捋虎须，便问："如何是奇特事？"这僧也具眼，百丈便与他担荷云："独坐大雄峰。"其僧便礼拜。衲僧家须是别未问已前意始得⑥，这僧礼拜，与寻常不同，也须是具眼始得。

---

① 言中有响，句里呈机：意为问话里暗藏禅家机锋。
② 大雄峰：百丈山别名，此比喻真如佛性境界。
③ 坐者立者二俱败缺：坐者指百丈，立者指问僧，二者即有言句则都有败露的缺陷。
④ 也有恁么人，要见恁么事：竟也有这样的人，要弄清这样的事。意为问僧的行动是在故意勘验百丈（因被识破而遭打）。
⑤ 临机具眼：面临机锋时有识别答对的眼光。
⑥ 衲僧家须是别未问已前意始得：衲僧应该能明见一念未起时的境界才可以。

莫教平生心胆向人倾,相识还如不相识。只这僧问:"如何是奇特事?"百丈云:"独坐大雄峰。"僧礼拜,丈便打。看他放去则一时俱是,收来则扫踪灭迹。且道他便礼拜意旨如何?若道是好,因甚百丈便打他作什么?若道是不好,他礼拜有什么不得处?到这里须是识休咎别缁素,立向千峰顶上始得①。这僧便礼拜,似捋虎须相似,只争转身处。赖值百丈顶门有眼,肘后有符,照破四天下,深辨来风②,所以便打。若是别人无奈他何。这僧以机投机,以意遣意③,他所以礼拜。如南泉云:"文殊、普贤,昨夜三更起佛见法见,各与二十棒,贬向二铁围山④去也。"时赵州出众云:"和尚棒教谁吃。"泉云:"王老师有什么过?"州礼拜。

宗师家等闲不见他受用处,才到当机拈弄处,自然活鱍鱍⑤地。五祖先师常说,如马前相扑相似,尔但常教见闻声色一时坐断。把得定作得主,始见他百丈。且道放过时作么生?看取雪窦颂出云:

【雪窦颂古】

祖域交驰天马驹⑥,五百年一间生,千人万人中有一个半个。子承父业。化门舒卷不同途⑦。已在言前渠侬得自由。还他作家手段。

---

① 到这里须是识休咎别缁素,立向千峰顶上始得:意为到这里需要有识别吉凶、僧俗的眼光,有超出众人之上的境界才能做到。
② 照破四天下,深辨来风:意为有明察天下的眼光,能看透对方一举一动的意图。"四天下",原指须弥山周围东南西北之四大洲。
③ 以机投机,以意遣意:以机锋对应机锋,以暗意回答暗意。
④ 铁围山:又作铁轮围山、金刚围山等。佛教认为世界以须弥山为中心,其周围共有八山八海围绕,最外侧为铁所成之山,称铁围山,以此为限曰一世界。
⑤ 活鱍鱍:生动鲜活貌。
⑥ 祖域交驰天马驹:在佛祖的境界里,如天马行空,自由来去。
⑦ 化门舒卷不同途:指教化学人时收放的手段不同。

电光石火存机变，劈面来也。左转右转，还见百丈为人处也无？堪笑人来捋虎须。好与三十棒。重赏之下必有勇夫，不免丧身失命。放过阇黎一著。

【圜悟评唱】

雪窦见得透，方乃颂出。天马驹日行千里，横行竖走，奔骤如飞，方名天马驹。雪窦颂百丈于祖域之中，东走向西，西走向东，一来一往，七纵八横，殊无少碍。如天马驹相似，善能交驰，方见自由处。这个自是得他马祖大机大用。不见僧问马祖："如何是佛法大意？"祖便打云："我若不打尔，天下人笑我去在。"又问："如何是祖师西来意？"祖云："近前来向尔道。"僧近前，祖劈耳便掌云："六耳不同谋①。"看他怎么得大自在，于建化门中，或卷或舒，有时舒不在卷处，有时卷不在舒处，有时卷舒俱不在，所以道同涂不同辙②。此颂百丈有这般手脚。

雪窦道"电光石火存机变"，颂这僧如击石火、似闪电光，只在些子机变处。岩头道："却物为上，逐物为下。若论战也，个个立在转处。"雪窦道："机轮曾未转，转必两头走。"若转不得，有什么用处？大丈夫汉，也须是识些子机变始得。如今人只管供他款，被③他穿却鼻孔，有什么了期？这僧于电光石火中能存机变便礼拜。雪窦道："堪笑人来捋虎须。"百丈似一个大虫相似，堪笑这僧去捋虎须。

---

① 六耳不同谋：三人（六耳）不宜同谋（无法保全秘密）。此教导弟子之警语，意谓耳食之学，无益于道。
② 建化门：指建立教化学人的法门。同涂不同辙：走同样的路途，不沿同样的车辙，比喻目的相同，做法不同。
③ "被"，原作"彼"，据《龙藏》、《驹本》改。

【点评】

僧问:"如何是奇特事?"百丈答:"独坐大雄峰。"僧问得大胆,百丈答得奇妙。人若能"独坐大雄峰",当然是"奇特事",可是若就真如佛性境界而言"独坐大雄峰"却是自然的事;百丈此答正是要引导问者悟入佛性。

某僧开始所问似是请益,而后"礼拜"却是勘验;而百丈的"便打",既是对勘验的回答,又是对某僧的勘验。为什么这样说?因为"礼拜",是在感谢百丈的说法,是说百丈有"奇特事"可言、有"大雄峰"可坐,如果百丈受其礼,即是"起佛见法见",即是承认有实法可说、有定佛可成,即是未彻,所以百丈以打还其礼。因为真如佛性是般若体,是真空实相,是真空妙有,不住有无两边;我虽说如无说、你虽闻如无闻,此无闻无说才是真如佛性的境界。

这则公案百丈接人的手段如天马行空,问僧应机如击石火、似闪电光,原为一场空灵而已。这样说来,如僧未问、丈未答,僧未礼、丈未打,我等又在干什么呢?

二七　云门体露金风①

【圜悟垂示】

问一答十，举一明三；见兔放鹰，因风吹火②。不惜眉毛则且置，只如入虎穴③时如何？试举看：

【雪窦举公案】

僧问云门："树凋叶落④时如何？"是什么时节？家破人亡，人亡家破。云门云："体露金风。"撑天拄地，斩钉截铁。净裸裸赤洒洒，平步青霄。

【圜悟评唱】

若向个里荐得⑤，始见云门为人处；其或未然，依旧只是指鹿为马⑥，眼瞎耳聋。谁人到这境界？且道云门为复是答他话，为复是与他酬唱？若道答他话，错认定盘星；若道与他唱和，且

---

① 金风：金秋西风。比喻佛性本来面目。
② "问一答十……因风吹火"：禅林用语，前项指问少可以答多，示少可以见多；后项指因机因势而作。
③ 入虎穴：比喻不畏强手，善斗机锋的手段、勇气。
④ 树凋叶落：秋天树木凋零、枝叶脱落。比喻修持中妄念渐息的阶段。
⑤ 向个里荐得：向这个里面领悟。
⑥ 指鹿为马：此比喻眼光不明，错下名言，妄瞒他人。

得没交涉。既不恁么,毕竟作么生?尔若见得透,衲僧鼻孔不消一捏;其或未然,依旧打入鬼窟里去。

大凡扶竖宗乘,也须是全身担荷,不惜眉毛,向虎口横身,任他横拖倒拽。若不如此,争能为得人?这僧致个问端,也不妨险峻。若以寻常事看他,只似个管闲事底僧;若据衲僧门下,去命脉里觑时,不妨有妙处。且道"树凋叶落"是什么人境界?十八问中,此谓之辨主问,亦谓之借事问。云门不移易一丝毫,只向他道:"体露金风。"答得甚妙,亦不敢辜负他问头。盖为他问处有眼,答处亦端的。古人道:"欲得亲切,莫将问来问。"若是知音底,举著便知落处;尔若向云门语脉里讨,便错了也。只是云门句中,多爱惹人情解,若作情解会,未免丧我儿孙。

云门爱怎么骑贼马趁贼①,不见僧问:"如何是非思量处?"门云:"识情难测。"这僧问:"树凋叶落时如何?"门云:"体露金风。"句中不妨把断要津,不通凡圣②,举三明一;尔若去他三句中求,则脑后拔箭③。他一句中须具三句:函盖乾坤句、随波逐浪句、截断众流句,自然恰好。云门三句中,且道用那句接人?试辨看!颂曰:

【雪窦颂古】

问既有宗,深辨来风,箭不虚发。答亦攸仝。岂有两般?如钟待扣,功不浪施④。三句可辨,上中下,如今是第几句?须是向三句外

---

① 骑贼马趁贼:比喻利用问话的内容,回答、解决问者的问题。
② 把断要津,不通凡圣:阻断要路,凡圣的概念亦不可得。
③ 尔若去他三句中求,则脑后拔箭:你如果到他"三句"中去求索,那就好像从脑袋后面拔箭,意为性命(佛性慧命)难保。
④ 如钟待扣,功不浪施:像钟正等待敲击一样,功夫不能随便施展。意为要应机而为。

荐取始得。一镞辽空。中,过也。堑著磕著,箭过新罗。大野兮凉飔飒飒,普天匝地,还觉骨毛卓竖么?放行去也。长天兮疏雨蒙蒙。风浩浩,水漫漫。头上漫漫,脚下漫漫。君不见少林久坐未归客,更有不唧𠺕汉,带累杀人。黄河头上泻将过来。静倚熊耳一丛丛。开眼①也著,合眼也著。鬼窟里作活计,眼瞎耳聋。谁到这境界?不免打折尔版齿。

【圜悟评唱】

古人道:承言须会宗,勿自立规矩。古人言不虚设,所以道,大凡问个事,也须识些子好恶。若不识尊卑去就、不识净触,信口乱道,有什么利济?凡出言吐气,须是如钳如铗、有钩有锁,须是相续不断始得。这僧问处有宗旨,云门答处亦然。云门寻常以三句接人,此是极则也。

雪窦颂这公案,与颂大龙公案相类。"三句可辨",一句中具三句,若辨得则透出三句外。"一镞辽空",镞,乃箭镞也,射得太远,须是急著眼看始得。若也见得分明,可以一句之下,开展大千沙界。到此颂了。雪窦有余才,所以展开颂出道:"大野兮凉飔飒飒,长天兮疏雨蒙蒙。"且道是心是境?是玄是妙?古人道:法法不隐藏,古今常显露。他问"树凋叶落时如何",云门道"体露金风",雪窦意只作一境。如今眼前风拂拂地,不是东南风便是西北风,直须便怎么会始得;尔若更作禅道会,便没交涉。

"君不见少林久坐未归客",达磨未归西天时,九年面壁,静

---

① "眼",原作"眠",据《龙藏》、《驹本》改。

悄悄地，且道是"树凋叶落"，且道是"体露金风"？若向这里，尽古今凡圣、乾坤大地，打成一片，方见云门、雪窦的的为人处。"静依熊耳一丛丛"，熊耳，即西京嵩山少林也。前山也千丛万丛，后山也千丛万丛，诸人向什么处见？还见雪窦为人处么？也是灵龟曳尾！

【点评】

某僧问："树凋叶落时如何？"表面上问的是树木临秋风、枝叶凋落时应是什么风貌，实际上是在问禅修之人为道日损，损之又损，烦恼、妄想、分别、习气等渐泯（即所谓"家破人亡"）时，应是什么风貌？

云门答："体露金风。"表面上答的也是树临秋风的景象，实际上描绘了修道者皮肤脱落尽，唯露一真实的风貌（即所谓"平步青云"）。

云门所答体现了云门宗接引学人时，不离"三句"，又透出"三句"的高超手段。所以雪窦颂道："问既有宗，答亦攸仝。三句可辨，一镞辽空。"如果说"三句可辨"体现了"树凋叶落时"的"体"，即证得真如心体的风貌，那么，"一镞辽空"则体现了"金风"，即亲见佛性的风貌。

既然"一镞辽空"，那么"体露金风"到底体现在哪里呢？请急著眼："大野兮凉飚飒飒，长天兮疏雨蒙蒙。……"即物而空、空而有照时那又是什么呢？

二八　涅槃和尚诸圣

【雪窦举公案】

南泉参百丈涅槃和尚①，丈问："从上诸圣，还有不为人说底法么？"和尚合知。壁立万仞。还觉齿落么？泉云："有。"落草了也。孟八郎作什么，便有恁么事②？丈云："作么生是不为人说底法？"看他作么生？看他手忙脚乱，将错就错。但试问看。泉云："不是心，不是佛，不是物。"果然纳败阙，果然漏逗不少。丈云："说了也。"莫与他说破，从他错一平生。不合与他恁么道。泉云："某甲只恁么，和尚作么生？"赖有转身处。与长即长，与短即短，理③长则就。丈云："我又不是大善知识，争知有说不说？"看他手忙脚乱，藏身露影，去死十分。烂泥里有刺，恁么那赚我。泉云："某甲不会。"乍可恁么？赖值不会，会即打尔头破。赖值这汉只恁么。丈云："我太杀为尔说了④也。"雪上加霜。龙头蛇尾作什么？

---

① 百丈涅槃和尚：宋代百丈怀海禅师之法嗣，曾住江西百丈山。
② 孟八郎作什么，便有恁么事：莽撞小子这是在做什么呀，只有这样的人才会出现这样的事（指回答"有"这样的事）。
③ "理"，原作"现"，据《龙藏》、《驹本》改。
④ 太杀为尔说了：为你说得太多了。

【圜悟评唱】

到这里,也不消即心不即心,不消非心不非心,直下从顶至足,眉毛一茎也无,犹较些子。即心、非心,寿禅师谓之表诠、遮诠①。此是涅槃和尚法正②禅师也,昔时在百丈作西堂,开田说大义者。是时南泉已见马祖了,只是往诸方决择。

百丈致此一问,也大难酬,云:"从上诸圣,还有不为人说底法么?"若是山僧,掩耳而出。看这老汉一场憋愣,若是作家,见他怎么问便识破得他。南泉只据他所见,便道"有",也是孟八郎。百丈便将错就错,随后道:"作么生是不为人说底法?"泉云:"不是心,不是佛,不是物。"这汉贪观天上月,失却掌中珠③。丈云:"说了也。"可惜许,与他注破。当时但劈脊便棒,教他知痛痒。虽然如是,尔且道什么处是说处?据南泉见处,"不是心,不是佛,不是物"不曾说著。且问尔诸人,因什么却道"说了也"?他语下又无踪迹,若道他不说,百丈为什么却恁么道?

南泉是变通底人,便随后一拶云:"某甲只恁么,和尚又作么生?"若是别人,未免分疏不下,争奈百丈是作家,答处不妨奇特,便道:"我又不是大善知识,争知有说不说?"南泉便道个"不会",是渠果会来道"不会",莫是真个"不会"?

百丈云:"我太杀为尔说了也。"且道什么处是说处?若是弄

---

① 寿禅师:宋代永明延寿(904~975),浙江余杭人,俗姓王,曾参谒法眼嫡嗣德韶而契悟。力倡禅净双修。有《宗镜录》百卷传世。表诠:因明学用语,相当于逻辑学上的肯定命题(如:即心即佛)。遮诠:相当于逻辑学上的否定命题(如:非心非佛)。
② "法正",《龙藏》、《驹本》作"惟正"。
③ 贪观天上月,失却掌中珠:贪求外在的虚影,而丢掉了真如自性。

泥团汉时，两个㵵㵵㳮㳮①；若是二俱作家时，如明镜当台②。其实前头二俱作家，后头二俱放过，若是具眼汉，分明验取。且道作么生验他？看雪窦颂出云：

【雪窦颂古】

祖佛从来不为人，各自守疆界，有条攀条。记得个元字脚在心，入地狱如箭。衲僧今古竞头走③。踏破草鞋、拗折拄杖、高挂钵囊。明镜当台列像殊，堕也，破也。打破镜来与尔相见。——面南看北斗④。还见老僧骑佛殿出山门⑤么？新罗国里曾上堂，大唐国里未打鼓。斗柄垂，落处也不知在什么处。无处讨，瞎。可惜许，碗子落地，楪子成七八片。拈得鼻孔失却口⑥。那里得这消息来？果然怎么。便打。

【圜悟评唱】

释迦老子出世，四十九年未曾说一字。始从光耀土，终至跋提河⑦，于是二中间，未尝说一字。恁么道，且道是说是不说？如今满龙宫盈海藏，且作么生是不说⑧？岂不见修山主道："诸佛不出世，四十九年说。达磨不西来，少林有妙诀。"又道："诸佛

---

① 㵵㵵㳮㳮：水流乱窜的样子。
② 明镜当台：意为两心相印，心照不宣。
③ 祖佛从来不为人，衲僧今古竞头走：意为佛祖从来不替人承当佛性境界，古今的僧人们，只好纷纷奔走，到处询问探究。
④ 明镜当台列像殊，一一面南看北斗：意为真如本心如明镜台，万象在其中生灭，如能观自在，即可体悟到"面南看北斗"的境界。
⑤ 骑佛殿出山门：此用不可思议之新奇事，来体现真如佛性不受时空所限的面目，借以截断思虑，启发返照自心。
⑥ 斗柄垂，无处讨，拈得鼻孔失却口：比喻当一切概念、境界的虚影已不可得，可谓牵得牛鼻子，但此时已是言语道断了。
⑦ 从光耀土，终至跋提河：意为佛祖从成道至圆寂的经历。"跋提河"，佛于此河西岸入寂，因而著名。
⑧ 如今满龙宫盈海藏，且作么生是不说：现在龙宫藏满了经藏，怎么能说佛陀不曾说法呢？据说佛陀曾到海龙宫讲法，《华严经》即由龙树菩萨从龙宫取来。

不曾出世，亦无一法与人。但能观众生心，随机应病，与药施方，遂有三乘十二分教。"其实祖佛，自古至今，不曾为人说。只这不为人，正好参详。山僧常说：若是添一句，甜蜜蜜地，好好观来，正是毒药；若是劈脊便棒，蓦口便掴，推将出去，方始亲切为人。

"衲僧今古竞头走"，到处是也问不是也问，问佛问祖，问向上问向下。虽然如此，若未到这田地，也少不得"如明镜当台列像殊"。只消一句，可辨明白，古人道："万象及森罗，一法之所印①。"又道："森罗及万象，总在个中圆。"神秀②大师云："身是菩提树，心如明镜台。时时勤拂拭，勿使惹尘埃。"大满③云："他只在门外。"雪窦怎么道，且道在门内在门外？

尔等诸人，各有一面古镜，森罗万象，长短方圆，一一于中显现。尔若去长短处会，卒摸索不著。所以雪窦道："明镜当台列像殊"，却须是"一一面南看北斗"。既是面南，为什么却看北斗？若恁么会得，方见百丈、南泉相见处。此两句颂百丈挨拶处。丈云："我又不是大善知识，争知有说不说？"雪窦到此颂得，落在死水里，恐人错会，却自提起云：即今目前斗柄垂，尔更去什么处讨？尔才拈得鼻孔失却口，拈得口失却鼻孔了也。

---

① 万象及森罗，一法之所印：世间万象，皆为佛性的显现。
② 神秀：唐代禅师（605~706），汴州尉氏（今河南开封之南）人，俗姓李。少览经史，博学多闻。后至蕲州双峰东山寺，参谒五祖弘忍，以求其道。其悟道名偈为："身是菩提树，心如明镜台。时时勤拂拭，勿使惹尘埃。"
③ 大满：我国禅宗第五祖弘忍谥号。弘忍（602~675），唐代禅师，俗姓周。从四祖道信出家于蕲州黄梅双峰山东山寺，穷研顿渐之旨，遂得其心传。后继师席，世称"五祖黄梅"。弘忍以悟彻心性之本源为旨，门下甚众，其中神秀及慧能二师分别形成北宗禅与南宗禅两系统。

【点评】

百丈涅槃问:"从上诸圣,还有不为人说底法么?"表面意思是在问,此前的佛家圣人们,还有不能为人们说出来的佛法吗?实质是在问,真如佛性如何表述才能让人领悟?

这个问题很好回答,又很难回答。说很难回答,是因为如答"有",那么佛典三藏十二部还有何作用?如答"无",而佛祖却曾说,住世四十九年,三百六十余会,"未曾说一字",这又作何解释?说很好回答,是因为如能对真如佛性体悟得真切,答有答无,皆无不可,皆有转身处,皆可以给人以启发。因为他们可以用说来表达不可说的意味,也可以用不说来体现应说的精神。

雪窦"颂古",形象地显示了这个大秘密。

"祖佛从来不为人,衲僧今古竞头走。"这启发我们:虽然真如佛性本然如此,但如何亲证实悟,却没有固定的实法可得,没有现成饭可吃。"明镜当台列象殊,一一面南看北斗。"佛心如明镜当台,如能回光返照,自可面南见北。"斗柄垂,无处讨,拈得鼻孔失却口。"当悟得真如心体,就已牵得牛鼻,但此时已经言语道断了。

那么如何酬答百丈此一问呢?圜悟已经告诉我们:"若是山僧,掩耳而出。"这又是为什么呢?

二九　大隋劫火洞然①

【圜悟垂示】

鱼行水浊，鸟飞毛落。明辨主宾②，洞分缁素，直似当台明镜、掌内明珠，汉现胡来③，声彰色显。且道为什么如此？试举看：

【雪窦举公案】

僧问大隋："劫火洞然，大千俱坏，未审'这个'④坏不坏？""这个"是什么物？这一句天下衲僧摸索不著。预搔待痒。隋云："坏。"无孔铁锤当面掷。没却鼻孔⑤。未开口已前勘破了也。僧云："恁么则随他去也？"没量大人，语脉里转却。果然错认⑥。隋云：

---

① 大隋：大隋法真（834~919），唐末五代禅师。四川梓州盐亭人，俗姓王。曾往沩山灵祐等处参学悟道。后嗣长庆大安之法，住大随山。其门风淳厚温雅，禅机秀逸。劫火洞然：指坏劫时所起之火烧尽一切物之情况。
② 主宾：临济宗提法，分别指师家、学人等。
③ "当台明镜……汉现胡来"：皆比喻真如佛性无住而生其心的境界。
④ 这个：暗指真如佛性。
⑤ 没却鼻孔：丢弃了自己的鼻孔，如牛被别人牵了鼻孔。
⑥ "没量大人……果然错认"：有无量气度与见识的大人物，有时在语句里也会被转迷糊，这个僧人果然认识错了。意为参意易、参句难。

"随他去。"前箭犹轻后箭深①。只"这个"多少人摸索不著。水长船高,泥多佛大。若道随他去,在什么处?若道不随他去,又作么生?便打。

【圜悟评唱】

大隋真如和尚承嗣大安禅师,乃东川盐亭县人,参见六十余员善知识。昔时在沩山会里作火头②,一日沩山问云:"子在此数年,亦不解致个问来看如何?"隋云:"令某甲问个什么即得?"沩山云:"子便不会问'如何是佛'?"隋以手掩沩山口③,山云:"汝已后觅个扫地人也无。"后归川,先于堋口山路次煎茶,接待往来凡三年,后方出世开山住大隋。

有僧问:"劫火洞然,大千俱坏,未审'这个'坏不坏?"这僧只据教意来问,教中云:成住坏空,三灾劫起,坏至三禅天④。这僧元来不知话头落处,且道"这个"是什么?人多作情解道"这个"是众生本性。隋云:"坏。"僧云:"恁么则随他去也?"隋云:"随他去。"只"这个"多少人情解,摸索不著。若道"随他去",在什么处?若道不随他去,又作么生?不见道"欲得亲切,莫将问来问"?后有僧问修山主:"劫火洞然,大千俱坏,未审'这个'坏不坏?"山主云:"不坏。"僧云:"为什么不

---

① 前箭犹轻后箭深:前箭指大隋的第一次答话,后箭指第二次答话;前一次答话只是轻轻带过,后一次答话深刻体现了佛性境界。
② 火头:禅林司掌灯火或造饭之职者。
③ 以手掩沩山口:示意此事出口即错。
④ "成住坏空……坏至三禅天":此系佛教对于世界生灭变化之基本观点。"成住坏空",指成劫、住劫、坏劫、空劫等四劫。"坏劫"为火、水、风三灾毁坏世界之时期。此劫中,有情破坏后,世现七日,故起火灾,色界初禅天以下皆成灰烬,次起水灾,第二禅天以下漂荡殆尽,最后起风灾,第三禅天以下全部吹落。

坏?"主云:"为同于大千,坏也碍塞杀人,不坏也碍塞杀人①。"

其僧既不会大隋说话,是他也不妨以此事为念,却持此问直往舒州投子山。投子问:"近离甚处?"僧云:"西蜀大隋。"投云:"大隋有何言句?"僧遂举前话,投子焚香礼拜云:"西蜀有古佛出世②,汝且速回。"其僧复回至大隋,隋已迁化,这僧一场懡㦬。

后有唐僧景遵《题大隋》云:"了然无别法,谁道印南能③?一句随他语,千山走衲僧。蛩寒鸣砌叶,鬼夜礼龛灯。吟罢孤窗外,徘徊恨不胜。"所以雪窦后面引此两句颂出。如今也不得作坏会,也不得作不坏会,毕竟作么生会?急著眼看!

【雪窦颂古】

劫火光中立问端,道什么?已是错了也。衲僧犹滞两重关④。坐断此人,如何救得?百匝千重,也有脚头脚底。可怜一句随他语,天下衲僧作这般计较,千句万句也不消得。有什么难截断他脚跟处?万里区区独往还。业识⑤茫茫蹉过也不知。自是他踏破草鞋。

【圜悟评唱】

雪窦当机颂出,句里有出身处。"劫火光中立问端,衲僧犹滞两重关。"这僧问处,先怀坏与不坏,是两重关。若是得底人,

---

① 坏也碍塞杀人,不坏也碍塞杀人:意为说它会毁坏就要大大阻碍人们的悟性,说它不会毁坏也要大大阻碍人们的悟性。
② 古佛出世:颂扬他如往古圆寂之佛再趁愿转世而来。
③ 了然无别法,谁道印南能:谁知他如此简捷明了而不用其他的手法,竟能印证南宗六祖慧能的大道呢?
④ 衲僧犹滞两重关:此僧尚滞留在坏与不坏(有、无)的两重关前不得前进。
⑤ 业识:身心造作所体现的善恶因果为业,心对于境的认知叫做识,缘业而生之识为业识。此指凡夫之业识,而未能转识成智。

道坏也有出身处,道不坏也有出身处。"可怜一句随他语,万里区区独往还。"颂这僧持此问投子,又复回大隋,可谓万里区区也。

【点评】

僧问大隋:"劫火洞然,大千俱坏,未审'这个'坏不坏?"隋云:"坏。"此问答含意如何?"这个"既然指真如佛性,佛典明言,真如佛性本为不生不灭,亘古如斯之妙体,为什么大隋却答"坏"?莫非错下明言?如答有错,为什么禅门大德投子禅师又盛赞大隋是"古佛出世"?

原来大隋事理圆融的高明处正在于应机施教,应病与药。此奇药治怪病,非常人所能及,非常人所敢为。原来世间万物,无非是我等佛性显现,正所谓性相不二,心境一如;万物表象虽有成住坏空之不同,而其本体并无成住坏空。问僧口头或知此论,而心中未证此境,犹滞于坏与不坏两重关,故有此问。大隋用反激法的无孔铁锤以疑击疑,从而迫其回光返照中识得本来。此时再加一句"随他去",此衲僧当下即应心明眼亮,超越两重关了。

可惜可气,"衲僧犹滞两重关",只好"万里区区独往还"了。

三〇 赵州大萝卜

【雪窦举公案】

僧问赵州:"承闻和尚亲见南泉是否?"千闻不如一见。㧬眉分八字①。州云:"镇州出大萝卜头!"撑天拄地,斩钉截铁。箭过新罗。脑后见腮,莫与往来。

【圜悟评唱】

这僧也是个久参底,问中不妨有眼。争奈赵州是作家,便答他道:"镇州出大萝卜头!"可谓无味之谈,塞断人口。这老汉大似个白拈贼相似,尔才开口,便换却尔眼睛②。若是特达英灵底汉③,直下向击石火里、闪电光中,才闻举著,剔起便行④,苟或伫思停机,不免丧身失命⑤。

江西澄散圣判谓之"东问西答",唤作不答话,不上他圈缋。

---

① 㧬眉分八字:比喻被问话逼迫得面露难色。
② "白拈贼相似……便换却尔眼睛":比喻手段高妙,可以随时启发人自悟。
③ 特达英灵底汉:豁达颖悟的人。
④ 剔起便行:提腿便走。
⑤ 丧身失命:丢失佛性慧命。

若恁么会争得？远录公云："此是傍瞥语，收在《九带》① 中。"若恁么会，梦也未梦见在，更带累赵州去。有者道：镇州从来出大萝卜头，天下人皆知，赵州从来参见南泉，天下人皆知，这僧却更问道"承闻和尚亲见南泉是否"，所以州向他道"镇州出大萝卜头"。且得没交涉。

都不恁么会，毕竟作么生会？他家自有通霄路。不见僧问九峰②："承闻和尚亲见延寿来是否？"峰云："山前麦熟也未？"正对得赵州答此僧话，浑似两个无孔铁锤。赵州老汉，是个无事底人，尔轻轻问著，便换却尔眼睛。若是知有底人，细嚼来咽；若是不知有底人，一似浑仑吞个枣③。

【雪窦颂古】

镇州出大萝卜，天下人知，切忌道著。一回举著一回新。天下衲僧取则④。争奈不恁么？谁用这闲言长语？只知自古自今，半开半合。如麻似粟。自古也不恁么，如今也不恁么。争辨鹄白乌黑？全机颖脱，长者自长，短者自短。识得者贵，也不消得辨。贼贼！咄！更不是别，自是担枷过状。衲僧鼻孔曾拈得⑤。穿过了也。裂转。

【圜悟评唱】

"镇州出大萝卜"，尔若取他为极则，早是错了也。古人把手上高山，未免傍观者哂。人皆知道这个是极则语，却毕竟不知极

---

① 《九带》：浮山法远提示宗门学人之语句由学人编集之，名为《佛禅宗教义九带集》，略称《浮山九带》。
② 九峰：道虔禅师，唐代禅师，石霜庆诸之法嗣。
③ 浑仑吞个枣：比喻不领悟其意味。
④ 天下衲僧取则：天下的僧人以此为准则。
⑤ 衲僧鼻孔曾拈得：僧人的鼻子（像牛一样）已被人牵住了。

则处。所以雪窦道:"天下衲僧取则。只知自古自今,争辨鹄白乌黑?"虽知今人也恁么答,古人也恁么答,何曾分得缁素来?雪窦道:也须是去他石火电光中,辨其鹄白乌黑始得。

公案到此颂了也。雪窦自出意,向活泼泼处,更向尔道:"贼贼!衲僧鼻孔曾拈得。"三世诸佛也是贼,历代祖师也是贼,善能作贼换人眼睛,不犯手脚,独许赵州。且道什么处是赵州善做贼处?"镇州出大萝卜头!"

【点评】

僧问:"承闻和尚亲见南泉是否?"赵州答:"镇州出大萝卜头!"赵州所答与所问,如风牛马不相及,可是却被天下衲僧奉为极则,道理何在?

因为所问所答,均非字面意思,而是在围绕禅家的本分事"明心见性"进行,所以赵州所答无味之中有至味焉。也正因为所答与所问风牛马不相及,才能换却问僧的错误眼光(思路),牵得问僧的鼻孔;如果顺应所问而答,岂非让问僧牵了鼻孔,哪里还有什么本分事?哪里还有什么"赵州古佛"?原来赵州是在提醒问僧:你的真如本心不在南泉那里,也不在我这里,正在当下你的心里!

悟得此意,雪窦"颂古"的含意就可一目了然了:赵州的"镇州出大萝卜头"的手段,固然是天下衲僧应该领悟的法则,但如果仅仅知道,这些古往今来的事例,那怎能像辨别"鹄白乌黑"一样明悟真如佛性本来面目呢?"镇州出大萝卜头!"

卷 四

三一 麻谷振锡①绕床

【圜悟垂示】

动则影现，觉则冰生；其或不动不觉，不免入野狐窟里②。透得彻、信得及，无丝毫障翳，如龙得水、似虎靠山，放行也瓦砾生光，把定也真金失色③。古人公案未免周遮，且道评论什么边事？试举看：

【雪窦举公案】

麻谷持锡到章敬，绕禅床三匝，振锡一下，卓然而立。曹溪样子一模脱出，直得惊天动地。敬云："是是！"泥里洗土块，赚杀一船人。是什么语话？系驴橛子！［雪窦著语云：错！］放过则不可，犹较一著在。

---

① 振锡：摇动锡杖。"锡杖"，僧人行路时携带之器具，由锡头、铜套、木柄三部分组成。多用于驱毒虫、助脚力，或乞食时振动使人闻知。
② "动则影现……野狐窟里"：意为在禅修中如果是思虑波动就会有虚影呈现，如有觉照就可能趋向澄明；如果是思虑既不波动又无觉照，也可能陷入执寂顽空的野狐禅境界。
③ 放行也瓦砾生光，把定也真金失色：意为高明的禅师为鼓励学人而认可放行，即使是瓦砾也能让其生光，如果是从严把定，即使其是真金也能指出其不足。

麻谷又到南泉，绕禅床三匝，振锡一下，卓然而立。依前泥里洗土块，再运前来。虾跳不出斗。泉云："不是不是！"何不承当？杀人不眨眼，是什么语话？[雪窦著语云：错！]放过不可。麻谷富时①云："章敬道是，和尚为什么道不是？"主人公在什么处？这汉元来取人舌头，漏逗了也②。泉云："章敬即是，是汝不是。也好。杀人须见血，为人须为彻。瞒却多少人来。此是风力所转，终成败坏③。"果然被他笼罩，争奈自己何！

【圜悟评唱】

古人行脚，遍历丛林，直以此事为念。要辨他曲录木床上老和尚，具眼不具眼，古人一言相契④即住，一言不契即去。看他麻谷到章敬，绕禅床三匝，振锡一下，卓然而立。章敬云："是是！"杀人刀、活人剑，须是本分作家。雪窦云"错"，落在两边，尔若去两边会，不见雪窦意。他卓然而立，且道为什么事？雪窦为什么却道"错"？什么处是他错处？章敬道"是"，什么处是是处？雪窦如坐读判语⑤。

麻谷担个"是"字⑥，便去见南泉，依然绕禅床三匝，振锡一下，卓然而立。泉云："不是不是！"杀人刀、活人剑，须是本分宗师。雪窦云"错"，章敬道"是是"，南泉云"不是不是"，为复是同是别？前头道"是"，为什么也"错"？后头道"不

---

① "富时"，《龙藏》、《驹本》作"当时"。
② 取人舌头，漏逗了也：意为只听人口风，却透露出自身的底细。
③ 风力所转，终成败坏：意为人的行动受四大（地、水、火、风）中"风大"的支配，最终也会坏而空，你的表演亦是如此。
④ 一言相契：指对方的一句话与自心相应。
⑤ 坐读判语：比喻坐在公堂上宣读判案的结论。
⑥ 担个"是"字：意为把章敬的"是是"当负担，即落在"是"的一边。

是",为什么也"错"?若向章敬句下荐得,自救也不了,若向南泉句下荐得,可与祖佛为师。

虽然恁么,衲僧家须是自肯始得,莫一向取人口辩。他问①既一般,为什么一个道"是",一个道"不是"?若是通方作者,得大解脱底人,必须别有生涯,若是机境不忘底,决定滞在这两头。若要明辨古今,坐断天下人舌头,须是明取这"两错"始得。及至后头雪窦颂,也只颂这"两错"。雪窦要提活鲅鲅处,所以如此。若是皮下有血底汉,自然不向言句中作解会,不向系驴橛上作道理。有者道:雪窦代麻谷下这"两错"。有什么交涉?殊不知,古人著语,锁断要关,这边也是,那边也是,毕竟不在这两头。

庆藏主道:"持锡绕禅床,是与②不是俱错。"其实亦不在此。尔不见永嘉到曹溪见六祖,绕禅床三匝,振锡一下,卓然而立。祖云:"夫沙门者,具三千威仪,八万细行。大德从何方而来,生大我慢③?"为什么六祖却道他生大我慢?此个也不说是,也不说不是。是与不是都是系驴橛,唯有雪窦下两"错",犹较些子。

麻谷云:"章敬道是,和尚为什么道不是?"这老汉不惜眉毛,漏逗不少④。南泉道:"章敬则是,是汝不是。"南泉可谓见兔放鹰。庆藏主云:"南泉忒杀郎当⑤。'不是'便休,更与他出过道:'此是风力所转,终成败坏。'"《圆觉经》云:"我今此

---

① "问",《龙藏》、《驹本》作"门"。
② "是与",《龙藏》、《驹本》作"如是"。
③ 大德:佛教称德高望重的人。生大我慢:禅林称执我自傲者。
④ 不惜眉毛,漏逗不少:意为不怕因错误带来的惩罚,透露了不少佛性真意。
⑤ 忒杀郎当:太啰唆了。

身四大和合，所谓发毛爪齿、皮肉筋骨、髓脑垢色，皆归于地；唾涕脓血，皆归于水。暖气归火，动转归风。四大各离，今者妄身，当在何处？"他麻谷持锡绕禅床，既是"风力所转，终成败坏"，且道毕竟发明心宗底事在什么处？到这里，也须是生铁铸就底个汉始得。

岂不见张拙秀才参西堂藏禅师①，问云："山河大地，是有是无？三世诸佛，是有是无？"藏云："有。"张拙秀才云："错。"藏云："先辈曾参见什么人来？"拙云："参见径山和尚②来，某甲凡有所问话，径山皆言'无'。"藏云："先辈有什么眷属？"拙云："有一山妻、两个痴顽。"又却问："径山有甚眷属？"拙云："径山古佛，和尚莫谤渠好。"藏云："待先辈得似径山时，一切言'无'③。"张拙俯首而已。

大凡作家宗师，要与人解粘去缚，抽钉拔楔，不可只守一边；左拨右转，右拨左转。但看仰山到中邑处谢戒④，邑见来，于禅床上拍手云："和尚！"仰山即东边立，又西边立，又于中心立，然后谢戒了，却退后立。邑云："什么处得此三昧⑤来？"仰山云："于曹溪印子上脱将来。"邑云："汝道曹溪用此三昧接什

---

① 张拙：唐代人，生平不详。《五灯会元》（卷三）称"有一俗士"。西堂藏禅师：西堂智藏（735~814），唐代禅师，虔化（江西）人，俗姓廖。曾参礼马祖道一，受心印及袈裟。道一示寂后，依众请开堂。后住锡于虔州西堂，宣扬马祖禅风。与百丈怀海、南泉普愿共称为马祖门下之三大士。
② 径山和尚：径山道钦（714~792），唐代禅师，牛头宗径山派初祖。苏州昆山人，俗姓朱。初学儒教，于赴京途中遇鹤林玄素禅师，遂剃度受戒，修习禅法。后住杭州径山，参学者甚众，蔚为径山派。
③ 待先辈得似径山时，一切言"无"：等到您像径山禅师一样（一无眷属）时，才能对您一切都说"无"。暗示他的执著甚多，离"无"还远得很。
④ 谢戒：禅林中，沙弥得度受戒后，须至戒师处行拜谢礼。
⑤ 三昧：指开悟佛性之境界。

么人?"仰云:"接一宿觉①。"仰山又复问中邑云:"和尚什么处得此三昧来?"邑云:"我于马祖处得此三昧来。"似恁么说,岂不是举一明三、见本逐末底汉?

龙牙示众道:"夫参学人,须通过祖佛始得。"新丰和尚道:"见佛言教,如生冤家②,始有参学分。若透不得,即被祖佛瞒去。"时有僧问:"祖佛还有瞒人之心也无?"牙云:"汝道江湖还有碍人之心也无?"又云:"江湖虽无碍人之心,自是时人过不得,所以江湖却成碍人去,不得道江湖不碍人;祖佛虽无瞒人之心,自是时人透不得,祖佛却成瞒人去也,不得道祖佛不瞒人。若透得祖佛过,此人即过却祖佛,也须是体得祖佛意,方与向上古人同;如未透得,傥学佛学祖,则万劫无有得期。"又问:"如何得不被祖佛瞒去?"牙云:"直须自悟去。"到这里须是如此始得,何故?为人须为彻,杀人须见血。南泉、雪窦是这般人,方敢拈弄。颂云:

【雪窦颂古】

此错彼错,惜取眉毛,据令而行。天上天下,唯我独尊。切忌拈却。两个无孔铁锤,直饶千手大悲③也提不起。或若拈去,阇黎吃三十棒。四海浪平,天下人不敢动著。东西南北一等家风,近日多雨水。百川潮落。净裸裸赤洒洒,且得自家安稳,直得海晏河清。古策风高十二门,何似这个?杖头无眼,切忌向拄杖头上作活计。门门有路空萧索。一物也无,赚尔平生。觑著即瞎。非萧索,果然赖有转身处。

---

① 一宿觉:指唐代永嘉玄觉禅师。
② 冤家:比喻要像警惕冤家一样,留心不要被表面文字瞒过。
③ 千手大悲:指千手千眼大悲心之观音菩萨。

已瞎了也,便打。作者好求无病药。一死更不再活。十二时中为什么瞌睡?捞天摸地作什么?

【圜悟评唱】

这一个颂,似德山见沩山公案相似,先将公案著两转语,穿作一串,然后颂出。"此错彼错,切忌拈却。"雪窦意云:此处一错,彼处一错,切忌拈却,拈却即乖。须是如此著这两错,直得"四海浪平,百川潮落",可杀清风明月。尔若向这两错下会得,更没一星事,山是山,水是水,长者自长,短者自短,五日一风,十日一雨。所以道,"四海浪平,百川潮落"。

后面颂麻谷持锡云①:"古策风高十二门。"古人以鞭为策,衲僧家以拄杖为策。《祖庭事苑》中,古策举《锡杖经》。西王母瑶池上有十二朱门,古策即是拄杖,头上清风,高于十二朱门;天子及帝释所居之处,亦各有十二朱门。若是会得这两错,拄杖头上生光,古策也用不著。古人道:识得拄杖子,一生参学事毕。又道:"不是标形虚事褫,如来宝杖亲踪迹②。"此之类也。到这里,七颠八倒,于一切时中,得大自在。"门门有路空萧索",虽有路,只是空萧索。

雪窦到此,自觉漏逗,更与尔打破。然虽如是,也有非萧索处。任是作者,无病时也须是先讨些药吃始得。

【点评】

"麻谷持锡到章敬,绕禅床三匝,振锡一下,卓然而立。"其意是在

---

① "云",《龙藏》、《驹本》作"去"。
② 不是标形虚事褫,如来宝杖亲踪迹:(永嘉禅师语)意为这不是徒标形式,而是要消除的虚妄事,这才是佛祖宝杖亲修实证的足迹。

显示其对佛性的体认:"绕禅床三匝",显示佛性是真空实相,本无所住,无所得;"振锡一下",则又表示佛性虽无可言说,又无处不可体现;"卓然而立",表示本来如此,并在勘验对方。

对如上行动,章敬云"是是",南泉云"不是不是",其意何在?或许章敬是"放行"并鼓励其向上之意;南泉是为"把住",并警戒其勿住此境之意。麻谷不解其意,而南泉慈悲为其破解道:"章敬即是,是汝不是。"澄清迷茫,给我们事理圆融方面的启发。

那么,雪窦在公案中的著语即两个"错"字("是是"也"错","不是不是"也"错")又是何意呢?这在"颂古"中表达得非常明白:"此错彼错,切忌拈却。""拈却",意为执守于两头或某一头(对、错、有、无等),即滞于当下。如不"拈却",自会有"四海浪平,百川潮落"明月清风的境界,自能领悟"门门有路空萧索"的道理。"空萧索"虽是一种门径,但仍不能"拈却",因为其中尚"有"非萧索之意。如此这样还是"求无病药"预防一下才好。

三二　临济佛法大意

【圜悟垂示】

十方坐断，千眼顿开；一句截流，万机寝削①。还有同死同生②底么？见成公案打叠不下，古人葛藤试请举看③：

【雪窦举公案】

定上座问临济："如何是佛法大意？"多少人到此茫然。犹有这个在，讶郎当作什么④？济下禅床擒住，与一掌便托开。今日捉败，老婆心切。天下衲僧跳不出⑤。定伫立，已落鬼窟里，蹉过了也⑥。未免失却鼻孔。傍僧云："定上座何不礼拜？"冷地里有人觑破⑦，全得

---

① "十方坐断……万机寝削"：意为修持中，如能超脱时空，就能顿现佛性智慧；有时一句话也可以截断众流，消除思虑，展现佛性境界。
② 同死同生：比喻师家引学人的决心（学人得悟则如同生，学人不悟则如同死）。
③ 见成公案打叠不下，古人葛藤试请举看：如果现成的公案还是打理不清楚，那么让我们再试举一则古人的公案请参参看。
④ 犹有这个在，讶郎当作什么：既然他还有"这个"在（把"佛法大意"看做实有），这样啰唆提问有什么奇怪的呢？
⑤ 天下衲僧跳不出：意为天下的禅僧都不易跳出这种"有"的束缚。
⑥ 已落鬼窟里，蹉过了也：当时已经落在顽空的境界里，错过了时机。
⑦ 冷地里有人觑破：猛然被旁观的人看破了。

他力。东家人死,西家人助哀①。定方礼拜,将勤补拙。忽然大悟。如暗得灯,如贫得宝。将错就错,且道定上座见个什么便礼拜。

【圜悟评唱】

看他恁么,直出直入,直往直来,乃是临济正宗有恁么作用。若透得去,便可翻天作地,自得受用。定上座是这般汉,被临济一掌,礼拜起来,便知落处。

他是向北人最朴直,既得之后,更不出世。后来全用临济机,也不妨颖脱。一日路逢岩头、雪峰、钦山三人,岩头乃问:"甚处来?"定云:"临济。"头云:"和尚万福?"定云:"已顺世②了也。"头云:"某等三人,特去礼拜。福缘浅薄,又值归寂。未审和尚在日,有何言句?请上座举一两则看。"定遂举:"临济一日示众云:'赤肉团上有一无位真人,常从汝诸人面门出入,未证据者看看。'时有僧出问:'如何是无位真人?'济便擒住云:'道道!'僧拟议,济便托开云:'无位真人,是什么干屎橛!'便归方丈。"岩头不觉吐舌,钦山云:"何不道非无位真人?"被定擒住云:"无位真人与非无位真人,相去多少③?速道速道!"山无语,直得面黄面青。岩头、雪峰近前礼拜云:"这新戒不识好恶,触忤上座。望慈悲且放过。"定云:"若不是这两个老汉,垄杀这尿床鬼子④。"

---

① 东家人死,西家人助哀:意为开悟应是本人的事,别人代替不得。
② 顺世:随顺世间,指去世了。
③ 无位真人与非无位真人,相去多少:意为虽名目不同,却体现了你执著于"有"的思想,而非佛性境界。
④ 尿床鬼子:禅林骂人语。本指尿床之饿鬼,多转用于叱骂年轻一辈之僧徒。

又，在镇州斋回，到桥上歇，逢三人座主①，一人问："如何是禅河深处须穷底？"定擒住拟抛向桥下，时二座主连忙救云："休休！是伊触忤上座，且望慈悲。"定云："若不是二座主，从他穷到底去。"看他恁么手段，全是临济作用。更看雪窦颂出云：

【雪窦颂古】

断际全机继后踪，黄河从源头浊了也。子承父业。持来何必在从容②。在什么处，争奈有如此人？无脚手人还得他也无？巨灵抬手无多子③，吓杀人。少卖弄。打一拂子，更不再勘④。分破华山千万重。乾坤大地一时露出。堕也！

【圆悟评唱】

雪窦颂："断际全机继后踪，持来何必在从容。"黄檗大机大用，唯临济独继其踪，拈得将来不容拟议，或若踌躇便落阴界。《楞严经》云："如我按指，海印发光；汝暂举心，尘劳先起⑤。""巨灵抬手无多子，分破华山千万重。"巨灵神有大神力，以手擘开太华，放水⑥流入黄河。定上座疑情如山堆岳积，被临济一掌，直得瓦解冰消。

---

① 座主：禅林原指一座之中，学德兼具，堪做座中之上首者。后来又作为对远方来参问之僧人的尊称。
② 断际全机继后踪，持来何必在从容：黄檗禅师（谥号"断际禅师"）的大机大用的手段被临济承继了，施用手段时，何必允许对方从容寻思。
③ 巨灵：传说中的黄河河神，力大无比。此颂临济巧妙有力的手段。
④ 打一拂子，更不再勘：意为打学人一拂子，警告他不要再去分别诸境界，才能体悟佛法大意。
⑤ "如我按指……尘劳先起"：《楞严经》卷四，释迦佛对富楼那所说。意为如我手指按动，海印就会放光；而你只要稍微动一点心思，尘劳妄念就首先出现。"海印"，因定心澄清，万物皆现，犹如海水湛寂，有象皆印，所以又称为海印三昧。由于海印之力，引发菩提智光，所以说海印发光。
⑥ "放水"，《龙藏》、《驹本》作"一水"。

【点评】

定上座问临济:"如何是佛法大意?"临济为什么"下禅床擒住,与一掌便托开"?

原来问话的本身就说明他执佛法为外在之物(正像圜悟在公案中著语:犹有这个在),临济的"擒"、"掌"、"托",正是要打灭其"有这个在"。"定伫立",说明他对临济的施为疑作一团而未有出路(圜悟著语:蹉过了也),此时旁僧提示云:"何不礼拜?"使他在茫然中返照当下,顿时明心,"忽然大悟"。

有时悟道之难难于上青天,有时又可轻松地刹那顿入佛地。致其顿入者,师家的功夫和手段非常重要。此则"颂古"即是对临济高妙迅捷的接人手段的颂扬。文意了了,此不赘赘。

而对于学人来说,如欲顿悟,除上述条件及本人定力与疑情打成一片之外,还应有当下不容拟议的灵慧劲与之相应。本公案中旁僧提醒:"定上座何不礼拜",正起这样关键的作用。如其不然,那就只会"汝暂举心,尘劳先起"了。

三三　陈尚书看资福①

【圜悟垂示】

东西不辨，南北不分，从朝至暮，从暮至朝，还道伊瞌睡么②？有时眼似流星，还道伊惺惺么③？有时呼南作北，且道是有心是无心，是道人是常人④？若向个里透得始知落处，方知古人恁么不恁么⑤。道是什么时节？试举看：

【雪窦举公案】

陈操尚书看资福，福见来便画一圆相⑥，是精识精，是贼识贼，若不蕴藉，争识这汉⑦？还见金刚圈⑧么？操云："弟子恁么来，早是

---

① 陈尚书：陈操，唐代官员，生平不详。"资福"，原作"保福"，今据正文改。
② "东西不辨……还道伊瞌睡么"：意为时刻处在不分别的定境，不能说他在打瞌睡。
③ 有时眼似流星，还道伊惺惺么：有时眼光灵动，也不能说他就是在清醒中。
④ "有时呼南作北……是道人是常人"：有时把南呼作北，也不好就此判定他是有心是无心，是平常人还是修道人。
⑤ 若向个里透得始知落处，方知古人恁么不恁么：如果能悟透这些境界，才能明了问话的目的，也才能知道古人是这样不是这样。
⑥ 圆相：禅师所画之圆形（用笔画纸或用拂子、拄杖等画空、画地等），用以启发对佛性真如绝对、圆满性的感悟。
⑦ "是精识精……争识这汉"：自己是精灵就能认识精灵，自己是贼人就能认识贼人，如没有修持的底蕴，怎么识透这个人？
⑧ 金刚圈：金刚为金中之最坚者，此比喻圆相既尊贵又可能束缚人。

不著便,何况更画一圆相。"今日撞著个瞌睡汉。这老贼!福便掩却方丈门。贼不打贫儿家。已入他圈缋了也。[雪窦云:陈操只具一只眼①。]雪窦顶门具眼,且道他意在什么处?也好与一圆相。灼然②,龙头蛇尾。当时好与一拶③,教伊进亦无门,退亦无路。且道更与他什么一拶?

【圜悟评唱】

陈操尚书与裴休、李翱同时④,凡见一僧来,先请斋,衬钱三百,须是勘辨。一日云门到,相看便问:"儒书中即不问,三乘十二分教自有座主,作么生是衲僧家行脚事⑤?"云门云:"尚书曾问几人来?"操云:"即今问上座。"门云:"即今且置,作么生是教意⑥?"操云:"黄卷赤轴⑦。"门云:"这个是文字语言,作么生是教意?"操云:"口欲谈而辞丧,心欲缘而虑亡⑧。"门云:"口欲谈而辞丧,为对有言;心欲缘而虑亡,为对妄想。作么生是教意?"操无语,门云:"见说尚书看《法华经》是否?"操云:"是。"门云:"经中道'一切治生产业,皆与实相不相违背',且道'非非想天⑨'即今有几人退位?"操又无语,门云:

---

① 只具一只眼:此指认识尚不全面。
② 灼然:明显的样子。
③ 一拶:逼迫一下。
④ 裴休:唐代官员(797~870),初任户部尚书,又转任吏部尚书、太子少师。崇信佛法,深达禅旨,有所集《黄檗断际禅师宛陵录》等传世。李翱:唐代儒者,为药山惟俨之俗家弟子。历任国子监博士兼国史修撰、户部尚书、山南东道节度使等职。
⑤ 衲僧家行脚事:此指禅僧修行的境界。
⑥ 即今且置,作么生是教意:"就现在"的问题(暗含佛性本体没有现在、过去、未来的分别)暂且先放在一边,请问佛家经论的宗旨是什么?
⑦ 黄卷赤轴:此以书卷的形象代指佛家典籍。
⑧ 口欲谈而辞丧,心欲缘而虑亡:指定中境界,即言语道断,心行处灭。
⑨ 非非想天:非想非非想天的简称(佛典称三界之顶有非想非非想天)。

"尚书且莫草草！师僧家抛却三经五论①来入丛林，十年二十年尚自不奈何。尚书又争得会？"操礼拜云："某甲罪过。"又一日与众官登楼次，望见数僧来。一官人云："来者总是禅僧。"操云："不是。"官云："焉知不是？"操云："待近来与尔勘过。"僧至楼前，操蓦召云："上座。"僧举头。书谓众官云："不信道。"唯有云门一人他勘不得。

他参见睦州来，一日去参资福。福见来，便画一圆相。资福乃沩山、仰山下尊宿，寻常爱以境致接人，见陈操尚书便画一圆相。争奈操却是作家，不受人瞒，解自点检云："弟子恁么来，早是不著便，那堪更画一圆相。"福掩却门。这般公案谓之言中辨的、句里藏机。雪窦道："陈操只具一只眼。"雪窦可谓顶门具眼，且道意在什么处，也好与一圆相？若总恁地，衲僧家如何为人？我且问尔：当时若是诸人作陈操时，堪下得个什么语，免得雪窦道他只具一只眼？所以雪窦踏翻颂云：

【雪窦颂古】

团团珠绕玉珊珊，三尺杖子弄黄河，须是碧眼胡僧始得。生铁铸就。马载驴驼上铁船②。用许多作什么？有什么限？且与阇黎看③。分付海山无事客，有人不要。若是无事客也不消得，须是无事始得。钓鳌时下一圈挛④。怎么来怎么去，一时出不得。若是虾蟆堪作什么？

---

① 三经五论：此概指佛家经论典籍。
② 团团珠绕玉珊珊，马载驴驼上铁船：此颂圆相，意为圆相像珍珠环绕的美玉、珊瑚，可是它又驮不尽载不完。
③ "黎"，原作"黎"，据《龙藏》、《驹本》改，下同不注。"看"，《驹本》作"着"。
④ 鳌：传说大海中能背负大山的大鳖或大龟。圈挛：原指控兽之栏圈和绑物、垂钓之绳具。此比喻引接大根器者的手段。

虾蚬螺蚌怎生奈何？须是钓鳌始得。

雪窦复云：天下衲僧跳不出。兼身在内，一坑埋却。阇黎还跳得出么？

【圜悟评唱】

"团团珠绕玉珊珊，马载驴驼上铁船。"雪窦当头颂出，只颂个圆相。若会得去，如虎戴角相似。这个些子，须是桶底脱、机关尽，得失是非，一时放却，更不要作道理会，也不得作玄妙会。毕竟作么生会？

这个须是"马载驴驼上铁船"这里看始得，别处则不可分付。须是将去分付海山无事底客，尔若肚里有些子事，即承当不得。这里须是有事无事违情顺当，若佛若祖奈何他不得底人方可承当；若有禅可参、有凡圣情量，决定承当他底不得。承当得了作么生会？他道"钓鳌时下一圈挛"，钓鳌须是圈挛始得。

所以风穴云："惯钓鲸鲵澄巨浸，却嗟蛙步碾泥沙①。"又云："巨鳌莫戴三山去，吾欲蓬莱顶上行②。"雪窦复云："天下衲僧跳不出。"若是巨鳌，终不作衲僧见解；若是衲僧，终不作巨鳌见解。

【点评】

陈操尚书看资福，福见来，便画一圆相。操云："弟子怎么来，早

---

① 惯钓鲸鲵澄巨浸，却嗟蛙步碾泥沙：一向惯于在汪洋大海里垂钓巨鲸大鲵，现在却叹惜引来的只是一些在泥沙里爬行的蛙类。暗喻陈操答话只是蛤蟆禅（像蛤蟆一样只能跳一步），而未能彻悟。"澄"，《龙藏》、《驹本》作"沉"。
② 巨鳌莫戴三山去，吾欲蓬莱顶上行：巨鳌啊，你不要背负三仙山而去，我还要在你背负的蓬莱山顶上飞行。比喻超越羁绊，天马行空的境界。"巨鳌"，传说能在大海中背负仙山的大鳌或大龟。"蓬莱"，原作"逢莱"，据《龙藏》、《驹本》改。

是不著便,何况更画一圆相。"陈操的话意为:"我这么来,早已是麻烦您了,何况又劳您画了一圆相呢!"

听话听音,锣鼓听声。从陈操的客气话可以看出,他可能已认识到"圆相"的局限性,但又忽略了资福想引导他当下超越"圆相"悟入的苦心,而又产生了新的分别。所以雪窦的评语为:"陈操只具一只眼。"资福这把火白烧了,当时也只好"掩却方丈门",令其自省。

我们从"评唱"得知,陈操自认为悟境很高,常爱勘验别人。如:"……僧至楼前,操蓦召云:'上座。'僧举头。书谓众官云:'不信道。'"如此勘验来僧当然很有见地(所谓"拟议更思量,知君犹未彻"),可惜陈操明于勘人暗于知己。

雪窦的"颂古"充满了对圆相的颂扬及对陈操的惋惜之意:圆相固然是"团团珠绕玉珊珊"的宝物,但如不会用,就只能成为"马载驴驼上铁船"的负担;如善用宝物,那就会是"巨鳌莫戴三山去,吾欲蓬莱顶上行"的风貌了。雪窦复云:"天下衲僧跳不出。"其意何在呢?

遗憾的是资福,"惯钓鲸鲵澄巨浸,却嗟蛙步碾泥沙"。

三四　仰山问甚处来

【雪窦举公案】

仰山问僧："近离甚处？"天下人一般，也要问过。因风吹火，不可不作programmed。僧云："庐山。"实头人难得①。山云："曾游五老峰②么？"因行不妨掉臂，何曾蹉过？僧云："不曾到。"移一步。面赤不如语直，也似忘前失后。山云："阇黎不曾游山。"太多事生，惜取眉毛好。这老汉著甚死急。云门云："此语皆为慈悲之故，有落草之谈③。"杀人刀，活人剑。两个三个。要知山上路，须是去来人。

【圜悟评唱】

验人端的处，下口便知音。古人道："没量大人，向语脉里转却；若是顶门具眼，举著便知落处。"看他一问一答，历历分明。云门为什么却道"此语皆为慈悲之故，有落草之谈"？古人到这里，如明镜当台、明珠在掌，胡来胡现，汉来汉现，一个蝇

---

① 实头人难得：老实人难得。意为来僧悟性不足，未解勘验意。
② 五老峰：庐山的一处景观。此暗指真如佛性境界。
③ 此语皆为慈悲之故，有落草之谈：这句话因慈悲心迫切，而落入非究竟的义理之谈。

子也过他鉴不得①。且道作么生是慈悲之故,有落草之谈?也不妨险峻。到这田地,也须是个汉始可提掇。云门拈云,这僧亲从庐山来,因什么却道"阇黎不曾游山"?

沩山一日问仰山云:"诸方若有僧来,汝将什么验他?"仰山云:"某甲有验处。"沩山云:"子试举看。"仰云:"某甲寻常见僧来,只举拂子向伊道:'诸方还有这个么?'待伊有语,只向伊道:'这个即且置,那个如何②?'"沩山云:"此是向上人牙爪。"岂不见马祖问百丈:"什么处来?"丈云:"山下来。"祖云:"路上还逢著一人么?"丈云:"不曾。"祖云:"为什么不曾逢著?"丈云:"若逢著,即举似和尚。"祖云:"那里得这消息来?"丈云:"某甲罪过。"祖云:"却是老僧罪过③。"

仰山问僧正相类此。当时待他道"曾到五老峰么",这僧若是个汉,但云"祸事④",却道"不曾到"。这僧既不作家,仰山何不据令而行,免见后面许多葛藤,却云"阇黎不曾游山"。所以云门道:"此语皆为慈悲之故,有落草之谈。"若是出草之谈,则不恁么。

【雪窦颂古】

出草入草,头上漫漫,脚下漫漫。半开半合。他也恁么,我也恁么。谁解寻讨?顶门具一只眼,阇黎不解寻讨。白云重重,千重百匝,

---

① "如明镜当台……一个蝇子也过他鉴不得":此时的心境如明镜置于高台、如明珠置于掌心,胡人来能映见胡人,汉人来能映见汉人,飞蝇也不能逃脱过去。意为正处于"无所住而生其心"的佛性境界。
② 这个即且置,那个如何:"这个"(拂子)就先放下不说,"那个"怎么样呢?意为拂子体现佛性之用,那么牵佛性之体又在哪里呢?
③ 却是老僧罪过:意为我的话意已显露得太明显了。
④ 祸事:此指心念萌动。禅家要求时刻处于定中,心念萌动当然是"祸事"。

头上安头。红日杲杲。破也。瞎,举眼即错。左顾无瑕,瞎汉。依前无事,尔作许多伎俩作什么?右盼已老。一念万年过。君不见,寒山子①癞儿牵伴。行太早,也不早。十年归不得,即今在什么处?灼然。忘却来时道。渠侬得自由②,放过一著。便打。莫做这忘前失后好。

【圜悟评唱】

"出草入草,谁解寻讨?"雪窦却知他落处,到这里一手抬,一手搦③,"白云重重,红日杲杲",大似"草茸茸,烟幂幂"。到这里无一丝毫属凡,无一丝毫属圣,遍界不曾藏,一一盖覆不得。所谓无心境界,寒不闻寒,热不闻热,都卢④是个大解脱门。

"左顾无瑕,右盼已老。"懒瓒和尚⑤隐居衡山石室中,唐德宗闻其名,遣使召之。使者至其室,宣言:"天子有诏,尊者当起谢恩。"瓒方拨牛粪火,寻煨芋而食,寒涕垂颐,未尝答。使者笑曰:"且劝尊者拭涕。"瓒曰:"我岂有工夫为俗人拭涕耶?"竟不起。使回奏,德宗甚钦叹之。似这般清寥寥、白的的,不受人处分,直是把得定,如生铁铸就相似。只如善道和尚,遭沙汰后,更不复作僧,人呼为石室行者,每踏碓忘移步⑥。僧问临济:"石室行者忘移步,意旨如何?"济云:"没溺深坑⑦。"法眼《圆成实性颂》云:"理极忘情谓,如何有喻齐?到头霜夜月,任运落

---

① 寒山子:唐代诗僧,姓氏生卒不详。长期隐居浙江天台山的寒岩幽窟中,自称"寒山"、"寒山子"或"贫子"。常衣衫破败,形容枯槁,以桦皮为帽,履大木屐。行径极怪诞,迹近于癫。好吟诗唱偈,常契于佛理。有《寒山诗》传世。
② 渠侬得自由:他我都能得自由。此意为放过一著则双活。
③ 一手抬,一手搦:一手抬起,一手按下。比喻手段灵活高妙耐人寻味。
④ 都卢:此为统统、全部之意。
⑤ 懒瓒和尚:唐代南岳明瓒禅师,常食众人残饭,亦号懒残。
⑥ 踏碓忘移步:此指在以脚踏板捣臼中之米时,常忘移动脚步(意为时刻处在静定中)。
⑦ 没溺深坑:意为沉溺于顽空之中。

前溪。果熟兼猿重,山长似路迷。举头残照在,元是住居西①。"

雪窦道:"君不见,寒山子行太早,十年归不得,忘却来时道。"寒山子诗云:"欲得安身处,寒山可长保。微风吹幽松,近听声愈好。下有班白人,唠唠读黄老。十年归不得,忘却来时道。"永嘉又道:"心是根,法是尘,两种犹如镜上痕。痕垢尽时光始现,心法双忘性即真②。"到这里如痴似兀③,方见此公案。若不到这田地,只在语言中走,有甚了日?

【点评】

明心见性是禅家的本分事,日常言行均不离此宗旨。

仰山问僧:"近离甚处?"表面是问,最近离开什么地方?真意是在问近来参禅的境界,并欲因势利导引其向上。来僧不明其意,如实答之:"庐山。"仰山再作提醒:"曾游五老峰么?"僧仍懵懂道:"不曾到。"仰山因慈悲之故,不惜眉毛,也只好点明:"阇黎不曾游山。"其意为:你不但没有明心开悟,甚至还未入门;盲修瞎炼,等于没修。因为仰山几乎是在以情理解说,所以云门云:"作落草之谈。"

据此,雪窦"颂古"提出一个问题:"出草入草,谁解寻讨?"并提醒我等:若作寻讨,则"白云重重",极难看到;若不寻讨,则"红日果果",何处非是?……"如痴似兀"方见此公案。诸位理会得吗?切忌"左顾右盼",当下即是!

---

① "理极忘情谓……元是住居西":明理到了极点就会出现忘情的境界,此时还如何用比喻来表述呢?就像是到了霜雪明月的世界,只好任其自然展现。就像果子熟了猿猴(比喻心念)也摘之不及,山高路长(比喻修持之路)又好像有些迷惘了。抬头一看苍茫中残月尚在,原来就在住地的西边(暗示佛果呈现)。
② "心是根……心法双忘性即真":心体是根本,一切有为法好像是尘垢,这二者的关系好像是镜子和尘痕一样。正像尘痕清除干净了镜光才能显现,心法双忘时所呈现的正是佛性真如。
③ 如痴似兀:如傻似呆。此指定境中神态。

三五　文殊前三三

【圜悟垂示】

定龙蛇，分玉石，别缁素，决犹豫①，若不是顶门上有眼，肘臂下有符，往往当头蹉过。只如今见闻不昧，声色纯真，且道是皂是白，是曲是直②？到这里怎么生辨？

【雪窦举公案】

文殊问无著③："近离什么处？"不可不借问④。也有这个消息。无著云："南方。"草窠里出头，何必担向眉毛上⑤？大方无外，为什么却有南方⑥？殊云："南方佛法如何住持？"若问别人则祸生，犹挂唇齿在。著云："末法比丘，少奉戒律。"实头人难得。殊云："多少众？"当时便与一喝。一捋捋倒了也。著云："或三百，或五百。"

---

① "定龙蛇……决犹豫"：此比喻说明对学禅者的根器、悟境等须判断、识别清楚，才能当机立断。
② "只如今见闻不昧……是曲是直"：意为当下根境相对时所展现的直觉亲得的现量境，并无黑白、曲直等分别。
③ 无著：此指唐末杭州无著文喜禅师，湖南嘉禾人，俗姓朱，生卒不详。
④ 不可不借问：意为文殊不可不借此问勘验一下无著的悟境如何。
⑤ 草窠里出头：陷于义理葛藤之中。担向眉毛上：意为眉毛将承担不起而脱落。
⑥ 大方无外，为什么却有南方：意为佛性理体无处不可体现，哪里还有什么南方、北方的分别？

尽是野狐精，果然漏逗。无著问文殊："此间如何住持？"捞著便回转枪头来也。殊云："凡圣同居，龙蛇混杂。"败缺不少，直得脚忙手乱。著云："多少众？"还我话头来。也不得放过。殊云："前三三，后三三。"颠言倒语，且道是多少？千手大悲数不足①。

【圜悟评唱】

无著游五台，至中路荒僻处，文殊化一寺，接他宿。遂问："近离甚处？"著云："南方。"殊云："南方佛法如何住持？"著云："末法比丘，少奉戒律。"殊云："多少众？"著云："或三百，或五百。"无著却问文殊："此间如何住持？"殊云："凡圣同居，龙蛇混杂。"著云："多少众？"殊云："前三三，后三三。"却吃茶，文殊举起玻璃盏子云："南方还有这个②么？"著云："无。"殊云："寻常将什么吃茶？"著无语，遂辞去。文殊令均提童子③送出门首，无著问童子云："适来道'前三三，后三三'，是多少？"童子云："大德！"著应喏。童子云："是多少④？"又问："此是何寺？"童子指金刚⑤后面，著回首，化寺、童子悉隐不见，只是空谷。彼处后来谓之金刚窟。

后有僧问风穴："如何是清凉山中主⑥？"穴云："一句不遑无著问，迄今犹作野盘僧⑦。"若要参透，平平实实，脚踏实地，

---

① 千手大悲数不足：意为大悲观音菩萨的千手千眼也数不过来。
② 这个：暗示真如之体。
③ 均提童子：文殊菩萨的侍者。
④ 是多少：接前"应喏"，此提醒"三三"即自性真如。
⑤ 金刚：山门内第一殿两则的四大天王，亦称四大金刚。
⑥ 清凉山中主：清凉山（五台山的别称）的主人，此指自性真如。"山中主"，《龙藏》、《驹本》作"山正主"。
⑦ 一句不遑无著问，迄今犹作野盘僧：因为无著禅师无暇再细问一句（而未得悟），至今还在做行脚僧到处参学。

向无著言下荐得，自然居镬汤炉炭中亦不闻热，居寒冰上亦不闻冷；若要参透，使孤危峭峻如金刚王宝剑，向文殊言下荐取，自然水洒不著、风吹不入。不见漳州地藏①问僧："近离甚处？"僧云："南方。"藏云："彼中佛法如何？"僧云："商量浩浩地②。"藏云："争似我这里种田博饭吃③！"且道与文殊答处，是同是别？有底道："无著答处不是文殊答处，也有龙有蛇，有凡有圣。"有什么交涉！还辨明得"前三三，后三三"么？前箭犹轻后箭深，且道是多少？若向这里透得，千句万句只是一句。若向此一句下截得断、把得住，相次间到这境界。

【雪窦颂古】

千峰盘屈色如蓝，还见文殊么？谁谓文殊是对谈？设使普贤也不顾。蹉过了也。堪笑清凉多少众，且道笑什么？已在言前。前三三与后三三。试请脚下辨看。烂泥里有刺。碗子落地，楪子成七片。

【圜悟评唱】

"千峰盘屈色如蓝，谁谓文殊是对谈？"有者道："雪窦只是重拈一遍，不曾颂著。"只如僧问法眼："如何是曹源一滴水？"眼云："是曹源一滴水。"又僧问琅琊觉和尚④："清净本然，云

---

① 漳州地藏：罗汉桂琛（867~928），五代禅师，俗姓李。曾参雪峰义存，继而又参雪峰之法嗣玄沙师备，并嗣其法。其后，曾住漳州地藏院、罗汉院大扬宗风，人称之为"漳州地藏"或"罗汉桂琛"。
② 商量浩浩地：议论纷纷，莫衷一是。
③ 种田博饭吃：靠种田地挣饭吃。意为禅家正修，做本分事、吃本分饭。
④ 琅琊觉和尚：琅琊慧觉，宋代临济宗禅师（汾阳善昭禅师之法嗣），生平不详，有《琅琊觉和尚语录》传世。

何忽生山河大地①?"觉云:"清净本然,云何忽生山河大地?"不可也唤作重拈一遍。

明招独眼龙亦颂其意有盖天盖地之机,道:"廓周沙界胜伽蓝②,满目文殊是对谈。言下不知开佛眼,回头只见翠山岩。""廓周沙界胜伽蓝",此指草窟化寺,所谓有权实双行之机。"满目文殊是对谈。言下不知开佛眼,回头只见翠山岩。"正当恁么时,唤作文殊、普贤、观音境界得么?要且不是这个道理。雪窦只改明招底用,却有针线,"千峰盘屈色如蓝",更不伤锋犯手,句中有权有实,有理有事。"谁谓文殊是对谈",一夜对谈,不知是文殊。

后来,无著在五台山作典座,文殊每于粥锅上现,被无著拈弄粥篦便打③。虽然如是,也是贼过后张弓。当时等他道"南方佛法如何住持",劈脊便棒,犹较些子。

"堪笑清凉多少众",雪窦笑中有刀,若会得这笑处,便见他道"前三三与后三三"。

【点评】

此公案情节虽简单易明,而文殊菩萨的问话、答话却意蕴无穷。

"近离什么处?"是顺便勘验其悟境。"南方佛法如何住持?"表面是在询问修持情况,实际上仍在勘验悟境(佛性何有南北之分)。"多少众?"是在探问是否走上正修之路。其中有事有理,借事问理。可惜无

---

① 清净本然,云何忽生山河大地:语出《楞严经》卷四,意为本来清净廓然的佛性理体,为什么忽然生成了山河大地。此公案中琅琊觉和尚将对方的问话变成答话,正是提醒对方:你这样的分别、取舍之见,佛性理体的清净本然的境界就会丢失。
② 沙界:恒河沙数之世界。伽蓝:梵语音之略译,即佛寺。
③ 典座:禅林中负责大众粥饭者之职称。粥篦:搅拌粥饭的用具。

著不解其意，只能就事而答，未现其理。"凡圣同居，龙蛇混杂"，是在提醒心境一如，烦恼菩提非一非异而同体大悲。"前三三，后三三。""前"或为所观之境，"后"或为能观之心。即境返照，能所泯然，而历历皆为直觉亲得的现量境。此既是修持真法，又是行深境界。

也许这样凿破"混沌"，并非好事。关键是当下一念相应，如其不然，就会使"清净本然""忽生山河大地"。

如果定要探求"三三"之义，这让我想起先师元音老人在讲解《楞严经》时的一段话：

"文殊菩萨说：我们这里是'前三三，后三三'。文喜一听就糊涂了，于是就想什么是'前三三，后三三'？这一疑就是三年多，后来忽然开悟了。为什么呢？前面是三三，后面是三三，三三得九，九九是无穷无尽的数，九九返本还原，还是一体。所以说无穷无尽的国土返本还原还是一界，无穷无尽的佛菩萨说来说去都是一体。"

三六　长沙一日游山

【雪窦举公案】

长沙一日游山归，至门首，今日一日只管落草。前头也是落草，后头也是落草。首座问："和尚什么处去来①？"也要勘过这老汉。头过新罗②。沙云："游山来。"不可落草。败缺不少，草里汉。首座云："到什么处来？"捋。若有所至，未免落草，相牵入火坑③。沙云："始随芳草去，又逐落花回。"漏逗不少。元来只在荆棘林里坐。座云："大似春意。"相随来也。将错就错，一手抬，一手搦④。沙云："也胜秋露滴芙蕖。"土上加泥。前箭犹轻后箭深。有什么了期？[雪窦著语云：谢答话。] 一火弄泥团汉。三个一状领过。

【圜悟评唱】

长沙鹿苑招贤大师，法嗣南泉，与赵州、紫胡辈同时，机锋敏捷：有人问教，便与说教；要颂，便与颂；尔若要作家相见，

---

① 和尚什么处去来：暗问修持或开悟的过程。
② 头过新罗：脑袋已伸过新罗（朝鲜古称）。比喻有些多事。
③ 相牵入火坑：把人牵进火坑。意为用语言在迷惑人。
④ 将错就错，一手抬，一手搦：意为首座的答话故意将长沙话中的妙有归谬为实有，是用半开半合的手段相试探。

便与尔作家相见。

仰山寻常机锋最为第一,一日同长沙玩月次,仰山指月云:"人人尽有这个,只是用不得①。"沙云:"恰是。便倩尔用那。"仰山云:"尔试用看。"沙一踏踏倒。仰山起云:"师叔一似个大虫。"后来人号为岑大虫。

因一日游山归,首座亦是他会下人,便问:"和尚什么处去来?"沙云:"游山来。"座云:"到什么处去来?"沙云:"始随芳草去,又逐落花回。"须是坐断十方②底人始得。古人出入未尝不以此事为念,看他宾主互换③,当机直截,各不相饶。既是游山,为什么却问道"到什么处去来"?若是如今禅和子,便道"到夹山亭④来"。看他古人,无丝毫道理计较,亦无住著处,所以道:"始随芳草去,又逐落花回。"首座便随他意向他道:"大似春意。"沙云:"也胜秋露滴芙蕖。"雪窦云:"谢答语。"代末后语⑤也。也落两边,毕竟不在这两边。

昔有张拙秀才,看《千佛名经》乃问:"百千诸佛,但闻其名,未审居何国土?还化物也无?"沙云:"黄鹤楼崔颢题诗后⑥,秀才曾题也未?"拙云:"未曾题。"沙云:"得闲题取一篇也好。"岑大虫平生为人,直得珠回玉转,要人当面便会。颂云:

---

① 人人尽有这个,只是用不得:仰山以月光比喻人的自性光明,"这个"虽人人本有,但未能亲证而不得其用。
② 坐断十方:意为截断思虑,超越时空。
③ 此事:此指明心见性事。宾主互换:此指表面上看是首座为主勘验长沙,实质上从问答的内容上看又是以长沙为主接引首座。
④ 夹山亭:当时圜悟住湖南夹山,故举此例。意为如落在实有,即非佛性义。
⑤ 末后语:即末后句,禅林用语,指不可言说的极致境界。
⑥ 黄鹤楼:湖北武昌长江边之名楼。崔颢:唐代诗人,其《黄鹤楼》一诗高迈美妙,脍炙人口,无以为继。此句意为诸佛境界之高无以言说。

【雪窦颂古】

大地绝纤埃，*豁开户牖，当轩者*①*谁？尽少这个不得天下太平。*何人眼不开？*顶门上放大光明始得，撒土撒沙作什么*②*？* 始随芳草去，*漏逗不少。不是一回落草，赖值前头已道了。*又逐落花回。*处处全真。且喜归来，脚下泥深三尺。*嬴鹤翘寒木，*左之右之，添一句更有许多闲事在。*狂猿啸古台*③。*却因新著力，添一句也不得，减一句也不得。长沙无限意，便打。末后一句道什么？一坑埋却。堕在鬼窟里。咄*④*！草里汉，贼过后张弓，更不可放过。*

【圜悟评唱】

且道这公案与仰山问僧："近离甚处？"僧云："庐山。"仰云："曾到五老峰么？"僧云："不曾到。"仰云："阇黎不曾游山。"辨缁素看，是同是别？

到这里，须是机关尽、意识忘，山河大地、草芥人畜，无些子渗漏；若不如此，古人谓之犹在胜妙境界⑤。不见云门道："直得山河大地无纤毫过患，犹为转物⑥，不见一切色，始是半提；更须知有全提时节向上一窍，始解稳坐⑦。"若透得，依旧山是山

---

① 豁开户牖，当轩者：豁然打开门窗，直面敞亮境界的人。此指开悟者，或佛性本来面目。
② 顶门上放大光明：此指大彻大悟者。撒土撒沙：意为说法如太偏重义理或实有，则如撒沙撒土，遮人眼目，反障悟门。
③ 嬴鹤翘寒木，狂猿啸古台：瘦鹤翘立于寒木之上，狂猿长啸于古台之顶。此指禅者落于空、有两边的非究竟境界。
④ "咄"，原误入夹批中，据《龙藏》、《驹本》改。
⑤ 胜妙境界：滞于有奇妙境界的阶段。
⑥ "物"，《龙藏》、《驹本》同。《大正藏》附注："瑞龙寺版宫内省寮藏本"，作"句"。另第四二则"评唱"二亦作"句"。
⑦ 半提：只能提起、描绘一部分宗门旨意。全提：完全提起、描绘宗门旨意。

水是水①,各住自位,各当本体,如大拍盲人相似。

赵州道:"鸡鸣丑,愁见起来还漏逗。裙子褊衫个也无,袈裟形相些些有②。裩无裆,袴无口,头上青灰三五斗。本为修行利济人,谁知翻成不唧䶂。"若得真实到这境界,"何人眼不开"?

一任七颠八倒,一切处都是这境界,都是这时节,十方无壁落,四面亦无门。所以道:"始随芳草去,又逐落花回。"雪窦不妨巧,只去他左边贴一句,右边贴一句,一似一首诗相似。"羸鹤翘寒木,狂猿啸古台。"雪窦引到这里,自觉漏逗,蓦云:"长沙无限意,咄!"如作梦却醒相似。雪窦虽下一喝,未得剿绝,若是山僧即不然,"长沙无限意,掘地更深埋③"。

【点评】

能启人明悟禅道,而自身又不落草,这正是禅师的高明处。此则公案里的长沙禅师正展现了如此高明的手段。

首座明知长沙游山回,却问:"和尚什么处去来?"是在勘验长沙如何表达悟境。长沙虽知此意,却就事就问而答:"游山来。"似乎是在说:无时无地不可处在禅境之中,游山何妨?首座又问:"到什么处来?"实际上是在问境界如何,并企图将对方拉入俗事的深坑。长沙答:"始随芳草去,又逐落花回。"表面正合游山之事,实际上表达了超然无住又无处不相逢的禅境。首座道:"大似春意。"表面上是随顺前意,实际上已滞于"春意",暗看对方如何作答。长沙答:"也胜秋露滴芙蕖。"

---

① 依旧山是山水是水:比喻禅宗开悟之后所见的事物的真象(由"见山是山",到不见一切色的"见山非山",再到此"见山是山",即进入不落两边的中道现量境)。
② "袈裟形相些些有",《龙藏》、《驹本》作"袈裟影里些些子"。
③ 长沙无限意,掘地更深埋:把长沙禅师所暗示的无限的意蕴,挖坑深埋掉。意为这样才是剿绝干净,才能体悟佛性本来面目。

回答得真是妙极了,既表达了不离春意又不即春意、不落于有无两边的禅境。最后雪窦提醒首座:"谢答话。"则又是泥里有刺……

"颂古"里又说些什么?"长沙无限意,咄!"

三七　盘山垂语①

【圜悟垂示】

掣电之机，徒劳伫思；当空霹雳，掩耳难谐②。脑门上播红旗，耳背后轮双剑，若不是眼辨手亲，争能构得③？有般底低头伫思，意根下卜度，殊不知髑髅前见鬼无数④。且道不落意根、不抱得失，忽有个怎么举觉，作么生祇对⑤？试举看：

【雪窦举公案】

盘山垂语云："三界无法，箭既离弦无返回势，月明照见夜行人。中也。识法者惧，好和声便打⑥。何处求心？"莫瞒人好。不劳重

---

① 盘山：盘山宝积，唐代禅师，马祖道一之法嗣，居于幽州盘山（今河北北部），宣扬宗风，故世称盘山宝积。此标题《龙藏》原脱，据《驹本》添加。
② "掣电之机……掩耳难谐"：意为禅机疾如闪电，停顿和思考不起作用，就像迅雷不及掩耳。
③ "脑门上播红旗……争能构得"：像在脑门上插红旗，又在耳后同时挥动双剑，如不是眼明手快怎能完成？意为禅机迅速，应瞬间领悟。
④ "有般底低头伫思……殊不知髑髅前见鬼无数"：意为如有的人低头沉思，用分别意识去猜测，应该知道这样佛性慧命已死去多时了。
⑤ 忽有个怎么举觉，作么生祇对：忽然呈现这样的觉照境界，如何应对呢？
⑥ 识法者惧，好和声便打：这样的说法即使了解佛法的人，也会有些惧怕，最好是随声痛打作为回答。意为即本来如此，何必言说，引人分别。"者"，原作"耆"，据《龙藏》、《驹本》改。

举，自点检看。便打云：是什么？

【圜悟评唱】

向北幽州盘山宝积和尚，乃马祖下尊宿，后出普化①一人。师临迁化谓众云："还有人邈得吾真②么？"众皆写真呈师，师皆叱之。普化出云："某甲邈得。"师云："何不呈似老僧？"普化便打筋斗而出③。师云："这汉向后如风狂接人去在。"

一日示众云："三界无法，何处求心？四大本空，佛依何住？璇玑不动④，寂止无痕。觌面相呈⑤，更无余事。"雪窦拈两句来颂，直是浑金璞玉。不见道，"瘥病不假驴驼药⑥"，山僧为什么道"和声便打"？只为他担枷过状。古人道："闻称声外句，莫向意中求。"且道他意作么生？直得奔流度刃⑦，电转星飞，若拟议寻思，千佛出世也摸索他不著；若是深入阃奥，彻骨彻髓见得透底，盘山一场败缺；若承言会宗左转右转底，盘山只得一橛⑧；若是拖泥带水，声色堆里转，未梦见盘山在。

五祖先师道："通过那边方有自由分。"不见三祖道："执之失度，必入邪路；放之自然，体无去住。"⑨ 若向这里道无佛无

---

① 普化：唐代禅僧，日本禅宗支派普化宗之祖。资性异人，师事马祖之门人盘山宝积，深入堂奥。
② 邈得吾真：描绘出我的形象。
③ 打筋斗而出：此表达禅机无常、不可言说。
④ 璇玑不动：像北极星一样本位不移。
⑤ 觌面相呈：在不分别中呈现直觉亲得的本然现量境。
⑥ 瘥病不假驴驼药：要想使病痊愈，不能依仗治疗驴驼之病的大剂猛药。意为出言太猛烈。
⑦ 奔流度刃：像激流飞过刀刃。
⑧ 承言会宗：意为仅是承接语意去理解其宗派特点。只得一橛：意为盘山说话的目的，仅能兑现一部分。
⑨ "执之失度……体无去住"：执著于有无两边就是失度，必会进入邪路；放行进入无住的状态，才会与道相应。(引文为《信心铭》句)

法，又打入鬼窟里去，古人谓之解脱深坑，本是善因而招恶果。所以道，无为无事人，犹遭金锁难①。也须是穷到底始得。若向无言处言得，行不得处行得，谓之转身处。"三界无法，何处求心"，尔若作情解，只在他言下死却。雪窦见处七穿八穴，所以颂出：

【雪窦颂古】

"三界无法，言犹在耳。何处求心？"不劳重举，自点检看。打云：是什么？白云为盖，头上安头，千重万重。流泉作琴。闻么？相随来也。一听一堪悲。一曲两曲无人会，不落宫商，非干角徵②，借路经过。五音六律尽分明，自领出去。听则聋。雨过夜塘秋水深③。迅雷不及掩耳，直得拖泥带水。在什么处？便打。

【圆悟评唱】

"三界无法，何处求心？"雪窦颂得，一似华严境界。有者道："雪窦无中唱出。"若是眼皮绽底，终不恁么会。雪窦去他傍边贴两句道："白云为盖，流泉作琴。"

苏内翰④见照觉有颂云："溪声便是广长舌，山色岂非清净身⑤。夜来八万四千偈，他日如何举似人？"雪窦借流泉作一片长

---

① 无为无事人，犹遭金锁难：无为无事似乎为好的境界，但如果滞住于此就像用金锁把自己禁锢起来一样。
② 不落宫商，非干角徵：此言外之音不落在宫商调上，也与角徵之声无关系（"宫、商、角、徵、羽"为古代的五音）。
③ 一曲两曲无人会，雨过夜塘秋水深：如果前面的一曲两曲的颂唱无人能领悟，那么请看夜雨过后的秋塘深水，不正体现万法归一的真如佛性吗？
④ 苏内翰：北宋苏轼（1037~1101），字子瞻，号东坡，著名诗人、古文家，对禅道深有体悟。
⑤ 溪声便是广长舌，山色岂非清净身："广长舌"，佛三十二相之一，佛舌广长，而且柔软红薄，能覆面至发际。"清净身"，佛之清净法身。意为溪声、山色皆为佛性的体现。

舌头,所以道:"一曲两曲无人会。"不见九峰虔和尚①道:"还识得命么?流泉是命,湛寂是身②。千波竞起是文殊家风,一亘晴空是普贤境界。""流泉作琴,一曲两曲无人会",这般曲调,也须是知音始得;若非其人,徒劳侧耳。

古人道:"聋人也唱胡家曲,好恶高低总不闻。"云门道:"举不顾,即差互③。拟思量,何劫悟。"举是体,顾是用。举已前,朕兆未分已前见得,坐断要津;若朕兆才分见得,便有照用;若朕兆分后见得,落在意根。

雪窦忒杀慈悲,更向尔道,却似"雨过夜塘秋水深"。此一颂曾有人论量,美④雪窦有翰林之才。"雨过夜塘秋水深",也须是急著眼看,更若迟疑,即讨不见。

【点评】

佛典有言:"三界唯心,万法唯识。"其意是说,三界(欲界、色界、无色界)、万法(万有事、理)皆为真如心体的体现。而本则公案中盘山却说:"三界无法,何处求心?"其意是说三界本无所谓法,还到哪里去寻心呢?其意何在呢?

原来佛典所说之真如心体,只是一种无相的万能体,绝凡圣、泯有无,本然妙明;而学者往往理解为实有物相在。盘山正是为救此失而倡言:"三界无法,何处求心?"此"无法",不正体现真如心体的特点吗?这正是在提醒我们:心性不可得,诸法本空相。

---

① 九峰虔和尚:唐代九峰道虔禅师,石霜庆诸之法嗣,生平不详。"虔",《龙藏》、《驹本》作"乾"。
② 流泉是命,湛寂是身:流泉如佛性慧命之用,湛寂像是佛性本体。
③ 举不顾,即差互:展现真如本体后如不照用,也会走向差路。
④ "美",《龙藏》、《驹本》作"羡"。

正像人们所说，真理再向前走半步，就会成为谬误。如果认为真的"无佛无法"那又会陷入"解脱深坑"。实际上真如佛性即是我等心性，非空非有，空有一如。所见所闻，"白云"、"流泉"、"无声曲"，觌面相呈者非他而谁？此岂不又体现了"三界唯心，万法唯识"的名言吗？

雪窦的"颂古"正颂此意。我等赶快著眼，如其不然，则又是"一曲两曲无人会，雨过夜塘秋水深"了！

三八　风穴铁牛机①

【圜悟垂示】

若论渐也，返常合道，闹市里七纵八横②；若论顿也，不留朕迹，千圣亦摸索不著。傥或不立顿渐，又作么生③？快人一言，快马一鞭，正恁么时谁是作者？试举看：

【雪窦举公案】

风穴在郢州衙内，上堂云：倚公说禅，道什么？"祖师心印，状似铁牛之机，千人万人撼不动。请诿节角在什么处？三要印开④，不犯锋芒。去即印住，正令当行。错。住即印破。再犯不容。看取令行时捋。便打。只如不去不住，看无顿置处，多少谬讹。印即是，不印即是⑤？"天下人头出头没有分。文彩已彰，但请掀倒禅床、喝散大众。

---

① 铁牛机：为控制江河泛滥，传统的做法是铸铁牛（牛为丑土，取土能克水之意）而为守护之神，体现本体不动其用自现。此比喻佛性心印无相无边之机用。
② "若论渐也……闹市里七纵八横"：意为如说是渐修禅道，能使心行归合永恒的大道，那么在各种环境里都能畅行无阻。
③ 傥或不立顿渐，又作么生：如果说不能确立顿悟渐修这两种情况，又该怎么办呢？
④ 三要印开：以临济宗的"三要"去接引、印证学人。
⑤ "去即印住……不印即是"：意为如他有离开真心的妄念则印证使之定，如有住着顽空的状况则印证使之活。比如遇着不离开又不住着的情况，是印证好呢，还是不印证好呢？

时有卢陂长老出问："某甲有铁牛之机,钓得一个谙晓得,不妨奇特。请师不搭印①。"好个话头,争奈谙讹！穴云："惯钓鲸鲵澄巨浸,却嗟蛙步辗泥沙。"似鹘捉鸠。宝网漫空,神驹千里。陂伫思。可惜许。也有出身处,可惜放过。穴喝云："长老何不进语？"挽旗夺鼓,炒闹来也。陂拟议,三回死了。两重公案。穴打一拂子。好打。这个令须是怎么人行始得。穴云："还记得话头么？试举看。"何必雪上加霜！陂拟开口②,一死更不再活。这汉钝置杀人,遭他毒手。穴又打一拂子。牧主③云："佛法与王法一般④。"灼然。却被傍人觑破。穴云："见个什么道理？"也好与一捋,却回枪头来也。牧主云："当断不断,返招其乱。"似则似,是则未是。须知傍人有眼。东家人死,西家人助哀。穴便下座。将错就错,见机而变。且得参学事毕。

【圜悟评唱】

　　风穴乃临济下尊宿。临济当初在黄檗会下栽松次,檗云："深山里栽许多松作什么？"济云："一与山门作境致,二与后人作标榜。"道了便钁地一下⑤。檗云："虽然如是,子已吃二十棒了也。"济又打地一下云："嘘嘘。"檗云："吾宗到汝大兴于世。"沩山喆云："临济怎么大似平地吃交。虽然如是,临危不变,始称真丈夫。"檗云："吾宗到汝大兴于世。"大似怜儿不觉

---

① 某甲有铁牛之机,请师不搭印：我已有铁牛一样的机用,请师父不要再使用铁牛之机了（此已犯住着之病）。
② "拟开口",《龙藏》、《驹本》作"拟议开口"。
③ 牧主：鄞州的行政长官（当时风穴被请到官衙内讲法）。
④ 佛法与王法一般：意为法不容情,犯则遭惩戒。
⑤ 钁地一下：示意不要丢掉根本（自性本来面目）。

丑。后来沩山问仰山："黄檗当时只嘱付临济一人，别更有在？"仰山云："有。只是年代深远，不欲举似和尚。"沩山云："虽然如是，吾亦要知。但举看？"仰山云："一人指南吴越令行，遇大风即止。"此乃谶风穴①也。

穴初参雪峰五年，因请益："临济入堂，两堂首座齐下一喝。僧问临济：'还有宾主也无？'济云：'宾主历然。'"穴云："未审意旨如何？"峰云："吾昔与岩头、钦山去见临济，在途中闻已迁化。若要会他宾主话，须是参他宗派下尊宿。"穴后又见瑞岩常自唤："主人公！"自云："喏。"复云："惺惺著，他后莫受人瞒却。"穴云："自拈自弄，有什么难？"后在襄州鹿门与廓侍者过夏，廓指他来参南院。穴云："入门须辨主，端的请师分。"一日遂见南院，举前话云："某甲特来亲觐。"南院云："雪峰古佛。"

一日见镜清，清问："近离甚处？"穴云："自离东来。"清云："还过小江否？"穴云："大舸独飘空，小江无可济。"清云："镜水图山，鸟飞不渡②。子莫盗听遗言。"穴云："沧溟尚怯蒙轮势，列汉飞帆渡五湖③。"清竖起拂子云："争奈这个何？"穴云："这个是什么？"清云："果然不识。"穴云："出没卷舒，与

---

① 此乃谶风穴：这是关于风穴禅师的预言。
② 镜水图山，鸟飞不渡：镜中之水、图上之山虽小，可是飞鸟也不能越过。意为佛性之用也不可苟得。
③ 沧溟尚怯蒙轮势，列汉飞帆渡五湖：气势浩大的巨轮面对漫无边际的汪洋大海也会惧怕，而众多的小舟也能飞帆渡过五湖众水。意为识体不易，其用易得。

师同用①。"清云:"杓卜听虚声,熟睡饶谵语②。"穴云:"泽广藏山,理能伏豹。"清云:"赦罪放怨,速须出去!"穴云:"出即失。"乃便出至法堂上,自谓言:"大丈夫公案未了,岂可便休?"却回,再入方丈。清坐次,便问:"某适来辄呈骇见,冒渎尊颜③。伏蒙和尚慈悲,未赐罪责。"清云:"适来从东来,岂不是翠岩④来?"穴云:"雪窦亲栖宝盖东⑤。"清云:"不逐亡羊狂解息,却来这里念诗篇⑥。"穴云:"路逢剑客须呈剑,不是诗人莫献诗⑦。"清云:"诗速秘却,略借剑峰⑧。"穴云:"枭首甗人携剑去⑨。"清云:"不独触风化,亦自显颠顶⑩。"穴云:"若不触风化,焉明古佛心。"清云:"何名古佛心?"穴又云:"再许允容,师今何有?"清云:"东来衲子菽麦不分⑪。"穴云:"只闻不以而以,何得抑以而以?"清云:"巨浪涌千寻,澄波不离水。"穴云:"一句截流,万机寝削⑫。"穴⑬便礼拜。清以拂子点三点

---

① 出没卷舒,与师同用:擒住与放行的机用手段与您相同。
② 杓卜听虚声,熟睡饶谵语:饭勺的敲击能使人听到回声,熟睡中的人常会说梦话。意为从回答上看,所解并非真实境。
③ 某适来辄呈骇见,冒渎尊颜:我刚才愚钝的见解,冒犯了您的尊颜。"冒",原作"胃",《驹本》同。据《龙藏》改。
④ "翠岩",原作"翠严",据《龙藏》、《驹本》改。
⑤ 雪窦亲栖宝盖东:意为雪窦禅师亲得西方佛主之意。"宝盖",系伞之美称,即指七宝严饰之天盖。悬于佛菩萨或戒师等之高座上,作为庄严具。
⑥ 不逐亡羊狂解息,却来这里念诗篇:不追逐念头,思想自会平静下来,却来这里念什么诗篇。
⑦ 路逢剑客须呈剑,不是诗人莫献诗:意为是个中人不说亦明,不是个中人虽说不明。
⑧ "峰",《龙藏》、《驹本》作"看"。
⑨ 枭首甗人携剑去:被砍头而悬的土陶人将剑拿走了。意为虽用亦空。
⑩ 不独触风化,亦自显颠顶:不单是伤及风化,也还显得自身无能。意为对用的表述有些露骨。
⑪ 菽麦不分:意为体用不分。
⑫ 一句截流,万机寝削:如能一句话截断众流(妄念),万种机变都有可能平歇、消除。
⑬ "穴",《龙藏》、《驹本》无。

云："俊哉！且坐吃茶。"

风穴初到南院，入门不礼拜，院云①："入门须辨主。"穴云②："端的请师分。"院左手拍膝一下，穴便喝；院右手拍膝一下，穴亦喝。院举左手云："这个即从阇黎。"又举右手云："这个又作么生。"穴云："瞎。"院遂拈拄杖，穴云："作什么？某甲夺却拄杖，打著和尚，莫言不道。"院便掷下拄杖云："今日被这黄面浙子钝置一上。"穴云："和尚大似持钵不得，诈道不饥。"院云："阇黎莫曾到此间么？"穴云："是何言欤？"院云："好好借问。"穴云："也不得放过。"院云："且坐吃茶。"尔看俊流自是机锋峭峻，南院亦未辨得他。

至次日，南院只作平常问云："今夏在什么处？"穴云："鹿门与廓侍者同过夏。"院云："元来亲见作家来。"又云："他向尔道什么？"穴云："始终只教某甲一向作主。"院便打，推出方丈云："这般纳败缺底汉，有什么用处？"穴自此服膺，在南院会下作园头。一日院到园里问云："南方一棒作么生商量？"穴云："作奇特商量。"穴云："和尚此间作么生商量？"院拈棒起云："棒下无生忍，临机不让师③。"穴于是豁然大悟。

是时五代离乱，郢州牧主请师度夏。是时临济一宗大盛，他凡是问答垂示，不妨语句尖新，攒花簇锦，字字皆有下落。一日牧主请，师上堂示众云："祖师心印，状似铁牛之机，去即印住，

---

① "入门不礼拜，院云"，《龙藏》、《驹本》作"便问"。
② "穴云"，《龙藏》、《驹本》无。
③ 棒下无生忍，临机不让师：棒喝之下，才有可能证得真如佛性境界；面对机锋就是师父也不能谦让。

住即印破。只如不去不住，印即是，不印即是？"何故不似石人木马之机，直下似铁牛之机？无尔撼动处，尔才去即印住，尔才住即印破，教尔百杂碎。"只如不去不住，印即是，不印即是？"看他怎么垂示，可谓钩头有饵。

是时座下有卢陂长老，亦是临济下尊宿，敢出头来与他对机，便转他话头，致个问端，不妨奇特。道："某甲有铁牛之机，请师不搭印。"争奈风穴是作家，便答他道："惯钓鲸鲵澄①巨浸，却嗟蛙步辗泥沙。"也是言中有响。云门云："垂钩四海只钓狞龙，格外玄机为寻知己。"巨浸乃十二头水牯牛为钩饵，却只钓得一蛙出来。此语且无玄妙，亦无道理计较。古人道："若向事上觑则易，若向意根下卜度则没交涉②。"卢陂仵思，见之不取千载难逢，可惜许。所以道：直饶讲得千经论，一可临机下口难。其实卢陂要讨好语对他，不欲行令。被风穴一向用搀旗夺鼓底机锋，一向逼将去，只得没奈何。俗谚云"阵败不禁苕帚扫"，当初更要讨枪法敌他，等尔讨得来，即头落地③。牧主亦久参风穴，解道："佛法与王法一般。"穴云："尔见个什么？"牧主云："当断不断，返招其乱。"风穴浑是一团精神，如水上葫芦子相似，捺著便转，按著便动，解随机说法，若不随机翻成妄语。"穴便下座"。

---

① "澄"，《驹本》同。《龙藏》作"沉"。
② 若向事上觑则易，若向意根下卜度则没交涉：如在事物的机缘上着眼，则容易领悟佛性；如转向思虑猜测，则与佛性不沾边。
③ "地"，《龙藏》、《驹本》作"也"。

只如临济有四宾主①话,夫参学之人,大须子细。如宾主相见,有语论宾主往来,或应物见形,全体作用,或把机权喜怒,或现半身,或乘狮子,或乘象王。如有②真正学人便喝,先拈出一个胶盆子,善知识不辨是境,便上他境上,作模作样,便学人又喝③。前人不肯放下,此是膏肓之病,不堪医治,唤作宾看主;或是善知识,不拈出物,随学人问处便夺,学人被夺,抵死不放,此是主看宾;或有学人,应一个清净境,出善知识前,知识辨得是境④,把他抛向坑里,学人言"大好善知识",知识即云"咄哉,不识好恶",学人礼拜,此唤作主看主;或有学人披枷带锁,出善知识前,知识更与他安一重枷锁,学人欢喜,彼此不辨,呼为宾看宾。大德,山僧所举,皆是辨魔拣异,知其邪正。不见僧问慈明⑤:"一喝分宾主,照用一时行时如何?"慈明便喝。

又云居弘觉禅师示众云:"譬如狮子捉象亦全其力,捉兔亦全其力。"时有僧问:"未审全什么力?"云居云:"不欺之力。"看他雪窦颂出:

【雪窦颂古】

擒得卢陂跨铁牛,千人万人中,也要呈巧艺。败军之将不再斩。三玄戈甲未轻酬⑥。当局者迷。受灾如受福,受降如受敌。楚王城畔

---

① 临济有四宾主:唐代临济宗开山祖义玄,接引学人时,就"宾、主"之关系所建立的宾看主、主看宾、主看主、宾看宾等四种说法,以提示禅机,使之趋向正道。
② "如有",《龙藏》、《驹本》作"有如"。
③ "作模作样,便学人又喝",《龙藏》、《驹本》作"作模样,学人便喝"。
④ "出善知识前,知识辨得是境",《龙藏》无"前"字。《驹本》作"出善知识,辨得是境"。
⑤ 慈明:宋潭州石霜山慈明禅师,名楚圆,嗣汾阳善昭,为临济六世法孙。
⑥ 擒得卢陂跨铁牛,三玄戈甲未轻酬:擒住卢陂让他跨上铁牛(悟得佛性),临济宗的"三玄"利器当然不会轻酬于他(指卢陂)。

朝宗水，说什么朝宗水？浩浩充塞天地，任是四海也须倒流。喝下曾令却倒流。不是这一喝截却尔舌头！咄！惊走陕府铁牛，吓杀嘉州大象。

【圜悟评唱】

雪窦知风穴有这般宗风，便颂道："擒得卢陂跨铁牛，三玄戈甲未轻酬。"

临济下有"三玄三要"，凡一句中须具三玄，一玄中须具三要。僧问临济①："如何是第一句？"济云："三要印开朱点窄，未容拟议主宾分②。""如何是第二句？"济云："妙辨岂容无著问，沤和不负截流机③。""如何是第三句？"济云："但看棚头弄傀儡，抽牵全藉里头人④。"风穴一句中便具三玄戈甲，七事随身，不轻酬他。若不如此，争奈卢陂何？

后面雪窦要出临济下机锋，莫道是卢陂，假饶楚王城畔，洪波浩渺、白浪滔天尽去朝宗，只消一喝，也须教倒流。

【点评】

此公案主要讲述了风穴应机接引卢陂的过程：

风穴上堂说："历代祖师，以真如佛性接引、印证学人，其作用有如铁牛震慑黄河水患一样，若河水离开正道则镇住它，若住而不流则疏

---

① "临济"，《龙藏》、《驹本》作"风穴"。本段此后三个"济云"，《龙藏》、《驹本》亦均作"穴云"。
② 三要印开朱点窄，未容拟议主宾分："三要心印"虽也如朱印窄窄的痕迹，却能在不拟议中使宾主的地位历历分明。
③ 妙辨岂容无著问，沤和不负截流机：妙理不可言说，即使善问如无著菩萨也难置言；沤和（水泡）怎能担当得截断众流的大机大用。
④ 但看棚头弄傀儡，抽牵全藉里头人：请看布棚上的傀儡（木偶）戏，他们之所以能表演，全靠里面的人去抽动线索。意为我们的言行全靠真如佛性的作用。

浚它。可是如果它既不离开,又不住着时,佛性还起作用吗?"这时卢陂答话说:"我有铁牛的机用(证得真如佛性),请不要再用铁牛之机来印证我心了。"风穴回答:"一惯在汪洋大海里钓取巨鲸大鲵,今天却引来一只在泥沙里爬行的蛤蟆。"其后卢陂"伫思",风穴则"喝";卢陂"拟议"、"拟开口",风穴则"打"。

从此公案我们可以体味到,"不去不住",正是铁牛精神,正是佛性境界,风穴讲至此,本可喝散大众,各自归去。卢陂的答话,却显示其对佛性境界的执著。风穴的说、喝、打,正显示了"住即印破"的铁牛之机。此时牧主所说:"佛法与王法一般","当断不断,返招其乱",自是对此的有感有得之言。卢陂如再懵懂下去,只好落个"蛙步辗泥沙"了。

此则"颂古"大意不难领会,而"评唱"所涉公案却颇耐人寻味,今试作扣击以共勉:

如黄檗与临济师徒栽松次,济答檗问之后,为什么"镢地一下"?檗云:"虽然如是,子已吃二十棒了也。"又是何意?原来黄檗所说"深山",暗真如之体,"栽松",暗指修持之人,意为真如之体本来自在,人亦本来是佛,为什么这么多人还要在这里修持呢?临济的答话及"镢地一下",意为敬受教,我等修持正是为领悟此境界,像您一样为世人做榜样啊!黄檗后面"吃二十棒"的话,意为你说得虽然对,但已经陷于义理和实有,应该以棒喝化空才是真境界。

至于"两堂首座齐下一喝",临济为什么说"宾主历然"?风穴初到南院,南院左手拍膝一下,右手拍膝一下。风穴亦随之两喝……如此言行所表何意?此时境中人自应你知我知,宾主历然。休要"贪看天边月,忘却掌中珠"。

三九　云门金毛狮子①

【圜悟垂示】

途中受用底，似虎靠山；世谛流布底，如猿在槛②。欲知佛性义，当观时节因缘；欲锻百炼精金，须是作家炉鞴③。且道大用现前底，将什么试验？

【雪窦举公案】

僧问云门："如何是清净法身？"垃圾堆头见丈六金身，斑斑驳驳是什么④？门云："花药栏⑤。"问处不真，答来卤莽。䇓著磕著⑥，曲不藏直。僧云："便恁么去时如何？"浑仑吞个枣，放憨作么？门云："金毛狮子。"也褒也贬，两采一赛⑦。将错就错，是什么心行？

---

① 金毛狮子：文殊菩萨坐骑。意为乘此可断惑证智。
② "途中受用底……如猿在槛"：意为正修而心中得受用的人，就应像猛虎投入山林一样自由自在；俗情世理泛滥的人的心意，就像猿猴虽被关在笼子里也不会安静一样。
③ 炉鞴：鼓风吹火用的皮囊。
④ 清净法身：指自身所证之真如法性。垃圾堆头见丈六金身：意为在杂乱土堆上，也能见到佛祖的丈六金身。斑斑驳驳：粗乱不整的样子（也是真如法性的显现）。
⑤ 花药栏：雕着芍药的木围栏。
⑥ 䇓著磕著：指机缘巧合。
⑦ 两采一赛：将两种情况作一下对比。

【圜悟评唱】

诸人还知这僧问处与云门答处么？若知得，两口同无一舌；若不知，未免颟顸。僧问玄沙："如何是清净法身？"沙云："脓滴滴地①。"具金刚眼试请辨看。云门不同别人，有时把定，壁立万仞，无尔凑泊处；有时与尔开一线道，同死同生。云门三寸甚密，有者道"是信彩答去"②，若怎么会，且道云门落在什么处？

这个是屋里事，莫向外卜度。所以百丈道："森罗万象，一切语言，皆转③归自己。"令转辘辘地，向活泼泼处便道；若拟议寻思，便落第二句了也。永嘉道："法身觉了无一物，本源自性天真佛。"云门验这僧，其僧亦是他屋里人，自是久参，知他屋里事，进云："便怎么去时如何？"门云："金毛狮子。"且道是肯他是不肯他？是褒他是贬他？

岩头道："若论战也，个个立在转处④。"又道：他参活句，不参死句。活句下荐得，永劫不忘；死句下荐得，自救不了。又僧问云门："佛法如水中月是否？"门云："清波无透路。"进云："和尚从何而得？"门云："再问复何来？"僧云："正怎么去时如何？"门云："重叠关山路⑤。"

须知此事不在言句上，如击石火、似闪电光，构得构不得，未免丧身失命⑥。雪窦是其中人，当头颂出：

---

① 脓滴滴地：意为随时随处即是空相即显实相。
② 三寸甚密：意为意图很隐秘。信彩答去：此指信口随意而答。
③ "转"，《龙藏》、《驹本》作"销"。
④ 转处：灵活转换处。
⑤ 重叠关山路：比喻路径不对，前途困难重重。
⑥ 构得构不得，未免丧身失命：意为能领悟不能领悟，都不免丧身失命。意为领悟则色身丧，慧命活；不领悟则色身存，慧命失。

【雪窦颂古】

花药栏,言犹在耳。莫颟顸,如麻似粟,也有些子自领出去。星在秤兮不在盘。太葛藤,各自向衣单下返观①。不免说道理。便怎么,浑仑吞个枣。太无端,自领出去。灼然。莫错怪他云门好。金毛狮子大家看。放出一个半个也是个狗子。云门也是普州人送贼。

【圜悟评唱】

雪窦相席打令,动弦别曲,一句一句判将去②。此一颂,不异拈古之格。"花药栏",便道"莫颟顸"。人皆道"云门信彩答将去",总作情解会他底。所以雪窦下本分草③料,便道"莫颟顸"。

盖云门意不在花药栏处,所以雪窦道:"星在秤兮不在盘。"这一句忒杀漏逗:水中元无月,月在青天,如星在秤不在于盘④。且道那个是秤?若辨明得出,不辜负雪窦。古人到这里,也不妨慈悲,分明向尔道:不在这里,在那边去。且道那边是什么处?此颂头边一句了。

后面颂这僧道"便怎么去时如何"?雪窦道:这僧也"太无端"。且道是明头合暗头合?会来怎么道,不会来怎么道?"金毛狮子大家看",还见金毛狮子么?瞎!

【点评】

僧问:"如何是清静法身?"云门答:"花药栏。"云门此答,"壁立

---

① 向衣单下返观:指返观自心。
② "相席打令……一句一句判将去":意为根据席位上的人员情况有目的地发号令,调弦换曲,一句句评判去。
③ "草",原作"莫",据《龙藏》、《驹本》改。
④ "盘",原作"槃",据《龙藏》、《驹本》改。

万仞,无尔凑泊处"。僧又问:"便恁么去时如何?"云门答:"金毛狮子。"云门所答却又"与尔开一线道,同死同生"。为什么这样说呢?

原来禅宗不重理解,只论明心见性。见得"清净法身",当然是明心,可是如何能见得"清净法身"呢?这正是问僧想解决的问题。云门所答"花药栏",或许是即境而答,不提明心却又不离明心。其目的并非让你在"花药栏"与"清净法身"之间直接画等号,而是在辞断意连之间启示你一念相应,即此"花药栏"而空之,即亲见"清净法身"。

问僧或许即此明心,故又问:"便恁么去时如何(就这样保任下去怎么样呢)?"云门答:"金毛狮子。"意在提醒:此只是素法身,只是因地菩萨,如能乘此"金毛狮子"修持下去,辛勤打磨,绵密除习,才有可能功臻圆满。"颂古":"便恁么,太无端,金毛狮子大家看。"正表此意。

四〇 南泉如梦相似

【圜悟垂示】

休去歇去,铁树开花;有么有么,黠儿落节①。直饶七纵八横,不免穿他鼻孔②。且道谼讹在什么处?试举看:

【雪窦举公案】

陆亘大夫③与南泉语话次,陆云:"肇法师④道:'天地与我同根,万物与我一体。'也甚奇怪。"鬼窟里作活计⑤。画饼不可充饥,也是草里商量。南泉指庭前花,道怎么?咄!经有经师,论有论师,不干山僧事。咄!大丈夫当时下得一转语,不唯截断南泉,亦乃与

---

① "休去歇去……黠儿落节":意为如能休歇妄想攀缘,就是铁树也能开花(悟禅道);如执著于有的境界,就是精明的人也可能错过关键的时节。
② 直饶七纵八横,不免穿他鼻孔:就是对方再灵活变换,也不免被牵着鼻子走。此喻接引手段高超。
③ 陆亘大夫:唐代吴郡人,字景山,官至宣歙观察使,加御史大夫。
④ 肇法师:僧肇(374~414),东晋著名的佛教学者,京兆(今陕西西安)人。初好老庄,后读《维摩经》,始悟所归。出家为罗什最初弟子,被称为"法中龙象"。后奉秦主姚兴所请,随罗什入阁翻译佛典。僧肇曾著述《物不迁论》、《不真空论》、《般若无知论》、《涅槃无名论》等四论,合称《肇论》。
⑤ 鬼窟里作活计:此指陷于义理之中,不能超脱。

天下衲僧出气。召大夫云："时人见此一株花，如梦相似①。"鸳鸯绣出从君看，莫把金针度与人②。莫寐语。引得黄莺下柳条。

【圜悟评唱】

陆亘大夫久参南泉，寻常留心于理性中，游泳《肇论》。一日坐次，遂拈此两句，以为奇特。问云："肇法师道：'天地与我同根，万物与我一体。'也甚奇怪。"

肇法师，乃晋时高僧，与生、融、睿，同在罗什③门下，谓之四哲。幼年好读庄老，后因写古《维摩经》有悟处，方知庄老犹未尽善，故综诸经，乃造四论。庄老意谓：天地形之大也，我形亦尔也，同生于虚无之中。庄生大意，只论齐物；肇公大意，论性皆归自己。不见他论中道："夫至人④空洞无象，而万物无非我造。会万物为自己者，其唯圣人乎？"

虽有神、有人、有贤、有圣各别，而皆同一性一体。古人道："尽乾坤大地，只是一个自己。"寒则普天普地寒，热则普天普地热；有则普天普地有，无则普天普地无；是则普天普地是，非则普天普地非。法眼云："渠渠渠，我我我，南北东西皆可可⑤。不可可，但唯我，无不可。"所以道："天上天下，唯我独尊。"石头因看《肇论》，至此会万物为自己处，豁然大悟，后作

---

① 如梦相似：比喻不清醒、不能彻见佛性的状态。
② 鸳鸯绣出从君看，莫把金针度与人：绣出的鸳鸯任凭人观赏，但不要把使用金针的技巧传授给他人。意为明见佛性的事，只能自心去领悟，而不能从外得。
③ 罗什：鸠摩罗什，后秦僧人、译经家。所译经典极为广泛，重点在般若系的大乘经典和龙树、提婆一系的中观派诸论，内容信实，文字流畅，在中国译经史上有划时代的意义。
④ "至人"，《龙藏》同。《驹本》作"至自"。
⑤ 渠渠渠，我我我，南北东西皆可可：说是他还是我，或说是南北东西都可以。指万象森罗，同为佛性显现。

一本《参同契》亦不出此意。

看他怎么问，且道同什么根？同那个体？到这里也不妨奇特。岂同他常人，不知天之高、地之厚，岂有怎么事？陆亘大夫怎么问，奇则甚奇，只是不出教意。若道教意是极则，世尊何故更拈花？祖师更西来作么？南泉答处，用衲僧巴鼻与他拈出痛处，破他窠窟。遂指庭前花，召大夫云："时人见此一株花，如梦相似。"如引人向万丈悬崖上打一推，令他命断。尔若平地上推倒，弥勒佛下生也只不解命断①。亦如人在梦，欲觉不觉被人唤醒相似。

南泉若是眼目不正，必定被他搽糊将去。看他怎么说，也不妨难会。若是眼目定动活底闻得，如醍醐上味；若是死底闻得，翻成毒药。古人道："若于事上见，堕在常情；若向意根下卜度，卒摸索不著②。"岩头道："此是向上人活计，只露目前些子，如同电拂。"南泉大意如此。有擒虎兕、定龙蛇底手脚③，到这里也须是自会始得，不见道"向上一路，千圣不传，学者劳形，如猿捉影"？看他雪窦颂出：

【雪窦颂古】

闻见觉知非一一，森罗万象，无有一法。七花八裂，眼耳鼻舌身意。一时是个无孔铁锤。山河不在镜中观。我这里无这个消息。长者自长，短者自短，青是青，黄是黄，尔向什么处观？霜天月落夜将半，

---

① 弥勒佛下生也只不解命断：（这样做法）即使等到未来佛弥勒下生，也不能明白色身死（打灭妄想）法身活的真谛。
② "若于事上见……卒摸索不著"：如果在事象上纠缠，会陷在常情世理里；如果是思考猜测，终了也摸索不著。此指出求证佛性的误区。
③ 擒虎兕、定龙蛇底手脚：此比喻接引学人的手段高超。"兕"，雄犀牛。

引尔入草了也。遍界不曾藏，切忌向鬼窟里坐。谁共澄潭照影寒？有么有么？若不同床睡，焉知被底穿？愁人莫向愁人说，说向愁人愁杀人。

【圜悟评唱】

南泉小睡语，雪窦大睡语，虽然作梦却作得个好梦。前头说一体，这里说不同："闻见觉知非一一，山河不在镜中观。"若道在镜中观，然后方晓了，则不离镜处。山河大地，草木丛林，莫将镜鉴；若将镜鉴，便为两段①。但只可山是山，水是水，法法住法位，世间相常住。山河不在镜中观②，且道向什么处观？还会么？

到这里，向"霜天月落夜将半"这边与尔打并了也，那边尔自相度。还知雪窦以本分事为人么？"谁共澄潭照影寒"，为复自照，为复共人照？须是绝机绝解，方到这境界。即今也不要"澄潭"，也不待"霜天月落"，即今作么生？

【点评】

此公案陆亘所举"天地与我同根，万物与我一体"，是僧肇《肇论》里的名句。教义认为，万物（精神和物质）本体为空，遇因缘而起现；而起现之相其自性仍空（"性空缘起，缘起性空"）。所以说万物与我同根同体。这是佛教精义，当然也是真如佛性的境界。

了悟教义与禅宗所讲的"明心见性"并无矛盾，禅宗所谓"藉教悟宗"就是此意。关键是如何把教义变成自心的体认，不然只能是说食

---

① 若将镜鉴，便为两段：此时如果有以镜照物之心，那就会将本为一体的事物打成（有、无，能、所等）两段。
② "山河不在镜中观"，《龙藏》同。《驹本》作"山河不碍眼光"。

不饱。

看来陆亘并未体味此中精义,所以他说"也甚奇怪"。因此,南泉指庭前花开导他说:"时人见此一株花,如梦相似。"南泉此话何意?意在暗指陆亘像一般的时人一样,并未彻见佛性,所以只能见幻有虚象,而不能见真空实相,当然"见此一株花,如梦相似";若能见性,不但语同己出,而且花同己身,还有什么"奇特"可言?

雪窦"颂古"揭示甚明:"闻见觉知非一一,山河不在镜中观。"这是说,人的见闻觉知因证道的层次不同,不会同是一个样;真正见性的人,是不会将外物与心镜的关系分开来看的。这也就是说,陆亘的错处正在于他将二者分割开,像在镜中看世界;有可能只是明心,而尚未见性在。"霜天月落夜将半,谁共澄潭照影寒?"第一句是比喻明心的境界,第二句则提示见性的境界。

明心的境界固然与时人不同,而见性的境界亦自是与明心不同。那么见性人"见此一株花",会是什么样呢?言说心难晓,亲证眼自明!

卷　五

四一　赵州大死底人

【圜悟垂示】

是非交结处，圣亦不能知；逆顺纵横时，佛亦不能辨①。为绝世超伦之士，显逸群大士之能，向冰凌上行、剑刃上走，直下如麒麟头角、似火里莲花②，宛见超方，始知同道谁是好手者。试举看：

【雪窦举公案】

赵州问投子："大死底人却活时如何③？"有怎么事？贼不打贫儿家。惯曾作客方怜客。投子云："不许夜行，投明须到④。"看楼

---

① "是非交结处……佛亦不能辨"：此指修持过程中，境界交接变换处（有、无、死、活等），其是非深微难辨，妙在自心感悟。
② 为绝世超伦之士，显逸群大士之能：此颂扬赵州、投子有菩萨的见地与功行。向冰凌上行、剑刃上走：比喻修持中时刻都处在生死（对或错、悟或不悟）的危险边缘。如麒麟头角、似火里莲花：比喻在坚韧与奇特感悟中证道。
③ 大死底人却活时如何：意为禅修者达到言断心灭，却能返照明心时，应该如何保任和上进呢？
④ 不许夜行，投明须到：不许夜里行走，但要天一明就要赶到。意为警惕陷于顽空，注意照而无心的状态。

打楼,是贼识贼。若不同床卧,焉知被底穿?

【圜悟评唱】

赵州问投子:"大死底人却活时如何?"投子对他道:"不许夜行,投明须到。"且道是什么时节,无孔笛撞著毡拍版①。此谓之验主问,亦谓之心行问。投子、赵州诸方皆美之得逸群之辩,二老虽承嗣不同,看他机锋相投一般②。

投子一日为赵州置茶筵相待,自过蒸饼与赵州,州不管。投子令行者过胡饼与赵州,州礼行者三拜。且道他意是如何?看他尽是向根本上,提此本分事为人。有僧问:"如何是道?"答云:"道。""如何是佛?"答云:"佛。"又问:"金锁未开时如何?"答云:"开。""金鸡未鸣时如何?"答云:"无这个音响。""鸣后如何?"答云:"各自知时。"

投子平生问答总如此,看赵州问:"大死底人却活时如何?"他便道:"不许夜行,投明须到。"直下如击石火、似闪电光,还他向上人始得。大死底人都无佛法、道理、玄妙、得失、是非、长短,到这里只恁么休去。古人谓之平地上死人无数③,过得荆棘林是好手,也须是通过那边始得。虽然如是,如今人到这般田地,早是难得。或若有依倚、有解会,则没交涉④。喆和尚谓之"见不净洁",五祖先师谓之"命根不断",须是大死一番却活始

---

① 无孔笛撞著毡拍版:禅林用语,比喻禅宗悟境无法以言语来表达,只能互相心感身受。
② 承嗣不同,看他机锋相投一般:意为师承不同(赵州嗣法南泉普愿、投子嗣法翠微无学),在打机锋中却能呼应一致。"般",原作"船",据《龙藏》、《驹本》改。
③ 平地上死人无数:若陷于顽空之中,则佛性慧命不得存活。
④ 若有依倚、有解会,则没交涉:如果认为向上的境界有所依靠、可以理解,就又不沾边了。

得。浙中永光和尚①道："言锋若差，乡关万里。"直须悬崖撒手、自肯承当，绝后再苏，欺君不得。非常之旨，人焉廋②哉？

赵州问意如此，投子是作家，亦不辜负他所问，只是绝情绝迹，不妨难会，只露面前些子。所以古人道："欲得亲切，莫将问来问；问在答处，答在问处。"若非投子，被赵州一问，也大难酬对。只为他是作家汉，举著便知落处。颂云：

【雪窦颂古】

活中有眼还同死？两不相知，翻来覆去。若不蕴藉，争辨得这汉缁素？药忌何须鉴作家。若不验过，争辨端的？遇著试与一鉴又且何妨？也要问过。古佛尚言曾未到，赖是有伴。千圣也不传，山僧亦不知。不知谁解撒尘沙③。即今也不少。开眼也著，合眼也著。阇黎怎么举，落在什么处？

【圜悟评唱】

"活中有眼还同死"，雪窦是知有底人，所以敢颂。古人道：他参活句，不参死句。雪窦道：活中有眼还同于死汉相似，何曾死？死中④，具眼如同活人。古人道：杀尽死人方见活人，活尽死人方见死人。赵州是活底人，故作死问验取投子，如药性所忌之物，故将去试验相似。所以雪窦道："药忌何须鉴作家。"此颂赵州问处，后面颂投子。

---

① 浙中永光和尚：唐末苏州永光禅院禅师，曹山本寂之法嗣，生平不详。"永光和尚"，《龙藏》、《驹本》作"永安和尚"。
② 廋：藏匿。《驹本》作"瘦"。
③ 古佛尚言曾未到，不知谁解撒尘沙：古佛也说未曾领会此境界，不知道谁又能理解（此公案中的问答）这也是在撒尘沙呢！"曾"，原作"会"，据《龙藏》、《驹本》改。"尘沙"，比喻师家的言语、机锋如不能被正确领会，就会像迷人耳目的尘沙，反障悟门。
④ "何曾死？死中"，此五字《龙藏》、《驹本》无。

"古佛尚言曾未到"，只这大死底人却活处，古佛亦不曾到，天下老和尚亦不曾到，任是释迦老子、碧眼胡僧也须再参始得。所以道：只许老胡知，不许老胡会。雪窦道："不知谁解撒尘沙。"不见僧问长庆："如何是善知识眼？"庆云："有愿不撒沙。"保福云："不可更撒也。"天下老和尚据曲录木床上，行棒行喝、竖拂敲床，现神通、作主宰，尽是撒沙。且道如何免得？

【点评】

赵州问投子："大死底人却活时如何？""大死底人"，是指修持者在修定中，已经达到了妄念不生，甚至是内无身心、外无世界等境地；"却活时如何"，是说如何即此修慧才能达到明心见性的境界呢？

投子答："不许夜行，投明须到。"这在常理中是不可能做到的，试想既"不许夜行"，如何能"投明须到"呢？但在禅宗的修持中却是一念之间的事，关键是相机提撕。"不许夜行"，是提醒不要在此耽空滞寂；"投明须到"，是提醒此时的无心而照即是上进。如能机缘巧合磕着碰着，一念相应内外通明，道在目前！

赵州、投子机锋相投在为天下人说法，我们有何感悟呢？既然圜悟都说"只许老胡知，不许老胡会"，我们更不要再"撒尘沙"了。

也许还会有人问："'评唱'中投子送蒸饼与赵州，赵州为什么不理睬？行者送蒸饼与赵州，赵州为什么三次拜谢？"我们也只能提示一句："我们会自己拜谢自己吗？"

四二　庞居士①好雪片片

【圜悟垂示】

单提独弄，带水拖泥；敲唱俱行，银山铁壁②。拟议则髑髅前见鬼，寻思则黑山下打坐③。明明杲日丽天，飒飒清风匝地，且道古人还有诳讹处么④？试举看：

【雪窦举公案】

庞居士辞药山⑤，这老汉作怪也。山命十人⑥禅客相送至门首。也不轻他。是什么境界？也须是识端倪底衲僧始得。居士指空中雪云："好雪片片，不落别处。"无风起浪。指头有眼。这老汉言中有响。

---

① 庞居士：庞蕴（？~808），唐代著名在家禅者。湖南衡阳人，世代业儒。初参谒石头希迁，颇有领悟，后随马祖参禅而契悟。终生不变儒形，在家而举扬方外之风，世颇多传奇。有《庞居士语录》传世。
② 单提独弄：针对个体不同情况，单传直指禅家宗旨。敲唱俱行：学人敲问，师家唱答。
③ "拟议……则黑山下打坐"：比喻拟议、寻思均不能得正觉。
④ 明明杲日丽天，飒飒清风匝地：比喻佛性如清风、丽日，就在面前。诳讹处：易混淆、错误的地方。
⑤ 药山：药山惟俨（751~834），唐代禅师。山西绛州人，俗姓韩。十七岁依广东潮阳西山慧照禅师出家。大历八年（773）就衡山希澡受具足戒。博通经论，严持戒律。后参谒石头希迁，密领玄旨。次参谒马祖道一，言下契悟。后复还石头，为其法嗣。
⑥ "人"，《龙藏》、《驹本》无。

时有全禅客云："落在什么处？"中也。相随来也。果然上钩来。士打一掌，著！果然勾贼破家。全云："居士也不得草草。"棺木里瞪眼①。士云："汝恁么称禅客，阎老子未放汝在！"第二杓恶水泼了。何止阎老子？山僧这里也不放过。全云："居士作么生？"粗心不改，又是要吃棒。这僧从头到尾不著便。士又打一掌，果然雪上加霜，棒了呈款。云："眼见如盲，口说如哑②。"更有断和句，又与他读判语。[雪窦别云：初问处，但握雪团便打！] 是则是，贼过后张弓，也漏逗不少。虽然如是，要见箭锋相拄，争奈落在鬼窟里了也。

【圜悟评唱】

庞居士参马祖、石头两处有颂。初见石头，便问："不与万法为侣是什么人？"声未断，被石头掩却口，有个省处作颂道："日用事无别，唯吾自偶谐。头头非取舍，处处没张乖。朱紫谁为号？青山绝点埃。神通并妙用，运水及搬柴。"后参马祖，又问："不与万法为侣是什么人？"祖云："待尔一口吸尽西江水，即向汝道。"士豁然大悟，作颂云："十方同聚会，个个学无为。此是选佛场，心空及第归。"

为他是作家，后列刹相望，所至竞誉。到药山盘桓既久，遂辞药山。山至重他，命十人禅客相送。是时值雪下，居士指雪云："好雪片片，不落别处。"全禅客云："落在什么处？"士便掌。全禅客既不能行令，居士令行一半。令虽行，全禅客怎么酬对，也不是他不知落处，各有机锋，卷舒不同。然有不到居士

---

① 棺木里瞪眼：已经死了，再瞪眼有什么用？
② 眼见如盲，口说如哑：此指离分别心而与道相应的状态。

处，所以落他架下，难出他彀中①。居士打了，更与说道理云："眼见如盲，口说如哑。"

雪窦别前语云："初问处，但握雪团便打。"雪窦怎么，要不辜他问端，只是机迟。庆藏主道："居士机如掣电，等尔握雪团到几时？和声便应和声打，方始剿绝。"雪窦自颂他打处云：

【雪窦颂古】

雪团打，雪团打，争奈落在第二机，不劳拈出。头上漫漫，脚下漫漫。庞老机关没可把。往往有人不知，只恐不怎么。天上人间不自知，是什么消息，雪窦还知么？眼里耳里绝潇洒。箭锋相拄。眼见如盲，口说如哑。潇洒绝，作么生？向什么处见庞老与雪窦？碧眼胡僧难辨别。达磨出来向尔道什么？打云：阇黎道什么？一坑埋②却！

【圜悟评唱】

"雪团打，雪团打，庞老机关没可把。"雪窦要在居士头上行。古人以雪明一色边事③，雪窦意道：当时若握雪团打时，居士纵有如何机关，亦难构得。雪窦自夸他打处，殊不知有落节处④。

"天上人间不自知，眼里耳里绝潇洒。"眼里也是雪，耳里也是雪，正住在一色边，亦谓之普贤境界一色边事，亦谓之打成一片。云门道："直得尽乾坤大地无纤毫过患犹为转句⑤，不见一色，始是半提；若要全提，须知有向上一路始得。"到这里须是

---

① 彀中：弓箭的射程之内。比喻还在控制之中。
② "埋"，原作"理"，据《龙藏》、《驹本》改。
③ 一色边事：指纯一、绝对境界。禅林中以之形容超越差别与相对观念之境界。
④ 落节处：有疏漏的地方。
⑤ "转句"，《龙藏》、《驹本》作"转物"。

大用现前，针扎不入，不听他人处分。所以道，他参活句，不参死句。古人道：一句合头语，万劫系驴橛①。有什么用处？

雪窦到此颂杀了，复转机道：只此"潇洒绝"，直饶是碧眼胡僧也难辨别。碧眼胡僧尚难辨别，更教山僧说个什么？

【点评】

或许可以将本则公案看做一场耐人寻味的情景剧：

庞居士言："好雪片片，不落别处。"庞居士认为，在见性人的眼中，心境浑然与天地万物融为一体，此时何曾有天地、人我、心物？何曾有"别处"？当然也不无引人上钩从而接引之意。全禅者果然上钩，答腔道："落在什么处？"亦不无勘验居士之意。但他的心思泥于有"什么处"，已陷入心物分别的错误。因此居士对他的回答是"打一掌"，想把他的思虑澄清在当下，并暗答"就落此处"。而全禅者不解此意，反认为居士轻易误解了他，忙解释道："居士也不得草草。"从而显示出更多的分别。所以圜悟说他："棺木里瞠眼。"居士训斥道："阎老子未放汝在！"意为："你这样不了生死，阎王不会放过你！"禅者妄心不息，仍"棺木里瞠眼"，又问道："居士作么生？"意为"要是您会怎么做呢"？居士慈悲，不得已的情况下，死马权当活马医，只好又打一掌说："眼见如盲，口说如哑。"意为"诸法空相，道体的状态，是见闻所不及，言语非能传的。但它就在你的心里，就在你的眼前"。

当然这样事后对公案寻味，只能似是而非，因为当机者如太极行家的推手，只是瞬间的自然相应，甚而不知手之舞之、脚之蹈之也。雪窦的"颂古"，也提出了对应庞居士此机锋的办法是"雪团打"，尽管有

---

① 一句合头语，万劫系驴橛：如执著于一句表面正确的话不知变通，就好像被绳子拴在驴橛子上，万劫不得解脱。

"落节处",我们从中也可以体会到当时禅师机锋迅捷的风貌。

此公案启发我们:即得本,不愁末;心明才能眼亮,眼亮才能手快。那么如何能心明眼亮呢?请参:"好雪片片,不落别处",落在什么处?

四三　洞山寒暑回避①

【圜悟垂示】

定乾坤句，万世共遵；擒虎兕机，千圣莫辨②。直下更无纤翳，全机随处齐彰③。要明向上钳锤，须是作家炉鞴。且道从上来还有恁么家风也无？试举看：

【雪窦举公案】

僧问洞山："寒暑到来如何回避？"不是这个时节，劈头劈面在什么处？山云："何不向无寒暑处去？"天下人寻不得。藏身露影。萧何卖却假银城。僧云："如何是无寒暑处？"赚杀一船人。随他转，也一钓便上。山云："寒时寒杀阇黎，热时热杀阇黎④。"真不掩伪，曲不藏直。临崖看虎兕，特地一场愁。掀翻大海、踢倒须弥，且道洞山在什么处？

---

① 寒暑回避：意为万物境相皆与我同一性体，自由自在，无有分别。提示学人超越诸差别境，始得解脱之妙。
② "定乾坤句……千圣莫辨"：佛教经典教义的原则，万世同遵循；擒纵虎兕的机锋，有时千万个圣人也不能辨别清楚。
③ 直下更无纤翳，全机随处齐彰：当下再没有一点障蔽，真如佛性全体显露。
④ 寒时寒杀阇黎，热时热杀阇黎：意为烦恼与菩提不二，融而空之，即超乎其外。

【圜悟评唱】

黄龙新和尚拈云："洞山袖头打领，腋下剜襟①，争奈这僧不甘。"如今有个出来问黄龙："且道如何支遣？"良久云："安禅不必须山水，灭却心头火自凉。"诸人且道，洞山圈缋落在什么处？

若明辨得，始知洞山下五位回互正偏②接人不妨奇特。到这向上境界，方能如此不消安排，自然恰好。所以道："正中偏，三更初夜月明前，莫怪相逢不相识，隐隐犹怀旧日嫌；偏中正，失晓老婆逢古镜，分明觌面更无真，休更迷头还认影；正中来，无中有路出尘埃，但能不触当今讳，也胜前朝断舌才；偏中至，两刃交锋不须避，好手还同火里莲，宛然自有冲天气；兼中到，不落有无谁敢和，人人尽欲出常流，折合还归炭里坐③。"浮山远录公以此公案为五位之格，若会得一则，余者自然易会。岩头道："如水上葫芦子相似，捺著便转，殊不消丝毫气力。"

曾有僧问洞山："文殊、普贤来参时如何？"山云："赶向水牯牛群里去④。"僧云："和尚入地狱如箭。"山云："全得他力。"洞山道："何不向无寒暑处去？"此是偏中正。僧云："如何是无寒暑处？"山云："寒时寒杀阇黎，热时热杀阇黎。"此是正中偏，虽正却偏，虽偏却圆。《曹洞录》中备载子细，若是临济下，无

---

① 袖头打领，腋下剜襟：比喻洞山能据对方问话而方便作答。
② 五位回互正偏："偏正五位"即是指下文所引：正中偏、偏中正、正中来、偏中至、兼中到。所谓"正"，是指静、体、空、理、本觉、真如诸义；所谓"偏"，是指动、用、色、事、不觉、生灭诸义。其要旨为事理交互相参而达到明心见性的般若境界。
③ "正中偏……折合还归炭里坐"：此为洞山良价《五位君臣颂》语，暗示开悟过程之五阶段。如"正中偏"颂，首句中"三更初夜"为正位，"月明"为偏位，"月明前"又指明暗黑白未分之位；次句谓正即偏，显示色即是空之理；末句乃指正偏互融，各还其本来面目。此不及细论，会其意可也。"偏中至"，《驹本》作"兼中至"。
④ 赶向水牯牛群里去：此意为超越差别，体现心、佛、众生不二。

许多事,这般公案直下便会。

有者道"大好无寒暑",有什么巴鼻?古人道:"若向剑刃上走则快,若向情识上见则迟①。"不见僧问翠微:"如何是祖师西来意?"微云:"待无人来向尔道。"遂入园中行。僧云:"此间无人,请和尚道。"微指竹云:"这一竿竹得恁么长,那一竿竹得恁么短。"其僧忽然大悟。又曹山问僧:"恁么热,向什么处回避?"僧云:"镬汤炉炭里回避。"山云:"镬汤炉炭里如何回避?"僧云:"众苦不能到。"看他家里人,自然会他家里人说。雪窦用他家里事颂出:

【雪窦颂古】

垂手还同万仞崖,不是作家谁能辨得?何处不圆融?王②敕既行,诸侯避道。正偏何必在安排。若是安排,何处有今日?作么生两头不涉?风行草偃③,水到渠成。琉璃古殿照明月,圆陀陀地,切忌认影,且莫当头。忍俊韩獹空上阶④。不是这回,蹉过了也。逐块作什么?打云:尔与这僧同参!

【圜悟评唱】

曹洞下有出世⑤不出世,有垂手不垂手。若不出世目视云霄,若出世便灰头土面;目视云霄即是万仞峰头,灰头土面即是垂手边事;有时灰头土面即在万仞峰头,有时万仞峰头即是灰头土

---

① 若向剑刃上走则快,若向情识上见则迟:如在险峻的机锋中领悟,明心见性就会快些,如只在俗情妄想中寻思就会迟缓。
② "王",《龙藏》、《驹本》作"正"。
③ "偃",原作"偶",据《龙藏》、《驹本》改。
④ 琉璃古殿照明月,忍俊韩獹空上阶:佛性像照亮琉璃古殿的明月一样,可笑的是韩獹竟窜上台阶捕捉光影。
⑤ 出世:禅师于自身修持功成后,再度归返人间教化众生,续佛慧命,称出世。

面。其实入廛垂手与孤峰独立一般,归源了性与差别智无异,切忌作两橛会①。所以道"垂手还同万仞崖",直是无尔凑泊处。"正偏何必在安排",若到用时自然如此,不在安排也。此颂洞山答处。

后面道:"琉璃古殿照明月,忍俊韩獹空上阶。"此正颂这僧逐言语走。洞下有此石女、木马、无底篮、夜明珠、死蛇等十八般②,大纲只明正位。如月照琉璃古殿,似有圆影,洞山答道"何不向无寒暑处去",其僧一似韩獹逐块,连忙上阶捉其月影相似。又问:"如何是无寒暑处?"山云:"寒时寒杀阇黎,热时热杀阇黎。"如韩獹逐块走到阶上,又却不见月影。韩獹乃出《战国策》云:"韩氏之獹,骏狗也;中山之兔,狡兔也。是其獹③方能寻其兔。"雪窦引以喻这僧也。只如诸人,还识洞山为人处么?良久云:讨甚兔子!

【点评】

此公案所谓"寒暑",小而言之是比喻日常烦恼,大而言之是比喻修持中障碍了生死大事的诸多困境。当然不断烦恼、不脱困境,就绝不能了生死大事。

对此"寒暑"的态度,某僧是"如何回避",洞山却是要面对、要融入、要超越;愚者修身,智者修心,正所谓"安禅不必须山水,灭却心头火自凉"。从而"火里种莲"、"石板上栽花",成就"烦恼即菩

---

① 入廛垂手:入世(廛,民居之地)接引学人。归源了性:此指对佛性彻悟之后。差别智:对日常事物明白分辨的能力。切忌作两橛会:千万不要(把前两者)当做两件事物来看(彻悟之后,体用互摄,空有一如,即入中道)。
② "洞下有此石女……等十八般":指洞山门下公案中常用的多种比喻,大体为启发学人真空实相之无心妙用。
③ "獹",《龙藏》作"犬",《驹本》作"大"(疑"犬"之误)。

提"。这也是了生死的必由之路。

"颂古"颂扬了洞山的见地与接人手段的高超，并告诫我们切勿"韩獹逐块"（像战国时代所谓的韩国名犬一样，将投来的土块误以为食物，盲目狂逐，劳而无功，徒增笑料）。参禅者若无自己真正之见解，或仅于言句上诠解，或执著于事物之形迹、捕捉枝叶末节等，真该汗颜。

最后圜悟提示："只如诸人，还识洞山为人处么？良久云：讨甚兔子！"其意何在？休更迷头认影！

四四　禾山①解打鼓

【雪窦举公案】

禾山垂语云："习学谓之闻，绝学谓之邻②。天下衲僧跳不出。无孔铁锤，一个铁橛子。过此二者，是为真过③。"顶门上具一只眼作什么？僧出问："如何是真过？"道什么？一笔勾下。有一个铁橛子。山云："解打鼓。"铁橛、铁蒺藜。确确。又问："如何是真谛？"道什么？两重公案。又有一个铁橛子。山云："解打鼓。"铁橛、铁蒺藜。确确。又问："即心即佛即不问，如何是非心非佛④？"道什么？这个丘圾堆⑤。三段不同，又一个铁蒺藜子。山云："解打鼓。"

---

① 禾山：唐末五代禾山无殷禅师（884~960），生平不详。
② 习学谓之闻，绝学谓之邻：意为参学经典而信解之，称为闻法、闻信；习学即尽（超越世间学问的境界），称为绝学，此时可谓与道邻近。
③ 过此二者，是为真过：超越以上两种境界，这才是真的超越。意为真俗不二才是圣谛真义。
④ "即心即佛"、"非心非佛"：此原为唐代禅师马祖道一语，其字面意分别为：佛性义指的就是心，心也就是佛；佛性义不能说就是心，心也不能说就是佛。前者为表诠，后者为遮诠，后者较前者为彻而难悟。二者之关系见《古尊宿语录》（卷一）：僧问马祖："和尚为什么说'即心即佛'？"曰："为止小儿啼。"曰："啼止时将如何？"曰："非心非佛。"
⑤ 丘圾堆：堆放杂物的地方。意为真如佛性无处不可体现。"丘圾"，《龙藏》作"植楂"，《驹本》作"填"。

铁橛、铁蒺藜。确确。又问："向上人来时如何接？"道什么？遭他第四杓恶水来也。又有一个铁橛子。山云："解打鼓。"铁橛、铁蒺藜。确确。且道落在什么处？朝到西天，暮归东土。

【圜悟评唱】

禾山垂示云："习学谓之闻，绝学谓之邻。过此二者，是为真过。"此一则语出《宝藏论》。学至无学，谓之绝学。所以道，浅闻深悟，深闻不悟，谓之绝学。一宿觉道："吾早年来积学问，亦曾讨疏寻经论。"习学既尽，谓之"绝学无为闲道人"，及至绝学，方始与道相近。直得过此二学，是谓真过。

其僧也不妨明敏，便拈此语问禾山。山云："解打鼓。"所谓言无味、语无味。欲明这个公案，须是向上人方能见此语不涉理性，亦无议论处。直下便会，如桶底脱相似，方是衲僧安稳处，始契得祖师西来意。所以云门道："雪峰辊球、禾山打鼓、国师水碗、赵州吃茶①，尽是向上拈提。"又问："如何是真谛？"山云："解打鼓。"真谛更不立一法，若是俗谛万物俱备；真俗无二，是圣谛第一义。又问："即心即佛即不问，如何是非心非佛？"山云："解打鼓。"即心即佛即易求，若到非心非佛即难，少有人到。又问："向上人来时如何接？"山云："解打鼓。"向上人即是透脱洒落底人。此四句语诸方以为宗旨，谓之"禾山四打鼓"。

只如僧问镜清："新年头还有佛法也无？"清云："有。"僧云："如何是新年头佛法？"清云："元正启祚，万物咸新。"僧

---

① 国师水碗：忠国师水碗放米的公案，事见第四八则"评唱"一。赵州吃茶：指赵州和尚以"吃茶去"接引学人的公案。

云:"谢师答话。"清云:"老僧今日失利①。"似此答话,有十八般失利。

又僧问净果大师:"鹤立孤松时如何?"果云:"脚底下一场懡㦬。"又问:"雪覆千山时如何?"果云:"日出后一场懡㦬。"又问:"会昌沙汰时,护法神向什么处去②?"果云:"三门外两个汉③一场懡㦬。"诸方谓之"三懡㦬"。

又保福问僧:"殿里是什么佛?"僧云:"和尚定当看。"福云:"释迦老子。"僧云:"莫瞒人好。"福云:"却是尔瞒我。"又问僧云:"尔名什么?"僧云:"咸泽。"福云:"或遇枯涸时如何?"僧云:"谁是枯涸者?"福云:"我。"僧云:"和尚莫瞒人好。"福云:"却是尔瞒我。"又问僧:"尔作什么业,吃得怎么大?"僧云:"和尚也不小。"福作蹲身势。僧云:"和尚莫瞒人好。"福云:"却是尔瞒我。"又问浴主:"浴锅阔多少?"主云:"请和尚量看。"福作量势,主云:"和尚莫瞒人好。"福云:"却是尔瞒我。"诸方谓之"保福四瞒人④"。

又如"雪峰四漆桶",皆是从上宗师,各出深妙之旨接人之机。雪窦后面引一落索,依云门示众,颂出此公案。

【雪窦颂古】

一捣石,寰中天子敕。癞儿牵伴,向上人怎么来。二般土,塞外

---

① 老僧今日失利:我今天在问答(斗机锋)中失利了。意为前面僧的"谢师答话",已经暗示他的答话陷于实有。
② 会昌沙汰:指唐武宗会昌年间(841~846)敕令之排佛、汰佛事件。护法神:护持佛法之善神。
③ 三门外两个汉:佛寺三门(又称山门)的一对金刚力士(护法神)。
④ 保福四瞒人:指保福以上的四次答话里都有"尔瞒我"。意为都想勘验对方是否能即境见性,而又不明说。

将军令。两个一状领过，同病相怜。发机须是千钧弩。若是千钧也透不得，不可轻酬。岂为死虾蟆？象骨老师曾辊球，也有人曾恁么来。有个无孔铁锤，阿谁不知！争似禾山解打鼓。铁橛子须还这老汉始得。一子亲得。报君知，雪窦也未梦见。在雪上加霜，尔还知么？莫莽卤，也有些子笼笼侗侗。甜者甜兮苦者苦。谢答话。错下注脚，好与三十棒。吃棒得也未？便打。依旧黑漫漫。

【圆悟评唱】

归宗①一日，普请拽石，宗问维那②："什么处去？"维那云："拽石去。"宗云："石且从汝拽，即不得动著中心树子。"

木平③凡有新到至，先令般三转土。木平有颂示众云："东山路窄西山低，新到莫辞三转泥。嗟汝在途经日久，明明不晓却成迷。"后来有僧问云："三转内即不问，三转外事作么生？"平云："铁轮天子寰中敕④。"僧无语，平便打。

所以道："一拽石，二般土，发机须是千钧弩。"雪窦以千钧之弩喻此话，要见他为人处。三十斤为一钧，一千钧则三万斤，若是狞龙、虎狼、猛兽，方用此弩，若是鹪鹩小可之物，必不可轻发。所以千钧之弩，不为鼷鼠而发机。

"象骨老师曾辊球"，即雪峰一日见玄沙来，三个木球一齐辊，玄沙便作斫牌势，雪峰深肯之。虽然总是全机大用处，俱不如禾山"解打鼓"多少径截，只是难会。所以雪窦道："争似禾

---

① 归宗：唐代归宗智常禅师，马祖道一之法嗣，生平不详。
② 维那：寺中统理僧众杂事之职僧。
③ 木平：木平善道，唐代禅师，青原下六世。生平不详。
④ 铁轮天子寰中敕：铁轮天子对天下的敕令。意为这是"天上天下，唯我独尊"的佛性境界。"铁轮天子"，即铁轮王（四轮王之一），统御南阎浮提洲之帝王。

山解打鼓。"又恐人只在话头上作活计不知来由，莽莽卤卤，所以道："报君知，莫莽卤。"也须是实到这般田地始得。若要不莽卤，"甜者甜兮苦者苦。"雪窦虽然如是拈弄，毕竟也跳不出。

【点评】

禾山说："解打鼓。"其话面意思是"应明白打鼓的现象"，可是其真实寓意何在呢？此一句为什么能回答某僧的"四问"呢？

"解打鼓"，或许在暗示：鼓声或一切声，都是稍纵即逝，那么声前声后又是什么呢？又或许在暗示：声响在击打之后，击打又在心念之后，而心念之前又是什么呢？又或许在暗示：鼓声与虚空相应，人之真心应与什么相应呢？又或在暗示：鼓体如我之空性，鼓槌如纷繁之物相……诸如此说，虽是打葛藤却通向上之路。若能于此中会得，则当下犹如桶底脱落，情执尽除而蓦然明心。所以来者四问，禾山均以"解打鼓"一句答之，自可应万句、应万义而归于一体。

或许有人会说，禾山的答话，一时使人茫然不解。我们说这或许才是禾山的本意。正因不可意解，如面临铁蒺藜，无处下脚，才能使人即此答话（或即鼓之声色）而空心返观，从而超越世间之声色。此时正是"解打鼓"的境界啊！

"颂古"提醒我们："拽石"、"般土"之时，即应是"解打鼓"之时，即应是"千钧弩"机发之时。并颂扬形形色色的公案，或许都不如"禾山解打鼓"全机大用的接人之机这样高妙。"频呼小玉元无事，只要檀郎认得声。"我们如何会得这鼓声呢？

四五　赵州万法归一

【圜悟垂示】

要道便道，举世无双；当行即行，全机不让①。如击石火，似闪电光；疾焰过风，奔流度刃②。拈起向上钳锤，未免亡锋结舌③。放一线道④，试举看：

【雪窦举公案】

僧问赵州："万法归一，一归何处⑤？"捞著这老汉。堆山积岳。切忌向鬼窟里作活计。州云："我在青州作一领布衫，重七斤。"果然七纵八横，拽却漫天网⑥。还见赵州么？衲僧鼻孔曾拈得⑦。还知赵州落处么？若这里见得，便乃天上天下唯我独尊。水到渠成，风行草偃。苟或未然，老僧在尔脚跟下⑧。

---

① "要道便道……全机不让"：意为日常的说与行都应自然体现真如佛性的大机大用。
② "如击石火……奔流度刃"：此比喻与道相应的机缘瞬间可得，又可能瞬间错过。
③ 拈起向上钳锤，未免亡锋结舌：如说是直指向上第一义，那就只好闭口结舌，无可言说。
④ 放一线道：意为在放行中指出一条路径。
⑤ 万法归一，一归何处："万法"，指森罗万象。"一"，指真如性体。虽有体用之分，而又体用一如、非一非异。
⑥ 七纵八横，拽却漫天网：此指赵州手段纵横自由，而又如漫天罗网，使人不能逃脱。
⑦ 衲僧鼻孔曾拈得：此指赵州的答话牵住了问僧的鼻子。
⑧ 苟或未然，老僧在尔脚跟下：意为如果这样说你还不能明白，就错过时机了。

【圜悟评唱】

若向一击便行处会去，天下老和尚鼻孔一时穿却，不奈尔何，自然水到渠成。苟或踌躇，老僧在尔脚跟下。佛法省要处，言不在多，语不在繁。只如这僧问赵州："万法归一，一归何处？"他却答道："我在青州作一领布衫，重七斤。"若向语句上辨，错认定盘星，不向语句上辨，争奈却怎么道？这个公案虽难却易会，虽易会却难见①；难则银山铁壁，易则直下惺惺，无尔计较是非处。此话与普化道"来日大悲院里有斋"话，更无两般。

一日僧问赵州："如何是祖师西来意？"州云："庭前柏树子。"僧云："和尚莫将境示人②。"州云："老僧不曾将境示人。"看他怎么向极则转不得处转得，自然盖天盖地；若转不得，触途成滞。且道他有佛法商量也无？若道他有佛法，他又何曾说心说性、说玄说妙？若道他无佛法旨趣，他又不曾辜负尔问头。

岂不见僧问木平和尚："如何是佛法大意？"平云："这个冬瓜如许大。"又僧问古德："深山悬崖迥绝无人处，还有佛法也无？"古德云："有。"僧云："如何是深山里佛法？"古德云："石头大底大、小底小③。"看这般公案，诳讹在什么处？雪窦知他落处，故打开义路与尔颂出：

---

① 易会却难见：易使人领会大意，却难使人彻见心性。
② 莫将境示人：不要将色相外境呈现给别人。
③ 石头大底大、小底小：意为真如佛性如石头大自大小自小，山自山水自水，本来现成。

【雪窦颂古】

编辟曾挨老古锥①,何必拶著这老汉。挨拶向什么处去?七斤衫重几人知?再来看不值半分钱。直得口似匾担②,又却被他赢得一筹。如今抛掷西湖里,还雪窦手脚始得。山僧也不要。下载清风付与谁?自古自今。且道雪窦与他酬唱、与他下注脚?一子亲得。

【圜悟评唱】

十八问中,此谓之编辟问。雪窦道:"编辟曾挨老古锥。"编辟万法,教归一致。这僧要挨拶他赵州,州也不妨作家,向转不得处有出身之路,敢开大口,便道:"我在青州作一领布衫,重七斤。"雪窦道:这个七斤布衫能有几人知?

"如今抛掷西湖里",万法归一,一亦不要,七斤布衫亦不要,一时抛在西湖里。雪窦住洞庭翠峰,有西湖也。"下载清风付与谁?"此是赵州示众:"尔若向北来,与尔上载;尔若向南来,与尔下载;尔若从雪峰、云居来,也是个担板汉。"雪窦道:如此清风堪付阿谁?上载者,与尔说心说性、说玄说妙,种种方便;若是下载,更无许多义理玄妙。有底担一担禅,到赵州处,一点也使不著。一时与他打叠,教洒洒落落无一星事,谓之悟了还同未悟时。

如今人尽作无事会,有底道:"无迷无悟,不要更求。"只如佛未出世时,达磨未来此土时,不可不恁么也,用佛出世作什

---

① 编辟曾挨老古锥:指赵州曾受到某僧的编辟问。"编辟",即编辟问,又作偏僻问,宋代汾阳善昭禅师将问话分十八种,此为第五种,指学人以偏僻见解为问。"老古锥",古代的钻孔工具,此比喻赵州。
② "匾担",《龙藏》、《驹本》作"匾檐"。

么?祖师更西来作什么?总如此有什么干涉?也须是大彻大悟了,依旧山是山水是水,乃至一切万法悉皆成现,方始作个无事底人。不见龙牙道:"学道先须有悟由,还如曾斗快龙舟。虽然旧阁闲田地,一度赢来方始休。"

只如赵州这个七斤布衫话子,看他古人怎么道如金如玉。山僧怎么说,诸人怎么听,总是上载。且道作么生是下载?三条椽下看取!

【点评】

"万法归一,一归何处?"从义理上说,"万法",是指森罗万象;"一",指真如佛性。所以说"万法"皆为"一"的体现,"一"又可显现为"万法"。这样的问话,虽有勘验的作用,但又往往成为车轱辘话(问"万"答"一",问"一"答"万")。赵州古佛"我在青州作一领布衫,重七斤"的话,如金刚王宝剑,斩断此葛藤,使人跳出窠臼,当下明心。此时"一"也不见,"万"也不见,不见之见而能一念相应者非他而谁?

"评唱"所谓"上载"、"下载"云者,其意何在?"上载",或可说是"装上重物","下载",或可说是"卸下重物"。那么何时"上载",何时"下载"呢?这当然需要应病与药:"尔若向北来(指已悟向上者),与尔上载(警惕滞于空);尔若向南来(指向下寻觅者),与尔下载(警惕滞于有)。"如此抛弃对空、有的执著与思量,才能领悟非空非有的佛性本体。

明乎此,"颂古"之意就不难明了。"如今抛掷西湖里,下载清风付与谁?"我们千万不要把重七斤的布衫再背在身上了。

四六　镜清雨滴声

【圜悟垂示】

一槌便成，超凡越圣；片言可折，去缚解粘①。如冰凌上行，剑刃上走，声色堆里坐，声色头上行②。纵横妙用则且置，刹那便去时如何？试举看：

【雪窦举公案】

镜清问僧："门外是什么声？"等闲垂一钓③。不患聋，问什么？僧云："雨滴声。"不妨实头④，也好个消息。清云："众生颠倒，迷己逐物⑤。"事生也。惯得其便。铙钩搭索，还他本分手脚⑥。僧云："和尚作么生？"果然纳败缺。转枪来也，不妨难当，却把枪头倒刺人。清云："洎不迷己。"咄！直得分疏不下。僧云："'洎不迷己'，意

---

① "一槌便成……去缚解粘"：意为高超的接人手段，一举一言之间就可使人去粘解缚，达到超越凡圣的真如佛性境界。"折"，《驹本》作"析"。
② "如冰凌上行……声色头上行"：比喻高明的禅师，不畏险峻的机锋，即使在日常生活中也是即声色而超声色的境界。
③ 等闲垂一钓：顺便设下一个钓钩（比喻接人手段）。
④ 不妨实头：不妨是个老实人（虽如实答话却滞于声色）。
⑤ 众生颠倒，迷己逐物：众生颠倒了本末，只顾追逐声色假象，而迷失了自己的本心。
⑥ 本分手脚：指明心见性的手段。

旨如何？"捋著这老汉。逼杀人，前箭犹轻后箭深。清云："出身犹可易，脱体道应难①。"养子之缘。虽然如是，德山、临济向什么处去②？不唤作雨滴声，唤作什么声？直得分疏不下。

【圜悟评唱】

只这里也好荐取，古人垂示一机一境要接人。一日镜清问僧："门外是什么声？"僧云："雨滴声。"清云："众生颠倒，迷己逐物。"又问："门外什么声？"僧云："鹁鸠声。"清云："欲得不招无③间业，莫谤如来正法轮。"又问："门外什么声？"僧云："蛇咬虾蟆声。"清云："将谓众生苦，更有苦众生④。"此语与前头公案更无两般。衲僧家于这里透得去，于声色堆里不妨自由；若透不得，便被声色所拘。这般公案，诸方谓之锻炼语。若是锻炼只成心行，不见他古人为人处，亦唤作透声色：一明道眼，二明声色，三明心宗，四明忘情，五明展演。然不妨子细，争奈有窠臼在。

镜清怎么问："门外什么声？"僧云："雨滴声。"却道："众生颠倒，迷己逐物。"人皆错会，唤作故意转人⑤，且得没交涉。殊不知镜清有为人底手脚，胆大不拘一机一境，忒杀不惜眉毛。镜清岂不知是雨滴声？何消更问。须知古人以探竿影草，要验这僧。这僧也善挨拶，便道："和尚又作么生？"直得镜清入泥入水

---

① 出身犹可易，脱体道应难：从声色中超越出来，还比较容易，如要表达更超越的境界应该是很难的。
② 德山、临济向什么处去：意为为什么不用德山、临济的手段（即德山棒、临济喝）？
③ "无"，原作"为"，据《龙藏》、《驹本》改。
④ 将谓众生苦，更有苦众生：本来要说众生的苦难是很多的，哪里知道还更有辛辛苦苦自寻苦难的众生呢。暗指某僧对日常事物的执著与分别太重。
⑤ 故意转人：故意引别人绕圈子。

向他道："洎不迷己。"其僧"迷己逐物"则故是，镜清为什么也"迷己"？须知验他句中便有出身处。这僧太懞懂，要剿绝此话①，更问道："只个'洎不迷己'，意旨如何？"若是德山、临济门下棒喝已行，镜清通一线道，随他打葛藤，更向他道："出身犹可易，脱体道应难。"虽然恁么，古人道相续也大难。他镜清只一句，便与这僧明脚跟下大事②。雪窦颂云：

【雪窦颂古】

虚堂雨滴声，从来无间断，大家在这里。作者难酬对。果然不知。山僧从来不是作者。有权有实，有放有收，杀活擒纵。若谓曾入流，刺头入胶盆③。不唤作雨滴④声，唤作什么声？依前还不会。山僧几曾问尔来？这漆桶，还我无孔铁锤来！会⑤不会，两头坐断，两处不分。不在这两边。南山北山转霶䨥⑥。头上脚下。若唤作雨声则瞎，不唤作雨声，唤作什么声？到这里须是脚踏实地始得。

【圜悟评唱】

"虚堂雨滴声，作者难酬对。"若唤作雨声，则是迷己逐物，不唤作雨声，又如何转物？到这里任是作者也难酬对。所以古人道："见与师齐，减师半德；见过于师，方堪传授。"又南院道："棒下无生忍，临机不让师。"

"若谓曾入流，依前还不会。"教中道："初于闻中，入流忘

---

① 懞懂：懵懂、不清醒。剿绝此话：追问、否定这句话。
② 脚跟下大事：根本大事（指明心见性，了悟佛道）。
③ 刺头入胶盆：比喻粘著难分状。
④ "滴"，原作"满"，据《龙藏》、《驹本》改。
⑤ "会"，原作"曾"，据《龙藏》、《驹本》改。
⑥ "霶䨥"，《驹本》同，《龙藏》作"霶霈"。

所。所入既寂,动静二相了然不生①。"若道是雨滴声,也不是;若道不是雨滴声,也不是。前头颂"两喝与三喝,作者知机变",正类此颂。若道是入声色之流,也不是;若唤作声色,依前不会他意。譬如以指指月,月不是指。会与不会,"南山北山转霶霈"也。

【点评】

镜清问僧:"门外是什么声?"是在勘验对方禅悟的程度,是在问面对纷纭声色时如何应对?面对众多烦恼时如何应对?但即使知此意,回答起来也非常不易。

如答"雨滴声",是滞于有,是"迷己逐物";如答"无声",是陷于无,是"不能转物"。所以某僧反问:"和尚作么生?"镜清答:"洎不迷己。"意为我不可言说,等到你即境不迷失自己真面目时就会明白。正是启发问僧要超越滞于有、无的两种状态,即体悟真如空性与诸色相不一不异,不即不离的明心见性境界。某僧懵懂,又问:"意旨如何?"镜清为之再通一线:"出身犹可易,脱体道应难。"意为真心之境不可言表。

尽管如此,如果要以有言来表达无言的境界,我们到底应该如何回答镜清开头的问话呢?或仍可回答:"雨滴声。"

"南山北山转霶霈",又是什么声音?

---

① "初于闻中……动静二相了然不生":出自《楞严经》卷六。其大意为:开始返观进行闻性修持时,声闻之内,随而寂灭。此时能闻之性亦空,动(有声)、静(无声)两种现象也都融为空寂而圆明的直觉景象了。

四七 云门六不收①

【圜悟垂示】

天何言哉，四时行焉；地何言哉，万物生焉②。向四时行处，可以见体，于万物生处，可以见用，且道向什么处见得衲僧③？离却言语、动用、行住、坐卧，并却咽喉、唇吻，还辨得么？

【雪窦举公案】

僧问云门："如何是法身④？"多少人疑著。千圣跳不出，漏逗不少。门云："六不收。"斩钉截铁。八角磨盘空里走⑤。灵龟曳尾。朕兆未分时荐得，已是第二头；朕兆已生后荐得，又落第三首⑥；若更向言语上辨得，且喜没交涉。

---

① 六不收："六"，指六根、六尘、六识……六合等。"不收"，指不应收摄。
② "天何言哉……万物生焉"：天地无言，潜运四季寒暑而化生万物。比喻真如本体真空实相的大机大用。
③ "向四时行处……向什么处见得衲僧"：意为在四季寒暑自然变换处，可以体悟真如之体，在万物化生处，可以体悟佛性之用。在什么处可以体现修持者的法身呢？
④ 法身：佛三身（法身、报身、应身）之一，又名自性身，或法性身，即常住不灭，人人本具的清净心光。众生迷而不觉，只有明心者才能证知。
⑤ 八角磨盘空里走：比喻云门的答话奇特，无踪迹可寻，令人惊怪。
⑥ "朕兆未分时荐得……又落第三首"：如果是征兆尚未出现时领悟到，就已经落到第二头；如果是征兆出现之后领悟得，就落在第三头了。

【圜悟评唱】

云门道："六不收。"直是难构①。若向朕兆未分时构得，已是第二头；若向朕兆已生后荐得，又落第三首；若向言句上辨明，卒摸索不著。且毕竟以何为法身？若是作家底，聊闻举著，剔起便行；苟或伫思停机，伏听处分。

太原孚上座②本为讲师，一日登座讲次，说"法身"云："竖穷三际，横亘十方③。"有一禅客，在座下闻之失笑。孚下座云："某甲适来有甚短处？愿禅者为说看。"禅者云："座主只讲得法身量边事④，不见法身。"孚云："毕竟如何即是？"禅者云："可暂罢讲，于静室中坐，必得自见。"孚如其言，一夜静坐，忽闻打五更钟，忽然大悟。遂敲禅者门云："我会也。"禅者云："尔试道看？"孚云："我从今日去，更不将父母所生鼻孔扭捏也⑤。"又教中道："佛真法身，犹若虚空。应物现形，如水中月。"又僧问夹山⑥："如何是法身？"山云："法身无相。""如何是法眼？"山云："法眼无瑕。"

云门道："六不收。"此公案有者道："只是六根、六尘、六

---

① 直是难构：真是难以领会。
② 太原孚上座：唐末五代禅师。雪峰义存之法嗣，生平不详。
③ 竖穷三际，横亘十方：从时间来说，（法身）竖超过去、现在、未来三际；从空间来说，横跨东、西、南、北、东南、西南、东北、西北、上、下十方。
④ 法身量边事：意谓对法身仅有比量的认识（以既知之事实为基础，比较未知之事实，由推理而进行认识）。
⑤ 更不将父母所生鼻孔扭捏也：意为已彻悟到真如佛性本来就现成地摆在那里。
⑥ 夹山：唐代禅师夹山善会（805~881）。曾参谒船子德诚而契道，遂嗣其法。后居湖南澧州之夹山，大扬禅风。

识①，此六皆从法身生，六根收他不得。"若恁么情解，且喜没交涉，更带累云门。要见便见，无尔穿凿处，不见教中道"是法非思量分别之所能解"？他答话多惹人情解，所以一句中须具三句，更不辜负尔问头；应时应节，一言一句、一点一画，不妨有出身处。所以道，一句透，千句万句一时透。

且道是法身、是祖师？放尔三十棒。雪窦颂云：

【雪窦颂古】

一二三四五六，周而复始，滴水滴冻。费许多工夫作什么？碧眼胡僧数不足。三生六十劫，达磨何曾梦见。阇黎为什么知而故犯？少林谩道付神光，一人传虚，万人传实，从头来已错了也。卷衣又说归天竺。赚杀一船人，憾愕不少。天竺茫茫无处寻，在什么处始是太平？如今在什么处？夜来却对乳峰②宿。刺破尔眼睛。也是无风起浪。且道是法身是佛身？放尔三十棒。

【圜悟评唱】

雪窦善能于无缝罅处，出眼目颂出教人见。云门道"六不收"，雪窦为什么却道"一二三四五六"，直是碧眼胡僧也数不足？所以道：只许老胡知，不许老胡会。须是还他屋里儿孙始得。适来道一言一句，应时应节，若透得去，方知道不在言句中；其或未然，不免作情解。五祖老师道："释迦牟尼佛，下贱客作儿。庭前柏树子，一二三四五。" 若向云门言句下谛当见

---

① 六根、六尘、六识："六根"（如草木有根而能生之意），即指眼根、耳根、鼻根、舌根、身根、意根。"六尘"（能染污意），即色尘、声尘、香尘、味尘、触尘、法尘。"六识"（能识别意），即眼识、耳识、鼻识、舌识、身识、意识。
② 乳峰：指河南登封西北少室山之五乳峰，少林寺即建在其峰之阳，传说东土禅宗初祖达磨于此面壁九年，后传法于二祖慧可（前名神光）。

得,相次到这境界。

"少林谩道付神光",二祖始名神光。及至后来,又道归天竺,达磨葬于熊耳山①之下,时宋云奉使西归,在西岭见达磨手携只履归西天去。使回奏圣,开坟惟见遗下一只履。雪窦道:其实此事,作么生分付?既无分付,"卷衣又说归天竺",且道为什么此土却有二三递相恁么传来?这里不妨诽讪,也须是构得始可入作。

"天竺茫茫无处寻,夜来却对乳峰宿。"且道即今在什么处?师便打云:瞎!

【点评】

公案情节简明易知,其含义却既宽泛又深邃。

僧问:"如何是法身?"云门答:"六不收。""六不收",意为不可收摄六根、六尘、六识、六合……实际上是指内不粘著于身心,外不粘著于森罗万象,才能证得法身。

原来法身即是一念清净心光,是真空妙有,只有涤荡"碧眼胡僧数不足"的万有法尘,才能识得空性、现起妙有、证得法身。

"颂古"将达磨祖师的行踪比喻法身,行无定所又无处不在。那么,我们如何见到达磨呢?"天竺茫茫无处寻,夜来却对乳峰宿。"原来这是在暗示我们:我们当下"六不收"时,达磨(法身)就在我们眼前,就在我们胸中,就是我们的真心呀!

---

① 熊耳山:位于河南卢氏南部,因两峰对峙如熊耳得名。达磨祖师葬于此并起塔。

四八　王太傅①煎茶

【雪窦举公案】

　　王太傅入招庆②煎茶，作家相聚，须有奇特。等闲无事，大家著一只眼③。惹祸来也。时朗上座与明招把铫④，一火弄泥团汉。不会煎茶，带累别人。朗翻却茶铫，事生也。果然。太傅见，问："上座！茶炉下是什么？"果然祸事。朗云："捧炉神。"果然中他箭了也。不妨奇特。太傅云："既是捧炉神，为什么翻却茶铫？"何不与他本分草料？事生也。朗云："仕官千日，失在一朝。"错指注，是什么语话？杜撰禅和，如麻似粟。太傅拂袖便去。灼然作家，许他具一只眼⑤。明招云："朗上座吃却招庆饭了，却去江外打野榸。"更与三十棒。这独眼龙，只具一只眼⑥。也须是明眼人点破始得。朗云：

---

① 王太傅：王延彬，唐代人，福建泉州行政长官，为长庆慧棱禅师俗家弟子。
② 招庆：泉州招庆院。
③ 等闲无事，大家著一只眼：意为平常轻松无事，大家随便斗一下机锋，历练一下眼光。
④ 朗上座：唐末报慈朗慧禅师，长庆慧棱禅师之法嗣。茶铫：一种煎茶用的有柄有嘴的小锅。
⑤ 灼然作家，许他具一只眼：意思是果然是参禅里手，说他有一定眼光。
⑥ 这独眼龙，只具一只眼：指明招的插话只道得一半，未能点透宗旨。

"和尚作么生？"拶著。也好与一拶，终不作这般死郎当见解①。招云："非人得其便。"果然只具一只眼，道得一半，一手抬一手搦。雪窦云：当时但踏倒茶铫。争奈贼过后张弓。虽然如是，也未称德山门下客，一等是泼郎泼赖②。就中奇特。

【圜悟评唱】

欲知③佛性义，当观时节因缘。王太傅知泉州，久参招庆，一日因入寺，时朗上座煎茶次，翻却茶铫。太傅也是个作家，才见他翻却茶铫，便问："上座！茶炉下是什么？"朗云："捧炉神。"不妨言中有响，争奈首尾相违，失却宗旨，伤锋犯手，不惟辜负自己，亦且触忤他人。这个虽是无得失底事，若拈起来，依旧有亲疏、有皂白。若论此事，不在言句上，却要向言句上辨个活处。所以道，他参活句，不参死句。

据朗上座怎么道，如狂狗逐块。太傅拂袖便去，似不肯他。明招云："朗上座吃却招庆饭了，却去江外打野榸。"野榸，即是荒野中火烧底木橛，谓之野榸。用明朗上座不向正处行，却向外边走。朗拶云："和尚作么生？"招云："非人得其便。"明招自然有出身处，亦不辜负他所问。所以道，俊狗咬人不露牙。

沩山哲和尚云："王太傅大似相如夺璧，直得须鬓冲冠④，盖明招忍俊不禁，难逢其便。大沩若作朗上座，见他太傅拂袖便行，放下茶铫，呵呵大笑。何故？见之不取，千载难逢。"不见

---

① 死郎当见解：执著于啰唆不彻的见解。
② 泼郎泼赖：窝囊，不利索。
③ "知"，《龙藏》、《驹本》作"识"。
④ 相如夺璧，直得须鬓冲冠：见《史记·廉颇蔺相如列传》蔺相如完璧归赵事。"冲"原作"衡"，据《龙藏》、《驹本》改。

宝寿问胡钉铰云①："久闻胡钉铰，莫便是否？"胡云："是。"寿云："还钉得虚空么？"胡云："请师打破将来②。"寿便打，胡不肯。寿云："异日自有多口阿师为尔点破在。"胡后见赵州，举似前话。州云："尔因什么被他打？"胡云："不知过在什么处？"州云："只这一缝尚不奈何，更教他打破虚空来？"胡便休去，州代云："且钉这一缝③。"胡于是有省。

京兆米七师行脚归，有老宿问云："月夜断井索，人皆唤作蛇。未审七师见佛时，唤作什么？"七师云："若有所见，即同众生。"老宿云："也是千年桃核④。"忠国师问紫璘供奉："闻说供奉解注《思益经》，是否？"奉云："是。"师云："凡当注经，须解佛意始得。"奉云："若不会意，争敢言注经？"师遂令侍者将一碗水、七粒米、一只箸在碗上，送与供奉。问云："是什么义？"奉云："不会。"师云："老师⑤意尚不会，更说甚佛意！"

王太傅与朗上座，如此话会不一。雪窦末后却道："当时但与踏倒茶炉！"明招虽是如此，终不如雪窦。雪峰在洞山会下作饭头，一日淘米次，山问："作什么？"峰云："淘米。"山云："淘米去沙？淘沙去米？"峰云："沙米一时去。"山云："大众吃个什么？"峰便覆却盆。山云："子因缘不在此。"虽然恁么，争

---

① 宝寿：指唐代宝寿沼禅师，临济义玄之法嗣。胡钉铰：当时的一个姓胡的小匠人（时称洗镜、补锅、锔碗的匠人为"钉铰"）。
② 请师打破将来：请您把虚空打破拿来（我为您钉）。此话意现出破绽，将"钉"、"虚空"等都看做实有。故后面"寿便打"。
③ 且钉这一缝：我马上为您钉补这一破绽。此赵州为胡钉铰代答宝寿问，意为问话的本身即显出"有"的破绽。
④ 千年桃核：意为老而无实，徒具虚名。
⑤ "老师"，《龙藏》、《驹本》作"老僧"。

似雪窦云"当时但踏倒茶炉",一等是什么时节?到他用处,自然腾今焕古有活脱处。颂云:

【雪窦颂古】

来问若成风,箭不虚发。偶尔成文,不妨要妙。应机非善巧①。弄泥团汉,有什么限?方木逗圆孔②,不妨撞著作家。堪悲独眼龙,只具一双眼,只得一橛。曾未呈牙爪。也无牙爪可呈,说什么牙爪?也不得欺他。牙爪开,尔还见么?雪窦却较些子。若有恁么手脚,踏倒茶炉。生云雷,尽大地人一时吃棒,天下衲僧无著身处。旱天霹雳。逆水之波经几回。七十二棒翻成一百五十③。

【圜悟评唱】

"来问若成风,应机非善巧。"太傅问处,似运斤成风。此出《庄子》:郢人泥壁,余一少窍,遂圆泥掷补之。时有少泥落在鼻端,傍有匠者云:"公补窍甚巧。我运斤,为尔取鼻端泥。"其鼻端泥若蝇子翼,使匠者斫之。匠者运斤成风而斫之,尽其泥而不伤鼻,郢人立不失容,所谓二俱巧妙。

朗上座虽应其机,语无善巧。所以雪窦道:"来问若成风,应机非善巧。堪悲独眼龙,曾未呈牙爪。"明招道得也太奇特,争奈未有拿云攫雾底爪牙。

雪窦傍不肯,忍俊不禁,代他出气。雪窦暗去合他意,自颂他"踏倒茶炉"语:"牙爪开,生云雷,逆水之波经几回。"云门

---

① 来问若成风,应机非善巧:意为太傅的问话,像挥动斧头一阵风(迅猛准确),而朗上座的应机对答,却并非善巧。
② 方木逗圆孔:要安方的木榫,却凿成圆孔。意为搭配不当。
③ 七十二棒翻成一百五十:本该打七十二棒,现在翻一番加到一百五十棒。

道："不望尔有逆水之波，但有顺水之意亦得。"所以道，活句下荐得，永劫不妄。朗上座与明招语句似死，若要见活处，但看雪窦踏倒茶炉。

【点评】

禅师日常言语动静之间也要保持惺惺寂寂类似的初禅状态，即是所谓打成一片。

朗上座弄翻茶铫，王太傅趁机问话："茶炉下是什么？"意在探查其心态。朗答："捧炉神。""神"，无色无声，暗显其用，如比心性似无大错，但已露出离心"有神"的尾巴。太傅进一步逼拶："……为什么翻却茶铫？"朗答："仕官千日，失在一朝。"此话已为俗情世理，如狂犬逐块，失却正态。所以太傅不肯他，"拂袖便去"。明招插话道："朗上座吃却招庆饭了，却去江外打野榸。"意为朗上座吃的禅家里饭，却干外边的活（不守本心，妄念流浪）。朗上座或许有所察觉，也趁机倒打一耙："和尚作么生？"明招答道："非人得其便。"意为我不便说（正惺寂着），说了你也不明白。明招答话虽有出身处，但不够凌厉果断。

到底应如何回答王太傅的问话，还是雪窦的著语最痛快："当时但踏倒茶炉。"为什么如此？父母所生口，终不向你道！

四九　三圣①以何为食

【圜悟垂示】

七穿八穴,搀鼓夺旗;百匝千重,瞻前顾后②。踞虎头收虎尾,未是作家;牛头没马头回,亦未为奇特③。且道过量底人来时如何?试举看:

【雪窦举公案】

三圣问雪峰:"透网金鳞,未审以何为食?"不妨纵横自在。此问太高生,尔合只自知,何必更问。峰云:"待汝出网来,向汝道。"减人多少声价。作家宗师天然自在。圣云:"一千五百人善知识,话头也不识?"迅雷霹雳,可杀惊群。一任跨跳④。峰云:"老僧住持事繁⑤。"不在胜负,放过一著。此语最毒。

---

① 三圣:三圣慧然,唐代临济宗禅师。因住镇州(今河北正定)三圣院得名。得临济义玄之旨,其后遍历诸方,曾参德山宣鉴、雪峰义存诸师。
② "七穿八穴……瞻前顾后":此比喻面对机锋,有的禅师能纵横自在,抢占先机,有的禅师则屡屡被困,顾虑重重。
③ "踞虎头收虎尾……亦未为奇特":意为能像占踞虎头控制虎尾一样在斗机锋时从头到尾都能占据主动,也说不上是真正的禅师;即使能像"牛头没马头回"一样迅速变换思路,也说不上是奇特的事。
④ 一任跨跳:任凭他上下蹦跳。指三圣的答话。
⑤ 老僧住持事繁:我住持的事太多了。意为我不去分别争辩,正是佛性境界。

【圜悟评唱】

雪峰、三圣，虽然一出一入，一挨一拶①，未分胜负在，且道这二尊宿具什么眼目？

三圣自临济受诀，遍历诸方，皆以高宾待之。看他致个问端，多少人摸索不著！且不涉理性佛法②，却问道："透网金鳞，以何为食？"且道他意作么生？透网金鳞寻常既不食他香饵，不知以什么为食？雪峰是作家，匹似闲只以一二分酬他③，却向他道："待汝出网来，向汝道。"汾阳谓之呈解问，洞下谓之借事问。须是超伦绝类得大受用、顶门有眼方谓之透网金鳞，争奈雪峰是作家，不妨减人声价，却云："待汝出网来，向汝道。"看他两家，把定封疆，壁立万仞。若不是三圣，只此一句便去不得。争奈三圣亦是作家，方解向他道："一千五百人善知识，话头也不识？"雪峰却道："老僧住持事繁。"此语得怎么顽慢。他作家相见，一擒一纵，逢强即弱，遇贱即贵。尔若作胜负会，未梦见雪峰在。看他二人，最初孤危峭峻，末后二俱死郎当④，且道还有得失胜负么？他作家酬唱，必不知此⑤。

三圣在临济作院主，临济迁化垂示云："吾去后不得灭吾正法眼藏⑥。"三圣出云："争敢灭却和尚正法眼藏。"济云："已后有人问尔，作么生？"三圣便喝⑦。济云："谁知吾正法眼藏，向

---

① 一出一入，一挨一拶：指二人在对话中，一来一往，一个承受一个逼拶。
② "佛法"，《龙藏》、《驹本》作"佛祖"。
③ 匹似闲只以一二分酬他：（雪峰的答话）好像很轻松地只用一二分的力量酬答他。
④ 死郎当：执著啰唆。
⑤ "知此"，《龙藏》、《驹本》作"如此"。
⑥ 正法眼藏：佛祖心眼彻见正法，含藏万德。禅宗用来称其教外别传的心印。
⑦ 三圣便喝：三圣便以喝声显示对临济佛法的领悟。

这瞎驴边灭却①?"三圣便礼拜。他是临济真子，方敢如此酬唱。雪窦末后只颂透网金鳞，显他作家相见处。颂云：

【雪窦颂古】

透网金鳞，千兵易得，一将难求。何似生？千圣不奈何。休云滞水。向他云外立，活泼泼地。且莫钝置好②。摇乾荡坤，作家作家。未是他奇特处，放出又何妨？振鬣摆尾③。谁敢辨端倪？做得个伎俩，卖弄出来，不妨惊群。千尺鲸喷洪浪飞，转过那边去，不妨奇特。尽大地人一口吞尽。一声雷震清飚起④。有眼有耳，如聋如盲。谁不悚然！清飚起，在什么处？咄！天上人间知几几？雪峰牢把阵头，三圣牢把阵脚。撒土撒沙作什么？打云：尔在什么处？

【圜悟评唱】

"透网金鳞，休云滞水。"五祖道："只此一句颂了也。"既是透网金鳞，岂居滞水？必在洪波浩渺、白浪滔天处。且道二六时中，以何为食？诸人且向三条椽下、七尺单前试定当看。

雪窦道：此事随分拈弄，如金鳞之类，振鬣摆尾时，直得乾坤动摇。"千尺鲸喷洪浪飞"，此颂三圣道"一千五百人善知识，话头也不识"，如鲸喷洪浪相似。"一声雷震清飚起"，颂雪峰道"老僧住持事繁"，如"一声雷震清飚起"相似。大纲颂他两个俱是作家。

"清飚起，天上人间知几几？"且道这一句落在什么处？飚者

---

① 瞎驴边灭却：比喻三圣未得精髓，只知瞎喊（临济对三圣的做法或许并不完全认可）。
② 且莫钝置好：意为千万不要闲置或折磨他。
③ 振鬣摆尾：张鳍摆尾。
④ 千尺鲸喷洪浪飞，一声雷震清飚起：比喻三圣（开悟者）的风貌和气势。"清飚"，高天清风。

风也，当清飚起时，天上人间，能有几人知？

【点评】

三圣是临济义玄的高徒，当然不是等闲之辈。他问："透网金麟，未审以何为食？"其意为证得佛性理体后，如何才能证得佛性之用？

古人说："向上一路，千圣不传。"不是不想传，而是机缘不合、火候不到，学人不易领悟。雪峰是此中高手，当然自有妙应："待汝出网来，向汝道。"其意为你若真得彻悟，不说自明；你若不悟，虽说不明。话中有话，耐人寻味。此话又似乎有贬斥三圣（执著于透网，即未透网）之意，借以从应对中观察其悟境。

三圣当然自有转身处，如太极推手，轻轻化解来力，顺势发劲："……话头也不识？"意为我本是举说话头，是你执于实有。雪峰接得来力，似乎化而不发，实为即化即发，使对方当下落空："老僧住持事繁。"意为我本来即在此悟境中，哪里还有什么分别？但行家一出手便知有没有，三圣或许能感受到雪峰此答的功力，实际上此话已经回答了三圣的前问。

五〇　云门尘尘三昧①

【圜悟垂示】

度越阶级，超绝方便，机机相应，句句相投②。倘非入大解脱门，得大解脱用，何以权衡佛祖龟鉴宗乘③？且道当机直截，逆顺纵横，如何道得出身句④？试请举看：

【雪窦举公案】

僧问云门："如何是尘尘三昧？"天下衲僧尽在这里作窠窟。满口含霜。撒沙撒土作什么？门云："钵里饭，桶里水。"布袋著盛锥。金沙混杂，将错就错。含元殿⑤里不问长安。

【圜悟评唱】

还定当得么？若定当得，云门鼻孔在诸人手里；若定当不得，诸人鼻孔在云门手里。云门有斩钉截铁句，此一句中具三

---

① 尘尘三昧：意谓于一微尘中入一切之三昧。"三昧"，又名三摩提，或三摩地，华译为正定，即离诸邪乱，摄心不散的意思。
② "度越阶级……句句相投"：意为彻悟的禅师，应该超越渐悟的阶级及日常的某些方便，而达到时时处处与道相应，句句与机锋相投的境界。
③ "倘非入大解脱门……何以权衡佛祖龟鉴宗乘"：意为如果不是进入这样的大解脱的体用一如的境地，怎能权衡佛祖及禅宗宗旨？
④ "且道当机直截……如何道得出身句"：意为当机截断众流，纵横自由时，如何能说出引人开悟的话呢？
⑤ 含元殿：唐代国都长安的皇宫正殿。

句。有底问著便道:"钵里饭",粒粒皆圆;"桶里水",滴滴皆湿①。若怎么会,且不见云门端的为人处②。颂云:

【雪窦颂古】

钵里饭,桶里水,露也。撒沙撒土作什么?漱口三年③始得。多口阿师难下嘴。缩却舌头。识法者惧,为什么却怎么举?北斗南星位不殊,唤东作西作什么?坐立俨然,长者长法身,短者短法身④。白浪滔天平地起。脚下深数丈⑤。宾主互换。蓦然在尔头上,尔又怎么生?打!拟不拟苍天苍天!咄!止不止,说什么?更添怨苦。个个无裈长者子⑥。郎当不少,傍观者咍。

【圜悟评唱】

雪窦前面颂云门"对一说"道:"对一说,太孤绝,无孔铁锤重下楔。"后面又颂马祖"离四句,绝百非"话道:"藏头白,海头黑,明眼衲僧会不得。"若于此公案透得,便见这个颂。

雪窦当头便道:"钵里饭,桶里水。"言中有响,句里呈机⑦。"多口阿师难下嘴",随后便与尔下注脚也,尔若向这里要求玄妙道理计较,转难下嘴。雪窦只到这里也得,他爱怎么头上先把定⑧,恐众中有具眼者觑破也。

---

① "湿",原作"显",据《龙藏》、《驹本》改。
② 若怎么会,且不见云门端的为人处:意为云门的答话是暗中启发导学人即境见性,而不是某些人所理解的世情俗理。
③ 漱口三年:意为答话已显其有,应对说过的话后悔不已。
④ 长者长法身,短者短法身:意为众生形色不同而皆有佛性。
⑤ 脚下深数丈:意为如于言句下寻思则错过时机,如脚下草已长得深数丈。
⑥ "拟不拟……个个无裈长者子":拟意不得,又不能放下,像因迷失本来面目而困顿得连裤子也没有的长者之子一样。"长者子",见《法华经》。
⑦ 言中有响,句里呈机:话中有话,言句里呈现出机锋。
⑧ 头上先把定:先把定向上的方向。

到后面须放过一著,俯为初机①,打开②颂出教人见:北斗依旧在北,南星依旧只在南。所以道:"北斗南星位不殊,白浪滔天平地起。"忽然平地上起波澜,又作么生?若向事上觑则易,若向意根下寻,卒摸索不著③。这个如铁橛子相似,摆拨不得,插嘴不得。

尔若拟议,欲会而不会,止而不止,乱呈懞袋④,正是"个个无裈长者子"。寒山诗道:"六极常婴苦,九维徒自论。有才遗草泽,无势闭蓬门。日上岩犹暗,烟消谷尚昏。其中长者子,个个总无裈⑤。"

【点评】

"如何是尘尘三昧?"其意是在问,如何在声色及一切微尘中体现禅道事事无碍的最高境界?云门答道:"钵里饭,桶里水。"话面易懂,寓意难表,真是"多口阿师难下嘴"。其意或可显示,纷繁万象,本来如此、本来现成,不用他求。如明心见性者,将日常声色化为无分别、离能所的现量境即为"尘尘三昧"。

那么,如何是"本来现成"?如何能展"现量境"?空说义理反为迂远,还是雪窦"颂古"说得好,"北斗南星位不殊"。此指北斗南星分明处于本位,自由自在,正是"本来现成",正是"现量境"也。如若妄心浮动,一味在意根下寻思,自然就会"白浪滔天平地起",自然成了"个个无裈长者子"一样的流浪者了。

---

① 俯为初机:俯下身来接引初修禅道者。
② "打开",《驹本》作"拆开"。
③ "若向事上觑则易……卒摸索不著":如能在事境上见机则容易领会,如能在言句下寻思,终了也摸索不着。
④ 乱呈懞袋:意为不悟而表现出悟的样子迷惑人。
⑤ "六极常婴苦……个个总无裈":此唐代诗僧寒山子诗,见《全唐诗》。大意是描绘修道者在贫苦环境中自得其乐的心境。

卷 六

五一 雪峰是什么

【圜悟垂示】

才有是非，纷然失心；不落阶级，又无摸索①。且道放行即是，把住即是？到这里，若有一丝毫解路，犹滞言诠，尚拘机境，尽是依草附木②；直饶便到独脱处，未免万里望乡关③。还构得么？若未构得，且只理会个现④成公案。试举看：

【雪窦举公案】

雪峰住庵时，有两僧来礼拜，作什么，一状领过⑤。峰见来，以手托庵门，放身出云："是什么？"鬼眼睛、无孔笛子、擎头戴

---

① "才有是非……又无摸索"：意为才有是非分别，就会失掉真心（真如本体）；而不落阶级的顿悟，又无处摸索。
② "若有一丝毫解路……尽是依草附木"：如果是存有求解的心，就会滞在对言句的解释上，如果还被机境束缚，都只能依附在事物上。
③ 直饶便到独脱处，未免万里望乡关：就是到了自认为超脱声色处，也不免距离目的地万里之遥。
④ "现"，原作"理"，据《龙藏》、《驹本》改。
⑤ 作什么，一状领过：意为这两个僧人来干什么？作同案处理算了。

角①。僧亦云:"是什么?"泥弹子、毡拍板,箭锋相拄②。峰低头归庵。烂泥里有刺。如龙无足,似蛇有角,就中难为措置。

僧后到岩头,也须是问过始得,同道方知。头问:"什么处来?"也须是作家始得,这汉往往纳败阙。若不是同参,洎乎放过。僧云:"岭南来。"传得什么消息来?也须是通个消息。还见雪峰么?头云:"曾到雪峰么?"勘破了多时,不可道不到。僧云:"曾到。"实头人难得,打作两橛③。头云:"有何言句?"便怎么去也?僧举前话,便怎么去也。重重纳败阙。头云:"他道什么?"好劈口便打。失却鼻孔了也。僧云:"他无语,低头归庵。"又纳败阙。尔且道他是什么?头云:"噫!我当初悔不向他道末后句,洪波浩渺,白浪滔天。若向伊道,天下人不奈雪老何④。"癞儿牵伴,不必。须弥也须粉碎,且道他圈缋在什么处?

僧至夏末,再举前话请益。已是不惺惺⑤。正贼去了多时,贼过后张弓。头云:"何不早问?"好与掀倒禅床⑥。过也。僧云:"未敢容易。"这棒本是这僧吃。穿却鼻孔。停囚长智,已是两重公案。头云:"雪峰虽与我同条生,不与我同条死。漫天网地。要识末句后,只这是。"赚杀一船人,我也不信。洎乎分疏不下。

---

① 鬼眼睛、无孔笛子、擎头戴角:分别表达不可捉摸、不可耳闻、不可认识等意。使人疑惑不解,又放下不得。
② 泥弹子、毡拍板,箭锋相拄:比喻以同样的手段相对应(软对软硬对硬)。
③ 实头人难得,打作两橛:此指某僧的如实(缺乏悟性)的回答,实际上是将真如之体分作"曾到"和"未曾"两部分。
④ "我当初悔不向他道末后句……天下人不奈雪老何":我后悔当初没向他说末后句,如果向他说了末后句,天下人对雪峰禅师都没办法了。其意是说你未能领悟雪峰所暗示的末后句。
⑤ 惺惺:指清醒或定中观照。
⑥ 掀倒禅床:此意为剿绝分别意识,才能显示真空实相。

【圜悟评唱】

　　大凡扶竖宗教，须是辨个当机，知进退是非，明杀活擒纵；若忽眼目迷黎麻罗①，到处逢问便问，逢答便答，殊不知鼻孔在别人手里。只如雪峰、岩头同参德山，此僧参雪峰，见解只到恁么处。及乎见岩头，亦不曾成得一事，虚烦他二老宿一问一答，一擒一纵。直至如今，天下人成节角诤讹，分疏不下。且道节角诤讹在什么处？

　　雪峰虽遍历诸方，末后于鳌山店，岩头因而激之，方得剿绝大彻②。岩头后值沙汰，于湖边作渡子，两岸各悬一板，有人过敲板一下。头云："尔过那边？"遂从芦苇间舞棹而出。雪峰归岭南住庵。这僧亦是久参底人，雪峰见来，以手托庵门，放身出云："是什么？"如今有底恁么问著，便去他语下咬嚼。这僧亦怪，也只向他道："是什么？"峰低头归庵，往往唤作无语会去也，这僧便摸索不著。有底道，雪峰被这僧一问，直得无语归庵。殊不知雪峰意有毒害处，雪峰虽得便宜，争奈藏身露影。

　　这僧后辞雪峰，持此公案令岩头判。既到彼，岩头问："什么处来？"僧云："岭南来。"头云："曾到雪峰么？"若要见雪峰，只此一问，也好急著眼看。僧云："曾到。"头云："有何言句？"此语亦不空过，这僧不晓，只管逐他语脉转。头云："他道什么？"僧云："他低头无语归庵。"这僧殊不知，岩头著草鞋，在他肚皮里行几回了也。岩头云："噫！我当初悔不向他道末后句。若向他道，天下人不奈雪老何。"岩头也是扶强不扶弱。这

---

① 若忽眼目迷黎麻罗：好像一下子眼睛迷离模糊了。
② 剿绝大彻：意为清除诸有而得到大彻大悟。

僧依旧黑漫漫地不分缁素，怀一肚皮疑，真个道雪峰不会。至夏末，再举前话，请益岩头。头云："何不早问？"这老汉计较生也。僧云："未敢容易。"头云："雪峰虽与我同条生，不与我同条死。要识末后句，只这是。"岩头太杀不惜眉毛，诸人毕竟作么生会？

雪峰在德山会下作饭头，一日斋晚，德山托钵下至法堂。峰云："钟未鸣，鼓未响，这老汉托钵向什么处去？"山无语低头归方丈。雪峰举似岩头，头云："大小德山不会末后句。"山闻，令侍者唤至方丈问云："汝不肯老僧那？"头密启其语①。山至来日上堂，与寻常不同。头于僧堂前，抚掌大笑云："且喜老汉会末后句！他后天下人不奈他何。虽然如是，只得三年。"

此公案中，如雪峰见德山无语，将谓得便宜，殊不知著贼了也。盖为他曾著贼来，后来亦解做贼。所以古人道：末后一句，始到牢关。有者道，岩头胜雪峰，则错会了也。岩头常用此机示众云："明眼汉没窠臼，却物为上，逐物为下②。"这末后句，设使亲见祖师来，也理会不得。德山斋晚，老子自捧钵下法堂去。岩头道："大小德山未会末后句在。"雪窦拈云："曾闻说个独眼龙，元来只具一只眼。"殊不知，德山是个无齿大虫，若不是岩头识破，争知得昨日与今日不同。

诸人要会末后句么？只许老胡知，不许老胡会。自古及今，公案万别千差，如荆棘林相似。尔若透得去，天下人不奈何，三

---
① 密启其语：意为暗中把这话（启发末后句的话）说开了。
② "明眼汉没窠臼……逐物为下"：明眼汉如果是陷落在窠臼里，丢掉声色境界为上，追逐声色境界为下。

世诸佛，立在下风。尔若透不得，岩头道"雪峰虽与我同条生，不与我同条死"，只这一句自然有出身处。雪窦颂云：

【雪窦颂古】

末后句，已在言前。将谓真个，觑著则瞎。为君说，舌头落也说不著。有头无尾，有尾无头。明暗双双底时节。葛藤老汉，如牛无角，似虎有角。彼此是恁么。同条生也共相知，是何种族？彼此没交涉，君向潇湘我向秦。不同条死还殊绝。拄杖子在我手里，争怪得山僧？尔鼻孔为什么在别人手里？还殊绝，还要吃棒么？有什么摸索处？黄头碧眼须甄别。尽大地人亡锋结舌。我也恁么，他人却不恁么。只许老胡知，不许老胡会。南北东西归去来，收。脚跟下犹带五色线①在，乞尔一条拄杖子。夜深同看千岩雪。犹较半月程。从他大地雪漫漫，填沟塞壑无人会，也只是个瞎汉。还识得末后句么？便打。

【圜悟评唱】

"末后句，为君说"，雪窦颂此末后句，他意极有落草相为。颂则杀颂，只颂毛彩些子，若要透见也未在②。更敢开大口便道："明暗双双底时节。"与尔开一线路，亦与尔一句打杀了也，末后更与尔注解。

只如招庆一日问罗山③云："岩头道：'恁么恁么，不恁么不

---

① 五色线：五色之线缕，密宗认为系于身有加持、灌顶、除疾等作用。此意为如有依附即是羁绊。
② "颂则杀颂……若要透见也未在"：意为"颂古"就应该颂得很透彻，如果也只颂些表面的意思，要让人透彻体悟恐怕还做不到。
③ 罗山：罗山道闲，五代时禅师。福建长溪人，俗姓陈，为岩头之法嗣。曾住福州罗山，署号"法宝禅师"。

恁么①。'意旨如何？"罗山召云："大师！"师应诺。山云："双明亦双暗。"庆礼谢而去。三日后又问："前日蒙和尚垂慈，只是看不破？"山云："尽情向尔道了也。"庆云："和尚是把火行。"山云："若恁么，据大师疑处问将来？"庆云："如何是双明亦双暗？"山云："同生亦同死。"庆当时礼谢而去。

后有僧问招庆："同生亦同死时如何？"庆云："合取狗口。"僧云："大师收取口吃饭？"其僧却来问罗山云："同生不同死时如何？"山云："如牛无角。"僧云："同生亦同死时如何？"山云："如虎戴角。"末后句，正是这个道理。罗山会下有僧，便用这个意，致问招庆，庆云："彼此皆知，何故？我若东胜身洲道一句，西瞿耶尼洲也知②；天上道一句，人间也知。"心心相知，眼眼相照，同条生也则犹易见，不同条死也还殊绝，释迦、达磨也摸索不著。

"南北东西归去来"，有些子好境界，"夜深同看千岩雪"。且道是双明双暗、是同条生是同条死？具眼衲僧试甄别看。

【点评】

此公案中雪峰"手托庵门，放身出云：'是什么'"，是用"藏身露影"的手段，表示悟者对"末后句"运用之自由自在。"低头归庵"，是让来僧体悟"末后句"的无可言说。

所谓"末后句"是指人们彻悟真如佛性之后（已过重关），对世间差别智的体验，即随机而行皆得圆融无碍，而又无言可表（所以说"末

---

① 恁么恁么，不恁么不恁么：是这样就是这样，不是这样就不是这样。暗指真如佛性非空非有的境界。
② 东胜身洲：须弥世界的四大洲之一，在须弥山东方之海中。"身"，《龙藏》、《驹本》作"升"。西瞿耶尼洲：亦四大洲之一，在须弥山西方之海中。

后一句,始到牢关")。来僧应声虫式的问话"为什么",显示他未能体悟雪峰的苦心。其后,来僧又抱着不解去问岩头,岩头话中有话,仍是启发来僧体悟"末后句"。

其中奥妙,还是"颂古"说得最好:"末后句,为君说,明暗双双底时节。"其意为"末后句",本不能说,只好"藏身露影"乍现一下,任凭悟则双明,不悟则双暗。"同条生也共相知,不同条死还殊绝。"意为即使在一个师门下同悟同生,在事用中处理各种情况的差别也还是很大的。"还殊绝,黄头碧眼须甄别。"意为事用中遭遇的各种不同情况,即使是释迦佛祖、达磨祖师,也要注意辨别真假。"南北东西归去来,夜深同看千岩雪。"意为各地参学归来的人,还需要在定中领悟雪峰、岩头的"末后句"呀!

或有人问:德山托钵公案其意何在?"低头归方丈",此无语来去,本亦可暗示末后句,岩头为什么说他偌大一个德山禅师"不会末后句"?"岩头密启其语"的内容我等不得而知,故不能细评。但我们知道"末后句",本无可言说者,这样说而不说的作法,或许正是以"末后句"的特点更好地启发诸人体悟"末后句",以达到心心相知,眼眼相照,同生同死的境地。德山"来日上堂,与寻常不同",及其后来以"呵佛骂祖",扫除学人法执等作法,也许正可体现此意。

值得我们警觉的是,像德山这样的古德尊宿,在人生的最后三年才会如何利用"末后句",我等何敢再言呢?

五二　赵州石桥略彴①

【雪窦举公案】

僧问赵州:"久响②赵州石桥,到来只见略彴。"也有人来捋虎须。也是衲僧本分事③。州云:"汝只见略彴,且不见石桥。"惯得其便,这老汉卖身去也④。僧云:"如何是石桥?"上钩来也。果然。州云:"渡驴渡马⑤。"一网打就,直得尽大地人无出气处,一死更不再活⑥。

【圜悟评唱】

赵州有石桥,盖李膺造也,至今天下有名;略彴者,即是独木桥也。其僧故意减他威光,问他道:"久响赵州石桥,到来只见略彴。"赵州便道:"汝只见略彴,且不见石桥。"据他问处,

---

① 赵州石桥:安济桥,俗称赵州大石桥(位于今河北省赵县城南洨河上)。隋开皇、大业年间名匠李春(旧说李膺)所造,为我国现存古代著名建筑之一。略彴:独木桥。
② "响",通"向"。
③ 本分事:即明心见性。
④ 惯得其便,这老汉卖身去也:意为赵州惯用这种因势利导启人开悟的方法,为此不怕对方的机锋反击,将安危置之度外。
⑤ 渡驴渡马:(此桥)可以通过驴、通过马。此意暗含赵州禅可以像赵州桥一样接引学人、普度众生。
⑥ "一网打就……一死更不再活":意为赵州的答话彻底打杀了问僧的情尘妄想。

也只是平常说话相似，赵州用去钓他。这僧果然上钩，随后便问："如何是石桥?"州云："渡驴渡马。"不妨言中自有出身处。赵州不似临济、德山行棒行喝，他只以言句杀活。这公案好好看来，只是寻常斗机锋相似；虽然如是，也不妨难凑泊①。

一日，与首座看石桥，州乃问首座："是什么人造?"座云："李膺造。"州云："造时向什么处下手?"座无对。州云："寻常说石桥，问著下手处也不知。"又一日，州扫地次，僧问："和尚是善知识，为什么有尘②?"州云："外来底③。"又问："清净伽蓝④，为什么有尘?"州云："又有一点也⑤。"又僧问："如何是道?"州云："墙外底。"僧云："不问这个道，问大道。"州云："大道透长安。"

赵州偏用此机，他到平实安稳处为人，更不伤锋犯手，自然孤峻，用得此机甚妙。雪窦颂云：

【雪窦颂古】

孤危不立道方高，须是到这田地始得。言犹在耳。还他本分草料。入海还须钓巨鳌。坐断要津，不通凡圣⑥。虾蚬螺蚌不足问，大丈夫汉不可两两三三⑦。堪笑同时灌溪老，也有恁么人曾恁么来，也

---

① 难凑泊：意为难于轻易领悟。
② 和尚是善知识，为什么有尘：意为您是善知识，身心清净，为什么还招来这些尘土呢？"尘"，此暗指"六根"（眼耳鼻舌身意）招来的"六尘"（色声香味触法）。
③ 外来底：意为此"尘"是你对外境的分别产生的。
④ 伽蓝：梵音略译，意为佛寺。
⑤ 又有一点也：意为这种问话又是你对外境的分别，又多了一点"尘"。
⑥ 坐断要津，不通凡圣：此指截断妄想，也没有凡圣的境界。
⑦ 虾蚬螺蚌不足问，大丈夫汉不可两两三三：意为像虾蚬螺蚌一样的根器浅小者不足勘问，真正大根器的人不会像它们那样成群结队出现。

有恁么用机关底手脚。解云劈箭亦徒劳①。犹较半月程。似则似,是则未是。

【圜悟评唱】

"孤危不立道方高",雪窦颂赵州寻常为人处,不立玄妙,不立孤危;不似诸方道"打破虚空"、"击碎须弥"、"海底生尘"、"须弥鼓浪",方称他祖师之道。所以雪窦道:"孤危不立道方高。"壁立万仞,显佛法奇特灵验②,虽然孤危峭峻,不如不立孤危;但平常自然转辘辘地③,不立而自立,不高而自高,机出孤危方见玄妙。所以雪窦云:"入海还须钓巨鳌。"看他具眼宗师等闲垂一语、用一机,不钓虾蚬螺蚌,直钓巨鳌,也不妨是作家。此一句用显前面公案。

"堪笑同时灌溪老",不见僧问灌溪:"久响灌溪,及乎到来,只见个沤麻池。"溪云:"汝只见沤麻池,且不见灌溪。"僧云:"如何是灌溪?"溪云:"劈箭急。"又僧问黄龙④:"久响黄龙,及乎到来,只见个赤斑蛇⑤"。龙云:"子只见赤斑蛇,且不见黄龙。"僧云:"如何是黄龙?"龙云:"拖拖地⑥。"僧云:"忽遇金翅鸟来时如何?"龙云:"性命难存。"僧云:"恁么则遭他食啖去

---

① 灌溪老:指唐代禅师灌溪志闲,临济义玄之法嗣。劈箭:意为像刀劈箭射一样迅疾。
② "奇特灵验",《龙藏》、《驹本》作"奇特灵明"。
③ 转辘辘地:车轮声,比喻能灵活转换,应机而行。
④ 黄龙:北宋禅师黄龙慧南(1002~1069),为临济宗第七祖石霜楚圆之门下,后住江西隆兴黄龙山,盛弘教化,遂成黄龙派(为临济禅之支派,禅宗五家中七宗之一,又称黄龙宗)。手段峻峭,有严厉之风。
⑤ 赤斑蛇:一种毒蛇(此意为你是蛇而不是龙)。
⑥ 拖拖地:指龙的外形。

也。"龙云:"谢子供养①。"此总是立孤危,是则也是,不免费力,终不如赵州寻常用底。所以雪窦道:"解云劈箭亦徒劳。"

只如灌溪、黄龙即且致②,赵州云,"渡③驴渡马",又怎么生会?试辨看。

【点评】

来僧说:"久响赵州石桥,到来只见略彴。"明头是说:久久向往赵州大石桥,而到此只能看到一座小木桥。暗头意谓:久闻您赵州和尚的大名,到此一看只不过是平常的一个人。此话似有削减赵州和尚威光之心,而无求悟佛道之意。

赵州淡然答之:"汝只见略彴,且不见石桥。"明说:你只能见到小木桥,而看不见大石桥。暗示:你这样的心量只能看见小木桥,而看不见大石桥。此话用本分草料,将来僧引到本分事上来。

来僧的求悟的正念已被调动,不由问道:"如何是石桥?"其实是问:如何领悟佛性?赵州答道:"渡驴渡马。"轻松做到明合所问,暗揭根本:能渡驴渡马的当然是石桥,能度众生的就是赵州的禅法。

雪窦此则"颂古"的中心是颂扬了赵州禅的特色:"孤危不立道方高。"不立孤危险要、不动棒喝、不言玄妙、不呈奇特,而其炉火纯青的禅道,更超孤危险要、超棒喝、超玄妙、超奇特。后面"评唱"所举灌溪、黄龙公案,虽句式大体相同,末后亦不免立孤危。"是则也是,不免费力,终不如赵州寻常用底。"

---

① 供养:又作供施、供给、打供。供养初以身行为主,后亦包含纯粹的精神供养,故有身分供养、心分供养之分。
② "致",《驹本》同。《龙藏》作"置"。
③ "渡",原为"波",据《龙藏》、《驹本》改。

五三　马大师野鸭子

【圜悟垂示】

遍界不藏,全机独露①。触途无滞,著著有出身之机;句下无私,头头有杀人之意②。且道:古人毕竟向什么处休歇③?试举看:

【雪窦举公案】

马大师与百丈行次,见野鸭子飞过,两个落草汉草里辊,蓦顾作什么?大师云:"是什么?"和尚合知,这老汉鼻孔也不知④。丈云:"野鸭子。"鼻孔已在别人手里,只管供款。第二杓恶水更毒⑤。大师云:"什么处去也?"前箭犹轻后箭深。第二回啗啄,也合自知。丈云:"飞过去也。"只管随他后转,当面蹉过。大师遂扭百丈鼻

---

① 遍界不藏,全机独露:指真如佛性真空实相无处能掩盖,无处不可呈现全貌。
② "触途无滞……头头有杀人之意":指高明的禅师会在事用中灵活无滞,招招都有启人心性超凡脱俗的妙用;言句真实圆活,处处都有杀活度人的意图。
③ 休歇:指彻悟之后休歇万缘的境界。
④ 和尚合知,这老汉鼻孔也不知:您老和尚应该知道吧,您这老汉这样连自己的鼻孔也要丢掉了。意为和尚您这样的问话,也易被别人牵了鼻子。
⑤ 第二杓恶水更毒:比喻马大师的第二次问话更厉害。

头，父母所生鼻孔却在别人手里。捩转枪头，裂转鼻孔来也①。丈作忍痛声。只在这里，还唤作野鸭子得么？还识痛痒么？大师云："何曾飞去！"莫瞒人好。这老汉元来只在鬼窟里作活计。

【圜悟评唱】

正眼观来却是百丈具正因，马大师无风起浪②。诸人要与佛祖为师，参取百丈；要自救不了，参取马祖大师。看他古人，二六时中未尝不在个里③。百丈卯岁离尘，三学该练，属大寂④阐化南昌，乃倾心依附，二十年为侍者。及至再参，于喝下方始大悟。而今有者道，本无悟处，作个悟门建立此事⑤。若恁么见解，如狮子身中虫，自食狮子肉。不见古人道，源不深者流不长，智不大者见不远？若用作建立会，佛法岂到如今？

看他马大师与百丈行次，见野鸭子飞过，大师岂不知是野鸭子？为什么却恁么问？且道他意落在什么处？百丈只管随他后走，马祖遂扭他鼻孔，丈作忍痛声，马祖云："何曾飞去！"百丈便省。而今有底错会，才问著便作忍痛声，且喜跳不出。宗师家为人须为教彻，见他不会不免伤锋犯手，只要教他明此事。所以道，会则途中受用，不会则世谛流布⑥。马祖当时若不扭住，只成世谛流布。也须是逢境遇缘，宛转教归自己⑦。十二时中，无

---

① "捩"、"裂"字，《龙藏》分别作"别"、"捩"，《驹本》分别作"别"、"裂"。
② 无风起浪：意为借机勘验、启发。
③ 二六时中：古代将一昼夜分为十二个时辰。此意为终日如此。
④ 大寂：马祖大师谥号。
⑤ 本无悟处，作个悟门建立此事：意为本没有所谓悟境，权且空立一个所谓悟门是为了设立禅宗这种事。
⑥ 会则途中受用，不会则世谛流布：领悟了随时都能得到受用，不领悟就只能是应机说法立制。
⑦ 逢境遇缘，宛转教归自己：逢事境遇机缘所领悟的，还要婉转地归于自己心田受用。

空缺处,谓之性地明白。若只依草附木,认个驴前马后,有何用处?看他马祖、百丈怎么用,虽似昭昭灵灵,却不住在昭昭灵灵处①。百丈作忍痛声,若恁么见去,遍界不藏,头头成现②。所以道,一处透千处万处一时透。

马祖次日升堂,众才集,百丈出,卷却拜蓆③。马祖便下座,归方丈次,问百丈:"我适来上堂,未曾说法,尔为什么便卷却蓆?"丈云:"昨日被和尚扭得鼻孔痛。"祖云:"尔昨日向甚处留心?"丈云:"今日鼻头又不痛也。"祖云:"尔深知今日事。"丈乃作礼,却归侍者寮哭。同事侍者问云:"尔哭作什么?"丈云:"尔去问取和尚。"侍者遂去问马祖,祖云:"尔去问取他看。"侍者却归寮问百丈,丈却呵呵大笑。侍者云:"尔适来哭,而今为什么却笑?"丈云:"我适来哭,如今却笑。"看他悟后,阿辘辘地④,罗笼不住,自然玲珑。雪窦颂云:

【雪窦颂古】

野鸭子,成群作队。又有一只。知何许?用作什么?如麻似粟。马祖见来相共语!打葛藤有什么了期。说个什么?独有马祖识个俊底。话尽山云海月情,东家杓柄长,西家杓柄短,知他打葛藤多少。依前不会还飞去。囟!莫道他不会言,飞过什么处去?欲飞去,鼻孔在别人手里,已是与他下注脚了也。却把住。老婆心切,更道什么?道!

---

① 虽似昭昭灵灵,却不住在昭昭灵灵处:意为此时虽好像是空寂灵明的境界,却不停滞在空寂灵明处。"昭昭灵灵",指功行或日常中的空寂灵明的感觉,此时尚有能觉与所觉,不为彻悟。
② 若恁么见去,遍界不藏,头头成现:如此领悟去,自能处处彻见佛性。
③ 百丈出,卷却拜蓆:百丈走出来,将跪拜用的席子卷起来。意为百丈已经领悟到,此事在言语、设施之外。
④ 阿辘辘地:车轮之声,比喻灵活转动貌。

道！什么道？不可也教山僧道，不可作野鸭子叫。苍天！苍天！脚跟下好与三十棒，不知向什么处去？

【圜悟评唱】

雪窦劈头便颂道："野鸭子，知何许？"且道有多少？"马祖见来相共语"，此颂马祖问百丈云："是什么？"丈云："野鸭子。"

"话尽山云海月情①"，颂再问百丈："什么处去也？"马大师为他意旨自然脱体，百丈依前不会，却道："飞过去也。"两重蹉过。

"欲飞去，却把住。"雪窦据款结案。又云："道！道！"此是雪窦转身处，且道怎么生道？若作忍痛声则错，若不作忍痛声又作么生会？雪窦虽然颂得甚妙，争奈也跳不出。

【点评】

此则为百丈悟道因缘，是宗门的著名公案。

马大师明明知道是野鸭子，为什么还要问"是什么"？原来禅家要求二六时中"惺惺寂寂"（寂而有照），并能即境彻见心性。马祖之意是勘验百丈驰心著境否？即境彻见佛性否？尽管百丈回答的"野鸭子"、"飞过去也"，在实际中并不算错，马大师还是要扭百丈鼻头，因为他已两度驰心著境，失却真如本来面目，更不要说能即境彻见佛性了。

马祖一边扭其鼻头，一边喝道："何曾飞去！"（它哪里飞去了？就在这里呀！）于是百丈负痛而有省觉。百丈省个什么？原来此知痛之心，又将其外驰之心拉了回来，又回归"惺惺寂寂"的本位。原来马祖所问

---

① 话尽山云海月情：意谓驮师的话说尽了即境见性的真谛。"话"，原作"语"，据《龙藏》及本则"颂古"改。

"是什么",正指此也!

或许会问"百丈出,卷却拜席",其意何在?百丈或许是在向马祖示意:昨日你说我心著外境,扭了我的鼻子,你既不著外境,还要席子作甚?……总之表示深解昨日之事。或许还会问:百丈先哭后笑,其意何在?古人说:"大事未明如丧考妣,大事即明如丧考妣。"其具体感触,也只能"如人饮水,冷暖自知"了。

五四　云门近离甚处

【圜悟垂示】

透出生死，拨转机关①，等闲截铁斩钉，随处盖天盖地②。且道是什么人行履处？试举看：

【雪窦举公案】

云门问僧："近离甚处？"不可也道西禅。探竿影草。不可道东西南北。僧云："西禅。"果然，可杀实头。当时好与本分草料③。门云："西禅近日有何言句？"欲举，恐惊和尚。深辨来风，也似和尚相④似寐语。僧展两手，败阙了也。勾贼破家。不妨令人疑著。门打一掌。据令而行。好打，快便⑤难逢。僧云："某甲话在。"尔待要翻款那，却似有揿旗夺鼓底手脚⑥。门却展两手。险。驾与青龙不解

---

① 透出生死，拨转机关：意为应机施用手段，使人得悟而超越生死。
② 等闲截铁斩钉，随处盖天盖地：意为轻松果断地随处见性。
③ 可杀实头：可真是太老实了（暗指没有悟性）。本分草料：指禅宗的根本宗旨，明心见性事。
④ "相"，《龙藏》、《驹本》作"翻"。
⑤ "便"，《龙藏》同。《驹本》作"鞭"。
⑥ 尔待要翻款那，却似有揿旗夺鼓底手脚：你这话只是要改变被动局面，却又好像有拔旗夺鼓的手脚似的。

骑①。僧无语,可惜。门便打。不可放过。此棒合是云门吃。何故?当断不断,返招其乱。阇黎合吃多少?放过一著,若不放过合作么生?

【圜悟评唱】

云门问这僧:"近离甚处?"僧云:"西禅。"这个是当面话,如闪电相似。门云:"近日有何言句?"也只是平常说话。这僧也不妨是个作家,却倒去验云门,便展两手。若是寻常人遭此一验,便见手忙脚乱。他云门有石火电光之机,便打一掌。僧云:"打即故是,争奈某甲话在。"这僧有转身处,所以云门放开,却展两手;其僧无语,门便打。看他云门自是作家,行一步知一步落处,会瞻前亦解顾后,不失踪由。这僧只解瞻前不能顾后。颂云:

【雪窦颂古】

虎头虎尾一时收,杀人刀、活人剑,须是这僧始得。千兵易得,一将难求。凛凛威风四百州。坐断天下人舌头,盖天盖地。却问不知何太险?不可盲枷瞎棒,雪窦元来未知在。阇黎相次著也。师云:放过一著。若不放过又作么生?尽天下人一时落节,击禅床一下。

【圜悟评唱】

雪窦颂得此话极易会,大意只颂云门机锋,所以道"虎头虎尾一时收"。古人云:据虎头,收虎尾,第一句下明宗旨。雪窦只据款结案,爱云门会据虎头又能收虎尾。僧展两手,门便打,是据虎头;云门展两手,僧无语,门又打,是收虎尾。头尾齐收,眼似流星,自然如击石火,似闪电光,直得"凛凛威风四百

---

① 驾与青龙不解骑:把他扶到青龙背上他也不知道去骑。意为没有抓住得悟的机会。

州",直得尽大地世界风飒飒地。"却问不知何太险?"不妨有险处。雪窦云:"放过一著。"且道如今不放过时又作么生?尽大地人,总须吃棒!如今禅和子总道"等他展手时也还他本分草料",似则也似,是则未是。云门不可只恁么教尔休,也须别有事在。

【点评】

此公案开始,云门在平常问话中暗含机锋:"近离甚处?""……有何言句?"是在勘验来僧悟境。来僧亦非等闲之辈,"展两手"应答,并反验云门。其意或为:一切就是这个真空实相,送给你。"云门打一掌"。其意或为:你如这样说,连你的动作都是著有,剿绝它才能现真。来僧计穷,只好说:"某甲话在。"意为,我要说的话已经表示出了。"门却展两手。"其意或为:这样的真空实相如何能说明?他又在哪里?此时来僧茫然"无语"。(或如上则,心随野鸭子飞去了)"云便打。"(亦如上则马大师扭百丈鼻子相似)其意直指人心:不用寻觅,本来现成,就在这里,就是他!

此公案中,云门两打来僧,一打为"据虎头"(现一念未生境界),二打为"收虎尾"(使再现一念未生境界),始终掌握主动权,最后放过一著,又给人以出路。雪窦"颂古",正颂此意。

五五　道吾渐源吊慰①

【圜悟垂示】

稳密全真，当头取证②；涉流转物，直下承当。向击石火闪电光中坐断诸讹、于据虎头收虎尾处壁立千仞则且置，放一线道，还有为人处也无③？试举看：

【雪窦举公案】

道吾与渐源，至一家吊慰，源拍棺云："生邪死邪④？"道什么？好不惺惺，这汉犹在两头⑤。吾云："生也不道，死也不道⑥。"龙吟雾起，虎啸风生⑦。买帽相头。老婆心切。源云："为什么不道？"蹉过了也。果然错会。吾云："不道不道！"恶水蓦头浇。前箭

---

① 渐源：渐源仲兴，道吾弟子，生平不详。吊慰：吊唁亡人，慰问生者。
② 稳密全真，当头取证：意为直觉亲得无分别、无能所的现量境，当时即是证得。
③ "向击石火闪电光中坐断诸讹……还有为人处也无"：意为在接引学人时，瞬间阻断妄念的情况下建立高境界，这些都先放置一边，给学人放开一条向上的道路，还有更好的接引人的办法吗？"收虎尾处"，《龙藏》、《驹本》无"处"字。
④ 生邪死邪：(真如之体) 是往生了，还是真的死去了？
⑤ 好不惺惺，这汉犹在两头：意为从渐源的问话看，他是多么不清醒，像这样的人尚不能体悟大道，还滞在 (有无、生死等) 两边。
⑥ 生也不道，死也不道：也不能说就是往生了，也不能说就是死亡了。
⑦ 龙吟雾起，虎啸风生：比喻一有解说则现迹象，故不应说。

犹轻后箭深。回至中路,太惺惺。源云:"和尚快与某甲道。若不道,打和尚去也!"却较些子。罕逢穿耳客,多遇刻舟人①。似这般不唧㗚汉,入地狱如箭。吾云:"打即任打,道即不道!"再三须重事,就身打劫。这老汉满身泥水,初心不改②。源便打。好打。且道打他作什么?屈棒元来有人吃在。

后道吾迁化,源到石霜举似前话,知而故犯。不知是不是,是则也大奇。霜云:"生也不道,死也不道。"可杀新鲜,这般茶饭却元来有人吃。源云:"为什么不道?"语虽一般,意无两种,且道与前来问是同是别?霜云:"不道不道!"天上天下!曹溪波浪如相似,无限平人被陆沉。源于言下有省。瞎汉!且莫瞒山僧好。

源一日将锹子于法堂上从东过西,从西过东。也是死中得活,好与先师出气。莫问他,且看这汉一场懡㦬。霜云:"作什么?"随后娄薮也③。源云:"觅先师灵骨。"丧车背后悬药袋,悔不慎当初④。尔道什么?霜云:"洪波浩渺、白浪滔天,觅什么先师灵骨⑤?"也须还他作家始得,成群作队作什么?〔雪窦著语云:苍天!苍天!〕太迟生,贼过后张弓。好与一坑埋却。源云:"正好著力。"且道落在什么处?先师曾向尔道什么?这汉从头到尾直至如今,出身不得。太原

---

① 罕逢穿耳客,多遇刻舟人:意为很少碰到悟性高的求道人,却常常遇见刻舟求剑的呆板人。"穿耳客",亦称"穿耳僧",印度之僧,多系耳环,故名。禅林代指异国人,或指菩提达磨,后转指闻法悟道之伶俐衲僧。
② 满身泥水,初心不改:意为虽解说不清,但接引渐源的心愿并未改变。
③ 娄薮:引起啰嗦。
④ 丧车背后悬药袋,悔不慎当初:送丧的车后面悬挂着药袋子,懊悔当初不慎重不尽心,此时悔之晚矣。"悬",《龙藏》、《驹本》作"拖"。
⑤ 洪波浩渺、白浪滔天,觅什么先师灵骨:意为此时世情妄念泛滥,到哪里去寻找你先师所启发你的真如佛性呢?

孚云:"先师灵骨犹在①。"大众见么?闪电相似。是什么破草鞋②?犹较些子。

【圜悟评唱】

道吾与渐源,至一家吊慰,源拍棺木云:"生邪死邪?"吾曰:"生也不道,死也不道③。"若向句下便入得,言下便知归,只这便是透脱生死底关键;其或未然,往往当头蹉过。看他古人行住坐卧,不妨以此事为念。才至人家吊慰,渐源便拍棺问道吾云:"生邪死邪?"道吾不移易一丝毫,对他道:"生也不道,死也不道。"渐源当面蹉过,逐他语句走,更云:"为什么不道?"吾云:"不道不道!"吾可谓赤心片片,将错就错。

源犹自不惺惺,回至中路又云:"和尚快与某甲道。若不道,打和尚去也!"这汉识什么好恶?所谓好心不得好报。道吾依旧老婆心切,更向他道:"打即任打,道即不道。"源便打。虽然如是,却是他赢得一筹。道吾怎么血滴滴地为他,渐源得怎么不瞥地。道吾既被他打,遂向渐源云:"汝且去。恐院中知事探得,与尔作祸。"密遣渐源出去,道吾忒杀伤慈。源后来至一小院,闻行者诵《观音经》云:"应以比丘身得度者,即现比丘身而为说法④。"忽然大悟云:"我当时错怪先师。"

---

① 先师灵骨犹在:意为他能领悟先师的精神,先师即为不朽。下文所说"道吾一片顶骨如金色,击时作铜声"、"黄金灵骨"等,大意为同此。
② 闪电相似。是什么破草鞋:意为与道相应的机缘稍纵即逝,如在这时住着,就会像破草鞋一样不值钱。
③ "吾曰:生也不道,死也不道",《龙藏》、《驹本》无此十个字。
④ 应以比丘身得度者,即现比丘身而为说法:应该用比丘的身份去接引的人,即呈现比丘的身份去接引他,为他说法。意为接引不同根性的人需要用不同的身份和方法。道吾的"不道",正体现这样的苦心。

争知此事，不在言句上。古人道，没量大人，被语脉里转却。有底情解道：道吾云"不道不道"，便是道了也。唤作打背翻筋斗，教人摸索不著。若恁么会，作么生得平稳去。若脚踏实地，不隔一丝毫。不见七贤女游尸陀林①，遂指尸问云："尸在这里，人在什么处？"大姊云："作么？作么？"一众齐证无生法忍②。且道有几个？千个万个只是一个。

渐源后到石霜，举前话，石霜依前云："生也不道，死也不道。"源云："为什么不道？"霜云："不道不道！"他便悟去。一日将锹子于法堂上从东过西，从西过东，意欲呈己见解。霜果问云："作什么？"源云："觅先师灵骨。"霜便截断他脚跟云："我这里洪波浩渺、白浪滔天，觅什么先师灵骨？"他既是觅先师灵骨，石霜为什么却恁么道？到这里，若于"生也不道，死也不道"处言下荐得，方知自始至终全机受用；尔若作道理，拟议寻思，直是难见。渐源云："正好著力。"看他悟后道得自然奇特，道吾一片顶骨如金色，击时作铜声。

雪窦著语云："苍天！苍天！"其意落在两边。太原孚云："先师灵骨犹在。"自然道得稳当。这一落索，一时拈向一边，且道作么生是省要处？作么生是著力处？不见道，一处透，千处万处一时透！若向"不道不道"处透得去，便乃坐断天下人舌头；若透不得，也须是自参自悟，不可容易过日，可惜许时光。雪窦颂云：

---

① 尸陀林：又作寒林、尸多婆那林等。为位于中印度摩揭陀国王舍城北方之森林。林中幽邃且寒，初为该城人弃尸之所，后为罪人居住地。其后泛称弃尸之所为寒林。
② 无生法忍：亦称"无生忍"，即把心安住在不生不灭的境界。

【雪窦颂古】

兔马有角，斩！可杀奇特，可杀新鲜！牛羊无角。斩！成什么模样？瞒别人即得。绝毫绝厘，天上天下，唯我独尊，尔向什么处摸索？如山如岳①。在什么处？平地起波澜。堼著尔鼻孔。黄金灵骨今犹在，截却舌头，塞却咽喉。拈向一边，只恐无人识得伊。白浪滔天何处著？放过一著。脚跟下蹉过，眼里耳里著不得。无处著，果然却较些子，果然没溺深坑。只履西归曾失却。祖祢不了，累及儿孙②。打云：为什么却在这里！

【圜悟评唱】

雪窦偏会下注脚，他是云门下儿孙，凡一句中具三句底钳锤③，向难道处道破，向拨不开处拨开，去他紧要处颂出，直道"兔马有角，牛羊无角"。且道兔马为什么有角？牛羊为什么却无角？若透得前话，始知雪窦有为人处。有者错会道：不道便是道，无句是有句；兔马无角，却云有角，牛羊有角，却云无角。且得没交涉。殊不知，古人千变万化，现如此神通，只为打破尔这精灵鬼窟。若透得去，不消一个"了"字。"兔马有角，牛羊无角。绝毫绝厘，如山如岳。"这四句，似摩尼宝珠一颗相似，雪窦浑沦地吐在尔面前了也④。

末后皆是据款结案："黄金灵骨今犹在，白浪滔天何处著？"

---

① 绝毫绝厘，如山如岳：看不到一毫一厘，却又如山如岳之大。暗喻真如佛性。
② 祖祢不了，累及儿孙：祖辈父辈没有完成的事又累及了子孙。
③ 一句中具三句底钳锤：一句中具备了所谓"云门三句"的作用。
④ 摩尼宝珠："摩尼"，梵语，为珠玉之总称。一般传说摩尼宝珠有消除灾难、疾病，及澄清浊水等作用，又称如意宝珠。浑沦地吐在尔面前：比喻全部都说给你了。"浑沦"，同囫囵。

此颂石霜与太①原孚语。为什么"无处著,只履西归曾失却"?灵龟曳尾,此是雪窦转身为人处。古人道:他参活句不参死句。既是失却,他一火为什么却竞头争?

【点评】

此公案中,道吾严把疆域、渐源急切问道的情景跃然纸上:

渐源问:"生邪死邪?"道吾说:"生也不道,死也不道。"渐源问:"为什么不道?"道吾说:"不道不道!"

道吾对渐源的问话,为什么总不直答?真是急病人遇见慢郎中,我们都着急了,无怪乎急得渐源要打道吾了。原来真如大道正是要超生脱死,而不著生死某一边,也不著生死两边。此问题当然不能用生死而答之。此时即物离物,即生死而离生死正是答案呀!此直觉亲得无分别、无能所的现量境,本不可说,如勉强说之,又恐将对方系于驴橛,反障悟门。只好以"不道不道"启发之,留待自悟自证。渐源后来的积疑成悟,正得力于此。

此公案的妙处,雪窦已颂出:

"兔马有角,牛羊无角。绝毫绝厘,如山如岳。"意为真如佛性的境界不存在有无、大小等分别,他能无中现有(真空实相中体现机用),绝微绝小处体现伟大自在。"黄金灵骨今犹在,白浪滔天何处著?"道吾的"黄金灵骨"(真如佛性)尚在,而"白浪滔天"(面对世俗声色)时,他又在何处体现呢?"无处著,只履西归曾失却。"不应住著一处,请从达磨葬在东土,又能只履西归的故事里去体悟吧!

---

① "太",原作"大",据《龙藏》、《驹本》及前后文改。

五六　钦山一镞破三关

【圜悟垂示】

诸佛不曾出世,亦无一法与人;祖师不曾西来,未尝以心传授①。自是时人不了,向外驰求②;殊不知自己脚跟下一段大事因缘,千圣亦摸索不著③。只如今见不见、闻不闻,说不说、知不知,从什么处得来④?若未能洞达,且向葛藤窟里会取。试举看:

【雪窦举公案】

良禅客问钦山:"一镞破三关时如何?"险!不妨奇特,不妨是个猛将。山云:"放出关中主看。"劈面来也,也要大家知。主山高,

---

① "诸佛不曾出世……未尝以心传授":诸佛没有出世的时候,也不会给人定法;达磨祖师未来东土前,也没有传授禅宗心法。意为真如佛性本来自在。
② 自是时人不了,向外驰求:意为自是人们不明了心地真象,而向心外求法。
③ 殊不知自己脚跟下一段大事因缘,千圣亦摸索不著:竟然不知道自己脚跟下的一段大事因缘(明心见性),此事即使是千万个圣人也摸索不到。
④ "只如今见不见……从什么处得来":意为到现在不见之见、不闻之闻,不说而说、不知而知,如此现量境又从什么处得来的呢?

按山低①。良云："恁么则知过必改？"见机而作，已落第二头。山云："更待何时？"有擒有纵。风行草偃。良云："好箭放不著所在。"便出。果然拟待翻款那②，第二棒打人不痛。山云："且来阇黎！"呼则易，遣则难③。唤得回头堪作什么？良回首，果然把不住。中也！山把住云："一镞破三关即且止，试与钦山发箭看。"虎口里横身。逆水之波。见义不为无勇也。良拟议，果然摸索不著。打云：可惜许！山打七棒云："且听这汉疑三十年！"令合恁么。有始有终，头正尾正。这个棒合是钦山吃。

【圜悟评唱】

良禅客也不妨是一员战将，向钦山手里左盘右转，坠鞭闪鞚，末后可惜许弓折箭尽。虽然如是，李将军自有嘉声在，不得封侯也是闲。这个公案，一出一入，一擒一纵，当机觌面提，觌面当机疾④，都不落有无得失，谓之玄机。稍亏些子力量，便有颠蹶。

这僧亦是个英灵底衲子，致个问端，不妨惊群。钦山是作家宗师，便知他问头落处。镞者，箭镞也。一箭射透三关时如何？钦山意道：尔射透得则且置，试放出关中主看。良云："恁么则知过必改。"也不妨奇特。钦山云："更待何时？"看他怎么只对钦山所问，更无些子空缺处。后头良禅客却道："好箭放不著所

---

① 主山高，按山低：旧风水学观点，营造宫室时，如面南坐北，概以北方略高而南方较低为吉相。如以寺院主建筑为主山，其前则为按山（或作"案山"）。此又表示主客之差别世界本来如此。
② 拟待翻款那：准备翻案，变被动为主动。
③ 呼则易，遣则难：唤来容易，送走就难了。意为钦山的呼喊未必能使良禅客脱离迷惘。
④ 当机觌面提，觌面当机疾：意为应机当面提醒，直觉亲得无分别、无能所的现量境。

在。"拂袖便出。钦山才见他恁么道,便唤云:"且来阇黎!"良禅客果然把不住,便回首。钦山擒住云:"一镞破三关则且止,试与钦山发箭看。"良拟议,钦山便打七棒,更随后与他念一道咒云:"且听这汉疑三十年。"

如今禅和子尽道:为什么不打八下,又不打六下,只打七下?不然等他问道"试与钦山发箭看"便打。似则也似,是则未是在。这个公案,须是胸襟里不怀些子道理计较,超出语言之外,方能有一句下破三关及有放箭处;若存是之与非,卒摸索不著。当时这僧若是个汉,钦山也大险。他既不能行此令,不免倒行。且道"关中主"毕竟是什么人?看雪窦颂云:

【雪窦颂古】

与君放出关中主,中也!当头蹉过。退后!退后!放箭之徒莫莽卤。一死不再活,大诸讹过了。取个眼兮耳必聋,左眼半斤。放过一著,左边不前,右边不后。舍个耳兮目双瞽①。右眼八两。只得一路,进前则堕坑落堑,退后则猛虎衔脚。可怜②一镞破三关,全机恁么来时如何?道什么破也堕也?的的分明箭后路。死汉。咄!打云:还见么?君不见,癞儿牵伴。打葛藤去也。玄沙有言兮,那个不是玄沙。大丈夫先天为心祖。一句截流,万机寝削,鼻孔在我手里。未有天地世界已前,在什么处安身立命。

【圜悟评唱】

此颂数句,取归宗③颂中语。归宗昔日因作此颂号曰归宗,

---

① 取个眼兮耳必聋,舍个耳兮目双瞽:意为真如佛性一体圆融,故不可有取舍。
② "怜",原作"邻",据《龙藏》、《驹本》改。
③ 归宗:归宗智常,为马祖道一之法嗣,曾住庐山归宗寺弘扬宗风。

宗门中谓之宗旨之说。后来同安闻之云："良公善能发箭，要且不解中的。"有僧便问："如何得中的？"安云："关中主是什么人？"后有僧举似钦山，山云："良公若怎么，也未免得钦山口。虽然如是，同安不是好心。"

雪窦道"与君放出关中主"，开眼也著，合眼也著，有形无形，尽斩为三段。"放箭之徒莫莽卤"，若善能放箭，则不莽卤；若不善放，则莽卤可知。"取个眼兮耳必聋，舍个耳兮目双瞽。"且道取个眼为什么却耳聋？舍个耳为什么却双瞽？此语无取舍，方能透得，若有取舍则难见。

"可怜一镞破三关，的的分明箭后路。"良禅客问："一镞破三关时如何？"钦山云："放出关中主看。"乃至末后同安公案，尽是箭后路。毕竟作么生？"君不见，玄沙有言兮，大丈夫先天为心祖。"寻常以心为祖宗极则，这里为什么却于天地未生已前犹为此心之祖？若识破这个时节，方识得"关中主"。"的的分明箭后路"，若要中的，箭后分明有路，且道作么生是箭后路？也须是自著精彩始得。"大丈夫先天为心祖"，玄沙常以此语示众，此乃是归宗有此颂，雪窦误用为玄沙语。

如今①参学者，若以此心为祖宗，参到弥勒佛下生，也未会在。若是大丈夫汉，心犹是儿孙，天地未分已是第二头。且道正当怎么时，作么生是先天地？

【点评】

良禅客问："一镞破三关时如何？"意为如何以一言一行，不历阶

---

① "如今"，《龙藏》、《驹本》作"如此"。

次,直破三关(初关、重关、牢关),达到禅道的最高境界?钦山答:"放出关中主看。"这是还他本分草料,意为:抽钉拔楔,解粘去缚,把自己的本心解放出来即是。如何领悟"放出关中主看",即成为本则公案的中心。

应该说,这里的"关中主"暗指内已明识真如本心(破初关),"放出"则暗指真如本心内外通明而彻见佛性(破重关),"看",则暗指明心见性之后,体验差别智,达到的事事圆融的禅道的最高境界。此即是"一镞破三关"。"放出关中主看"虽然只是一句话,三步阶级历然可见。

"评唱"说:"这个公案,须是胸襟里不怀些子道理计较,超出语言之外,方能有一句下破三关及有放箭处;若存是之与非,卒摸索不著。"这个公案所讲的境界极高,我们如不能"放出关中主",即不是"一镞破三关",我们再说什么?

五七 赵州至道无难

【圜悟垂示】

未透得已前,一似银山铁壁,及乎透得了,自己元来是铁壁银山①。或有人问:且作么生?但向他道:若向个里露得一机、看得一境,坐断要津、不通凡圣未为分外②。苟或未然,看取古人样子:

【雪窦举公案】

僧问赵州:"'至道无难,唯嫌拣择。'如何是不拣择?"这铁蒺藜,多少人吞不得③,大有人疑著在。满口含霜。州云:"天上天下,唯我独尊。"平地上起骨堆,衲僧鼻孔一时穿却。金刚铸铁券④。僧云:"此犹是拣择。"果然随他转了也。捞著这老汉。州云:"田库奴⑤!什么处是拣择?"山高石裂。僧无语。放尔三十棒,直得目

---

① "未透得已前……自己元来是铁壁银山":意为未悟得真如佛性前,困难重重好像银山铁壁不能通过;悟得佛性之后得知,原来自性即铁壁银山(本来现成,颠扑不破)。
② "但向他道……未为分外":只对他说:如果向此中努力,因一机一境而得悟,说他的境界阻断要津、不通凡圣,也并不是夸大。"向",原作"尚",据《龙藏》、《驹本》改。
③ 这铁蒺藜,多少人吞不得:比喻面对真如佛性,多少人都难于表述。
④ 金刚铸铁券:用金刚铸成的凭证。比喻不可变动。
⑤ 田库奴:当时的土话,意为没有见过世面的乡下土人。

瞪口呿①。

【圜悟评唱】

僧问赵州"至道无难，唯嫌拣择"，三祖《信心铭》劈头便道这两句，有多少人错会！何故？至道本无难亦无不难，只是唯嫌拣择，若恁么会，一万年也未梦见在。赵州常以此语问人，这僧将此语倒去问他。若向语上觅，此僧却惊天动地；若不在语句上，又且如何更参三十年？这个些子关捩子，须是转得始解。捋虎须也须是本分手段始得。这僧也不顾危亡，敢捋虎须，便道："此犹是拣择。"赵州劈口便塞道："田厍奴！什么处是拣择？"若问著别底，便见脚忙手乱，争奈这老汉是作家，向动不得处动，向转不得处转。尔若透得，一切恶毒言句，乃至千差万状、世间戏论，皆是醍醐上味。若到著实处，方见赵州赤心片片。"田厍奴"，乃福唐人乡语骂人，似无意智相似。这僧道"此犹是拣择"，赵州道"田厍奴"，什么处是拣择？宗师眼目须至恁么，如金翅鸟擘海直取龙吞。雪窦颂云：

【雪窦颂古】

似海之深，是什么度量？渊源难测，也未得一半在。如山之固。什么人撼得？犹在半途。蚊虻弄空里猛风，也有恁么底。果然不料力，可杀不自量。蝼蚁撼于铁柱②。同坑无异土，且得没交涉。阇黎与他

---

① 目瞪口呿：目瞪口张而无言。"呿"，张口状。
② 蚊虻弄空里猛风，蝼蚁撼于铁柱：蚊虻要在猛风里舞弄，蝼蚁想撼动铁柱这是不可能的。"蚊虻"、"蝼蚁"，此比喻功力单薄的人（某僧）。"猛风"、"铁柱"，比喻赵州和尚的形象和功力。

同参①。拣兮择兮，担水河头卖，道什么？赵州来也。当轩布鼓②。已在言前一坑埋却，如麻似粟。打云：塞却尔咽喉③！

【圜悟评唱】

雪窦注两句云："似海之深，如山之固。"僧云："此犹是拣择。"雪窦道：这僧一似"蚊虻弄空里猛风，蝼蚁撼于铁柱"。雪窦赏他胆大，何故？此是上头人用底，他敢恁么道。赵州作不放他，便云："田库奴！什么处是拣择？"岂不是猛风铁柱？

"拣兮择兮，当轩布鼓"。雪窦末后提起教活，若识得明白十分，尔自将来了也。何故？不见道"欲得亲切，莫将问来问"！是故"当轩布鼓"。

【点评】

"至道无难，唯嫌拣择"，这句禅林名言，表面并不难解。但如何达到这样的境界？此则公案讲的正是这样的事例。

有僧问赵州和尚："……如何是不拣择？"赵州答："天上天下，唯我独尊。"这句话据传是佛祖初生时说的，表现了佛祖的志向及真如佛性的境界。赵州答话有如"铁柱"，本欲借此引导某僧向上，不料某僧却说："此犹是拣择。"看来某僧正是陷于对如何不拣择的拣择中。赵州迅即训斥道："田库奴！什么处是拣择？"这句话有如"猛风"千斤之力，反问之间已救某僧出水火。

原来某僧被训斥之时，正应是返照自心时，此时的心光独耀正是"天上天下，唯我独尊"的境界。此正是赵州的转身处，也正是佛性慧命得生处。"评唱"所谓："向动不得处动，向转不得处转。尔若透得，

---

① 阇黎与他同参：意为您与他同参，也会像这种景象。
② 当轩布鼓：面对空旷处击鼓。意为当即惊破对方的拣择。
③ 塞却尔咽喉：阻塞你的咽喉。此比喻截断拣择妄虑。

一切恶毒言句,乃至千差万状、世间戏论,皆是醍醐上味。"正此意也。

雪窦"颂古""似海之深,如山之固",是赞赏赵州前一答话的深沉有力;"蚊虻弄空里猛风,蝼蚁撼于铁柱",是说某僧的问话虽有勇而不自量力;"拣兮择兮,当轩布鼓",是赞赏赵州最后的训斥是高妙的提起教活的手段。

"田厍奴!什么处是拣择?"

五八　赵州时人窠窟[1]

【雪窦举公案】

僧问赵州："'至道无难，唯嫌拣择。'是时人窠窟否？"两重公案，也是疑人处。踏著秤锤硬似铁[2]。犹有这个在，莫以己妨人。州云："曾有人问我，直得五年分疏不下。"面赤不如语直。胡孙吃毛虫，蚊子咬铁牛[3]。

【圜悟评唱】

赵州平生不行棒喝，用得过于棒喝[4]。这僧问得来，也甚奇怪，若不是赵州，也难答伊。盖赵州是作家，只向伊道："曾有人问我，直得五年分疏不下。"问处壁立千仞，答处亦不轻他[5]。只怎么会直是当头[6]，若不会，且莫作道理计较。

不见投子宗道者，在雪窦会下作书记，雪窦令参"至道无

---

[1] 时人窠窟：现时人的窠窟。比喻陷落在停滞不前的窠臼。
[2] 踏著秤锤硬似铁：脚踏到秤砣感到硬得像铁一样。此比喻问僧的话头不好对付。
[3] 胡孙吃毛虫，蚊子咬铁牛：此比喻赵州的答话让人更难以处置。"胡孙"，即猢狲。
[4] 不行棒喝，用得过于棒喝：虽不用棒喝，但作用却超过棒喝。
[5] 问处壁立千仞，答处亦不轻他：指问的境界险绝如壁立万仞，答的境界也不轻忽他。
[6] 只怎么会直是当头：意为如这样领会，当下即可得悟。

难,唯嫌拣择",于此有省。一日雪窦问他:"'至道无难,唯嫌拣择',意作么生?"宗云:"畜生①!畜生!"后隐居投子,凡去住持,将袈裟裹草鞋与经文。僧问:"如何是道者家风?"宗云:"袈裟裹草鞋。"僧云:"未审意旨如何?"宗云:"赤脚下桐城②。"所以道,献佛不在香多,若透得脱去,纵夺在我。

既是一问一答历历现成,为什么赵州却道"分疏不下"?且道"是时人窠窟否"?赵州在窠窟里答他,在窠窟外答他?须知此事不在言句上,或有个汉彻骨彻髓信得及去,如龙得水、似虎靠山。颂云:

【雪窦颂古】

象王嚬呻,富贵中之富贵,谁人不悚然。好个消息。狮子哮吼③。作家中作家,百兽脑裂。好个入路。无味之谈,相骂饶尔接嘴。铁橛子相似,有什么咬嚼处?分疏不下五年强,一叶舟中载大唐。渺渺兀然波浪起,谁知别有好思量?塞断人口。相唾饶尔泼水。咦!阇黎道甚么?南北东西,有么有么?天上天下。苍天!苍天④!乌飞兔走⑤。自古自今一时活埋。

【圜悟评唱】

赵州道:"曾有人问我,直得五年分疏不下。"似"象王嚬

---

① 畜生:意为不要像畜牲一样不通人情,既然"唯嫌拣择",还拣择什么?
② 赤脚下桐城:光着脚丫子直奔桐城。暗指抛却依赖,直趋本心。
③ 象王嚬呻,狮子哮吼:象王吟唱,狮子咆哮。原比喻佛陀说法的形象,此指赵州和尚度人的作用和风范。
④ "有么有么……苍天":意为这里说"南北东西",而真如佛性哪里能见到?如果说是能见到,那是"天上天下,唯我独尊",还分什么"南北东西"。如再作分别,真应感叹"苍天!苍天",太可惜太遗憾了!
⑤ 乌飞兔走:比喻像日月落去一样,无迹可寻了。

呻,狮子哮吼。无味之谈,塞断人口。南北东西,乌飞兔走"。雪窦若无末后句,何处更有雪窦来?既是"乌飞兔走",且道赵州、雪窦、山僧毕竟落在什么处?

【点评】

僧问赵州:"'至道无难,唯嫌拣择。'是时人窠窟否?"此问话颇难答对。答是或非均是落在一边,答亦是亦非又落在两边。这样就会既成"拣择",又是"窠窟"。那么如何对答能体现正道呢?

会者不难,赵州像随意流露一样答道:"曾有人问我,直得五年分疏不下。"此话看似轻松淡然,却巧妙得很。对所问内容不置可否,却暗含对问话人乱扯葛藤的否定;又显示跳出窠臼,塞断人口,直指人心的气势。

"评唱"所举"畜生畜生"、"袈裟裹草鞋"、"赤脚下桐城"等,正显此意。"颂古":"象王嚬呻,狮子哮吼。无味之谈,塞断人口。南北东西,乌飞兔走。"正显此意。诸位会得吗?

"评唱"最后的提问:"既是'乌飞兔走',且道赵州、雪窦、山僧毕竟落在什么处?"我们说,既然"南北东西,乌飞兔走",我等还住在这里干什么?既然"南北东西,乌飞兔走",那何处是,何处又不是呢?

五九　赵州唯嫌拣择

【圜悟垂示】

该天括地，越圣超凡①。百草头上指出涅槃妙心，干戈丛里点定衲僧命脉②。且道承个什么人恩力便得恁么？试举看：

【雪窦举公案】

僧问赵州："'至道无难，唯嫌拣择。'再运前来，道什么？三重③公案。才有语言是拣择，满口含霜。和尚如何为人？"捞著这老汉。囝！州云："何不引尽这语④？"贼是小人，智过君子。白拈贼。骑贼马趁贼⑤。僧云："某甲只念到这里。"两个弄泥团汉。逢著个贼，垜根难敌手⑥。州云："只这'至道无难，唯嫌拣择。'"毕竟由这老汉。被他换却眼睛，捉败了也⑦。

---

① 该天括地，越圣超凡：囊括天地，超越凡圣。指真如佛性境界。
② 百草头上指出涅槃妙心，干戈丛里点定衲僧命脉：意为随时随处能启发学人明心见性。
③ "三重"，《龙藏》、《驹本》作"二重"。
④ 何不引尽这语：为什么不把这句话引用完。指未引后面的"但莫憎爱，洞然明白"等两句。
⑤ 白拈贼：空手捎带别人东西的贼。骑贼马趁贼：骑贼马追赶贼。此指赵州用对方的话反驳对方。
⑥ 垜根难敌手：树木的根垜子再结实也敌不过拿刀的手。
⑦ 被他换却眼睛，捉败了也：来僧被赵州改变了眼光，来僧原来的想法破败了。

【圜悟评唱】

赵州道："只这'至道无难，唯嫌拣择。'"如击石火，似闪电光，擒纵杀活，得恁么自在。诸方皆谓，赵州有逸群之辩。

赵州寻常示众有此一篇云："'至道无难，唯嫌拣择。'才有语言，是拣择是明白？老僧不在明白里，是汝等还护惜也无？"时有僧问云："既不在明白里，护惜个什么？"州云："我亦不知。"僧云："和尚既不知，为什么道'不在明白里'？"州云："问事即得，礼拜了退。"

后来这僧只拈他衅隙处去问他，问得也不妨奇特，争奈只是心行。若是别人奈何他不得，争奈赵州是作家，便道："何不引尽这语？"这僧也会转身吐气，便道："某甲只念到这里。"一似安排相似。赵州随声拈起便答，不须计较。古人谓之相续也大难①，他辨龙蛇、别休咎，还他本分作家。赵州换却这僧眼睛，不犯锋芒，不著计较，自然恰好。尔唤作有句也不得，唤作无句也不得，唤作不有不无句也不得，离四句绝百非。何故？若论此事，如击石火，似闪电光，急著眼看方见；若或拟议踌躇，不免丧身失命②。雪窦颂云：

【雪窦颂古】

水洒不著，说什么太深远生？有什么共语处？风吹不入。如虚空相似，硬剥剥地，望空启告。虎步龙行，他家得自在。不妨奇特。鬼

---

① 相续也大难：佛性境界打成一片太难了。
② 若或拟议踌躇，不免丧身失命：如果思忖或犹豫，就不免一时丧失佛性慧命。

号神泣①。大众掩耳，草偃风行。阇黎莫是与他同参②？头长三尺知是谁？怪底物何方圣者？见么见么？相对无言独足立。咄！缩头去，放过一著。山魈放过即不可，便打③。

【圜悟评唱】

"水洒不著，风吹不入。虎步龙行，鬼号神泣。"无尔啗啄处。此四句颂赵州答话大似龙驰虎骤，这僧只得一场懡㦬。非但这僧，直得鬼也号神也泣，风行草偃相似。

末后两句，可谓一子亲得："头长三尺知是谁？相对无言独足立。"不见僧问古德："如何是佛？"古德云："头长三尺颈长二寸。"雪窦引用，未审诸人还识么？山僧也不识④！

雪窦一时脱体画却赵州真个在里了也。诸人须子细著眼看！

【点评】

某僧或者是不自量力、或者是借机想得到赵州的提携，故作大眼，寻隙探试赵州："既然是才有语言就是拣择，那么您如何用语言接引学人呢？"赵州如珠走玉盘，轻灵圆活地答道："为什么不把这话引用完全？"某僧如孔雀开屏，想炫耀羽毛却露出了屁股："我只念到这里。"赵州道："至道无难，唯嫌拣择。"赵州虽如自言自语，却又声同雷震：你问的虽是不拣择的事，而其作为恰恰体现了你就是在拣择。你引语丢掉的两句，正是对你问话的解答，正是对你向上的提携，正是对三乘十二分教的注脚啊！

---

① "水洒不著……鬼号神泣"：描绘赵州从容洒脱、境界高迈的形象。
② "大众掩耳……阇黎莫是与他同参"：意为大众掩耳不再分别，草木也随其风弯俯，您与他们不是同参同得吗？
③ 山魈放过即不可，便打：意为如把比喻当实有，即为山怪，不能就此放过，亦须把这种念头打掉才行。"山魈"，古代传说中的山怪，今指狒狒类的一种动物。
④ 山僧也不识：意为如认识即成实有，即为分别拣择，即失佛性境界。

某僧贪观天上月,失却掌中珠。赵州的话,正是换却其眼光,解救其慧命的良药。

末后雪窦的"颂古"是对赵州古佛形象的写真,是对佛性风光的烘托。既然"鬼号神泣",我等也只能"风行草偃"了。

"头长三尺知是谁?"

六〇　云门拄杖子

【圜悟垂示】

诸佛众生本来无异，山河自己宁有等差？为什么却浑成两边去也？若能拨转话头，坐断要津，放过即不可；若不放过，尽大地不消一捏①。且作么生是拨转话头处？试举看：

【雪窦举公案】

云门以拄杖示众云：点化在临时。杀人刀、活人剑，换却尔眼睛了也。"拄杖子化为龙，何用周遮，用化作什么？吞却乾坤了也。天下衲僧性命不存，还碍著咽喉么？阇黎向什么处安身立命？山河大地甚处得来？"十方无壁落，四面亦无门。东西南北四维上下，争奈这个何？

【圜悟评唱】

只如云门道："拄杖子化为龙，吞却乾坤了也。山河大地甚处得来？"若道有则瞎，若道无则死②。还见云门为人处么？还我

---

① "若能拨转话头……尽大地不消一捏"：如果能变换角度认识这个话头，就可能阻断分别妄想，不可放过这样的时机；如能不放过（净念相继），整个大地即可轻松空掉。
② 若道有则瞎，若道无则死：意为对佛性的认识，不能滞于有无两边。

拄杖子来！如今人不会他云门独露处，却道即色明心、附物显理①。且如释迦老子四十九年说法，不可不知此议论，何故更用拈花、迦叶微笑？这老汉便搽胡道："吾有正法眼藏涅槃妙心，分付摩诃大迦叶。"更何必单传心印？诸人既是祖师门下客，还明得单传底心么？

　　胸中若有一物，山河大地，揿然现前②；胸中若无一物，外则了无丝毫。说什么理与智冥、境与神会？何故？一会一切会，一明一切明。长沙道："学道之人不识真，只为从前认识神。无量劫来生死本，痴人唤作本来人③。"忽若打破阴界，身心一如，身外无余，犹未得一半在。说什么即色明心、附物显理？

　　古人道："一尘才起，大地全收。"且道是那个一尘？若识得这一尘，便识得拄杖子；才拈起拄杖子，便见纵横妙用。恁么说，早是葛藤了也，何况更化为龙？庆藏主云："五千四十八卷，还曾有恁么说么？"云门每向拄杖处拈掇全机大用，活泼泼地为人。芭蕉示众云："衲僧巴鼻，尽在拄杖头上。"永嘉亦云："不是标形虚事褫，如来宝杖亲踪迹。"

　　如来昔于然灯佛④时，布发掩泥以待彼佛。然灯曰："此处当建梵刹⑤。"时有一天子，遂标一茎草云："建梵刹竟。"诸人且道，这个消息从那里得来？祖师道："棒头取证，喝下承当。"且

---

① "如今人不会他云门独露处……附物显理"：意为如今的人不能领悟云门灵光独耀的佛性境界，却还在说什么即色境而明悟心性、附物象而显示理体的话。
② "胸中若有一物……揿然现前"：意为如内心滞于一点实有的境界，则更大的实有如山河大地就会像突然冒出来一样出现在面前。
③ "本来人"，《龙藏》同。《驹本》作"本来真"。
④ 然灯佛：又作燃灯佛、普光佛、锭光佛，于过去世为释迦授记成道之佛。
⑤ 梵刹：又作"梵苑"，本指清净佛土，后转指佛教寺院。

道承当个什么？忽有人问："如何是拄杖子？"莫是打筋斗么？莫是抚掌一下么？总是弄精魂，且喜没交涉。雪窦颂云：

【雪窦颂古】

拄杖子，吞乾坤，道什么？只用打狗。徒说桃花浪奔。拨开向上一窍，千圣齐立下风。也不在拿云攫雾处，说得千遍万遍，不如手脚罗笼一遍。烧尾者，不在拿云攫雾，左之右之，老僧只管看。也只是一个干柴片。曝腮者，何必丧胆亡魂。人人气宇如王，自是尔千里万里。争奈悚然？拈了也，谢慈悲。老婆心切。闻不闻？不免落草，用"闻"作什么？直须洒洒落落，残羹馊饭。乾坤大地甚处得来？休更纷纷纭纭①。举令者先犯，相次到尔头上。打云：放过则不可！七十二棒且轻恕，山僧不曾行此令。据令而行，赖值得山僧。一百五十难放君。正令当行，岂可只恁么了。直饶朝打三千暮打八百，堪作什么！师蓦拈拄杖下座，大众一时走散。雪窦龙头蛇尾作什么？

【圜悟评唱】

云门委曲为人，雪窦截径为人，所以拨却"化为龙"，不消恁么道，只是"拄杖子，吞乾坤"。雪窦大意免人情解，更道"徒说桃花浪奔"，更不必化为龙也。盖禹门有三级浪，每至三月桃花浪涨，鱼能逆水而跃过浪者即化为龙。雪窦道：纵化为龙亦是"徒说"。

"烧尾者，不在拿云攫雾"，鱼过禹门，自有天火烧其尾，拿云攫雾而去。雪窦意道，纵化为龙，亦"不在拿云攫雾"也。"曝腮者，何必丧胆亡魂"，《清凉疏序》云："积行菩萨，尚乃

---

① 直须洒洒落落，休更纷纷纭纭：应该直截洒脱地承当此事，不要再起纠纷扯葛藤了。

曝腮于龙门①。"大意明华严境界非小德小智之所造诣，独如②鱼过龙门透不过者，点额而回，困于死水沙碛中，曝其腮也。雪窦意道：既点额而回，必"丧胆亡魂"。

"拈了也，闻不闻？"重下注脚，一时与尔扫荡了也。诸人"直须洒洒落落"去，"休更纷纷纭纭"。尔若更纷纷纭纭，失却拄杖子了也。

"七十二棒且轻恕"，雪窦为尔舍重从轻。古人道："七十二棒，翻成一百五十。"如今人错会，却只算数目：合是七十五棒，为什么却只七十二棒？殊不知，古人意在言外。所以道，此事不在言句中，免后人去穿凿。雪窦所以引用，直饶真个洒洒落落，正好与尔七十二棒，犹是轻恕直饶，总不如此"一百五十难放君"。一时颂了也，却更拈拄杖，重重相为。虽然怎么，也无一个皮下有血③。

【点评】

"拄杖子化为龙，吞却乾坤了也。山河大地甚处得来？"这段云门垂语，局外人听来如同梦呓，修禅的应机者听来或如天启妙音。同样的话为什么反应如此不同？

原来局外人是以平常的逻辑思维（语言、情理等角度）来思考：拄杖子如何能化龙？即使能化龙，如何又能吞却乾坤？而这些又与山河大地什么关系？个中人却能超越平常的逻辑思维，直觉亲得特殊的感受。

"拄杖子化为龙"，"拄杖子"，本是僧人行脚助力的棍子（如拐棍

---

① 积行菩萨，尚乃曝腮于龙门：意为即使是积累万善之行的菩萨，如不得彻悟，也会像未跳过龙门的鱼一样，干死在那里。
② "独如"，《龙藏》、《驹本》作"犹如"。
③ 虽然怎么，也无一个皮下有血：意为雪窦虽然这样做，恐怕也不能碰到一个有悟性的人。

的作用），此指修行人的方法、手段及依附的条件；"龙"，此指修行人证得的本来面目。明乎此云门的语意即不难了知：修行到一定程度，要抛却"拄杖"等依赖，才能见到龙的真面目，此即所谓"拄杖子化为龙"也。此"龙"飞出即是佛性，当然可以吞却天地乾坤。

云门这么说，已是委曲为人，其实应是瞬间感通的事。请看雪窦"颂古"的体现：

"拄杖子，吞乾坤……七十二棒且轻恕，一百五十难放君。"其意为：一念相应，拄杖子就是龙（哪里还用"化"过程呢），直截吞乾坤就是了，桃花浪奔也是"徒说"了。应该洒脱干脆，不要再啰唆了。如仍愣在那里，饶过你七十二棒的轻罚，直截打你一百五十棒的重罚算了。

卷 七

六一 风穴若立一尘

【圜悟垂示】

建法幢，立宗旨，还他本分宗师；定龙蛇，别缁素，须是作家知识①。剑刃上论杀活、棒头上别机宜则且置，且道独据寰中事一句作么生商量②？试举看：

【雪窦举公案】

风穴垂语云：兴云致雨，也要为主为宾。"若立一尘，我为法王，于法自在。花簇簇，锦簇簇。家国兴盛；不是他屋里事。不立一尘，扫踪灭迹，失却眼睛，和鼻孔失也。家国丧亡。"一切处光明，用家国作什么？全是他家屋里事。雪窦拈拄杖云：须是壁立千仞始得。达磨来也！"还有同生同死底衲僧么③？"还我话头来！虽然如是，要平不平之事，须于雪窦商量始得。还知么？若知，许尔自由自在；若不知，

---

① "建法幢……须是作家知识"：建立弘法的道场，树立传法的宗旨，还应是直指人心的宗下大师；判定学人根器，分别僧俗等不同，也应该是禅门的行家善知识。
② "剑刃上论杀活……且道独据寰中事一句怎么生商量"：意为在斗机锋中论杀活及在棒喝中辨别机宜的事暂且放下，请先说一下用一句话如何表达佛性境界。
③ 还有同生同死底衲僧么：还有悟则同生，不悟则同死的僧人吗？

朝打三千暮打八百①。

【圜悟评唱】

只如风穴示众云："若立一尘，家国兴盛；不立一尘，家国丧亡。"且道立一尘即是、不立一尘即是？到这里，须是大用现前始得。所以道，设使言前荐得，犹是滞壳迷封；直饶句下精通，未免触途狂见②。他是临济下尊宿，直下用本分草料。

"若立一尘，家国兴盛"。野老颦蹙③，意在立国安邦须藉谋臣猛将，然后麒麟出、凤凰翔，乃太平之祥瑞也④。他三家村里人，争知有恁么事？"不立一尘，家国丧亡"，风飒飒地，野老为什么出来讴歌，只为家国丧亡？洞下谓之转变处，更无佛无众生、无是无非、无好无恶，绝音响踪迹。所以道："金屑虽贵，落眼成翳⑤。"又云："金屑眼中翳，衣珠法上尘。己灵犹不重，佛祖是何人？"七穿八穴，神通妙用，不为奇特。到个里，衲被蒙头万事休。此时山僧都不会，若更说心说性、说玄说妙，都用不著。何故？他家自有神仙境。

南泉示众云："黄梅七百高僧，尽是会佛法底人，不得他衣钵；唯有卢行者不会佛法，所以得他衣钵。"又云："三世诸佛不

---

① 朝打三千暮打八百：意为如不能得悟，早晚参学中还要遭受更严厉的棒喝。
② "设使言前荐得……未免触途狂见"：如果在一念未生前悟得，也还是停滞或执迷在这种境界里；就是在言句里精通，也不免遇事表现狂见。
③ 野老颦蹙：田间乡野的老人皱眉。形容忧愁不乐貌。
④ "意在立国安邦须藉谋臣猛将……乃太平之祥瑞也"：此比喻野老等欲在压制念头中呈现定境。
⑤ 金屑虽贵，落眼成翳：金子的细屑虽说可贵，落在眼里就造成翳病。此比喻耽空滞寂亦为禅病。

知有,狸奴、白牯却知有①。"野老或馨磬、或讴歌,且道怎生会?且道他具什么眼却怎么?须知野老门前别有条章。

雪窦双拈了②,却拈拄杖云:"还有同生同死底衲僧么?"当时若有个汉出来道得一句,互为宾主,免得雪窦这老汉后面自点胸③。

【雪窦颂古】

野老从教不展眉,三千里外有个人。美食不中饱人吃。且图家国立雄基。太平一曲大家知。要行即行,要住即住。尽乾坤大地是个解脱门,尔作么生立?谋臣猛将今何在?有么有么?土旷人稀,相逢者少。且莫点胸。万里清风只自知。旁若无人,教谁扫地?也是云居罗汉。

【圜悟评唱】

适来双提了也,这里却只拈一边、放一边,裁长补短,舍重从轻。所以道:"野老从教不展眉",我"且图家国立雄基"。"谋臣猛将今何在?"雪窦拈拄杖云:"还有同生同死底衲僧么?"一似道还有谋臣猛将么?一口吞却一切人了也。所以道:"土旷人稀,相逢者少。"还有相知者么?出来一坑埋却!"万里清风只自知",便是雪窦点胸处也。

【点评】

修禅者往往要求空诸所有,不立一尘,这里风穴为什么提出"若立

---

① 三世诸佛不知有,狸奴、白牯却知有:三世(过去、现在、未来)诸佛,不认为境界实有,猫儿、牛儿的却会认为境界实有。意为不滞于某种境界才能领悟佛法真谛。
② 雪窦双拈了:指雪窦两方面(立与不立)都提起了。
③ 自点胸:自己指点胸口。意为此事只能会于自心。

一尘,家国兴盛;不立一尘,家国丧亡"?

原来此"家国"是指心性状态。什么是正确的心性状态呢?《金刚经》里说:"应无所住而生其心。""无所住"为理体,为"不立一尘",言真空,示"无为";"生其心"为事用,为"立一尘",言妙有,示"无不为"。只有"无所住"与"生其心"同现,而不住于"立"与"不立",才是明心见性的状态。

此所谓"立一尘",或许可指寂寂中之惺惺,真空中之妙有,体中之用,无为中之无不为。三家村里"野老"见识未全,仅知"讴歌""不立一尘",欲借助"谋臣猛将"(压制念头),耽空滞寂,当然"家国丧亡"(丢失佛性慧命)。风穴在警示我们,千万不要当三家村里的"野老"。

此时"立一尘即是、不立一尘即是"?野老所担心的"谋臣猛将今何在"?还是雪窦回答得洒脱圆融:"万里清风只自知。"我等又去问谁呢?

六二　云门中有一宝

【圜悟垂示】

以无师智，发无作妙用；以无缘慈，作不请胜友①。向一句下，有杀有活；于一机中，有纵有擒。且道什么人曾恁么来？试举看：

【雪窦举公案】

云门示众云："乾坤之内，土旷人稀，六合收不得。宇宙之间，休向鬼窟里作活计②。蹉过了也。中有一宝，在什么处？光生也，切忌向鬼窟里觅。秘在形山。拶点。拈灯笼向佛殿里，犹可商量。将三门来灯笼上。"云门大师是即是，不妨诸讹。犹较些子，若子细捡点将来，未免屎臭气③。

【圜悟评唱】

云门道："乾坤之内，宇宙之间，中有一宝，秘在形山。"且

---

① "以无师智……作不请胜友"：以无师自通的智慧，产生无为的妙用；以无条件的慈悲，去做不请自到的好友。
② 鬼窟里作活计：指耽空滞寂。
③ 屎臭气：意为显露了解说义理的痕迹。

道云门意在钓竿头、意在灯笼上？此乃肇法师《宝藏论》数句，云门拈来示众。肇公时于后秦逍遥园造论，写《维摩经》，方知《庄》、《老》未尽其妙。肇乃礼罗什为师，又参瓦棺寺跋陀婆罗菩萨，从西天二十七祖处，传心印来，肇深造其堂奥。肇一日遭难，临刑之时，乞七日假，造《宝藏论》。云门便拈《论》中四句示众，大意云如何以无价之宝，隐在阴界之中。《论》中语言，皆与宗门①说相符合。

不见镜清问曹山："清虚之理，毕竟无身时如何？"山云："理即如是，事作么生？"清云："如理如事。"山云："瞒曹山一人即得，争奈诸圣眼何？"清云："若无诸圣眼，争知不恁么？"山云："官不容针，私通车马②。"所以道，"乾坤之内，宇宙之间，中有一宝，秘在形山"，大意明人人具足，个个圆成。云门便拈来示众，已是十分现成，不可更似座主相似，与尔注解去。他慈悲更与尔下注脚道："拈灯笼向佛殿里，将三门来灯笼上。"且道云门怎么道意作么生？

不见古人云："无明实性即佛性，幻化空身即法身。"又云："即凡心而见佛心。"形山即是四大五蕴③也，"中有一宝，秘在形山。"所以道："诸佛在心头，迷人向外求。内怀无价宝，不识一生休。"又道："佛性堂堂显现，住相有情难见。若悟众生无我，我面何殊佛面。心是本来心，面是娘生面。劫石可移动，个

---

① 宗门：指佛教禅宗。
② 官不容针：原谓于公开而言，必得森严整肃，连细针一般之差错，亦不容许。在禅林中，转指佛法第一义谛之究竟透彻，不允许以丝毫言行来诠解。私通车马：原谓于私下而言，像车马一般庞大明显的举动亦可通融而行。在禅林中，转指第二义谛权宜放行之法。
③ 四大五蕴：分别指地大、水大、火大、风大、色蕴、受蕴、想蕴、行蕴、识蕴。

中无改变。"有者只认个昭昭灵灵为宝,只是不得其用,亦不得其妙,所以动转不得,开拨不行。古人道:"穷则变,变则通①。""拈灯笼向佛殿里",若是常情可测度得,"将三门来灯笼上",还测度得么?云门与尔一时打破情识意想、得失是非了也。

雪窦道:"我爱韶阳新定机,一生与人抽钉拔楔。"又云:"曲木据位②知几何?利刃剪却令人爱。"他道"拈灯笼向佛殿里",这一句已截断了也,又"将三门来灯笼上",若论此事,如击石火,似闪电光。云门道:"汝若相当去,且觅个入路,微尘诸佛在尔脚跟下,三藏圣教在尔舌头上③。不如悟去好。和尚子莫妄想,天是天,地是地,山是山,水是水,僧是僧,俗是俗④。"良久云:"与我拈面前按山来看。"便有僧出问云:"学人见山是山、水是水时如何?"门云:"三门为什么从这里过?"恐尔死却,遂以手划一划云:"识得时,是醍醐上味;若识不得,反为毒药也。"所以道:"了了了时无可了,玄玄玄处直须呵⑤。"

雪窦又拈云:"乾坤之内,宇宙之间,中有一宝,秘在形山。挂在壁上,达磨九年不敢正眼觑著,而今衲僧要见,劈脊便棒。"看他本分宗师,终不将实法系缀人⑥。玄沙云:"罗笼不肯住,呼唤不回头。"虽然恁么,也是灵龟曳尾。雪窦颂云:

---

① 穷则变,变则通:《易传》语。此意为被逼陷于穷途末路时就会改变一往的思路,就可通达得悟。
② 曲木据位:坐在曲录木座位上的人(指主持)。
③ 微尘诸佛在尔脚跟下,三藏圣教在尔舌头上:无量诸佛的境界在你脚下,佛教的精义就在你的舌头上。意为开悟之后,应机行道无有不是。
④ "和尚子莫妄想……俗是俗":意为僧人们不要作奇特之想,真如佛性本来自然如此。
⑤ "直须呵",《龙藏》同。《驹本》作"宜须呵"。
⑥ 本分宗师:指能启发学人明心见性的禅师。实法系缀人:此指以死法束缚学人。

【雪窦颂古】

看看！高著眼，用看作什么？骊龙玩珠①。古岸何人把钓竿②？孤危甚孤危，壁立甚壁立。贼过后张弓。脑后见腮，莫与往来。云冉冉，打断始得。百匝千重，炙脂帽子、鹘臭布衫。水漫漫，左之右之，前遮后拥。明月芦花君自看③。看著则瞎。若识得云门语，便见雪窦末后句。

【圜悟评唱】

若识得云门语，便见雪窦为人处。他向云门示众后面两句，便与尔下个注脚云："看看！"尔便作瞠眉瞪眼会，且得没交涉④。古人道："灵光独耀，迥脱根尘。体露真常，不拘文字。心性无染，本自圆成。但离妄缘，即如如佛。"⑤若只向瞠眉努眼处坐杀，岂能脱得根尘？雪窦道："看看！"云门如在古岸把钓竿相似。云又冉冉，水又漫漫，明月映芦花，芦花映明月。正当恁么时，且道是何境界？若便直下见得，前后只是一句相似。

【点评】

学佛参禅无不是为了明真如之体、见佛性之用，可是真如佛性在哪里？

云门示众云："乾坤之内，宇宙之间，中有一宝，秘在形山。拈灯

---

① 骊龙玩珠：骊龙赏玩自己的龙珠（意为明悟真如佛性，自由自在心知）。
② 古岸何人把钓竿：在古老的河岸边是谁在把竿垂钓呢？暗喻云门以钓人之语启人疑窦，引人领悟佛性真谛。
③ 明月芦花君自看：明月芦花皆呈白色（一色境），暗喻真如佛性及体用的境界只可自悟自知。
④ 便作瞠眉瞪眼会，且得没交涉：如果作直眉瞪眼来理解，就又（与悟道）没什么关系了。意为不能用后天的意识来分别。
⑤ "灵光独耀……即如如佛"：唐代禅师百丈怀海上堂法语。描绘了明心见性后的景象，非个中人不能深切体味。

笼向佛殿里,将三门来灯笼上。"这段话的表面意思并不难懂,其深层含义和作用却颇应参详:"中有一宝",是指真如佛性,它大而无内,小而无外,当然充满"乾坤之内,宇宙之间";"秘在形山",是说此宝就秘藏在我们像山一样的四大五蕴组成的色身里。"拈灯笼向佛殿里,将三门来灯笼上"是说佛性之用:就像将灯笼拿到佛殿里,就像将三门(又称山门)放在灯笼上。俗情可能认为前者以大纳小,尚可理解,而后者以小纳大却是不可能的,实际上以真如佛性的眼光看,万物皆为心性之光的体现,理事圆融,事事圆融,哪里还有轻重、大小等相对概念呢?

由此可知,云门前面所说"乾坤之内,宇宙之间,中有一宝",如官不容针,虽说而如未说;后面所说"秘在形山"、"拈灯笼向佛殿里,将三门来灯笼上",又如私通车马,明显透露了消息。前后辉映为我们描绘了活生生的真如佛性。

话说到这里,应该回到开头的问话:真如佛性在哪里?"明月芦花君自看"!

六三　南泉两堂争猫

【圜悟垂示】

意路不到，正好提撕；言诠不及，宜急著眼①。若也电转星飞，便可倾湫倒岳，众中莫有辨得底么②？试举看：

【雪窦举公案】

南泉一日东西两堂争猫儿，不是今日合闹，也一场漏逗③。南泉见，遂提起云："道得即不斩④。"正令当行，十方坐断，这老汉有定龙蛇手脚⑤。众无对，可惜放过，一队漆桶堪作什么？杜撰禅和如麻似粟。泉斩猫儿为两段。快哉！快哉！若不如此，尽是弄泥团汉。

---

① "意路不到……宜急著眼"：（若论见性的时机）心行路绝时，正好可以提起；言语道断时，正应该返照自心。
② "若也电转星飞……众中莫有辨得底么"：如果眼光像电转星飞一样迅速，便可以倾泻江湖掀翻山岳，大众之中没有能识别的吗？意为如能机锋锐利审机度势，即可消妄念除习气，引人向上。
③ 不是今日合闹，也一场漏逗：意为如果不是今日这场争猫战，也就错过了南泉当下开示（透露了一片真如佛性消息）的机会。
④ 道得即不斩：如能说出自我体认（真如佛性）的话，就不杀猫。
⑤ "正令当行……这老汉有定龙蛇手脚"：正令当下行施时，就能阻断各方动静（思虑），这老汉（南泉）真有控制龙蛇的手段。

贼过后张弓,已是第二头,未举起时好打①。

【圜悟评唱】

宗师家,看他一动一静,一出一入,且道意旨如何?这斩猫儿话,天下丛林,商量浩浩地②:有者道提起处便是,有底道在斩处。且得都没交涉。他若不提起时,亦匝匝地作尽道理,殊不知他古人有定乾坤底眼,有定乾坤底剑③。尔且道毕竟是谁斩猫儿?只如南泉提起云"道得即不斩",当时忽有人道得,且道南泉斩不斩?所以道正令当行,十方坐断。出头天外看,谁是个中人?其实当时元不斩,此话亦不在斩与不斩处。

此事轩知如此④,分明不在情尘意见上讨;若向情尘意见上讨,则辜负南泉去。但向当锋剑刃上看,是有也得无也得,不有不无也得。所以古人道:"穷则变,变则通。"而今人不解变通,只管向语句上走。南泉怎么提起,不可教人合下得甚语,只要教人自荐,各各自用自知。若不怎么会,卒摸索不著。雪窦当头颂云:

【雪窦颂古】

两堂俱是杜禅和,亲言出亲口,一句道断。据款结案。拨动烟尘不奈何⑤。看尔作什么折合?现成公案,也有些子。赖得南泉能举

---

① 贼过后张弓:指南泉手段滞后,此已成补救手段。未举起时好打:意为如对付南泉,应当在他未有行动前回打过去。
② 天下丛林,商量浩浩地:天下禅宗的寺庙里,讨论得热热闹闹。
③ 匝匝地:指说话的声音。有定乾坤底眼,有定乾坤底剑:有安定天下(令人见性)的眼光和手段。
④ 此事轩知如此:这件事情鲜明易知如此。"轩知",《龙藏》、《驹本》作"斩知"。
⑤ 两堂俱是杜禅和,拨动烟尘不奈何:东西两堂都是编造言论的禅僧,这只能拨动烟尘迷惑人而对(南泉所问)明心见性的事却无可奈何。

令,举拂子云:一似这个①。王老师犹较些子,好个金刚王宝剑②,用切泥去也。一刀两段任偏颇③。百杂碎。忽有人按住刀,看他作什么。不可放过也,便打。

【圜悟评唱】

"两堂俱是杜禅和",雪窦不向句下死,亦不认驴前马后,有拨转处,便道"拨动烟尘不奈何"。雪窦与南泉把手共行,一句说了也。两堂首座,没歇头处,到处只管拨动烟尘,奈何不得。

赖得南泉与他断这公案,收得好净尽,他争奈前不构村后不迭店。所以道:"赖得南泉能举令,一刀两段任偏颇。"直下一刀两段,更不管有偏颇。且道南泉据什么令?

【点评】

禅院东西两堂的僧人,为一只猫的归属而起纷争。南泉像威严的法官,提起猫来说:哪边能说出自身有体认的话(自荐真如佛性),就归哪边;否则只有杀掉。众僧无言可对,于是南泉当即把猫杀掉。

这则公案自古至今禅林众说纷纭,我们也只能再扯葛藤:

南泉提起猫来,是要众僧惊心起疑;其问话,实是引导众僧就此返观自心,并表达其悟境。正像本则"垂示"所说:"意路不到,正好提撕;言诠不及,宜急著眼。"两堂众僧不能呈献明悟之心,南泉只好斩猫。或许提醒众僧:面对人我、生死之境,正应净尽俗情人我之见,泯除空有生死之念,此时返观所领悟者,正是南泉所要的答话呀!

或许还有人会说,杀猫对慈悲为怀的僧人来说,终非善举。但是从

---

① 一似这个:就像这个。意为应体现佛性之用。
② 王老师:此指南泉。金刚王宝剑:此指南泉使人断惑证真的手段。
③ 赖得南泉能举令,一刀两段任偏颇:多亏南泉能行正令,将猫一刀两断任你去评论是非偏颇。

佛教的更高境界来说,无常迅速,明心见性事大,大德不避小嫌,杀猫总应是合算的;况且南泉禅道功深,可以杀活同时,杀活不二,对猫来说是一种超脱往生也未可知。关键是我们自己,不要辜负王老师,也不要辜负猫儿。

南泉云:"道得即不斩。"请问此时如何应对?《从容录》万松曾云:"当时有个出来展开两手,不然拦胸抱住云'却劳和尚神用',纵南泉别行正令,敢保救得猫儿。这一窟死老鼠,既无些子气息,南泉已展不缩,尽令而行。"如能会之于心,你知我知;如不能,请看下则"赵州救猫"的手段。

六四　南泉问赵州

【雪窦举公案】

南泉复举前话，问赵州，也须是同心同意始得，同道者方知。州便脱草鞋，于头上戴出。不免拖泥带水。南泉云："子若在，恰救得猫儿①。"唱拍相随。知音者少，将错就错。

【圜悟评唱】

赵州乃南泉的子，道头会尾，举著便知落处。南泉晚间复举前话问赵州，州是老作家，便脱草鞋，于头上戴出。泉云："子若在，却救得猫儿。"且道真个怎么不怎么？南泉云："道得即不斩。"如击石火，似闪电光。赵州便脱草鞋，于头上戴出。

他参活句，不参死句，日日新时时新，千圣移易一丝毫不得，须是运出自己家珍，方见他全机大用。他道："我为法王，于法自在②。"人多错会道，赵州权将草鞋作猫儿。有者道：待他云"道得即不斩"，便戴草鞋出去，自是尔斩猫儿，不干我事。

---

① 子若在，恰救得猫儿：您如果在的话，正好能救得猫儿活命。"恰"，《龙藏》、《驹本》作"却"。
② 我为法王，于法自在：我就是佛法之王，对于佛法当然是通达自在。意指佛性境界。

且得没交涉,只是弄精魂①。

殊不知古人意如天普盖,似地普擎。他父子相投机锋相合,那个举头他便会尾。如今学者,不识古人转处,空去意路上卜度。若要见,但去他南泉、赵州转处便见好。颂云:

【雪窦颂古】

公案圆来问赵州,言犹在耳,不消更斩。丧车背后悬药袋。长安城里任闲游②。得恁么快活,得恁么自在。信手拈来草,不可不教尔恁么去也。草鞋头戴无人会,也有一个半个,别是一家风。明头也合,暗头也合③。归到家山即便休④。脚跟下好与三十棒。且道过在什么处?只为尔无风起浪。彼此放下只恐不恁么,恁么也太⑤奇。

【圜悟评唱】

"公案圆来问赵州",庆藏主道:"如人结案相似,八棒是八棒,十三是十三,已断了也,却拈来问赵州。州是他屋里人,会南泉意旨,他是透彻底人,垫著磕著便转,具本分作家眼脑,才闻举著,剔起便行⑥。"雪窦道:"长安城里任闲游。"漏逗不少。古人道:长安虽乐,不是久居。又云:长安甚闹,我国晏然也⑦。

---

① 且得没交涉,只是弄精魂:与佛性没有什么关系,只是播弄情思意想而已。
② 公案圆来问赵州,长安城里任闲游:要想得到公案的圆解,就去请问赵州和尚,他正在长安城内(暗指尘世喧嚣中)自在悠闲地漫游(暗指佛性境界)。
③ 明头也合,暗头也合:指赵州的表现外与事合,内与佛性合。
④ 草鞋头戴无人会,归到家山即便休:如果草鞋戴在头上无人能领会其意,那么只好回归到家园(暗指本心自性)才能安歇。
⑤ "太",《驹本》同。《龙藏》作"大"。
⑥ 垫著磕著便转:稍有击打磕碰便会灵活地转动,此指赵州应机反应敏捷。剔起便行:提腿便走。
⑦ 长安甚闹,我国晏然也:比喻虽尘世喧嚣,而佛性本静。

须是识机宜、别休咎①始得。

"草鞋头戴无人会",戴草鞋处,这些子虽无许多事,所以道,唯我能知,唯我能证,方见得南泉、赵州、雪窦同得同用处。且道而今作么生会?"归到家山即便休",什么处是家山?他若不会,必不恁么道。他既会,且道家山在什么处?便打。

【点评】

本则公案是上则公案的延续。上则公案是说:某禅寺两堂僧众为一猫的归属而起纷争,南泉到场,一手提猫,一手持剑,对僧众说:"能说出体认(真如佛性)的话,就不杀猫。"众僧无言可对,于是南泉只好斩猫。本则公案是说,赵州晚归,南泉又提起前面的话头,于是赵州"便脱草鞋,于头上戴出"(便脱下草鞋,戴在头上出去)。南泉高兴地说:"子若在,恰救得猫儿。"

现在要问:赵州的如此举动,如何就能救出猫儿呢?

我们也聊具一说:赵州脱鞋戴头,是示意众僧甚或包括南泉,是在本末倒置。众僧本分事应是明心见性,而现在却以言争猫;南泉本应截断妄想活人慧命,却在以剑斩猫。岂非本末倒置?赵州将草鞋戴头而出,是示意说,你们既然是本末倒置,我只能反其道而行之了。此在提醒众人,救猫勿作救猫想,而应灭妄念救慧命,断空有泯生死,自可明真如见佛性。

此时再请问:南泉赞赏赵州"子若在,恰救得猫儿",赵州会愉快承当吗?若愉快承当,即非赵州。

---

① 识机宜、别休咎:认识合适的时机,分辨吉凶。

六五　外道问佛有无

【圜悟垂示】

无相而形，充十虚而方广；无心而应，遍刹海而不烦①。举一明三，目机铢两，直得棒如雨点，喝似雷奔，也未当得向上人行履在②。且道作么生是向上人事？试举③：

【雪窦举公案】

外道问佛："不问有言，不问无言。"虽然如是，屋里人也有些子香气。双剑倚空飞，赖是不问。世尊良久。莫谤世尊，其声如雷。坐者立者皆动他不得。外道赞叹云："世尊大慈大悲，开我迷云，令我得入。"伶俐汉一拨便转，盘里明珠。外道去后，阿难问佛："外道有何所证，而言得入？"不妨令人疑著。也要大家知。锢鏴著生铁④。佛云："如世良马，见鞭影而行。"且道唤什么作鞭影？打

---

① "无相而形……遍刹海而不烦"：意为佛性虽然无相貌却好像可以看到，能充满所有的虚空而有余；这种状态好像是无心却能随应万机，遍布世界而又能圆融一体。
② "举一明三……也未当得向上人行履在"：即使是能举一反三、眼光能分辨些微的不同，甚至棒打如雨点稠密，喝声如震雷迅猛，也不能代替向上人自己的身心体验。
③ "试举"，《龙藏》、《驹本》作"试举看"。
④ 锢鏴著生铁：加固鏴具（熬胶的锅等）用铁铸。

一拂子。棒头有眼明如日,要识真金火里看。拾得口吃饭。

【圜悟评唱】

此事若在言句上,三乘十二分教岂是无言句?或道无言便是,又何消祖师西来作什么?只如从上来许多公案,毕竟如何见其下落?这一则公案,话会者不少,有底唤作良久,有底唤作据坐,有底唤作默然不对,且喜没交涉,几曾摸索得著来?此事其实不在言句上,亦不离言句中,若稍有拟议则千里万里去也。看他外道省悟后方知,亦不在此,亦不在彼,亦不在是,亦不在不是。且道是个什么?

天衣怀和尚①颂云:"维摩不默不良久,据坐商量成过咎。吹毛匣里冷光寒,外道天魔皆拱手②。"百丈常和尚③参法眼,眼令看此话。法眼一日问:"尔看什么因缘?"常云:"外道问佛话。"眼云:"尔试举看。"常拟开口,眼云:"住!住!尔拟向'良久处'会那?"常于言下,忽然大悟。后示众云:"百丈有三诀,吃茶、珍重、歇。拟议更思量,知君犹未彻。"翠岩真点胸拈云:"六合九有,青黄赤白,一一交罗④。"

外道会《四维陀典论》,自云:"我是一切智人,在处索人论

---

① 天衣怀和尚:天衣义怀(989~1060),宋代云门宗禅师,永嘉乐清(今浙江乐清)人,俗姓陈。悟道后曾住越州天衣寺,世称天衣义怀。
② "维摩不默不良久……外道天魔皆拱手":意为维摩菩萨所表达的不是"默然"也不是"良久"的本来意思,如果住着这种境界作议论,就已经不对了。(真如佛性)就像剑匣里寒光闪闪吹毛过刃的利剑,天魔外道只有恭敬致礼的份儿。"维摩",维摩诘简称,即维摩居士,又称净名。中印度毗舍离城之长者。虽在俗尘而精通大乘佛教教义,其修为高远,虽出家人犹有不能及者。参见《维摩诘经》。
③ 百丈常和尚(?~991):宋代法眼宗僧,又称道常。出家于江西洪州百丈山,复参谒清凉文益而悟入,并嗣其法。因住持百丈山大智院而得名。
④ "六合九有……一一交罗":意为天地万有,形形色色都在此(心性中)融汇。"六合九有",天地四方简称六合。三界中有情乐住的地方共有九所,简称九有。

议。"他致问端，要坐断释迦老子舌头，世尊不费纤毫气力，他便省去。赞叹云："世尊大慈大悲，开我迷云，令我得入。"且道作么生是大慈大悲处？世尊只眼通三世，外道双眸贯五天①。沩山真如拈云："外道怀藏至宝，世尊亲为高提。"森罗显现，万象历然，且毕竟外道悟个什么？如趁狗逼墙，至极则无路处他须回来，便乃活鲅鲅地②。若计较、是非一时放下，情尽见除，自然彻底分明。

外道去后，阿难问佛云："外道有何所证而言得入？"佛云："如世良马，见鞭影而行。"后来诸方便道："又被风吹别调中。"又云："龙头蛇尾。"什么处是世尊鞭影？什么处是见鞭影处？雪窦云："邪正不分，过由③鞭影。"真如云："阿难金钟再击，四众共闻。虽然如是，大似二龙争珠，长他智者威狞。"雪窦颂云：

【雪窦颂古】

机轮曾未转，在这里，果然不动一丝毫。转必两头走④。不落有，必落无，不东则西。左眼半斤，右眼八两⑤。明镜忽临台，还见释迦老子么？一拨便转，破也破也！败也败也！当下分妍丑。尽大地是个解脱门。好与三十棒。还见释迦老子么？妍丑分兮迷云开，放一线道，许尔有个转身处。争奈只是个外道！慈门何处生尘埃！遍界不曾

---

① 世尊只眼通三世，外道双眸贯五天：佛祖独具慧眼可以通晓三世（过去、现在、未来），外道双眼也可以看透五重天。
② "如趁狗逼墙……便乃活鲅鲅地"：如赶逼着狗到墙根，等到没有办法时它就会返回来，这就是生动活泼的机用。
③ "由"，《龙藏》、《驹本》作"犹"。
④ 机轮曾未转，转必两头走：禅家斗机锋中佛性不变，如有所答往往错误的落在有、无某一边。
⑤ 左眼半斤，右眼八两：两只眼一样重（旧制一斤十六两，半斤即八两）。意为不管落在哪一边同样都不对。

藏。退后退后,达磨来也!因思良马窥鞭影,我有拄杖子,不消尔与我。且道什么处是鞭影处?什么处是良马处?千里追风唤得回。骑佛殿出三门去也。转身即错,放过即不可。便打。唤得回,鸣指三下①。前不构村,后不迭店,拗折拄杖子,向什么处去②?雪窦雷声甚大,雨点全无。

【圜悟评唱】

"机轮曾未转,转必两头走。""机"乃千圣灵机,"轮"是从本已来诸人命脉。不见古人道:"千圣灵机不易亲,龙生龙子莫因循。赵州夺得连城璧,秦王相如总丧身③。"外道却是把得住、作得主,未尝动著。何故他道"不问有言,不问无言"?岂不是全机处?世尊会看风使帆,应病与药,所以"良久"全机提起。外道全体会去,机轮便阿辘辘地转,亦不转向有,亦不转向无,不落得失,不拘凡圣,二边一时坐断,世尊才"良久",他便礼拜。如今人多落在无,不然落在有,只管在有、无处两头走。

雪窦道:"明镜忽临台,当下分妍丑。"这个不曾动著,只消个"良久",如明镜临台相似,万象不能逃其形质。外道云:"世尊大慈大悲,开我迷云,令我得入。"且道是什么处是外道入处?到这里,须是个个自参自究,自悟自会始得。便于一切处,行住坐卧,不问高低,一时现成,更不移易一丝毫;才作计较,有一丝毫道理,即碍塞杀人,更无入作分也。后面颂:"世尊大慈大

---

① 鸣指三下:弹响指三下。意为此种境界只可心会而不可言说。
② 拗折拄杖子,向什么处去:折断拐杖等依赖,正可面临佛性境。
③ 赵州夺得连城璧,秦王相如总丧身:比喻像赵州和尚夺得了价值连城的和氏璧,秦王和蔺相如就要因之而亡身了。"秦王",《驹本》、《龙藏》作"秦主"。

悲,开我迷云,令我得入。"当下忽然分妍丑。

"妍丑分兮迷云开,慈门何处生尘埃!"尽大地是世尊大慈大悲门户,尔若透得,不消一捏①,此亦是放开底门户。不见世尊:"于三七日中,思惟如是事。我宁不说法,疾入于涅槃②。"

"因思良马窥鞭影,千里追风唤得回。"追风之马,见鞭影而便过千里,教回即回。雪窦意赏他道:若得俊流,方可一拨便转、一唤便回。若"唤得回,便鸣指三下",且道是点破是撒沙③?

【点评】

某外道既是深研外道圣典,对天道当然会有一定的认知,其所谓"不问有言,不问无言",似乎也是在勘验佛祖对天道的体认。天道本体亦即真如佛性,"寂然不动","无为而无不为",当然不能用"有言"或"无言"表其全,但不用"有言"、"无言",又如何能彰其道呢?

会者不难,佛祖用"良久"很轻松地回答了这个难题。原来人亦天之一物,人道即是天道,人能体察自性,即是感通天道。但此感通只能会之于心,而不在"有言"与"无言",所以只好烘云托月,引而不发。这就是佛祖说法四十九年说而未说,拈花微笑不说而说,而后又有达磨西来的道理。

此外道或许原来把天道当作认知的对象,此时忽然领悟,天道就是自心,就是真如佛性,于是由勘验者变为被接引者,遂赞叹:"开我迷

---

① 尔若透得,不消一捏:你如能彻悟佛性,(这样的事)不用曲手之力。
② "于三七日中……疾入于涅槃":佛陀初证道时语。意为在悟道后的二十一天中,一直在考虑这件事。我宁可不去说法,迅速入于涅槃。
③ 是点破是撒沙:意为这种作法是提醒还是撒沙迷人眼目,只能看个人当下悟性了。

云,令我得入。"佛祖赞道:"如世良马,见鞭影而行。"其意是说:外道本具真如佛性,本有灵性,我之"良久","鞭影"而已。其中尚有"鸣指三下",将"千里追风唤得回"等意。

六六　岩头什么处来

【圜悟垂示】

当机觌面，提陷虎之机；正按傍提，布擒贼之略①。明合暗合，双放双收，解弄死蛇，还他作者②。

【雪窦举公案】

岩头问僧："什么处来？"未开口时纳败缺了也。穿过髑髅③，要知来处也不难。僧云："西京来。"果然一个小贼。头云："黄巢④过后，还收得剑么？"平生不曾做草贼，不惧头落。便恁么问，好大胆！僧云："收得。"败也。未识转身处。茅广汉如麻似粟。岩头引颈近前云："囗！"也须识机宜始得。陷虎之机，是什么心行？僧云："师头落也。"只见锥头利，不见凿头方⑤。识甚好恶？著也。岩头呵呵大

---

① "当机觌面……布擒贼之略"：意为当机展现使对方陷于被动的机锋；正面把住、从旁提醒，都是有意安排逼拶对方的策略。
② "明合暗合……还他作者"：意为高明的禅师接引学人的手段明合人事、暗合佛性，根据对方的情况或收或放，将死蛇玩弄得像活的一样，能因人施用的还是这样的高手。
③ 穿过髑髅：已穿过死人之头骨成堆的地方。转喻人已断除情识分别，获得解脱。
④ 黄巢：唐末农民起义军的首领，曹州（今山东菏泽）人。公元875年举事，883年失败（曾占领唐都长安，建国号大齐）。
⑤ 只见锥头利，不见凿头方：只看到锥子的尖利，没有看到凿子（木工凿方孔的工具）的头是方形的。意为认识不全面。

笑。尽天下衲僧不奈何。欺杀天下人,寻这老汉头落处不得。

僧后到雪峰,依前颟顸懵懂,这僧往往十分纳败缺去。峰问:"什么处来?"不可不说来处。也要勘过。僧云:"岩头来。"果然纳败缺。峰云:"有何言句?"举得不免吃棒。僧举前话,便好赶出。雪峰打三十棒赶出。虽然斩钉截铁,因甚只打三十棒?拄杖子也未到折在,且未是本分,何故朝打三千暮打八百?若不是同参,争辨端的。虽然如是,且道雪峰、岩头落在什么处。

【圜悟评唱】

大凡挑囊负钵,拨草瞻风,也须是具行脚眼始得。这僧眼似流星,也被岩头勘破了一串穿却。当时若是个汉,或杀或活,举著便用,这僧研①郎当,却道"收得"。似恁么行脚,阎罗老子问尔索饭钱在②。知他踏破多少草鞋,直到雪峰。当时若有些子眼筋,便解瞥地去,岂不快哉!这个因缘有节角诮讹处,此事虽然无得失,得失甚大;虽然无拣择,到这里却要具眼拣择。

看他龙牙行脚时,致个问端问德山:"学人仗镆铘剑,拟取师头时如何?"德山引颈近前云:"囫!"龙牙云:"师头落也。"山便归方丈。牙后举似洞山,洞山云:"德山当时道什么?"牙云:"他无语。"洞山云:"他无语则且置,借我德山落底头来看③?"牙于言下大悟。遂焚香遥望德山礼拜忏悔。有僧传到德山处,德山云:"洞山老汉,不识好恶。这汉死来多少时也,救得

---

① "砑",《龙藏》、《驹本》作"迓"。
② 阎罗老子问尔索饭钱在:阎罗老子会找你算账。意为尚未了生死。
③ 借我德山落底头来看:借给我德山落下来的头看一下。意为只是提醒你一个空相。

有什么用处①?"

这个公案,与龙牙底一般。德山归方丈,则暗中最妙;岩头大笑,他笑中有毒。若有人辨得,天下横行。这僧当时若辨得出,千古之下,免得检责。于岩头门下,已是一场蹉过。看他雪峰老人,是同参便知落处②,也不与他说破,只打三十棒赶出院,可以光前绝后。这个是拑作家衲僧鼻孔为人底手段③,更不与他如之若何,教他自悟去。本分宗师为人,有时笼罩,不教伊出头;有时放,令死郎当地却须有出身处④。大小大岩头、雪峰倒被个吃饭禅和勘破⑤。

只如岩头道:"黄巢过后还收得剑么?"诸人且道,这里合下得什么语免得他笑,又免得雪峰行棒赶出?这里诤讹,若不曾亲证亲悟,纵使口头快利,至究竟透脱生死不得。山僧寻常教人觑这机关转处⑥,若拟议则远之远矣。不见投子问盐平僧云:"黄巢过后,收得剑么?"僧以手指地。投子云:"三十年弄马骑,今日却被驴子扑⑦。"看这僧,也不妨是个作家,也不道收得,也不道收不得,与西京僧如隔海在。真如拑云:"他古人一个做头一个

---

① 这汉死来多少时也,救得有什么用处:意为这个人失去当下开悟的时机太久了,这时再救得有什么用?
② 看他雪峰老人,是同参便知落处:此指雪峰、岩头,同为德山之法嗣,故雪峰明了岩头的作法和目的。
③ 拑作家衲僧鼻孔为人底手段:牵着这些禅师的鼻孔是接引人的手段。
④ "本分宗师为人……令死郎当地却须有出身处":能启发人明心见性的禅师接引人,有时把住,不教他出头,有时放行,随时能给人出身处。
⑤ 大小大岩头、雪峰倒被个吃饭禅和勘破:意为偌大的岩头、雪峰禅师,反被这个平常的禅僧看破了言行的目的。"倒",《龙藏》、《驹本》作"到"。
⑥ 山僧寻常教人觑这机关转处:我平常就教导人们要伺机盯住公案的关键转折处。
⑦ 三十年弄马骑,今日却被驴子扑:三十年来驯马骑马,今天却被小驴子踢了一下。意为竟在平常的小事上被人勘破。

做尾定也①。"雪窦颂云：

【雪窦颂古】

黄巢过后曾收剑，孟八郎汉有什么用处，只是锡刀子一口②。大笑还应作者知。一子亲得。能有几③个？不是渠，侬争得自由④？三十山藤且轻恕，同条生，同条死，朝三千暮八百。东家人死，西家人助哀，却与救得活。得便宜是落便宜。据款结案。悔不慎当初，也有些子。

【圜悟评唱】

"黄巢过后曾收剑，大笑还应作者知。"雪窦便颂这僧与岩头大笑处，这个些子，天下人摸索不著。且道他笑个什么？须是作家方知，这笑中有权有实、有照有用、有杀有活。

"三十山藤且轻恕"，颂这僧后到雪峰面前，这僧依旧莽卤，峰便据令而行，打三十棒赶出。且道为什么却如此？尔要尽情会这话么？"得便宜是落便宜"。

【点评】

此公案中岩头被来僧"斩首"为什么还要"呵呵大笑"？雪峰为什么要将来僧"打三十棒赶出"？千年之后还值得我们来品味：

原来本分宗师时刻不忘提携学人明心见性，岩头问僧"什么处来"，表面好像是初次见面问讯来处，实际是在问"生从何来"，即是在问

---

① "真如拈云……一个做尾定也"：真如禅师提起这个事说：他古人一个在开头这样做，一个在末尾这样做，这个公案的含义就确定了。
② 孟八郎汉有什么用处，只是锡刀子一口：这样的莽撞汉有什么用，只是一把用锡做的刀子（虽光亮而不锋利）。
③ "几"，原作"机"，据《驹本》改。
④ 不是渠，侬争得自由：不是他，我怎能得到（真如佛性的）自由境界？

"未生前的本来面目",即是在勘验来僧对真如佛性的体认。来僧或许是修持火候不到,不能领会其意,竟然如实作答"西京来",已是错过一头。岩头又问:"黄巢过后,还收得剑么?"表面好像是顺便问一下西京长安的事,实际是在问"过去的烦恼之心还可得吗"?(参读《金刚经》可知,当然不可得。)而来僧仍不解其意,竟答道"收得",更是谬之千里。岩头只好引颈近前云:"囚(摹仿砍头之声)!"一边探试其有无转身处,一边提醒其佛性本空。来僧仍不惺惺,还自逞强答道:"师头落也。"岩头见来僧死去多时,救不得活,只好"呵呵大笑",以留作今后的启发。来僧自认为得到了便宜(岩头的人头),却未能领悟真空实相。明乎此,即不难明雪峰为什么将来僧"打三十棒赶出"。

此时如再问:"当时来僧应如何应答岩头问话?"请参"评唱"中投子"被驴扑"的公案,自得于心。

六七　梁武帝请讲经

【雪窦举公案】

梁武帝请傅大士讲《金刚经》,达磨兄弟来也。鱼行酒肆即不无,衲僧门下即不可。这老汉老老大大作这般去就。大士便于座上挥案一下,便下座。直得火星迸散。似则似,是则未是。不烦打葛藤。武帝愕然。两回三度被人瞒,也教他摸索不著。志公问:"陛下还会么?"党理不党情,胳膊不向外①。也好与三十棒。帝云:"不会。"可惜许。志公云:"大士讲经竟。"也须逐出国始得。当时和志公一时与赶出国,始是作家。两个汉同坑无异土。

【圜悟评唱】

梁高祖武帝,萧氏,讳衍,字叔达。立功业,以至受齐禅②。即位后,别注《五经讲议》,奉黄老甚笃,而性至孝。一日思得出世之法,以报劬劳,于是舍道事佛,乃受菩萨戒③。于娄约法

---

① 党理不党情,胳膊不向外:应亲近正理而不亲近私情,胳膊肘不向外拐。"胳",原作"肐",据《龙藏》、《驹本》改。
② 受齐禅:意为受南齐国君的禅让而登南梁国帝位。
③ 菩萨戒:发大心修大乘法的行者所受持的戒律(又分为出家菩萨戒、在家菩萨戒)。

师处，披佛袈裟，自讲《放光般若经》以报父母。

时志公大士，以显异惑众，系于狱中，志公乃分身，游化城邑。帝一日知之感悟，极推重之。志公数行遮护，隐显逮不可测①。时婺州有大士者，居云黄山，手栽二树谓之双林，自称当来善慧大士②。一日修书，命弟子上表闻于帝，时朝廷以其无君臣之礼不受。傅大士将入金城中卖鱼，时武帝或请志公讲《金刚经》，志公曰："贫道不能讲，市中有傅大士者，能讲此经。"帝下诏，召之入禁中。傅大士既至，于讲座上挥案一下，便下座。当时便与推转，免见一场狼籍③。却被志公云："陛下还会么？"帝云："不会。"志公云："大士讲经竟也。"是一人作头，一人作尾。志公恁么道，还梦见傅大士么？一等是弄精魂。这个就中奇特，虽是死蛇，解弄也活。

既是讲经，为甚却不大分为二，一如寻常座主道："金刚之体坚固，物物不能坏，利用故能摧万物。"如此讲说，方唤作讲经。虽然如是，诸人殊不知，傅大士只拈向上关捩子略露锋芒，教人知落处，直截与尔壁立万仞④。恰好被志公不识好恶，却云"大士讲经竟"，正是好心不得好报。如美酒一盏却被志公以水搀过，如一釜羹被志公将一颗鼠粪污了。且道既不是讲经，毕竟唤作什么？颂云：

---

① 志公数行遮护，隐显逮不可测：志公几次遮掩行踪，隐身或显现到了不能测知的程度。
② 善慧大士：傅大士，傅翕（497～569），东阳居士，字玄风，自称"当来解脱善慧大士"。曾遇梵僧嵩头陀，结庵松山之双梼树间，苦行七年彻悟禅道。梁武帝甚敬重之。"大士"，梵语菩萨之汉译名。
③ 免见一场狼籍：免得出现一场被动说不清的局面。
④ "傅大士只拈向上关捩子略露锋芒……直截与尔壁立万仞"：傅大士只就提起向上的关键处显露一点锋芒，让人明白所作为的目的，从而直截给你一个向上的高境界。

【雪窦颂古】

不向双林寄此身，只为他把不住，囊里岂可藏锥？却于梁土惹埃尘。若不入草，争见端的。不风流处也风流。当时不得志公老，作贼不须本。有牵伴底癞儿。也是栖栖去国人①。正好一状领过。便打。

【圜悟评唱】

"不向双林寄此身，却于梁土惹埃尘。"傅大士与没板齿老汉一般相逢②。达磨初到金陵，见武帝。帝问："如何是圣谛第一义？"磨云："廓然无圣。"帝云："对朕者谁？"磨云："不识。"帝不契，遂渡江至魏。武帝举问志公，公云："陛下还识此人否？"帝云："不识。"志公云："此是观音大士，传佛心印。"帝悔，遂遣使去取。志公云："莫道陛下发使去取，合国人去，他亦不回。"

所以雪窦道："当时不得志公老，也是栖栖去国人。"当时若不是志公为傅大士出气，也须是赶出国去。志公既饶舌，武帝却被他热瞒一上。雪窦大意道不须他来梁土③讲经挥案，所以道何"不向双林寄此身"吃粥吃饭随分过时，却来梁土？怎么指注挥案一下便下座，便是他惹埃尘处。

既是要殊胜，则目视云霄，上不见有佛，下不见有众生。若论出世边事，不免灰头土面，将无作有，将有作无，将是作非，将粗作细，鱼行酒肆横拈倒用，教一切人明此个事。若不恁么放

---

① 也是栖栖去国人：也会是（像达磨一样）慌忙离开南梁国的人。
② 傅大士与没板齿老汉一般相逢：意为傅大士好像与老掉牙的老朽见面一样（与他说不清楚）。
③ 此"梁土"及下"梁土"，原作"梁士"，据《龙藏》、《驹本》及前文改。

行,直到弥勒下生,也无一个半个①。傅大士既是拖泥带水,赖是有知音,若不得志公老,几乎赶出国了。且道即今在什么处?

【点评】

此公案中,傅大士讲经,讲而未讲;志公却说此未讲为已讲。其意何在呢?

原来禅宗(志公、傅大士相当我国禅宗初祖辈分)认为,说与不说、说多说少,都是因人因事而施,目的都是为对方印心(让对方感受本然妙觉),佛祖"说法四十九年"为此,"拈花微笑"亦为此。言行所施,本为使人因指见月,如不应说时而说,正像是过多描绘手指反而使人见指不见月,误指为月反违初衷。况且梁武帝本有滞迷言说之病(参见第一则"公案"),二大士本为救其失而来,当然最好是以不说之说示之。

傅大士不说之说,正是向上全提;志公点明,虽为必要,却反而只能针对梁武帝等人了。所以圜悟"评唱"风趣地提醒大家:"如美酒一盏却被志公以水搀过,如一釜羹被志公将一颗鼠粪污了。"雪窦"颂古"多为对志公的颂扬,下面"评唱"详明,自可参读,不再赘述。

二大士不是在口头讲经,而是为梁武帝治心病的郎中。此药能为我们治病吗?药在哪里?

---

① "若不恁么放行……也无一个半个":如不这样放行,直到未来佛弥勒出世,也没有一个半个能通过的。

六八　仰山问三圣

【圜悟垂示】

掀天关，翻地轴；擒虎兕，辨龙蛇①。须是个活鲅鲅汉，始得句句相投，机机相应②。且从上来什么人合恁么？请举看：

【雪窦举公案】

仰山问三圣："汝名什么？"名实相夺，勾贼破家③。圣云："惠寂。"坐断舌头，搀旗夺鼓。仰山云："惠寂是我。"各自守封疆④。圣云："我名惠然。"闹市里夺去，彼此却守本分。仰山呵呵大笑。可谓是个时节，锦上铺花，天下人不知落处。何故？土广⑤人

---

① "掀天关……辨龙蛇"：意为高明的禅师在接引学人或斗机锋时，应该有以心转物、勇对机锋、明辨正误的眼光和手段。"虎兕"，猛虎和雄犀牛。比喻机锋险峻。"龙蛇"，分别比喻已悟、未悟的人。
② "活鲅鲅汉……机机相应"：应该是机锋敏捷生动活泼的人，才能句句契合来者情况，机机与佛道相应。
③ 名实相夺，勾贼破家：意为问话显示出了名与实（"汝"与"名"）相对立的偏差，如勾引外来以破败自家产业。
④ 各自守封疆：各自守住自己的疆域。比喻斗机锋中互不相让。
⑤ "广"，《龙藏》、《驹本》作"旷"。

稀，相逢者少。一似岩头笑，又非岩头笑。一等是笑，为什么却作两段①？具眼者始定当看。

【圜悟评唱】

三圣是临济下尊宿，少具出群作略，有大机有大用。在众中昂昂藏藏，名闻诸方②。后辞临济，遍游淮海，到处丛林皆以高宾待之。自向北至南方，先造雪峰，便问："透网金鳞，未审以何为食？"峰云："待汝出网来，即向汝道。"圣云："一千五百人善知识，话头也不识。"峰云："老僧住持事繁。"峰往寺庄，路逢猕猴，乃云："这猕猴各各佩一面古镜③。"圣云："历劫无名，何以彰为古镜④？"峰云："瑕生也。"圣云："一千五百人善知识，话头也不识。"峰云："罪过，老僧住持事繁。"

后至仰山，山极爱其俊利，待之于明窗下。一日有官人来参仰山，山问："官居何位？"云："推官⑤。"山竖起拂子⑥云："还推得这个么⑦？"官人无语。众人下语，俱不契仰山意。时三圣病在延寿堂⑧，仰山令侍者持此语问之。圣云："和尚有事也。"再令侍者问："未审有什么事？"圣云："再犯不容⑨！"仰山深肯之。百丈当时，以禅板、蒲团付黄檗，拄杖、拂子付沩山。沩山

---

① "一似岩头笑……为什么却作两段"：意为此仰山之笑与前岩头之笑虽都暗藏机锋，但含意却不尽同。前岩头之笑在于并不认可对方而不点明，此仰山之笑在于虽亦不点明却已认可对方。
② 昂昂藏藏，名闻诸方：气度轩昂，体格魁梧，在各方禅林道场非常有名。
③ 古镜：比喻真如佛性。
④ 历劫无名，何以彰为古镜：（真如佛性）亘古长现而无实名，何必点明就是古镜？
⑤ 推官：唐、宋官名，为节度使、观察使等僚属，为裁定是非之检察官。
⑥ 拂子：此暗指佛性体用等。
⑦ 还推得这个么：（你既然是推官）也能推定判断这个的是非吗？
⑧ 延寿堂：禅林中，病僧用以疗病、休养之堂，又作延寿院、延寿寮等。
⑨ 再犯不容：再这样冒犯是不容许的。意为已生妄念，不可再延续。

后付仰山。仰山既大肯三圣,圣一日辞去,仰山以拄杖、拂子付三圣。圣云:"某甲已有师。"仰山诘其由,乃临济的子也。

只如仰山问三圣:"汝名什么?"他不可不知其名,何故更恁么问?所以作家要验人得知子细,只似等闲。问云:"汝名什么?"更道无计较,何故三圣不云"惠然",却道"惠寂"?看他具眼汉,自然不同。三圣恁么又不是颠,一向搀旗夺鼓,意在仰山语外。此语不堕常情,难为摸索,这般汉手段,却活得人①。所以道"他参活句,不参死句"。若顺常情,则瞎人不得。看他古人念道,如此用尽留神,始能大悟。既悟了,用时还同未悟时人相似,随分一言半句,不得落常情。三圣知他仰山落处,便向他道,"我名惠寂"。仰山要收三圣,三圣倒收仰山。仰山只得就身打劫道:"惠寂是我。"是放行处。三圣云:"我名惠然。"亦是放行。所以雪窦后面词颂云:"双收双放若为宗。"只一句内一时颂了。仰山呵呵大笑,也有权有实,也有照有用。为他八面玲珑,所以用处得大自在。这个笑与岩头笑不同,岩头笑有毒药,这个笑千古万古清风凛凛地。雪窦颂云:

【雪窦颂古】

双收双放若为宗?知他有几人?八面玲珑,将谓真个有恁么事。骑虎由来要绝功。若不是顶门上有眼、肘臂下有符,争得到这里?骑则不妨,只恐下不得。不是恁么人,争明恁么事?笑罢不知何处去,尽四百军州,觅恁么人也难得。言犹在耳,千古万古有清风。只应千古动悲风。如今在什么处?咄!既是大笑,为什么却动悲风?大地黑

---

① "此语不堕常情……却活得人":这样的话没有陷入世俗常情里,实在难理解,但正是这样的手段,却可以救活人的佛性慧命。

漫漫!

【圜悟评唱】

"双收双放若为宗",放行互为宾主。仰山云:"汝名什么?"圣云:"我名惠寂。"是双放。仰山云:"惠寂是我。"圣云:"我名惠然。"是双收。其实是互换之机,收则大家收,放则大家放。雪窦一时颂尽了也。他意道:若不放收,若不互换,尔是尔我是我。都来只四个字,因甚却于里头出没卷舒?古人道:尔若立我便坐,尔若坐我便立。若也同坐同立,二俱瞎汉。此是双收双放,可以为宗要。"骑虎由来要绝功",有如此之高风最上之机要,要骑便骑,要下便下,据虎头亦得,收虎尾亦得。三圣、仰山二俱有此之风。

"笑罢不知何处去",且道他笑个什么?直得清风凛凛,为什么末后却道"只应千古动悲风"?也是死而不吊①,一时与尔注解了也。争奈天下人咭啄不入,不知落处,纵是山僧也不知落处②。诸人还知么?

【点评】

本则公案仰山、三圣通过两个回合、十四个字的对话,让我们感知了"凡有言说皆无实义",这个佛家禅宗的大问题。

仰山问三圣:"汝名什么?"表面上是问:你叫什么名字?实际上是问:你的本来面目(真如佛性)应该叫什么名字?对一般人来说,此问本不可答,呈答必错,因为真如佛性是道体的体现,本无实名,正像老子所说,"道可道,非常道;名可名,非常名"。但昂藏超群的三圣却可

---

① 死而不吊:虽然死去了,但并不进行祭奠或哀悼。
② 纵是山僧也不知落处:纵然是我,也不知他笑声里的境界。

以呈答而不错:"惠寂。""惠寂"本是问方仰山的名字,三圣为什么这样回答呢?表面看来有些荒唐,实际理地却是不错。因为虽说真如佛性本无实名,而纷繁万象又无非是他的显现,从这个角度说,万象虚名本无差别,以甲代乙并无不对。

仰山应道:"惠寂是我。"其意是说:假名虽非实相,明此之后,用而不住,虚名又何妨为我所用。此时三圣应道:"我名惠然。"意为彼此彼此。随后"仰山呵呵大笑",似为互相认可放行之意。

雪窦"颂古"称颂了二者"双收双放"、"宾主互换"的"绝功":第一回合,"汝名什么"、"惠寂",双方都把住佛性向上的境界,官不容针,体现了双收;第二回合,"惠寂是我"、"我是惠然",双方又现出私通车马,无处不可的境界,体现了双放。

"宾主互换",体现在两个回合的应答之间,自可体味,此不待言。这里且问,雪窦颂"笑罢不知何处去,只应千古动悲风",与我等有什么关系?

六九　南泉拜忠国师

【圜悟垂示】

无啗啄处,祖师心印状似铁牛之机;透荆棘林,衲僧家如红炉上一点雪①。平地上七穿八穴则且止,不落賨缘又作么生②?试举看:

【雪窦举公案】

南泉、归宗、麻谷,同去礼拜忠国师。至中路,三人同行,必有我师。有什么奇特,也要辨端的?南泉于地上画一圆相云:"道得即去。"无风起浪,也要人知。掷却陆沉船。若不验过,争辨端的?归宗于圆相中坐,一人打锣,同道方知。麻谷便作女人拜。一人打鼓,三个也得。泉云:"恁么则不去也。"半路抽身是好人。好一场曲调,作家!作家!归宗云:"是什么心行?"赖得识破,当时好与一掌。孟

---

① "无啗啄处……衲僧家如红炉上一点雪":意为祖师禅接引学人的机变没你动心思处,像铁牛镇洪水的机用一样深不可测;如能透过这层障碍,衲僧的种种困惑就像红炉上一点雪,瞬即溶化蒸发。
② 平地上七穿八穴则且止,不落賨缘又作么生:意为在平常事上能自由往来暂且不说,不滞于賨缘又是怎么回事呢?"賨缘",指依赖或攀缘着某物才能行进。"賨",原作"寅",据《龙藏》、《驹本》改。

八郎汉。

【圜悟评唱】

当时马祖盛化于江西，石头道行于湖湘，忠国师道化于长安。他亲见六祖来，是时南方擎头带角者，无有不欲升其堂入其室；若不尔，为人所耻。

这老汉三个，欲去礼拜忠国师，至中路，做这一场败缺。南泉云："恁么则不去也。"既是一一道得，为什么却道不去？且道古人意作么生？当时待他道"恁么则不去也"，劈耳便掌，看他作什么伎俩？万古振纲宗，只是这些子机要。

所以慈明道："要牵只在索头边，拨著点著便转，如水上捺葫芦子相似。"人多唤作不相肯语，殊不知，此事到极则处须离泥离水，拔楔抽钉；尔若作心行会则没交涉①。古人转变得好，到这里不得不恁么，须是有杀有活。

看他一人去圆相中坐，一人作女人拜，也甚好。南泉云："恁么则不去也。"归宗云："是什么心行？"孟八郎汉，又怎么去也。他恁么道，大意要验南泉。南泉寻常道："唤作如如，早是变了也。"南泉、归宗、麻谷却是一家里人，一擒一纵，一杀一活，不妨奇特。雪窦颂云：

【雪窦颂古】

由基箭射猿，当头一路，谁敢向前？触处得妙，未发先中。绕树何太直！若不承当争敢怎么？东西南北一家风，已周遮多时也。千个与万个，如麻似粟野狐精一队，争奈得南泉何？是谁曾中的？一个半

---

① 尔若作心行会则没交涉：你如果当作是用心思去理解，就与此不沾边。

个,更洛①一个。一个也用不得。相呼相唤归去来,一队弄泥团汉,不如归去好。却较些子。曹溪路上休登陟②。大③劳生想,料不是曹溪门下客。低低处平之有余,高高处观之不足④。

复云:曹溪路坦平,为什么休登陟?不唯南泉半路抽身,雪窦亦乃半路抽身。好事⑤不如无,雪窦也患这般病痛。

【圆悟评唱】

"由基箭射猿,绕树何太直!"由基乃是楚时人,姓养,名叔,字由基。时楚庄王出猎,见一白猿,使人射之,其猿捉箭而戏。敕群臣射之,莫有中者。王遂问群臣,群臣奏曰:"由基者善射。"遂令射之。由基方弯弓,猿乃抱树悲号,至箭发时,猿绕树避之,其箭亦绕树中杀。此乃神箭也,雪窦何故却言太直?若是太直则不中,既是绕树,何故却云太直?雪窦借其意,不妨用得好。此事出春秋。

有者道:绕树是圆相。若真个如此,盖不识语之宗旨,不知太直处。三个老汉殊途而同归一揆一齐太直⑥。若是识得他去处,七纵八横,不离方寸⑦;百川异流,同归大海。所以南泉道:"恁么则不去也。"若是衲僧正眼觑著,只是弄精魂;若唤作弄精魂,

---

① "更洛",《龙藏》、《驹本》作"更没"。
② 相呼相唤归去来,曹溪路上休登陟:相呼唤着回来吧,不要再执著地在曹溪路上一步步去登攀了(他就在当下呀)。
③ "大",《龙藏》、《驹本》作"太"。
④ 低低处平之有余,高高处观之不足:说其低却又是超出平处,说其高看起来却又有些低注。此比喻真如佛性是离却一切相对观念的本然境界。
⑤ "好事",《龙藏》、《驹本》作"有事"。
⑥ 殊途而同归一揆一齐太直:殊途同归的意思表现在一个齐整简捷的动作上了。
⑦ 七纵八横,不离方寸:意为不论如何作为,都不离本心。

却不是弄精魂①。五祖先师道:"他三人是慧炬三昧②,庄严王三昧。"虽然如此,作女人拜他终不作女人拜会;虽画圆相,他终不作圆相会。既不恁么会,又作么生会?

雪窦道:"千个与万个,是谁曾中的?"能有几个百发百中?"相呼相唤归去来",颂南泉道"恁么则不去也"。南泉从此不去,故云:"曹溪路上休登陟。"灭却荆棘林。

雪窦把不定,复云:"曹溪路坦平,为什么休登陟?"曹溪路绝尘绝迹,露裸裸赤洒洒平坦坦,儵然地为什么却休登陟③?各自看脚下!

【点评】

三位禅师表演的这场小品在暗示着什么?

原来"南泉于地上画一圆相"是在显示真如佛性本来圆满无缺;"归宗于圆相中坐",是在表示我等身心本亦如此;"麻谷便作女人拜",表示虽差别万象不离此中,彼与我同耳。此对真如佛性的特质表现得淋漓尽致,还晋见忠国师何干? 所以南泉说"恁么则不去也"。小品演到这里,似可落幕了。此时归宗云:"是什么心行?"意为南泉的结论中亦有分别心在,何必滞在去与不去某一边呢? 画圆相不作圆相解,作女人拜,不作女人拜解,却正是圆相的意蕴的升华。

雪窦颂道:"由基箭射猿,绕树何太直!……"与此公案有何关系? 原来此"猿",正指动乱不安分之心,所谓心猿意马也。各种手段皆为

---

① "若是衲僧正眼觑著……却不是弄精魂":意为(以上三人的作为)如果具眼的禅师看来,也只是在弄精魂;如果不明就里者,说他们是在弄精魂,那么它的作用就不只是在弄精魂。
② 慧炬三昧:《法华经》所说十六三昧之一。入此三昧,则发智慧之灯炬,照世之险难。
③ 儵然地为什么却休登陟:突然地为什么就说不要(在曹溪路上)再苦苦攀登了。意为真如佛性就在当下,就在一念之间。

"绕树",目的皆为"射猿"。如能瞬间直中心猿,虽绕树不失其直。"相呼相唤归去来,曹溪路上休登陟。"意为如能瞬间亲得顿悟,还打葛藤、闯荆棘作甚?况且曹溪路本为心路,心性圆相本为现成、本为清净坦平,再到哪里去登陟?

如此说来说去如葛藤"绕树"而已,如何能直中心猿?自看自心!

七〇　沩山侍立百丈

【圜悟垂示】

快人一言,快马一鞭;万年一念,一念万年①。要知直截,未举已前②。且道未举已前作么生摸索?请举看:

【雪窦举公案】

沩山、五峰、云岩,同侍立百丈。阿呵呵,终始请讹。君向西秦,我之东鲁③。百丈问沩山:"并却咽喉唇吻,作么生道④?"一将难求。沩山云:"却请和尚道。"借路经过。丈云:"我不辞向汝道,恐已后丧我儿孙⑤。"不免老婆心切,面皮厚三寸。和泥合水,就身打劫。

---

① "快人一言……一念万年":对痛快的人(悟性高的人)提醒一句话,就像快马加一鞭一样(进步神速);悟的境界万年仅此一念,一念亦即是万年。
② 要知直截,未举已前:要想直截了当地领悟,它就在念头未生之前。
③ 君向西秦,我之东鲁:您要向西边的秦国去,我朝东边的鲁国走。意为见解不同,想不到一块儿。"西秦",《龙藏》、《驹本》作"潇湘"。
④ 并却咽喉唇吻,作么生道:闭住咽喉口唇,该如何表述(明心见性的境界)呢?
⑤ 我不辞向汝道,恐已后丧我儿孙:我不拒绝对你说,但恐以后丧失了我的儿孙(意为说出来,恐后人滞此不得进步,而丧失有为的后代子孙)。

【圜悟评唱】

沩山、五峰、云岩,同侍立百丈。百丈问沩山:"并却咽喉唇吻,作么生道?"山云:"却请和尚道。"丈云:"我不辞向汝道,恐已后丧我儿孙。"百丈虽然如此,锅子已被别人夺去了也①。丈复问五峰,峰云:"和尚也须并却。"丈云:"无人处斫额望汝②。"又问云岩,岩云:"和尚有也未③?"丈云:"丧我儿孙。"三人各是一家。

古人道:"平地上死人无数,过得荆棘林者是好手④。"所以宗师家以荆棘林验人。何故?若于常情句下验人不得,衲僧家须是句里呈机,言中辨的。若是担板汉,多向句中死却,便道"并却咽喉唇吻",更无下口处;若是变通底人,有逆水之波,只向问头上有一条路,不伤锋犯手。

沩山云:"却请和尚道。"且道他意作么生?向个里如击石火、似闪电光相似,拶他问处便答⑤,自有出身之路,不费纤毫气力。所以道他参活句,不参死句。百丈却不采他,只云:"不辞向汝道,恐已后丧我儿孙。"

大凡宗师为人抽钉拔楔,若是如今人,便道此答不肯他、不领话;殊不知个里一路生机处,壁立千仞,宾主互换,活鲅鲅

---

① 锅子已被别人夺去了也:做饭的锅子已被人夺去了。比喻被别人夺取了生杀之权。
② 无人处斫额望汝:在没有人的地方以手加额遥望你。意为希望你能领悟无人无我的境界。
③ 和尚有也未:那么您有没有(这个办法)呢?
④ 平地上死人无数,过得荆棘林者是好手:意为虽然在日常的言动中有很多人也会丢掉佛性慧命,但只有通过各种机境考验(而不丢失佛性慧命)的人才算好手。
⑤ 拶他问处便答:逼拶他的问处就是呈答。

地①。雪窦爱他此语风措，宛转自在，又能把定封疆②。所以颂云：

【雪窦颂古】

"却请和尚道"，函盖乾坤。已是伤锋犯手。虎头生角出荒草。可杀惊群，不妨奇特。十洲春尽花凋残，触处清凉，赞叹也不及。珊瑚树林日杲杲。千重百匝，争奈百草头上寻他不得。答处盖天盖地。

【圜悟评唱】

此三人答处，各各不同，也有壁立千仞，也有照用同时，也有自救不了③。"却请和尚道"，雪窦便向此一句中呈机了也。更有就中轻轻拶令人易见④云："虎头生角出荒草。"沩山答处，一似猛虎头上安角，有什么近傍处？不见僧问罗山："同生不同死时如何？"山云："如牛无角。"僧云："同生亦同死时如何？"山云："如虎戴角。"雪窦只一句颂了也。

他有转变余才，更云："十洲春尽花凋残。"海上有三山十洲，以百年为一春。雪窦语带风措，宛转盘礴，春尽之际，百千万株花，一时凋残；独有珊瑚树林不解凋落，与大阳相夺，其光交映。正当恁么时，不妨奇特。雪窦用此明他"却请和尚道"。

十洲皆海外诸国之所附：一祖洲，出反魂香；二瀛洲，生芝

---

① "个里一路生机处……活鱍鱍地"：意为这个公案的内容一路下来生机不断，向上境界壁立千仞、宾与主身份互换等，都表现得生动活泼。
② "雪窦爱他此语风措……又能把定封疆"：雪窦爱他（沩山）这话风韵美好动人，在婉转中体现自性，又能把定疆界不受侵犯。
③ "也有壁立千仞……也有自救不了"：对话中显示，有的向上境界壁立千仞（如百丈、沩山语），有的照用同时（如五峰语），也有的自救不了（如云岩语）。
④ 就中轻轻拶令人易见：意为就此（答话）中的含意，再轻轻地逼问一下，使人容易当下明白。

草、玉石，泉如酒味；三玄洲，出仙药，服之长生；四长洲，出木瓜、玉英；五炎洲，出火浣布；六元洲，出灵泉如蜜；七生洲，有山川无寒暑；八凤麟洲，人取凤喙、麟角煎续弦胶；九聚窟洲，出狮子、铜头铁额之兽；十檀洲，一作流洲，出琨吾石，作剑切玉如泥。

"珊瑚"，《外国杂传》云："大秦西南涨海中，可七八百里到珊瑚洲。洲底盘石，珊瑚生其石上，人以铁网取之。"又《十洲记》云："珊瑚生南海底，如树高三二尺，有枝无皮，似玉而红润，感月而生，凡枝头皆有月晕。"此一则与卷八首公案同看。

【点评】

百丈禅师为使弟子们明悟真心，给他们出了这样一道题目："并却咽喉唇吻，作么生道？"既已闭却嘴唇等，如何能表述呢？百丈将他们领入荆棘林中，欲使他们自行打出，自行受用。沩山反宾为主，答道："却请和尚道。"百丈仍不失其师家主人身份，答道："我不辞向汝道，恐已后丧我儿孙。"

从这段对话我们应该感到两点奇特处：

一是百丈的问题如壁立万仞高不可攀，沩山却能轻转话头反宾为主，反答为问；百丈从容应对，游刃有余，虽似放行，却稳守疆界。二是双方都要求别人"并却咽喉唇吻"去表达言语道断的境界，而各自都在开口说话；虽是开口说话，却又是都以有言显示了无言的境界。真是名师高徒，语言风流，境界高迈，令人叹为观止。

下面雪窦"颂古"正表达了对沩山妙答的赞叹："却请和尚道，虎头生角出荒草。十洲春尽花凋残，珊瑚树林日杲杲。"大意为即使是百年为一春，亦有春尽花落时，而沩山（戴角虎）所展现精神，如珊瑚映日，光彩永世。"评唱"也已解说详明，此不赘述。这里要问"虎头生角出荒草","荒草"指什么？我等不要陷入其中而不自知！

此公案尚未完结，五峰、云岩如何回答百丈的提问？雪窦、圜悟又将如何颂唱？请分别参看下面两则公案的内容。

卷　八

七一　百丈并却咽喉

【雪窦举公案】

百丈复问五峰："并却咽喉唇吻，作么生道？"阿呵呵！箭过新罗国。峰云："和尚也须并却①。"搀旗夺鼓。一句截流，万机寝削②。丈云："无人处斫额望汝。"土旷人稀，相逢者少。此一则与七卷末公案同看。

【圜悟评唱】

沩山把定封疆、五峰截断众流这些子，要是个汉当面提掇，如马前相扑不容拟议，直下便用紧迅危峭，不似沩山盘礴滔滔地③。如今禅和子④，只向架下行，不能出他一头地。所以道"欲得亲切，莫将问来问"。五峰答处，当头坐断，不妨快俊。百丈云："无人处斫额望汝。"且道是肯他、是不肯他？是杀是活⑤？

---

① 和尚也须并却：您也应该闭住（咽喉唇吻）再说话。
② 一句截流，万机寝削：能够一句话截断众流（言绝虑亡），万种机变都可以歇息了。
③ 盘礴滔滔地：意为反复辩说。
④ 禅和子：参禅的僧众。
⑤ 是肯他、是不肯他？是杀是活：是肯定他还是否定他，是剿杀妄念还是救活慧命？

见他阿辘辘地,只与他一点①。雪窦颂云:

【雪窦颂古】

和尚也并却,已在言前了。截断众流。龙蛇阵上看谋略。须是金牙始解七事随身。惯战作家。令人长忆李将军,妙手无多子,匹马单枪,千里万里,千人万人。万里天边飞一鹗。大众见么?且道落在什么处?中也。打云:飞过去也?

【圜悟评唱】

"和尚也并却",雪窦于一句中掭一掭云:"龙蛇阵上看谋略。"如排两阵突出突入,七纵八横,有斗将底手脚,有大谋略底人,匹马单枪向龙蛇阵上出没自在,尔作么生围绕得他?若不是这个人,争知有如此谋略?

雪窦此三颂,皆就里头状出底语,如此大似李广神箭,"万里天边飞一鹗",一箭落一雕定也更不放过。雪窦颂百丈问处如一鹗,五峰答处如一箭相似。

山僧只管赞叹五峰,不觉浑身入泥水了也②。

【点评】

本公案承接前公案,可与之对看。

百丈复问五峰:"并却咽喉唇吻,作么生道?"峰云:"和尚也须并却。"百丈本为勘验五峰,五峰的答话当仁不让师,如金刚王宝剑一挥之下截断众流,使人言绝虑亡,顿呈无分别、离能所的现量境。

正如雪窦所颂:"和尚也并却,龙蛇阵上看谋略。令人长忆李将军,

---

① 见他阿辘辘地,只与他一点:见他反应灵活,只给他点拨一下。
② 山僧只管赞叹五峰,不觉浑身入泥水了也:我只顾得赞叹五峰答话的精妙,却不觉陷入了阐说义理的泥坑。"入",《驹本》、《龙藏》无。

万里天边飞一鹗。"颂扬五峰的胆略、手段,使人想起汉代名将飞将军李广,在龙蛇阵中,单枪匹马,出入自由,无人可挡。如果百丈的问话像"万里天边飞一鹗",那么沩山的答话就如一箭落一雕的李广神箭。

问:"并却咽喉唇吻,作么生道?"答:"和尚也须并却。"既然如此,那我们还能干什么?天上天下,我们是谁?

七二　百丈问云岩

【雪窦举公案】

百丈又问云岩:"并却咽喉唇吻,作么生道?"虾蟆窟里出来,道什么①!岩云:"和尚有也未?"粘皮著骨,拖泥带水②。前不构村,后不迭店③。丈云:"丧我儿孙。"灼然有此,答得半前落后。

【圜悟评唱】

云岩在百丈二十年作侍者,后同道吾至药山,山问云:"子在百丈会下,为个什么事④"?岩云:"透脱生死⑤。"山云:"还透脱也未?"岩云:"渠无生死⑥。"山云:"二十年在百丈,习气也未除⑦。"岩辞去,见南泉,后复归药山,方契悟。

---

① 虾蟆窟里出来,道什么:暗喻云岩的悟境不能成片,或许只能像虾蟆一样蹦一步(即蛤蟆禅),看他如何作答。
② 粘皮著骨,拖泥带水:比喻领悟不透脱,手段不利索。
③ 前不构村,后不迭店:(行进路上)前不靠村后不挨店。比喻云岩尚未修持到一定程度,尚无休歇处。
④ 子在百丈会下,为个什么事:您在百丈禅师门下修持,为的什么事?
⑤ 透脱生死:透彻并超越生与死的境界。
⑥ 渠无生死:那种境界没有生死的区别。
⑦ 习气也未除:世间的坏习惯也没有消除。意为尚滞于有"渠"在。"习气",佛教中常指坏习惯。

看他古人,二十年参究,犹自半青半黄①,粘皮著骨不能颖脱;是则也是,只是前不构村后不迭店。不见道"语不离窠臼,焉能出盖缠;白云横谷口,迷却几人源②"。洞下谓之触破③,故云"跃开仙仗凤凰楼,时人嫌触当今号④"。

所以道,荆棘林须是透过始得,若不透过,终始涉廉纤,斩不断。适来道,前不构村后不迭店,云岩只管去点检他人底,百丈见他如此,一时把来打杀了也⑤。雪窦颂云:

【雪窦颂古】

"和尚有也未",公案现成。随波逐浪,和泥合水。金毛狮子不踞地⑥。灼然。有什么用处?可惜许。两两三三旧路行,并却咽喉唇吻,作么生道?转身吐气,脚跟下蹉过了也。大雄山下空弹指⑦。一死更不再活,可悲可痛。苍天中更添怨苦。

【圜悟评唱】

"和尚有也未",雪窦据款结案,是则是,只是金毛狮子争奈不踞地。狮子捉物藏牙伏爪,踞地返掷,物无大小,皆以全威要全其功。云岩云:"和尚有也未?"只是向旧路上行。所以雪窦云:百丈向"大雄山下空弹指"。

---

① 半青半黄:果实半青半黄。比喻道业尚未完全成熟。
② "语不离窠臼……迷却几人源":语言如不脱离旧时的模式,怎能摆脱旧时的覆盖和缠绕。像一片白云横遮在山谷口,就会使多少人迷失来路。
③ 洞下谓之触破:曹洞宗说这是"触破"。意为答话触动了问话的忌讳处。
④ 跃开仙仗凤凰楼,时人嫌触当今号:跳开故有的"仙仗凤凰楼",像当时人避嫌当时皇上的名号一样。
⑤ 一时把来打杀了也:意为百丈马上答话把云岩的认识彻底否定了。
⑥ 金毛狮子不踞地:虽是金毛狮子但四爪不踞地。比喻云岩虽识其体而用不得力。
⑦ 大雄山下空弹指:意为即使像佛祖一样,在大雄山下弹响指警告,也不能将他唤醒。

【点评】

此公案承接前两则公案而来，可与之对看。

百丈又问云岩："并却咽喉唇吻，作么生道？"岩云："和尚有也未？"（意为您有没有这个办法呢）百丈的问话，意在勘验云岩的见地与悟境，而云岩的回答似在认其有，又好像疑其无，柔弱无力，似是而非。答话的气度、意境，远不如前面沩山、五峰二人。

另外，云岩所答的倾向，是与非似乎都在别人一边，而与自身自心无关。这也许正是云岩的滞于有的习气所在，正是云岩在百丈二十年作侍者，未能透脱的原因所在。

所以后面雪窦评判他：像"金毛狮子不踞地"，如果还是这样"两两三三旧路行"，即便是佛祖也没有办法了。这实在是很痛惜的事。

雪窦颂"两两三三旧路行"，是在说谁？

七三　马大师四句百非

【圜悟垂示】

夫说法者，无说无示；其听法者，无闻无得①。说既无说无示，争如不说？听既无闻无得，争如不听？而无说又无听，却较些子。只如今诸人，听山僧在这里说，作么生免得此过？具透关眼者，试举看：

【雪窦举公案】

僧问马大师："离四句绝百非，请师直指某甲西来意。"什么处得这话头来？那里得这消息？马师云："我今日劳倦，不能为汝说。问取智藏②去！"退身三步。蹉过也不知。藏身露影，不妨是这老汉推过与别人。僧问智藏，也须与他一捞。蹉过也不知。藏云："何

---

① "夫说法者……无闻无得"：说法的人，没有说什么也没有表示什么；那听说法的人，没有听到什么也没有得到什么。意为法本真空妙有，不可执著。
② 智藏（735~814）：唐代禅僧，江西虔化人，俗姓廖。参礼马祖道一，受心印及袈裟。于道一示寂后，依众请开堂，后住锡于虔州西堂，宣扬马祖禅风。与百丈怀海、南泉普愿共称马祖门下之三大士。

不问和尚?"草里焦尾大虫出来也①。道什么?直得草绳自缚,去死十分②。僧云:"和尚教来问。"受③人处分。前箭犹轻后箭深。藏云:"我今日头痛,不能为汝说。问取海兄去!"不妨是八十四员善知识,一样患这般病痛。僧问海兄,转与别人,抱赃叫屈。海云:"我到这里却不会。"不用切切,从教千古万古黑漫漫④。僧举似马大师,这僧却有些子眼睛。马师云:"藏头白,海头黑。"寰中天子敕,塞外将军令⑤。

【圜悟评唱】

这个公案,山僧旧日在成都参真觉,觉云:"只消看马祖第一句,自然一时理会得。"且道这僧是会来问不会来问?此问不妨深远。离四句者,有、无、非有非无、非非有非非无;离此四句,绝其百非。只管作道理,不识话头,讨头脑不见。

若是山僧,待马祖道了,也便与展坐具、礼三拜,看他怎么生道?当时马祖,若见这僧来问"离四句绝百非,请师直指某甲西来意",以拄杖劈脊便棒赶出,看他省不省?马大师只管与他打葛藤,以至这汉当面蹉过,更令去问智藏,殊不知马大师来风深辨。这僧懵懂,走去问智藏,藏云:"何不问和尚?"僧云:"和尚教来问。"看他这些子,拶著便转,更无闲暇处。智藏云:

---

① 焦尾大虫出来也:黑尾巴尖的老虎出来了。比喻智藏的气势威猛,应冲灭问僧的执有之心念。
② 草绳自缚,去死十分:好像用草绳子拴住自己,离死还远远得很。意为问僧并没有完全领悟智藏的话,尚远不能打灭妄想。
③ "受",原作"爱",据《龙藏》、《驹本》改。
④ 不用切切,从教千古万古黑漫漫:不用忧愁,从此让千古万古都黑漫漫的算了(以反语启发人)。
⑤ 寰中天子敕,塞外将军令:好比是国内皇帝的圣旨,塞外将军的军令。比喻说话的权威性。

"我今日头痛,不能为汝说得。问取海兄去!"这僧又去问海兄,海兄云:"我到这里却不会。"且道为什么一人道头痛,一人云不会?毕竟作么生?这僧却回来,举似马大师,师云:"藏头白,海头黑。"若以解路卜度,却谓之相瞒①。

有者道,只是相推过,有者道,三个总识他问头,所以不答总是拍盲地,一时将古人醍醐上味,著毒药在里许。所以马祖道"待汝一口吸尽西江水,即向汝道②",与此公案一般。若会得"藏头白,海头黑",便会"西江水"话。这僧将一担懵懂,换得个不安乐,更劳他三人尊宿入泥入水,毕竟这僧不瞥地③。虽然一恁么,这三个宗师,却被个担板汉勘破。

如今人只管去语言上作活计云:"白"是明头合,"黑"是暗头合④。只管钻研计较。殊不知古人一句截断意根,须是向正脉里自看始得稳当。所以道:末后一句,始到牢关;把断要津,不通凡圣。若论此事,如当门按一口剑相似,拟议则丧身失命⑤。又道譬如掷剑挥空,莫论及之不及,但向八面玲珑处会取⑥。不见古人道"这漆桶",或云"野狐精",或云"瞎汉",且道与一

---

① 若以解路卜度,却谓之相瞒:如果以理路去猜度,却可以说他是在蒙蔽问者。
② 待汝一口吸尽西江水,即向汝道:等你能一口饮尽西江的水,就向你说。意为本不可说,待开悟自知。
③ "这僧将一担懵懂……毕竟这僧不瞥地":这位僧人将一担子懵懂又换成一个不安乐,更劳累他三位尊宿,入泥入水地开导他,但毕竟是因为这僧眼光不明。"尊宿",禅林称德高望重的年长者。"一担"原作"一檐",《龙藏》、《驹本》同。据前后文改。
④ "白"是明头合,"黑"是暗头合:马大师的话"白"指表面与事相合,"黑"指暗中与理合。这样在语言上计较,是未领悟马祖真意。
⑤ "若论此事……拟议则丧身失命":如果说这件事,就像门头上按一口利剑,(须赶紧通过)如果有什么迟疑或思考就可能丧命。
⑥ "譬如掷剑挥空……但向八面玲珑处会取":比如将剑抛到高空旋转,不用评论是否触及目标,只向它转动圆活灵巧处领会就行了。

棒一喝是同是别？若知千差万别，只是一般，自然八面受敌。要会"藏头白，海头黑"么？五祖先师道："封后先生①。"雪窦颂云：

【雪窦颂古】

藏头白，海头黑，半合半开，一手抬一手搦。金声玉振。明眼衲僧会不得。更行脚三十年。终是被人穿却尔鼻孔，山僧故是口似匾檐。马驹踏杀天下人，丛林中也须是这老汉始得。放出这老汉。临济未是白拈贼②。癞儿牵伴。直饶好手，也被人捉了也。离四句绝百非，道什么？也须是自点检看。阿爷似阿爹。天上人间唯我知。用我作什么？夺却拄杖子。或若无人无我无得无失，将什么知？

【圜悟评唱】

"藏头白，海头黑"，且道意作么生？这些子，"天下衲僧跳不出"。看他雪窦，后面合杀得好，道直饶是明眼衲僧也会不得。这个些子消息，谓之神仙秘诀父子不传。释迦老子说一代时教，末后单传心印，唤作金刚王宝剑唤作正位，怎么葛藤早是事不获已。古人略露些子锋芒，若是透得底人，便乃七穿八穴，得大自在；若透不得，从前无悟入处，转说转远也。

"马驹踏杀天下人"，西天般若多罗，谶达磨云："震旦虽阔无别路，要假儿孙脚下行。金鸡解衔一粒粟，供养十方罗汉僧。"

---

① 封后先生：这是封人后路的先生。
② 白拈贼：原指空手或大白天以机巧的手段迅捷窃取他人之物的人。禅林转指接引学人机巧迅捷的禅师。

又六祖谓让和尚①曰："向后佛法从汝边去,已后出一马驹,踏杀天下人。"厥后江西法嗣布于天下,时号马祖焉。达磨、六祖皆先谶马祖,看他作略果然别,只道"藏头白,海头黑",便见踏杀天下人处。只这一句"黑白"语,千人万人咬不破。

"临济未是白拈贼",临济一日示众云:"赤肉团上有一无位真人,常向汝等诸人面门出入。未证据者看看。"时有僧出问:"如何是无位真人?"临济下禅床搊住云:"道道!"僧无语,济托开云:"无位真人,是什么干屎橛!"雪峰后闻云:"临济大似白拈贼。"雪窦要与他临济相见,观马祖机锋尤过于临济,此正是白拈贼,"临济未是白拈贼"也。

雪窦一时穿却了也,却颂这僧道:"离四句绝百非,天上人间唯我知。"且莫向鬼窟里作活计。古人云"问在答处,答在问处",早是奇特,尔作么生离得四句绝得百非?雪窦道:此事唯我能知,直饶三世诸佛,也觑不见。既是独自个知,诸人更上来求个什么?大沩真如拈云:"这僧怎么问,马祖怎么答。'离四句绝百非'智藏海兄都不知。"要会么?不见道,"马驹踏杀天下人"!

【点评】

"四句"是指世间的四种逻辑判断方式(一般指:有、无、亦有亦无、非有非无,或为是、不是、亦是亦不是、非是非不是等),"百非"是指佛法之理对百种(一切)执取的否定。"离四句绝百非",意为离开

---

① 让和尚:南岳怀让(677~744),唐代僧。金州安康(今陕西汉阴)人,俗姓杜。又称大慧禅师。为六祖慧能之高足,留侍十五年,后住于湖南南岳般若寺观音台,宣扬慧能学说,开南岳一系,世称南岳怀让。弟子马祖道一继其法流,其后发展成临济、沩仰等宗派。

"四句",断绝"百非",因为真如佛性的境界非"四句"可释,亦非"百非"所明。

"祖师西来意",正是要心心相印才能传达的一种真心感受的境界(其实所谓"真心"、"感受"、"境界",都是权且之用,亦非实义),当然要"离四句绝百非"。

智藏、海兄(百丈怀海)的答问正体现"离四句绝百非"直指西来意的精神,同时又启发问者去自悟。最后马大师作了总结式的答问:"藏头白,海头黑。"或许可以这样领会:你已听到智藏、海兄的答话(不答之答),见到了智藏、海兄的形象。这件事情,就像智藏的头发是白的,海兄的头发是黑的,正像"鸭头绿,鹤头赤",本来现成,本来就是如此。"西来意"本亦如此,还问什么?不管来僧是知而问、不知而问,都给他圆满的答复了。

雪窦颂道:"离四句绝百非,天上人间唯我知。"请问"我"是谁?"知"的又是"什么"?

七四　金牛和尚①呵呵笑

【圜悟垂示】

镆铘横按，锋前剪断葛藤窠；明镜高悬，句中引出毗卢印②。田地稳密处著衣吃饭，神通游戏处如何凑泊③？还委悉么？看取下文：

【雪窦举公案】

金牛和尚每至斋时，自将饭桶于僧堂前作舞，呵呵大笑云："菩萨子吃饭来！"竿头丝线从君弄，不犯清波意自殊④。醍醐、毒药一时行⑤。是则是，七珍八宝一时罗列，争奈相逢者少。雪窦云："虽

---

① 金牛和尚：唐代马祖道一禅师之法嗣，曾住镇州（今河北正定）。
② "镆铘横按……句中引出毗卢印"：比喻高明的手段能像镆铘利剑一样斩断世情葛藤；像明镜高悬，佛光普照，顿现真如境界。"毗卢印"，毗卢遮那佛之法界定印，能光明普照法界。
③ "田地稳密处……如何凑泊"：在平稳严密的境界（指保任中），穿衣吃饭（过平常生活），在神通游戏的奇特处，如何能轻松地与道相应？"神通游戏"，指佛菩萨借神通力，度化众生。
④ 竿头丝线从君弄，不犯清波意自殊：钓竿头的丝线任凭您摆弄，我不进入水波（比喻世情烦恼等）之中自然轻松自在。意为看透了，不上你的钓钩。"殊"，《龙藏》、《驹本》作"如"。
⑤ 醍醐、毒药一时行：比喻好或者不好的作用同时都能体现出来了。

然如此，金牛不是好心①。"是贼识贼，是精识精。来说是非者，便是是非人②。

僧问长庆："古人道'菩萨子吃饭来'，意旨如何？"不妨疑著，元来不知落处。长庆道什么？庆云："大似因斋庆赞③。"相席打令，据款结案④。

【圜悟评唱】

金牛乃马祖下尊宿，每至斋时，自将饭桶于僧堂前作舞，呵呵大笑云："菩萨子吃饭来！"如此者二十年，且道他意在什么处？若只唤作吃饭，寻常敲鱼击鼓，亦自告报矣，又何须更自将饭桶来作许多伎俩？莫是他颠么？莫是提唱建立么？若是提唱此事，何不去宝华王座上敲床竖拂，须要如此作什么？

今人殊不知，古人意在言外。何不且看祖师当时初来底题目道什么？分明说道："教外别传，单传心印。"古人方便也只教尔直截承当去。后来人妄自卜度，便道那里有许多事，寒则向火、热则乘凉、饥则吃饭、困则打眠。若恁么以常情义解诠注，达磨一宗扫土而尽。不知古人向二六时中，念念不舍要明此事。

雪窦云："虽然如此，金牛不是好心。"只这一句多少人错会？所谓醍醐上味为世所珍，遇斯等人翻成毒药。金牛既是落草

---

① 虽然如此，金牛不是好心：虽然这样，金牛还有别的用心（指暗中在启人明心见性）。
② "是贼识贼……便是是非人"：是贼人能识破贼人，是精灵能识破精灵；来说是非的就是是非之人。意为不应点破其中奥妙引来是非。
③ 因斋庆赞：是利用斋饭在作法事。"庆赞"，新制佛像经卷及堂塔落成时之法事。有庆喜成功，普赞善根之意。
④ 相席打令，据款结案：好比看着座席上的人员有目的地行酒令一样，根据条款了结此案。

为人，雪窦为什么道"不是好心①"？因什么却恁么道？衲僧家须是有生机始得，今人不到古人田地，只管道见什么心、有什么佛，若作这见解，坏却金牛老作家了也。须是子细看始得，若只今日明日口快些子，无有了期。

后来长庆上堂，僧问："古人道'菩萨子吃饭来'，意旨如何？"庆云："大似因斋庆赞。"尊宿家忒杀慈悲，漏逗不少。是则是，"因斋庆赞"尔且道"庆赞"个什么？看他雪窦颂云：

【雪窦颂古】

白云影里笑呵呵，笑中有刀，热发作什么？天下衲僧不知落处。两手持来付与他。岂有恁么事？莫谤金牛好。唤作饭桶得么？若是本分衲僧，不吃这般茶饭。若是金毛狮子子，须是他格外始得，许他具眼。只恐眼不正。三千里外见诸讹②。不值半文钱。一场漏逗，诸讹在什么处？瞎汉！

【圜悟评唱】

"白云影里笑呵呵"，长庆道"因斋庆赞"，雪窦道"两手持来付与他"，且道只是与他吃饭、为当别有奇特？若向个里知得端的，便是个金毛狮子子。"若是金毛狮子子"，更不必金牛将饭桶来作舞大笑，直向三千里外，便知他败缺处。

古人道："鉴在机先，不消一捏③。"所以衲僧家，寻常须是向格外用始得称本分宗师；若只据语言，未免漏逗。

---

① "金牛既是落草为人……不是好心"：金牛既然这样委身向下接引学人，雪窦为什么说不是好心呢？意为金牛的作法或许会让人将心、佛看作实有，从而产生不好的结果。
② 若是金毛狮子子，三千里外见诸讹：如果是金毛狮子的后代，在三千里外，也可以看出他的错处。"金毛狮子"，喻指佛祖。
③ 鉴在机先，不消一捏：如能在一念未生前明鉴他，不值得动一下手指就能识破。

【点评】

金牛和尚每至斋时,自将饭桶于僧堂前作舞,并呵呵大笑云:"菩萨子吃饭来!"其意何在?我们可以从中领悟到如下几点:

一是金牛和尚对真如佛性的诚信及恭敬之情升华到极点,此时身心自然会有相应的举动。正像《大日经义释》所说:此时"一一歌咏,皆是真言;一一舞戏,无非实印"。

二是金牛和尚作舞、大笑、高喊,人境交参,显示出佛家不可言说的实相之境,体现神通游戏三昧(处于定中,无为而无不为),一切言动皆为真心性体之用,从而启发僧众即用见性,识得主人公。悟此之后,时刻保任主人公之正位,那就无时无处不得神通妙用。此正是出家人之正业。

三是意在言外的暗示无时不可,无事不可,金牛和尚为什么一定要在斋饭时,将桶作舞来表现呢?长庆给我们回答了这个问题:"大似因斋庆赞。"意为好像是利用斋饭在作法事,有庆喜成功,普赞善根之意。这或许是在暗示大家,无常迅速,生死事大,人身难得,佛法难闻,能吃饭则人身尚在,正可借妄修真,值得庆赞;如能悟道,变瞬间为永恒,更值得庆赞。

金牛和尚除了请我们吃饭,还给我们揭示了什么?

七五　乌臼①问法道

【圜悟垂示】

灵锋宝剑，常露现前，亦能杀人，亦能活人②。在彼在此，同得同失③。若要提持，一任提持；若要平展，一任平展④。且道不落宾主，不拘回互时如何⑤？试举看：

【雪窦举公案】

僧从定州和尚会里来到乌臼，乌臼问："定州法道何似这里？"言中有响，要辨浅深。探竿影草，太杀瞒人。僧云："不别。"死汉中有活底，一个半个。铁橛子一般，踏著实地。臼云："若不别，更转彼中去！"便打。灼然正令当行。僧云："棒头有眼，不得草

---

① 乌臼：唐代禅师，马祖道一之法嗣，生平不详。
② "灵锋宝剑……亦能活人"：意为真如佛性如灵锋宝剑，在人面门前常露，能杀人情尘妄念，活人佛性慧命。
③ 在彼在此，同得同失：意为师家接引学人时，其成败常常同时体现在双方，即要得同得，要失同失。
④ "若要提持……一任平展"：启发人对真如佛性的体认，如要提持向上，任你提持向上；如要平展向前，任你平展向前。
⑤ 且道不落宾主，不拘回互时如何：如果说是不固定宾主的地位、不限定关系的互相转换时又会是什么样子呢？

草打人①。"也是这作家始得。却是狮子儿。曰云:"今日打著一个也。"又打三下,说什么一个?千个万个。僧便出去。元来是屋里人,只得受屈。只是见机而作。曰云:"屈棒元来有人吃在②。"哑子吃苦瓜。放去又收来点,得回来堪作何用?僧转身云:"争奈杓柄在和尚手里?"依前三百六十日,却是个伶俐衲僧。曰云:"汝若要,山僧回与汝。"知他阿谁是君、阿谁是臣?敢向虎口横身③,忒杀不识好恶!僧近前夺曰手中棒,打曰三下。也是一个作家禅客始得。宾主互换,纵夺临时④。曰云:"屈棒!屈棒!"点。这老汉,著什么死急!僧云:"有人吃在!"呵呵!是几个杓柄,却在这僧手里?曰云:"草草打著个汉。"不落两边,知他是阿谁⑤?僧便礼拜。临危不变,方是丈夫儿。曰云:"和尚却怎么去也?"点。僧大笑而出。作家禅客,天然有在,猛虎须得清风随。方知尽始尽终,天下人摸索不著。曰云:"消得怎么!消得怎么!"可惜放过。何不劈脊便棒?将谓走到什么处去?

【圜悟评唱】

僧从定州和尚会里来到乌臼,臼亦是作家。诸人若向这里识得此二人一出一入,千个万个只是一个;作主也怎么,作宾也怎么,二人毕竟合成一家。一期勘辨,宾主问答,始终作家。

---

① 棒头有眼,不得草草打人:打人的人应该有眼光(如棒头有眼),不能马马虎虎就打人。意为我说得不错。
② 屈棒元来有人吃在:意为你不明白,只好含冤吃棒。你错在尚有"不别"在。"屈",原作"屇",据《龙藏》、《驹本》改。
③ 敢向虎口横身:比喻明眼禅师在斗机锋时,敢于正面相对,不怕被动。
④ 宾主互换,纵夺临时:宾主的位置互相转换,随时施展放与收的手段。
⑤ 不落两边,知他是阿谁:意为此话不落实在两人某一边,管他是谁?"两",原作"丙",据《龙藏》、《驹本》改。

看乌臼问这僧云:"定州法道何似这里?"僧便云:"不别。"当时若不是乌臼,难奈这僧何。臼云:"若不别,更转彼中去!"便打。争奈这僧是作家汉,便云:"棒头有眼,不得草草打人。"臼一向行令,云:"今日打著一个也。"又打三下,其僧便出去。看他两个转辘辘地,俱是作家。了这一事,须要分缁素别休咎。这僧虽出去,这公案却未了在。

乌臼始终要验他实处,看他如何,这僧却似撑门挂户,所以未见得他。乌臼却云:"屈棒元来有人吃在。"这僧要转身吐气,却不与他争,轻轻转云:"争奈杓柄在和尚手里?"乌臼是顶门具眼底宗师,敢向猛虎口里横身,云:"汝若要,山僧回与汝。"这汉是个肘下有符底汉,所谓见义不为无勇也,更不拟议,近前夺乌臼手中棒,打臼三下。臼云:"屈棒!屈棒!"尔且道意作么生?头上道"屈棒元来有人吃在",及乎到这僧打他,却道:"屈棒!屈棒!"僧云:"有人吃在。"臼云:"草草打著个汉。"头上道"草草打著一个也",到末后自吃棒,为什么亦道"草草打著个汉"?当时若不是这僧卓朔地,也不奈他何①。这僧便礼拜。这个礼拜最毒②,也不是好心,若不是乌臼,也识他不破。乌臼云:"却恁么去也?"其僧大笑而出。乌臼云:"消得恁么!消得恁么!"

看他作家相见,始终宾主分明,断而能续,其实也只是互换之机。他到这里,亦不道有个互换处,自是他古人绝情尘意想,

---

① 当时若不是这僧卓朔地,也不奈他何:当时如不是这僧站出来,也对乌臼没有办法。"卓朔",直竖意。
② 这个礼拜最毒:此礼拜暗指乌臼的答话落在有处、露出破绽。故说"最毒"。

彼此作家亦不道有得有失。虽是一期间语言，两个活鲅鲅地，都有血脉针线。若能①于此见得，亦乃向十二时中历历分明。其僧"便出"是双放，已下是双收，谓之互换也。雪窦正恁么地颂出：

【雪窦颂古】

呼即易，天下人总疑著。臭肉引来蝇。天下衲僧总不知落处。遣即难，不妨剿绝，海上明公秀。互换机锋子细看。一出一入，二俱作家。一条拄杖两人扶，且道在阿谁边？劫石固来犹可坏，袖里金锤，如何辨取？千圣不传。沧溟深处立须干。向什么处安排？棒头有眼，独许他亲得。乌臼老！乌臼老！可惜许，这老汉不识好恶。几何般？也是个无端汉，百千万重。与他枸柄太无端！已在言前，洎合打破蔡州，好与三十棒②。且道过在什么处？

【圜悟评唱】

"呼即易，遣即难"，一等是落草，雪窦忒杀慈悲③。寻常道："呼蛇易，遣蛇难。"如今将个瓢子吹来，唤蛇即易，要遣时即难④。一似将棒与他却易，复夺他棒，遣去却难。须是有本分手脚，方能遣得他去。乌臼是作家，有呼蛇底手脚，亦有遣蛇底手段，这僧也不是瞌睡底。乌臼问："定州法道何似这里？"便是呼他。乌臼"便打"，是遣他。僧云："棒头有眼，不得草草打人。"却转在这僧处，便是呼来。乌臼云："汝若要，山僧回与汝。"僧

---

① "若能"，《龙藏》、《驹本》作"不唯"。
② 洎合打破蔡州，好与三十棒：等到打破蔡州，好再打你三十棒。"蔡州"，此比喻未悟境地。
③ 一等是落草，雪窦忒杀慈悲：不怕这样说露出以义理教人的样子，雪窦真是太慈悲了。
④ "如今将个瓢子吹来……要遣时即难"：如今用个哨子一类的东西一吹，把蛇呼唤出来就比较容易，要把它送走就难了。

便近前夺棒，也打三下，却是这僧遣去。乃至这僧大笑而出，乌臼云："消得恁么！消得恁么！"此分明是遣得他恰好。看他两个机锋互换，丝来线去，打成一片，始终宾主分明。有时主却作宾，有时宾却作主，雪窦也赞叹不及，所以道互换之机，教人且子细看。

"劫石固来犹可坏"，谓此劫石长四十里①，广八万四千由旬②，厚八万四千由旬，凡五百年乃有天人下来，以六铢衣袖拂一下又去，至五百年又来。如此拂，拂尽此石乃为一劫，谓之轻衣拂石劫。雪窦道"劫石固来犹可坏"，石虽坚固，尚尔可消磨③尽，此二人机锋，千古万古更无有穷尽。"沧溟深处立须干"，任是沧溟洪波浩渺，白浪滔天，若教此二人向内立地，此沧溟也须干竭。雪窦到此一时颂了。

末后更有道："乌臼老！乌臼老！几何般？"或擒或纵，或杀或活，毕竟是几何般？"与他杓柄太无端"，这个拄杖子，三世诸佛也用，历代祖师也用，宗师家也用，与人抽钉拔楔，解粘去缚，争得轻易分付与人？雪窦意要独用，赖值这僧当时只与他平展，忽若旱地起雷，看他如何当抵？乌臼过杓柄与人去，岂不是太无端？

【点评】

此公案像一幅细针密线精心编织的禅师斗法图，初看之下，我们只有欣赏的份，只有叫好的份。幸好先师元音老人曾在《碧岩录讲座》中

---

① "谓此劫石长四十里"，《龙藏》、《驹本》作"谓此劫石一由旬四十里"。
② 由旬：古印度计里程的单位，一般以四十里为一由旬。
③ "消磨"，《龙藏》、《驹本》作"泪磨"。

选讲过本则公案。为了帮助大家领悟其中的义蕴，现摘录如下：

这僧回答："不别。"和这里没什么区别。定州和尚也是禅宗的传人啊！禅宗的宗旨没有什么差别。乍听起来这答语很好，其实已经有落处了，还有一个"不别"在。

乌臼和尚说：我今天正好又打着了一个。说完又打了三下。你不是说"不得草草打人"么，我今天打你并非草草，正好打准了。乌臼和尚这是"一向行令"，所谓"千里万里一条铁"。你说打你不能瞎打，你是个有道的人啊！有道还是有东西在，我今天就是要把你这个有道打掉。

乌臼和尚还要再检验检验他，便说："原来冤棒也有人吃啊！"……这僧善能转身吐气，也不和乌臼和尚争论，只是轻轻地转身说："争奈杓柄在和尚手里。"因为你是这里的祖师，纵夺、杀活的权柄在你手里，所以任你摆布啊。言外之意：若我们俩换换位，你也不得不吃屈棒。乌臼和尚是"大作家"，敢向虎口里横身，敢于横身让他咬，便说："你如果想要杓柄，我就把这根棒回送给你。"……这僧倒也不客气，你送给我，我也善用。便夺过乌臼手中的棒，打了乌臼三下。这叫"宾主互换"，本来乌臼和尚是主，定州来僧是宾，现在来僧是主，乌臼是宾了。若不是乌臼和尚这样的大作家，也不敢轻易把棒送给客人；若不是定州来僧这样的明眼人，也不敢贸然打山主。

乌臼和尚挨了棒，便说："屈棒！屈棒！"你这是棒头无眼瞎打人，你行棒行的是屈棒。定州来僧说："有人吃在！"你说屈棒，就有落处，有落处就该吃棒。打你打得正好，并不冤枉。乌臼和尚说："草草打著个汉。"今天碰上一个汉子，打中了一个明眼人。这是说乌臼打来僧打中了，还是来僧打乌臼打中了呢？无论是谁打中谁，都是乌臼和尚自己赞扬自己。……定州来僧"礼拜"并非"平展"、并非"放过"，这一招最毒，所谓"陷虎之机"者是也。你是个能打中明眼人的大善知识啊,这就有落处了,你露出这么明显的破绽,我正好在这痒处挠一挠:你是善知识,我向你礼拜了。

乌白和尚自有转身之处,却称这僧为"和尚"。在丛林里,和尚这个称呼不是随便谁都能承当的,只有主持道场的大祖师才担当得起。你向我礼拜,想借机顶死我啊,我能识破你的机锋。现在杓柄还在你手里,你却向我礼拜,就怎么去了么?

定州来僧大笑而出,才是"平展"、才是"放过"。你的机锋我知道,我的机锋你也知道,这多么好笑啊!这个道场是你的,正该你坐,你当之无愧。现在我把杓柄还给你,我还是出去的好。"大笑而出",正好圆满了这个公案。

七六　丹霞①问甚处来

【圜悟垂示】

小如米末，冷似冰霜；畐塞乾坤，离明绝暗②。低低处观之有余，高高处平之不足。把住、放行总在这里许。还有出身处也无？试举看：

【雪窦举公案】

丹霞问僧："甚处来？"正是，不可总没来处也。要知来处也不难。僧云："山下来③。"著草鞋入尔肚里过也，只是不会④。言中有响谙含来，知他是黄是绿⑤？霞云："吃饭了也未？"第一杓恶水浇！何必？定盘星要知端的。僧云："吃饭了。"果然撞著个露柱。却被旁人穿却鼻孔。元来是个无孔铁锤。霞云："将饭来与汝吃底人还具眼

---

① 丹霞：丹霞天然（739~824），唐代禅僧，法号天然，以曾驻锡南阳丹霞山，故称丹霞天然，或丹霞禅师。
② "小如米末……离明绝暗"：此比喻真如佛性或小或冷等，无处不可体现。此比喻真如佛性其大又可塞满天地，而又与明暗等所见无关。"畐塞"，《龙藏》作"富塞"，《驹本》作"逼塞"。
③ 山下来：从山下来的。未有具体来处，并亦暗含"向上"的意味，让人疑为是明眼者勘验对方的语言。
④ 著草鞋入尔肚里过也，只是不会：比喻丹霞深解对方心思，而来僧只是不解。
⑤ 言中有响谙含来，知他是黄是绿：答话中或是另有含义，知道他是成熟未成熟呢？

么?"虽然是倚势欺人,也是据款结案。当时好掀倒禅床。无端作什么?僧无语。果然走不得。这僧若是作家向他道:与和尚眼一般。

长庆问保福:"将饭与人吃,报恩有分,为什么不具眼?"也只道得一半。通身是遍身是?一刀两段。一手抬一手搦①。福云:"施者、受者二俱瞎汉②。"据令而行,一句道尽。罕遇其人。长庆云:"尽其机来,还成瞎否③?"识甚好恶,犹自未肯?讨什么碗。福云:"道我瞎得么?"两个俱是草里汉,龙头蛇尾。当时待他道"尽其机来,还成瞎否",只向他道"瞎"!也只道得一半。一等是作家,为什么前不构村后不迭店?

【圜悟评唱】

邓州丹霞天然禅师,不知何许人。初习儒学,将入长安应举,方宿于逆旅,忽梦白光满室。占者曰:"解空之祥④。"偶一禅客问曰:"仁者何往?"曰:"选官去。"禅客曰:"选官何如选佛?"霞云:"选佛当往何所?"禅客曰:"今江西马大师出世,是选佛之场。仁者可往。"遂直造江西。

才见马大师,以两手托幞头脚⑤,马师顾视云:"吾非汝师,南岳石头处去⑥。"遽抵南岳,还以前意投之。石头云:"著槽厂

---

① 通身是遍身是:意为通身是眼还是遍身是眼(见第八九则"公案")。一手抬一手搦:一手上抬一手下按,比喻手段高妙耐人寻味。
② 施者、受者二俱瞎汉:施与者、受用者,双方都是瞎子。意为其师徒皆无眼光。
③ 尽其机来,还成瞎否:他如果能尽佛性的大机大用,还是瞎子吗?
④ 解空之祥:能领悟真空实相的吉祥之兆。意为如入佛门可得大成就。
⑤ 以两手托幞头脚:用两手托着幞头脚。意为以无言显有言,似在勘验对方作答"我是谁?"。"幞头",古代包头软巾,有四带,其中两带系垂于脑后(称幞头脚),另两带反系于头上(称幞头)。"脚",《龙藏》、《驹本》注"一作额"。
⑥ "马师顾视云……南岳石头处去":马大师打量了一下说:我不是你的老师,到南岳石头禅师那里去吧。(意为你的作略与石头禅师峭峻的机锋相近)

去。"师礼谢，入行者堂，随众作务，凡三年。石头一日告众云："来日划佛殿前草①。"至来日，大众各备锹锄划草，丹霞独以盆盛水净头，于师前跪膝。石头见而笑之，便与剃发。又为说戒，丹霞掩耳而出②。便往江西，再谒马祖。未参礼，便去僧堂内，骑圣僧颈而坐。时大众惊愕，急报马祖。祖躬入堂，视之曰："我子天然③！"霞便下，礼拜曰："谢师赐法号！"因名天然。

他古人天然如此颖脱，所谓选官不如选佛也。《传灯录》中载其语句，直是壁立千仞，句句有与人抽钉拔楔底手脚。似问这僧道："什么处来？"僧云："山下来。"这僧却不通来处，一如具眼倒去勘主家相似。当时若不是丹霞，也难为收拾。丹霞却云："吃饭了也未？"头边总未见得，此是第二回勘他④。僧云："吃饭了也。"懵懂汉元来不会。霞云："将饭与汝吃底人还具眼么？"僧无语。丹霞意道：与尔这般汉饭吃，堪作什么？这僧若是个汉，试与他一扎，看他如何？虽然如是，丹霞也未放尔在，这僧便眼眨眨地无语。

保福、长庆同在雪峰会下，常举古人公案商量。长庆问保福："将饭与人吃，报恩有分，为什么不具眼？"不必尽问公案中事，大纲借此语作话头，要验他谛当处⑤。保福云："施者、受者二俱瞎汉。"快哉！到这里只论当机事，家里有出身之路。长庆

---

① 来日划佛殿前草：明天铲除佛殿前的杂草（暗指落发剃度）。
② 又为说戒，丹霞掩耳而出：又给他说戒律，丹霞掩耳走出。意为悟得真如佛性境界，无须再作此种种分别。
③ 我子天然：这是我佛家弟子天然佛性的流露。
④ 头边总未见得，此是第二回勘他：前头总没有看清他的真面目，这是第二回勘验他。
⑤ 大纲借此语作话头，要验他谛当处：大体目的是想用此语作个话头，要勘验他的确切悟境。

云："尽其机来，还成瞎否？"保福云："道我瞎得么？"保福意谓：我怎么具眼，与尔道了也，还道我瞎得么？虽然如是，半合半开。当时若是山僧，等他道"尽其机来，还成瞎否"，只向他道"瞎"！可惜许，保福当时若下得这个"瞎"字，免得雪窦许多葛藤。雪窦亦只用此意颂：

【雪窦颂古】

尽机不成瞎，只道得一半，也要验他过。言犹在耳。按牛头吃草。失钱遭罪。半河南半河北。殊不知伤锋犯手。四七二三诸祖师①，有条攀条。带累先圣，不唯只带累一人。宝器持来成过咎。尽大地人换手搥胸，还我拄杖来。带累山僧，也出头不得。过咎深，可杀深，天下衲僧跳不出。且道深多少？无处寻，在尔脚跟下，摸索不著。天上人间同陆沉。天下衲僧一坑埋却，还有活底人么？放过一著，苍天！苍天！

【圜悟评唱】

"尽机不成瞎"，长庆云："尽其机来，还成瞎否？"保福云："道我瞎得么？"一似"按牛头吃草"，须是等他自吃始得，那里按他头教吃？雪窦怎么颂，自然见得丹霞意。

"四七二三诸祖师，宝器持来成过咎。"不唯只带累长庆，乃至西天二十八祖、此土六祖，一时埋没。释迦老子，四十九年说一大藏教，末后唯传这个宝器。永嘉道："不是标形虚事褫，如来宝杖亲踪迹。"若作保福见解，宝器持来都成过咎。

"过咎深，无处寻"，这个与尔说不得，但去静坐，向他句中

---

① 四七二三诸祖师：指禅宗西天（古印度）四七共二十八位祖师，东土二三有六位祖师。

点检看。既是过咎深，因什么却无处寻？此非小过也，将祖师大事，一齐于陆地上平沉却。所以雪窦道："天上人间同陆沉。"

【点评】

此公案丹霞勘验来僧的情节及长庆、保福探讨的本公案的义蕴，多读详参不难领悟。可是如何来正确回答丹霞的勘问，恐怕我们还是不知从何说起。下面我们还是再来参看一下先师元音老人在《碧岩录讲座》里的回答：

第一，问僧"何处来"。这是问他"生从何来"，要验一验他的来处。答这一问，可用"正是"、"不可总没来处也"、"要知一处也不难"。这三句答话，意思都一样，都是将天真佛性和盘托出。此三句就是圜悟祖师在此句下的著语。若这样答，意思已非常明确，丹霞禅师也就不用再检验他了。……此僧若成熟，一句"山下来"便是"言中有响"，暗暗地隐含着"生从何来"的来处，并且带着引丹霞上当的钓钩。若不成熟，便是被丹霞勘破了。因为这僧后来"无语"，所以圜悟祖师说"知他是黄是绿"。

第二，丹霞进一步问"吃饭了也未"。这是进一步勘验他。这僧若伶俐，便不会上当。可惜他是懵懂汉，这一问便是当头浇来的恶水了。圜悟祖师在此著语云："第一杓恶水浇！何必？"然后自答："定盘星要知端的。"丹霞禅师何必这样问呢？这正是丹霞的稳健、细密处，这是定盘星啊，要靠它检验来僧，以知来僧究竟如何。这僧却答"吃饭了"，这就上当了。不过，这也说不定，如果他是故意卖个破绽，要反过来钓丹霞的话，也可以这样答。可惜后来却眼眨眨地"无语"，果然是个懵懂汉。所以圜悟祖师在此著语云："果然撞着个露柱，却被旁人穿却鼻孔。原来是个无孔铁锤。"露柱是顶梁的木桩子，无孔铁锤不开窍。这无疑是判这僧不具眼。

第三，丹霞说："将饭来与汝吃底人还具眼么?"这是丹霞浇来的第二杓恶水。若来僧是个明眼人，前两问两答仍可如上，到这里抓住了丹霞的把柄：你还有"具眼"在，这分明是没有扫除"悟"迹！所以，圜悟祖师在"虽然是倚势欺人，也是据款结案"之后接着著语："当时好掀倒禅床！无端作什么?"如果这僧当时真的掀倒禅床，丹霞也不会就此罢休，他可能拈拄杖便打。明眼人也不会怕他的拄杖，便会顺手接住。然后两人就会像临济、麻谷那样"相捉入方丈"。不仅两人当时便会心地哈哈大笑，也为后人留下一段颇具启迪意义的千古绝唱。可惜这僧"无语"，骂他"不具眼"冤枉乎？

七七　云门答糊饼

【圜悟垂示】

向上转去，可以穿天下人鼻孔，似鹘捉鸠；向下转去，自己鼻孔在别人手里，如龟藏壳①。个中忽有个出来道：本来无向上向下，用转作什么？只向伊道：我也知尔向鬼窟里作活计，且道作么生辨个缁素？良久云：有条攀条，无条攀例②。试举看：

【雪窦举公案】

僧问云门："如何是超佛越祖之谈？"开。旱地忽雷③。拶。门云："糊饼。"舌拄上腭④。过也。

【圜悟评唱】

这僧问云门："如何是超佛越祖之谈？"门云："糊饼。"还觉寒毛卓竖么？衲僧家问佛问祖、问禅问道、问向上向下了，更无

---

① "向上转去……如龟藏壳"：禅师接引学人来领悟真如佛性时，如向不可言说的高境界转去，往往可以牵住天下人的鼻子，就像猛禽捕捉斑鸠一样；反之如向下转去，自己的鼻子就牵在别人手里，就像乌龟藏在壳里一样不得自由。
② 有条攀条，无条攀例：有律条可沿用律条，无律条可比照此案例。
③ 旱地忽雷：如旱地而突然雷霆大作，使人意想不到。
④ 舌拄上腭：说不出话来的动作。

可得问，却致个问端，问"超佛越祖之谈"。云门是作家，便水长船高，泥多佛大，便答道："糊饼。"可谓道不虚行，功不浪施①。云门复示众云："尔勿可作了，见人道著祖师意，便问超佛越祖之谈道理。尔且唤什么作佛，唤什么作祖，即说超佛越祖之谈？便问个出三界，尔把三界来看，有什么见闻觉知②隔碍著尔？有什么声色佛法与汝可了？了个什么碗？以那个为差殊之见？他古圣勿奈尔何！横身为物，道个举体全真，物物觌体不可得③。我向汝道，直下有什么事，早是埋没了也。"会得此语，便识得糊饼。

五祖云："驴屎比麝香④。"所谓"直截根源佛所印，摘叶寻枝我不能⑤"。到这里，欲得亲切，莫将问来问。看这僧问："如何是超佛越祖之谈？"门云："糊饼。"还识羞惭么？还觉漏逗么？有一般人杜撰道：云门见兔放鹰，便道"糊饼"。若恁么将"糊饼"便是超佛越祖之谈见去，岂有活路？莫作糊饼会，又不作超佛越祖会，便是活路也⑥。与"麻三斤"、"解打鼓"一般，虽然只道"糊饼"其实难见。

后人多作道理云：粗言及细语皆归第一义。若恁么会，且去

---

① 道不虚行，功不浪施：此指云门禅道没有虚行，功夫也不会白费。
② 见闻觉知：心识感知外境之总称。眼识之用为见，耳识之用为闻，鼻舌身三识之用为觉，意识之用为知。
③ 道个举体全真，物物觌体不可得：如能提起本体真面目，个体事物即不可分别。
④ 驴屎比麝香：（从道体的角度看）驴屎与麝香是一样的。"驴屎"，《龙藏》、《驹本》注"一作马类"。
⑤ 直截根源佛所印，摘叶寻枝我不能：从直截根源上说，真如本体是佛祖一心所印，分别枝叶的事我不作。语见永嘉禅师《证道歌》。
⑥ "莫作糊饼会……便是活路也"：不要作糊饼去理解，又不要作超佛越祖的理解，这才是通向开悟的活路。

作座主①,一生赢得多知多解。如今禅和子道:超佛越祖之时,诸佛也踏在脚跟下,祖师也踏在脚跟下,所以云门只向他道"糊饼"。既是"糊饼",岂解超佛越祖?试去参详看。诸方颂极多,尽向问头边作言语,唯雪窦颂得最好,试举看。颂云:

【雪窦颂古】

超谈禅客问偏多,个个出来,便作这般见解。如麻似粟。缝罅披离见也么?已在言前。开也,自屎不觉臭。糊饼堅来犹不住,将木患子换却尔眼睛了也②。至今天下有讹讹③。画个圆相云:莫是怎么会么?咬人言语,有甚了期?大地茫茫愁杀人。便打。

【圜悟评唱】

"超谈禅客问偏多",此语禅和家偏爱问。不见云门道:"尔诸人横担拄杖,道我参禅学道,便觅个超佛越祖道理。我且问尔:十二时中,行住坐卧,屙屎放尿,至于茅坑里虫子、市肆买卖羊肉案头,还有超佛越祖底道理么?道得底出来!若无,莫妨我东行西行。"便下座。有者更不识好恶,作圆相土上加泥,添枷带锁。"缝罅披离见也么?"他致问处,有大小大缝罅④。云门见他问处披离,所以将糊饼拦缝塞定。

这僧犹自不肯住,却更问,是故雪窦道:"糊饼堅来犹不住,至今天下有讹讹。"如今禅和子只管去糊饼上解会,不然去超佛

---

① 若怎么会,且去作座主:如果这样理解,就去作座主讲经论道。
② 将木患子换却尔眼睛了也:意为这样的作法是将假眼换去了你的真眼。"木患子",一种乔木的果实,圆而坚实,可作念珠等。
③ 糊饼堅来犹不住,至今天下有讹讹:意为云门的糊饼也未能阻塞这样的过患,致使现在天下禅林还存在这样的错误认识。
④ 他致问处,有大小大缝罅:意为某僧的问话处,就有偌大的裂缝(破绽)。

越祖处作道理。

既不在这两头,毕竟在什么处?三十年后,待山僧换骨出来,却向尔道①。

【点评】

"云门饼"与"德山棒"、"临济喝"、"赵州茶"一样享誉禅林。"云门饼"其义蕴何在呢?本则公案即是最好的说明。

某僧问:"如何是超佛越祖之谈?"超佛越祖,本指不执著任何事物,绝对自由的佛家无为无不为的境界。哪里还可问?哪里还可谈?此僧以有为之心求无为之法,南辕北辙,岂能见道?云门因病予药道:"糊饼。"此答与所问,似风马牛不相及,正因如此或使来僧懵然不知所措,此若能回光返照,即到法身边矣。来僧此时所悟者,正是云门所答的目的,也正是来僧所求的目的。"云门饼",真是良方妙药,问僧的偌大缝罅,都该被云门糊饼拦缝塞定了。

此僧如仍是懵懂,那我们只能叹惜:药再好只能治病不能治命了。

圜悟禅师在"评唱"中也已为我们点明:"莫作糊饼会,又不作超佛越祖会,便是活路也。"雪窦"颂古"巧妙优美,但并不难领会,在此不再啰唆。

---

① "三十年后……却向尔道":等到我三十年后转生再来时,再向你讲。意为如不当下悟入,就太迟了。

七八 十六开士入浴①

【雪窦举公案】

古有十六开士,成群作队,有什么用处?这一队不唧嚼汉!于浴僧时随例入浴,撞著露柱,漆桶作什么?忽悟水因②。恶水蓦头浇。诸禅德作么生会?他道:"妙触宣明,更不干别人事,作么生会他?扑落非他物。成佛子住③。"天下衲僧到这里摸索不著,两头三面④作什么?也须七穿八穴始得。一棒一条痕。莫辜负山僧好。撞著磕著,还曾见德山、临济么?

【圜悟评唱】

楞严会上,跋陀婆罗菩萨与十六开士各修梵行,乃各说所证

---

① 十六开士入浴:见《楞严经》卷五。"十六开士",此指十六位已开悟证道的菩萨。
② 于浴僧时随例入浴,忽悟水因:(十六开士等)在僧洗浴的时间(古制半月一洗)按制度亦随入洗浴,因触水的感受,忽然领悟了佛性。
③ 妙触宣明,成佛子住:微妙显明的触觉,正现佛子的境界。
④ 两头三面:比喻认不清本来面目。"面",原作"而",据《龙藏》、《驹本》改。

圆通法门之因①，此亦二十五圆通②之一数也。他因浴僧时随例入浴，忽悟水因，云："既不洗尘，亦不洗体③。"且道洗个什么？若会得去，"中间安然，得无所有"，千个万个更近傍不得。所谓以无所得是真般若，若有所得是相似般若④。不见达磨谓二祖云："将心来与汝安。"二祖云："觅心了不可得。"这里些子是衲僧性命根本，更总不消得如许多葛藤，只消道个"忽悟水因"，自然了当。"既不洗尘，亦不洗体"，且道悟个什么？到这般田地，一点也著不得，道个佛字也须讳却。

他道："妙触宣明，成佛子住。""宣"则是显也，"妙触"是明也，"既悟妙触，成佛子住"，即住佛地也。如今人亦入浴亦洗水，也恁么触，因甚却不悟？皆被尘境惑障，粘皮著骨，所以不能便惺惺去。若向这里，洗亦无所得，触亦无所得，水因亦无所得，且道是"妙触宣明"，不是"妙触宣明"？若向个里，直下见得，便是"妙触宣明，成佛子住"。

如今人亦触，还见妙处么？妙触非常触，与触者合则为触，离则非也。玄沙过岭磕著脚指头，以至德山棒，岂不是妙触？虽然怎么，也须是七穿八穴始得，若只向身上摸索，有什么交涉？尔若七穿八穴去，何须入浴？便于一毫端上现宝王刹，向微尘里

---

① 楞严会：此指佛陀讲授《楞严经》的法会。跋陀婆罗菩萨：即为贤首菩萨，含义为善护、善守，为众贤之首。圆通法门：谓遍满一切，融通无碍的法门。
② 二十五圆通：《楞严经》卷五谓：二十五位菩萨各随根性证入的圆通法门（共有六尘、六根、六识、七大等二十五圆通）。此则所讲因"触"（六尘之一）证入者，即二十五圆通之一。
③ 既不洗尘，亦不洗体：水性既不能洗尘，亦不能洗体。比喻自性本不生不灭不垢不净。
④ 般若：指佛家的大智慧，即真空实相的境界。

转大法轮①。一处透得，千处万处一时透，莫只守一窠一窟，一切处都是观音入理之门②。古人亦有闻声悟道、见色明心，若一人悟去则故是，因甚十六开士同时悟去？是故古人同修同证，同悟同解。

雪窦拈他教意，令人去妙触处会取，出他教眼颂，免得人去教网里笼罩半醉半醒，要令人直下洒洒落落。颂云：

【雪窦颂古】

了事衲僧消一个，现有一个。朝打三千，暮打八百。跳出金刚圈，一个也不消得③。长连床上展脚卧。果然是个瞌睡汉。论劫不论禅。梦中曾说悟圆通，早是瞌睡更说梦，却许尔梦见。寐语作什么？香水洗来蓦面唾④。咄！土上加泥又一重。莫来净地上屙！

【圆悟评唱】

"了事衲僧消一个"，且道了得个什么事？作家禅客，聊闻举着，剔起便行，似怎么衲僧，只消得一个，何用成群作队？"长连床上展脚卧"，古人道："明明无悟法，悟了却迷人。长舒两脚睡，无伪亦无真。"所以胸中无一事，饥来吃饭困来眠。

雪窦意道：尔若说入浴悟得"妙触宣明"，在这般无事衲僧分上，只似梦中说梦。所以道："梦中曾说悟圆通，香水洗来蓦面唾。"似怎么只是恶水蓦头浇，更说个什么圆通？雪窦道：似这

---

① 于一毫端上现宝王刹，向微尘里转大法轮：此比喻佛性无所不在，无所不能。
② 观音入理之门：指观世音之耳根圆通法门。
③ 跳出金刚圈，一个也不消得：意为自己就能跳出金刚圈，别人一个也用不着。"金刚圈"，常比喻使人进退不得，吞吐不得，逼人自悟的手段。
④ 了事衲僧消一个，长连床上展脚卧。梦中曾说悟圆通，香水洗来蓦面唾：彻悟的禅僧只要有一个，就可以在大床上伸腿休息了。如果谁像说梦话一样，认为有"圆通"可悟，那就猛然唾他一脸，让他用此净水好好清洗一下自己。

般汉正好蓦头蓦面唾。山僧道：土上加泥又一重。

【点评】

《楞严经》中讲到二十五菩萨各因根性证入圆通的事。此公案讲的是其中之一，即跋陀婆罗菩萨等，因"触"得悟而证入圆通的事例。

公案说跋陀婆罗菩萨与十六开士因浴僧时，随例入浴，忽悟水因。且道悟个什么？他道"妙触宣明，成佛子住"，又是何意？原来"忽悟水因"，悟到的是"既不洗尘，亦不洗体"。其话意是说，即使洗之后，尘仍是尘，体仍是体，水仍是水；此尘、体，并不能改变水本清净之性。其言外之意则是在说，我人之真心佛性，正是如此，本为清净，外物何能染污？"妙触宣明，成佛子住"，正是此时境界。意为微妙显明的触觉，正处于佛子的境界。但是请注意，凡有言说皆无实意，此时"妙触"何能表述？此亦即《楞严经》中跋陀婆罗所说："中间安然，得无所有。"

这里或有人会问，古人偶因触水则成妙觉，我等触之更多，如何不成妙觉？我们说，佛家讲内因外缘，内因成熟外缘具备，则成妙触则成妙果。正像现代唯物辩证法所说，再合适的温度，石头也孵不出小鸡；再好的鸡蛋，没有合适的温度也孵不出小鸡。正如"评唱"所说："妙触非常触，与触者合则为触，离则非也。"

这时如再问：跋陀婆罗等证得圆通了吗？应该如何回答？答"没证到"，则是常人；答"证到了"，则会遭到"香水洗来蓦面唾"。

七九　投子一切声

【圜悟垂示】

大用现前,不存轨则;活捉生擒,不劳余力①。且道是什么人曾恁么来?试举看:

【雪窦举公案】

僧问投子:"一切声是佛声,是否?"也解捋虎须。青天轰霹雳。自屎不觉臭。投子云:"是。"赚杀一船人,卖身与尔了也②。拈放一边,是什么心行?僧云:"和尚莫㞘沸碗鸣声③?"只见锥头利,不见凿头方。道什么?果然纳败缺。投子便打。著!好打。放过则不可。又问:"粗言及细语皆归第一义是否?"第二回捋虎须。抱赃叫屈作什么?东西南北,犹有影响在。投子云:"是。"又是卖身与尔了也。陷虎之机也,是什么心行?僧云:"唤和尚作一头驴得么?"只

---

① "大用现前……不劳余力":佛性大用现前,不存在什么固定的规则;在斗机锋时,当下生擒活捉对方,也不用费大气力。
② 赚杀一船人,卖身与尔了也:意为投子答话的意图瞒过了同伴的人,好像卖身给对方任凭你处置。
③ 和尚莫㞘沸碗鸣声:您发出的莫不是屁滚碗鸣的声音吗?借机嘲弄之意。

见锥头利,不见凿头方。虽有逆水之波,只是头上无角①。含血噀人。投子便打。著!不可放过,好打。拄杖未到折,因什么便休去?

【圜悟评唱】

投子朴实头,得逸群之辩②。凡有致问,开口便见胆,不费余力便坐断他舌头。可谓运筹帷幄之中,决胜千里之外③。这僧将声色佛法见解贴在他额头上,逢人便问。投子作家,来风深辨。这僧知投子实头,合下做个圈缋子,教投子入来,所以有后语。投子却使陷虎之机,钓他后语出来。这僧接他答处道:"和尚莫㕑沸碗鸣声?"果然一钓便上。若是别人,则不奈这僧何,投子具眼,随后便打。咬猪狗底手脚,须还作家始得,左转也随他阿辘辘地,右转也随他阿辘辘地。这僧既是做个圈缋子,要来捋虎须,殊不知投子更在他圈缋头上。投子便打,这僧可惜许,有头无尾。当时等他拈棒,便与掀倒禅床,直饶投子全机,也须倒退三千里。

又问:"粗言及细语皆归第一义是否?"投子亦云:"是。"一似前头语无异。僧云:"唤和尚作一头驴得么?"投子又打。这僧虽然作窠窟,也不妨奇特。若是曲录木床上老汉顶门无眼,也难折挫他。投子有转身处,这僧既做个道理,要搀他行市,到了依旧不奈投子老汉何。

不见岩头道:"若论战也,个个立在转处。"投子放去太迟,

---

① 虽有逆水之波,只是头上无角:意为米僧虽有逞能的机会,但木跳龙门并不是龙。
② 投子朴实头,得逸群之辩:投子是脚踏实地的朴实人,还具有超群的辩才。
③ 运筹帷幄之中,决胜千里之外:筹划在帷帐之中,就能决定千里之外的胜利。此比喻投子在不动声色之中掌握了主动。

收来太急。这僧当时若解转身吐气,岂不作得个口似血盆底汉①?衲僧家一不做二不休,这僧既不能返掷,却被投子穿了鼻孔②。颂云:

【雪窦颂古】

投子投子,灼然,天下无这实头老汉。教坏人家男女。机轮无阻。有什么奈何他处?也有些子。放一得二,换却尔眼睛,什么处见投子?同彼同此③。恁么来也吃棒,不恁么来也吃棒,阇黎替他便打。可怜无限弄潮人,丛林中放出一个半个。放出这两个汉,天下衲僧要④怎么去。毕竟还落潮中死。可惜许,争奈出这圈缋不得?愁人莫向愁人说。忽然活,禅床震动。惊杀山僧,也倒退三千里。百川倒流闹㵵㵵!险!徒劳伫思。山僧不敢开口。投子老汉也须是拗折拄杖始得。

【圜悟评唱】

"投子投子,机轮无阻。"投子寻常道:"尔总道投子实头,忽然下山三步,有人问尔道:'如何是投子实头处?'尔作么生抵对?"古人道"机轮转处,作者犹迷",他机轮转辘辘地全无阻隔。

所以雪窦道:"放一得二。"不见僧问:"如何是佛?"投子云:"佛⑤。"又问:"如何是道?"投子云:"道。"又问:"如何

---

① 口似血盆底汉:比喻禅机如猛虎的禅师。
② 被投子穿了鼻孔:比喻来僧像牛一样,被投子牵了鼻子走。
③ 放一得二,同彼同此:指投子放出一个"是",得两次"便打";酬答简捷,"此"来正同"彼"往。
④ "要",《龙藏》、《驹本》无。
⑤ 佛:意为佛本来就是佛,更无言可说。下面所答的"道"、"禅",亦大体同此种表达方法。

是禅?"投子云:"禅。"又问:"月未圆时如何?"投子云:"吞却三个四个①。""圆后如何?""吐却七个八个②。"投子接人,常用此机。答这僧,只是一个"是"字,这僧两回被打。所以雪窦道:"同彼同此。"四句一时颂投子了也。

末后颂这僧道:"可怜无限弄潮人。"这僧敢揽旗夺鼓道:"和尚莫屡沸碗鸣声?"又道:"唤和尚一头驴得么?"此便是弄潮处。这僧做尽伎俩,依前死在投子句中。投子便打,此僧便是"毕竟还落潮中死"。

雪窦出这僧云"忽然活",便与掀倒禅床,投子也须倒退三千里,直得"百川倒流闹㵋㵋",非唯禅床震动,亦乃山川岌嶪③,天地陡暗。苟或个个如此,山僧且打退鼓,诸人向什么处安身立命?

【点评】

来僧问投子:"一切声是佛声是否?"又问:"粗言及细语皆归第一义是否?"投子皆答"是"。当然从理体言之,此答并无不对。可是来僧却是别有用心,预设圈缋,随后用归谬法和甚为不堪的语言,想使投子陷入被动;而恰恰是他自己的话,却暴露了自己的偏颇离道(事理不得圆融,则心离于道)。

原来投子却是在引蛇出洞,从而歼之。尽管来僧巧舌如簧,如从"一数到十",而投子却是大辩若讷,以"两五"应之,快捷果断,更胜其一筹。投子的两次"便打",似乎是在喝斥来僧:你的话错了,正确

---

① 吞却三个四个:(前说"月未圆时",暗喻未能彻见佛性时)意为此时往往执著于有,是为学日益的阶段。
② 吐却七个八个:此暗喻彻见佛性时,即进入为道日损的阶段。
③ 山川岌嶪:山峰高峻貌。比喻机锋险峻多变。

的应该是这样（无念而知痛者是谁）！

雪窦"颂古"："投子投子，机轮无阻。放一得二，同彼同此。"是在赞颂投子的禅机特点。"可怜无限弄潮人，毕竟还落潮中死。"是哀叹来僧的自作聪明，本想弄潮，反被潮弄。"忽然活，百川倒流闹㶌㶌。"雪窦又为来僧点出活机。

八〇　赵州孩子六识①

【雪窦举公案】

僧问赵州:"初生孩子,还具六识也无?"闪电之机,说什么初生孩儿子!赵州云:"急水上打球子②。"过也,俊鹞趁不及。也要验过。僧复问投子:"'急水上打球子',意旨如何?"也是作家,同验过。还会么?过也!子云:"念念不停流。"打葛藤汉。

【圜悟评唱】

此六识,教家立为正本。山河大地、日月星辰,因其所以生。来为先锋,去为殿后。古人道:"三界唯心,万法唯识③。"若证佛地,以八识转为四智,教家谓之改名不改体④。根、尘、

---

① 孩子六识:意为初生孩子的六识特点。"识",指分析、认知等功能。"六识",即眼识、耳识、鼻识、舌识、身识、意识。
② 急水上打球子:其下有解曰"念念不停流"。此比喻道心净念相续,不住不异。
③ 三界唯心,万法唯识:三界只是心性的体现,万法只是六识的体现。"三界",即欲界、色界、无色界。此三界都是凡夫生死往来的境界,所以佛教修行者是以跳出三界为目的。"万法",指一切事和理。
④ "若证佛地……教家谓之改名不改体":如果证入佛地,原来的八识就转化为四智,佛家认为,这仅是改变了名称,并没有改变本体。"八识",佛教唯识学,把一心分八识,即前六识加第七末那识(思量义)、第八阿赖耶识(集起义)。"四智",法相宗所立四种如来的智慧,即成所作智、妙观察智、平等性智、大圆镜智。此四智分别为前五识、第六识、第七识、第八识所成,为佛观照一切事相理性无不明白的智慧。

识是三,前尘元不会分别胜义,根能发生识,识能显色分别,即是第六意识。第七识末那识,能去执持世间一切影事;令人烦恼,不得自由自在,皆是第七识。到第八识,亦谓之阿赖耶识,亦谓之含藏识,含藏一切善恶种子。

这僧知教意,故将来问赵州道:"初生孩子,还具六识也无?"初生孩儿,虽具六识,眼能见耳能闻,然未曾分别六尘,好恶长短、是非得失,他怎么时总不知。学道之人要复如婴孩,荣辱功名、逆情顺当,都动他不得,眼见色与盲等,耳闻声与聋等,如痴似兀,其心不动如须弥山,这个是衲僧家真实得力处。古人道"衲被蒙头万事休",此时山僧都不会,若能如此,方有少分相应。

虽然如此,争奈一点也瞒他不得:山依旧是山,水依旧是水,无造作无缘虑,如日月运于太虚未尝暂止,亦不道我有许多名相;如天普盖,似地普擎,为无心故,所以长养万物,亦不道我有许多功行。天地为无心故,所以长久,若有心则有限齐。得道之人亦复如是:于无功用中施功用,一切违情顺境,皆以慈心摄受。到这里,古人尚自呵责道:"了了了时无可了,玄玄玄处直须呵。"又道:"事事通兮物物明,达者闻之暗里惊。"又云:"入圣超凡不作声,卧龙长怖碧潭清。人生若得长如此,大地那能留一名。"

然虽恁么,更须跳出窠窟始得。岂不见教中道:第八不动地菩萨①,以无功用智,于一微尘中,转大法轮;于一切时中,行

---

① 第八不动地菩萨:指菩萨乘十地中之第八地,在此地渐开佛眼,成一切种智,已属圣位。

住坐卧，不拘得失，任运流入萨婆若海①。衲僧家到这里亦不可执著，但随时自在，遇茶吃茶，遇饭吃饭。这个向上事著个定字也不得，著个不定字也不得。

石室善道和尚示众云："汝不见小儿出胎时，何曾道我会看教。当恁么时，亦不知有佛性义无佛性义？及至长大，便学种种知解出来，便道我能我解，不知是客尘烦恼②。"十六观行中婴儿行为最，哆哆啝啝时③，喻学道之人离分别取舍心，故赞叹婴儿，可况喻取之。若谓婴儿是道，今时人错会。

南泉云："我十八上，解作活计。"赵州道："我十八上，解破家散宅。"又道："我在南方二十年，除粥饭二时是杂用心处。"曹山问僧："菩萨定中，闻香象渡河历历地，出什么经？"僧云："《涅槃经》。"山云："定前闻、定后闻？"僧云："和尚流也④。"山云："滩下接取⑤。"又《楞严经》云："湛入合湛，入识边际⑥。"又《楞伽经》云："相生执碍，想生妄想，流注生则逐妄流转⑦。"若到无功用地⑧，犹在流注相中，须是出得第三流注生相⑨，方始快活自在。所以沩山问仰山云："寂子如何？"仰山云：

---

① 萨婆若海：即一切种智，诸佛究竟圆满果位的大智慧。
② 客尘烦恼：意为像店中之客、屋里之尘一样是外来的烦恼（见《楞严经》卷一）。
③ 十六观行：《观无量寿经》所说的十六种观想。哆哆啝啝：婴儿欲言而不能言，欲行不能行的神态。
④ 和尚流也：意为您上面的答话不该流露分别的念头。
⑤ 滩下接取：意为我正是要提醒你接续前念已灭后念未生时的境界。
⑥ 湛入合湛，入识边际：以湛寂之心合入湛寂之纯真本性，这才进入"识"的边际。
⑦ "相生执碍……流注生则逐妄流转"：因对相生的执碍，产生妄想，则此时的流注还在随妄念流转。"流注"，指有为法之刹那刹那前灭后生，相续不断，如水之流注。此比喻烦恼妄想之无间断。
⑧ 无功用地：任运无功用智，自在利生。大乘菩萨十地中，八地以上为无功用地。
⑨ 第三流注生相：指显示诸法生灭变迁之生、住、异、灭等四相之第三。

"和尚问他见解问他行解?若问他行解,某甲不知;若是见解,如一瓶水注一瓶水①。"若得如此,皆可以为一方之师。

赵州云:"急水上打球子。"早是转辘辘地,更向急水上打时,眨眼便过,譬如《楞严经》云"如急流水,望为恬静"。古人云:"譬如驶流水,水流无定止。各各不相知,诸法亦如是。"赵州答处,意浑类此。其僧又问投子:"急水上打球子,意旨如何?"子云:"念念不停流。"自然与他问处恰好。古人行履绵密,答得只似一个,更不消计较,尔才问他,早知尔落处了也。孩子六识,虽然无功用,争奈念念不停,如密水流。投子恁么答,可谓深辨来风。雪窦颂云:

【雪窦颂古】

六识无功伸一问,有眼如盲,有耳如聋;明镜当台,明珠在掌。一句道尽。作家曾共辨来端。何必也要辨个缁素?唯证乃知。茫茫急水打球子,始终一贯。过也,道什么?落处不停谁解看?看即瞎。过也,滩下接取。

【圜悟评唱】

"六识无功伸一问",古人学道养到这里,谓之无功之功。与婴儿一般,虽有眼耳鼻舌身意,而不能分别六尘,盖无功用也。既到这般田地,便乃降龙伏虎,坐脱立亡②。如今人,但将目前万境一时歇却,何必八地以上方乃如是。虽然无功用处,依旧山是山水是水。雪窦前有颂云"活中有眼还同死,药忌何须鉴作

---

① 如一瓶水注一瓶水:就像一瓶水又倒到另一种瓶里一样(讲来讲去还是一种东西)。"瓶"字原作"缾",据《龙藏》、《驹本》改。
② 坐脱立亡:端坐着迁化、直立着入涅槃。意为能自在了却生死。

家"，盖为赵州、投子是作家，故云"作家曾共辨来端"。

"茫茫急水打球子"，投子道："念念不停流。"诸人还知落处么？雪窦末后教人自著眼看，是故云："落处不停谁解看？"此是雪窦活句，且道落在什么处？

【点评】

"初生孩子，还具六识也无？"这本是经教家洋洋万言的大题目，而禅宗巨匠赵州古佛却用一句话六个字，形象真切地回答了这个问题："急水上打球子。"意为初生孩子的心态正是真如佛性的状态，要保持这种状态，就要像在急速流动的水面上打球子一样。

其僧又问投子："急水上打球子，意旨如何？"投子答道："念念不停流。"此答即与赵州所答合拍，又不辜负来僧，精彩形象地提示我们：初生孩儿，虽具六识，眼能见耳能闻，然未曾分别六尘及是非得失等；孩子六识，虽然无功用，而其心又念念觉照而不住，如深水急流，静中有动，虽动犹静。

学道之人要复如婴孩，离分别取舍心，面对荣辱功名、逆情顺当，眼见色与盲等，耳闻声与聋等，如痴似兀，其心不动而又寂照不止（如灯照物，虽似无心而在刹那刹那生灭中常明）。若能如此，方有少分相应。这是衲僧家真实得力处。

虽然如此，我等应须明白，此仅是以婴儿的心态特点比喻与道相应某些状态，从而启发学人悟道，并非说婴儿即是得道者。我等更须向上，跳出此窠窟，应于无知中无所不知，见山知山，见水知水；于无功用中体现功用，遇茶吃茶，遇饭吃饭；于一切时中，行住坐卧，任运自在。此时婴儿乎？非婴儿乎？又非他人所能知了。

卷 九

八一　药山射麈中麈①

【圜悟垂示】

搀旗夺鼓,千圣莫穷;坐断诸讹,万机不到②。不是神通妙用,亦非本体如然,且道凭个什么得恁么奇特?

【雪窦举公案】

僧问药山:"平田浅草麈鹿成群,如何射得麈中麈?"把髻投衙,擎头带角出来③。脑后拔箭。山云:"看箭!"就身打劫。下坡不走,快便难逢。著!僧放身便倒。灼然不同,一死更不再活。弄精魂汉。山云:"侍者!拖出这死汉④。"据令而行,不劳再勘。前箭犹轻后箭深。僧便走。棺木里瞠眼。死中得活,犹有气息在。山云:"弄泥团汉有什么限?"可惜许放过。据令而行,雪上加霜。〔雪窦拈云:

---

① 麈中麈:麈为鹿中体形较大的头鹿,此指头鹿中的头鹿,即鹿中王。
② "搀旗夺鼓……万机不到":拔旗夺鼓争取主动的手段,千圣用之不穷;阻断错误等分别,是各种机变也无可用心的境界。
③ 把髻投衙,擎头带角出来:意为如能过得此关,就像揪着发髻把他投入衙门,他也能仰首体面地走出来一样。
④ 拖出这死汉:把这个已死(不能当下即悟)的人拖出去。

三步虽活，五步须死①。]一手抬一手搦。直饶走百步，也须丧身失命。复云：看箭！且道雪窦意落在什么处？若是同死同生，药山直得目瞪口呆。一向似无孔锤，堪作何用②？

【圜悟评唱】

这公案洞下谓之借事问，亦谓之辨主问，用明当机。麂与麈寻常易射，唯有麈中麈，是麂中之王，最是难射。此麈麂常于崖石上利其角如锋芒颖利，以身护惜群鹿，虎亦不能近傍。这僧亦似惺惺，引来问药山，用明第一机。

山云："看箭！"作家宗师，不妨奇特，如击石火，似闪电光。岂不见三平初参石巩③，巩才见来，便作弯弓势云："看箭！"三平拨开胸云："此是杀人箭活人箭？"巩弹弓弦三下，三平便礼拜。巩云："三十年一张弓两只箭，今日只射得半个圣人。"便拗折弓箭④。三平后举似大颠⑤，颠云："既是活人箭，为什么向弓弦上辨？"三平无语。颠云："三十年后，要人举此话也难得。"法灯有颂云："古有石巩师，架弓矢而坐。如是三十年，知音无一个。三平中的来，父子相投和。子细返思量，元伊是射垛⑥。"石巩作略与药山一般，三平顶门具眼向一句下便中的，一似药山

---

① 三步虽活，五步须死：意为来僧在前面的行动（"僧问"、"看箭"、"便倒"）中虽得活，后面的行动（"拖出"、"便走"……）却是死掉了。
② 一向似无孔锤，堪作何用：比喻某僧所为好像是不开窍的铁锤，缺乏针对性作用。
③ 三平：三平义忠（781~872），唐代禅师，俗姓杨，陕西高陵人。初参石巩慧藏，后为大颠之法嗣。曾建三平寺（今福建），世称三平祖师。石巩：石巩慧藏，唐代禅师，马祖道一之法嗣，生平不详。
④ 拗折弓箭：用力扭断弓箭。意为这样的手段被人识破不能再用了。
⑤ 大颠（732~824）：唐代禅师，颍川人，俗姓陈（一说杨），法号宝通，自号大颠和尚。曾与药山惟俨并师事惠照，复与之游南岳，参谒石头希迁，大悟曹溪宗旨。
⑥ 元伊是射垛：原来他是箭射的靶子。

道"看箭",其僧便作踌放身倒。

这僧也似作家,只是有头无尾。既做圈缋要陷药山,争奈药山是作家,一向逼将去。山云:"侍者!拖出这死汉。"如展阵向前相似。其僧便走也好,是则是,争奈不脱洒,粘脚粘手。所以药山云:"弄泥团汉有什么限?"药山当时若无后语,千古之下遭人检点。山云:"看箭。"这僧便倒。且道是会是不会?若道是会,药山因什么却恁么道"弄泥团汉"?

这个最恶,正似僧问德山:"学人仗镆铘剑,拟取师头时如何①?"山引颈近前云:"囵②!"僧云:"师头落也。"德山低头归方丈。又岩头问僧:"什么处来?"僧云:"西京来。"岩头云:"黄巢过后,曾收得剑么?"僧云:"收得③。"岩头引颈近前云:"囵!"僧云:"师头落也。"岩头呵呵大笑。这般公案,都是陷虎之机,正类此,恰是药山不管他,只为识得破,只管逼将去。

雪窦云:"这僧三步虽活,五步须死。"这僧虽甚解看箭,便放身倒。山云:"侍者!拖出这死汉。"僧便走。雪窦道:只恐三步外不活,当时若跳出五步外,天下人便不奈他何。作家相见,须是宾主始终互换,无有间断,方有自由自在分。这僧当时既不能始终,所以遭雪窦检点。后面亦自用他语颂云:

【雪窦颂古】

麈中麈,高著眼看,擎头戴角去也。君看取。何似生第二头走。

---

① 学人仗镆铘剑,拟取师头时如何:学人执镆铘宝剑,准备取师家的头颅时,你如何办呢?意问如何度人。
② 囵:此摹拟砍头之声。
③ "收得",《龙藏》、《驹本》作"取得"。

要射便射，看作什么？下一箭，中也。须知药山好手。走三步。活鲅鲅地，只得三步。死了多时。五步若活，作什么？跳百步忽有个死中得活时如何？成群趁虎①。二俱并照，须与他倒退始得。天下衲僧放他出头，也只在草窠里。正眼从来付猎人，争奈药山未肯承当这话。药山则故是，雪窦又作么生？也不干药山事，也不干雪窦事，也不干山僧事，也不干上座事。雪窦高声云："看箭！"一状领过，也须与他倒退始得。打云：已塞却尔咽喉了也！

【圜悟评唱】

"麈中麈，君看取。"衲僧家须是具麈中麈底眼，有麈中麈底头角，有机关有作略，任是插翼猛虎、戴角大虫，也只得全身远害。这僧当时放身便倒，自道：我是麈。

"下一箭，走三步。"山云："看箭！"僧便倒。山云："侍者！拖出这死汉。"这僧便走也甚好，争奈只走得三步。

"五步若活，成群趁虎。"雪窦道：只恐五步须死，当时若跳得出五步外活时，便能成群去趁虎。其麈中麈，角利如枪，虎见亦畏之而走。麈为鹿中王，常引群鹿，趁虎入别山。雪窦后面颂药山亦有当机出身处。

"正眼从来付猎人"，药山如能射猎人，其僧如麈。雪窦是时因上堂，举此语束为一团话，高声道一句云："看箭！"坐者立者，一时起不得。

【点评】

僧问药山："平田浅草麈鹿成群，如何射得麈中麈？"是以比喻的形

---

① 五步若活，成群趁虎：当时的行动如果走五步能得活，就能成群结队驱赶老虎。意为彻悟后无人可挡。

式在问,如何能让人领悟妄心中的常住真心。借以勘验药山的悟境和手段如何。

药山对此当然心知肚明,随即答道:"看箭!"意为:我正是要点出你的真心。问僧也不白给,迅即"放身便倒"。意为:我已明得此心,我即"塵中塵"。并进一步勘验药山,看你怎么办?药山是明眼人,当即看出破绽,喝道:"侍者!拖出这死汉。"意为:真心本为真空实相,留下个死尸干什么?问僧只得"便走",药山紧追不放又喝道:"弄泥团汉有什么限?"意为:真心自性本不动摇,你像弄泥团一样变来变去,有什么用?问僧无可应对。

前面我们可以看到二人机锋敏捷,宾主互换的手段,后面药山占了上风,问僧只好落个不唧嚼了。

雪窦后面颂道:"五步若活,成群趁虎。"那么,如何能五步得活呢?"正眼从来付猎人,雪窦高声云:'看箭!'"

八二 大龙①坚固法身

【圜悟垂示】

竿头丝线,具眼方知;格外之机,作家方辨②。且道作么生是竿头丝线、格外之机?试举看:

【雪窦举公案】

僧问大龙:"色身③败坏,如何是坚固法身?"话作两橛。分开也好。龙云:"山花开似锦,涧水湛如蓝。"无孔笛子擅著毡拍板。浑仑擘不破。人从陈州来,却往许州去④。

【圜悟评唱】

此事若向言语上觅,一如掉棒打月,且得没交涉。古人分明道:"欲得亲切,莫将问来问。"何故?问在答处,答在问处。这僧担一担莽卤,换一担鹘突,致个问端,败缺不少⑤。若不是大

---

① 大龙:宋代鼎州大龙山洪智禅师,白兆志圆之法嗣。
② "竿头丝线……作家方辨":钓竿的丝线(接引人的手段),有眼光的禅师才能了知;奇特的机锋,有手段的禅师才能辨别和运用。
③ 色身:指由四大(地水火风)等色法所组成的肉身。
④ 从陈州来,却往许州去:比喻不同的路子、不相干的两件事。
⑤ "这僧担一担莽卤……败缺不少":这个僧人挑着一担"莽卤"(鲁莽),又改换一担"鹘突"(糊涂),发个问话,其中漏洞不少。

龙，争得盖天盖地？他怎么问，大龙怎么答，一合相更不移易一丝毫头，一似见兔放鹰，看孔著楔①。

三乘十二分教，还有这个时节么？也不妨奇特，只是言语无味，杜塞人口，是故道"一片白云横谷口，几多归鸟夜迷巢"。有者道：只是信口答将去。若怎么会，尽是灭胡种族②汉。殊不知古人一机一境，敲枷打锁；一句一言，浑金璞玉③。若是衲僧眼脑，有时把住，有时放行，照用同时，人境俱夺④，双放双收，临时通变。若无大用大机，争解怎么笼天罩地？大似明镜当台，胡来胡现，汉来汉现。

此公案与"花药栏"话一般，然意却不同。这僧问处不明，大龙答处恰好。不见僧问云门："树凋叶落时如何？"门云："体露金风。"此谓之箭锋相拄。这僧问大龙："色身败坏，如何是坚固法身？"大龙云："山花开似锦，涧水湛如蓝。"一如君向西秦，我之东鲁，他既怎么行，我却不怎么行，与他云门一倍相返。那个怎么行却易见，这个却不怎么行却难见。大龙不妨三寸甚密。雪窦颂云：

【雪窦颂古】

问曾不知，东西不辨，弄物不知名。买帽相头。答还不会⑤。南

---

① "他怎么问……看孔著楔"：来僧这样问，大龙禅师这样答，对"一合相"的道理没有丝毫改变；就好像看见兔子才放猎鹰，看见了木孔再安木楔。"一合相"，语出《金刚经》，意为事物皆众缘和合而成，为非空非有一合相。
② 胡种族：当时杂语，即佛种族。
③ "一机一境……浑金璞玉"：意为禅师所设的一机一境，都是为学人清除枷锁；一言一句，都如天然金玉一样宝贵。
④ 人境俱夺：临济宗四料简之一，即否定主客观之见，破除我执与法执。
⑤ 问曾不知，答还不会：僧因其不知而问，而答后他仍不能领会。

北不分，换却髑髅。江南江北。月冷风高，何似生，今日正当这时节。天下人有眼不曾见，有耳不曾闻。古岩寒桧①。不雨时更好。无孔笛子撞著毡拍板。堪笑路逢达道人，也须是亲到这里始得。还我拄杖子来。成群作队怎么来。不将语默对②。向什么处见大龙。将个什么对他好？手把白玉鞭，一至七拗折了也。骊珠尽击碎③。留与后人看。可惜许。不击碎，放过一著，又怎么去。增瑕纇④。弄泥团作什么？转见郎当。过犯弥天。国有宪章，识法者惧，朝打三千，暮打八百。三千条罪。只道得一半在。八万四千无量劫来堕无间业⑤，也未还得一半在。

【圜悟评唱】

雪窦颂得最有工夫：前来颂云门话，却云"问既有宗，答亦攸同"；这个却不恁么，却云"问曾不知，答还不会"。大龙答处傍瞥，直是奇特⑥。分明是谁恁么问，未问已前早纳败缺了也。他答处俯能恰好，应机宜道："山花开似锦，涧水湛如蓝。"尔诸人如今作么生会大龙意？答处傍瞥，直是奇特。所以雪窦颂出教人知道"月冷风高"，更撞著"古岩寒桧"。且道他意作么生会？所以适来道："无孔笛子撞著毡拍板。"只这四句颂了也。

雪窦又怕人作道理，却云："堪笑路逢达道人，不将语默

---

① 月冷风高，古岩寒桧：比喻境界高峻，难以企及。
② 堪笑路逢达道人，不将语默对：可笑的是即使路逢通达的修道者，他也不能用"语"或不"语"来应答。
③ 手把白玉鞭，骊珠尽击碎：比喻大龙的答话，像用白玉鞭击碎骊珠一样，粉碎了问僧的情思妄想。
④ 不击碎，增瑕纇：如不击碎，就会增添新的瑕疵。
⑤ 八万四千无量劫来堕无间业：多到不可计量的八万四千个劫数的时间堕在无间地狱受果报。
⑥ 大龙答处傍瞥，直是奇特：大龙禅师的答话好像在注意别处，真是奇特得很。

对。"此事且不是见闻觉知，亦非思量分别，所以云："的的无兼带，独运何依赖。路逢达道人，不将语默对。"此是香岩颂，雪窦引用也。不见僧问赵州："不将语默对，未审将什么对？"州云："呈漆器①。"这个便同适来话，不落尔情尘意想。

一似什么？"手把白玉鞭，骊珠尽击碎。"是故祖令当行，十方坐断，此是剑刃上事，须是有怎么作略；若不恁么，总辜负从上诸圣。到这里要无些子事，自有好处，便是向上人行履处也。既不击碎，必增瑕颣，便见漏逗。

毕竟是作么生得是？"国有宪章，三千条罪"。五刑之属三千，莫大于不孝；宪是法，章是条，三千条罪一时犯了也。何故如此？只为不以本分事接人，若是大龙必不恁么也。

【点评】

僧问："色身败坏，如何是坚固法身？"这样把"色身"、"法身"打成两橛，似乎是不会禅道人的"莽卤"、"鹘突"的问话。因为在禅宗人看来，"色身"是因缘而四大和合，缘尽而散灭，"法身"是不生不灭的真空实相；禅宗所要证悟者，正是"色不异空，空不异色；色即是空，空即是色"。"色身"、"法身"，又何能绝对分开呢？

大龙答道："山花开似锦，涧水湛如蓝。"这样的话好像是漫不经心，又好像是"无孔笛子撞著毡拍板"，让人听不出音、品不出味，而正是这样奇特的言语，阻断了问僧错误的思路，把他领向了开悟的明光大道。如此优美的语言、如此优美的景象，是在告诉我们，在悟者的眼里，法身无时无处不是他的显现呀！这是以心印心的事，我们也无言解

---

① 呈漆器：将漆器呈上来。暗喻问僧是不透亮的"漆桶"。意为既然"不将语默对"，还问什么。

说了。

　　雪窦的"颂古"："问曾不知……不将语默对。"是颂扬大龙答话的境界之高。"手把白玉鞭……三千条罪。"是颂扬大龙答话的威力之大。言外之意却要我们自心去会取。

八三　云门露柱相交

【雪窦举公案】

云门示众云："古佛与露柱相交，是第几机？"三千里外没交涉。七花八裂。自代云：东家人死，西家人助哀①。一合相不可得。"南山起云，乾坤莫睹，刀斫不入。北山下雨。"点滴不施。半河南半河北。

【圜悟评唱】

云门大师出八十余员善知识，迁化后七十余年，开塔观之，俨然如故。他见地明白，机境迅速，大凡垂语、别语、代语，直下孤峻②。只这公案如击石火似闪电光，直是神出鬼没。

庆藏主云："一大藏教还有这般说么？"如今人多向情解上作活计，道佛是三界导师、四生③慈父，既是古佛，为什么却与露柱相交？若怎么会，卒摸索不著。有者唤作无中唱出，殊不知宗

---

① 东家人死，西家人助哀：此比喻不能代替别人自悟的真切之感。
② 垂语、别语、代语，直下孤峻：（云门的）垂示语、个别开导的话、代下的转语都能快捷峻峭，有个人的特色。
③ 四生：指三界六道有情育生之四种类别（胎生、卵生、湿生、化生）。

师家说绝意识、绝情量、绝生死、绝法尘,入正位①更不存一法;尔才作道理计较,便缠脚缠手。且道他古人意作么生?但只使心境一如,好恶是非撼动他不得。便说有也得无也得,有机也得无机也得,到这里拍拍是令②。

五祖先师道:"大小云门元来胆小,若是山僧,只向他道第八机③。"他道:"古佛与露柱相交,是第几机?"一时间且向目前包裹。僧问:"未审意旨如何?"门云:"一条绦三十文买④。"他有定乾坤底眼,既无人会,后来自代云:"南山起云,北山下雨。"且与后学通个入路。所以雪窦只拈他定乾坤处教人见,若才犯计较露个锋芒,则当面蹉过。只要原他云门宗旨,明他峻机,所以颂出云:

【雪窦颂古】

南山云,乾坤莫睹,刀斫不入。北山雨,点滴不施。半河南半河北。四七二三面相睹⑤。几处觅不见,带累傍人。露柱挂灯笼。新罗国里曾上堂,东涌西没,东行不见西行利。那里得这消息来?大唐国里未打鼓⑥。迟一刻。还我话头来。先行不到,末后太过。苦中乐,教阿谁知?乐中苦,两重公案。使谁举?苦便苦,乐便乐,那里有两头

---

① 正位:指保任真如佛性的状态。
② 拍拍是令:一节一拍(所有言行)都体现佛法正令。
③ "大小云门元来胆小……只向他道第八机":偌大的一个云门禅师,原来太胆小,如果是我,就对他说第八机(意为远在常情之外)。
④ 一条绦三十文买:一条丝带三十文钱能买到。意为这本是很自然的平常事。
⑤ 四七二三面相睹:可同禅宗西天二十八位祖师、东土六位祖师的境界相应,就像当面看到。
⑥ 新罗国里曾上堂,大唐国里未打鼓:新罗国(今朝鲜)里已经上堂了,大唐国里还未打鼓。比喻根性高的人,其领悟常常在受人启发之前。

三面来？谁道黄金如粪土？具眼者辨，试拂拭①看。阿剌剌②，可惜许。且道是古佛是露柱？

【圜悟评唱】

"南山云，北山雨"，雪窦买帽相头，看风使帆，向剑刃上与尔下个注脚，直得"四七二三面相睹"。也莫错会，此只颂"古佛与露柱相交，是第几机"了也。后面劈开路，打葛藤要见他意："新罗国里曾上堂，大唐国里未打鼓。"

雪窦向电转星飞处便道："苦中乐，乐中苦。"雪窦似堆一堆七珍八宝在这里了。所以末后有这一句子云："谁道黄金如粪土？"此一句是禅月《行路难》诗，雪窦引来用。禅月云："山高海深人不测，古往今来转青碧③。浅近轻浮莫与交，地卑只解生荆棘④。谁道黄金如粪土，张耳陈余断消息⑤？行路难，行路难，君自看。"且莫土旷人稀云居罗汉。

【点评】

"古佛与露柱相交，是第几机？"表面来讲，"古佛与露柱相交"是说古来之佛（或佛性）与庙堂廊柱之间的关系；"是第几机"是问以上景象是属于向上不可言表的第一机，还是向下作义理之谈的第二机（还

---

① "拭"，原作"试"，据《龙藏》、《驹本》改。
② 阿剌剌：即"阿喇喇"，此为惊骇之意。
③ 山高海深人不测，古往今来转青碧：山高海深因难测而人不至，成就了古往今来的山青海碧。前句暗写真如之体，后句暗写佛性之用。
④ 浅近轻浮莫与交，地卑只解生荆棘：不要与浅薄轻浮的人交往，这种人像卑下的土地只能长出荆棘。暗写不求明心见性者的浅薄。
⑤ 谁道黄金如粪土，张耳陈余断消息：谁说黄金如粪土（而交情最可贵），像张耳、陈余这样的事再不会发生了呢？暗写佛家心性的尊贵。张耳、陈余，秦末汉初人，原说为刎颈之交，共投陈胜起义军。后有隙而分争。陈攻取赵地，为代赵王；后张投汉军破赵杀陈，又被封赵王。

是更等而下之的某机)。但是表面看来,"古佛"、"露柱",并不能"相交",如何能回答是"第几机"呢?

原来云门是在提示学人领悟禅道事理圆融、事事圆融(有是理必有是事,有是事必显是理)的境界。此处的"古佛"或可说是"天上天下,唯吾独尊"的真如理体;"露柱",或可说是事境。如能超情离见,理体、事境本自圆融。另外,"露柱"本亦立地向天,悟者观之,皆为无分别无能所的直觉现量境,其精神风貌正是真如理体。但如何以心印心让学人领悟事理圆融的境界,却非言语所能胜任。

"古佛与露柱相交,是第几机?"到底如何回答呢?此只可意会而不能言表的圆融境界当然是第一机,但如果说出即为住著,即非第一机。所以众人不能答,云门也只能再作启发:"南山起云,北山下雨。"此"南山云,北山雨",为什么能体现圆融的境界?只好再打葛藤:在佛性境界,南北、阴雨等假名本为一体(此有则彼有,此无则彼无),其变化转换虽为本体的体现,而本体却不变。如能超情离见,非圆融而何?后面"颂古"所显亦无非此意。

八四　维摩不二法门①

【圜悟垂示】

道是，是无可是；言非，非无可非②。是非已去，得失两忘，净裸裸赤洒洒③，且道面前、背后是个什么④？或有个衲僧出来道："面前是佛殿、三门，背后是寝堂、方丈⑤。"且道此人还具眼⑥也无？若辨得此人，许尔亲见古人来⑦。

【雪窦举公案】

维摩诘问文殊师利：这汉太杀合闹一场。合取口！"何等是菩萨入不二法门？"知而故犯。文殊曰："如我意者，道什么？直得分疏

---

① 不二法门：指唯一无二的真如佛性境界。
② "道是……非无可非"：说其是，是的情况无可比较；说其非，非的情况又无可分别。意为这是不是非无分别的不二法门境界。
③ "是非已去……净裸裸赤洒洒"：在这里是非的概念已经离去，得失的念头也已不存在，净裸裸赤洒洒的妙觉，就是他的本来面目。
④ 且道面前、背后是个什么：意为不二法门（真空实相），无处不可体现。
⑤ "或有个衲僧出来道……背后是寝堂、方丈"：也许会有个禅僧出来说：面前是佛殿和三门，背后是僧人的寝堂和方丈室。意为无处不是不二法门的体现。
⑥ 具眼：开悟的眼光。
⑦ 若辨得此人，许尔亲见古人来：如果能识别这样的人，认可你亲自见到（领悟）了古人的不二法门的境界。

不下。担枷过状，把鬐投衔。于一切法唤什么作一切法？无言无说，道什么？无示无识，瞒别人即得。离诸问答，道什么？是为入不二法门。"用入作什么？用许多葛藤作什么？于是文殊师利问维摩诘："我等各自说已，仁者当说，何等是菩萨入不二法门？"这一靠莫道金粟如来①，设使三世诸佛也开口不得。倒转枪头来，也刺杀一人。中箭还似射人时。

雪窦云："维摩道什么？"咄！万箭攒心，替他说道理。复云："勘破了也。"非但当时，即今也恁么。雪窦也是贼过后张弓，虽然为众竭力，争奈祸出私门。且道雪窦还见得落处么？梦也未梦见，说什么勘破？险！金毛狮子也摸索不著。

【圜悟评唱】

维摩诘令诸大菩萨各说不二法门，时三十二菩萨皆以二见有为、无为，真、俗二谛合为一见，为不二法门。后问文殊，文殊云："如我意者，于一切法无言无说，无示无识，离诸问答，是为入不二法门。"盖为三十二人以言遣言，文殊以无言遣言，一时扫荡总不要，是为入不二法门。殊不知灵龟曳尾，拂迹成痕，又如扫帚扫尘相似，尘虽去，帚迹犹存，末后依前除踪迹。于是文殊却问维摩诘云："我等各自说已，仁者当自说，何等是菩萨入不二法门？"维摩诘默然。若是活汉，终不去死水里浸却，若作怎么见解，似狂狗逐块。

雪窦亦不说"良久"，亦不说"默然据坐"，只去急急处云："维摩道什么？"只如雪窦怎么道，还见维摩么？梦也未梦见在！

---

① 金粟如来：过去佛之名，传说是维摩居士之前身。

维摩乃过去古佛，亦有眷属，助佛宣化，具不可思议辩才，有不可思议境界，有不可思议神通妙用。于方丈室中，容三万二千狮子宝座与八万大众，亦不宽狭，且道是什么道理？唤作神通妙用得么？且莫错会。若是不二法门，虽同得同证方乃相共证知。独有文殊，可与酬对，虽然怎么，还免得雪窦检责也无？

雪窦恁么道，也要与这二人相见，云"维摩道什么"？又云"勘破了也"。尔且道是什么处是勘破处？只这些子不拘得失，不落是非，如万仞悬崖，向上舍得性命跳得过去，许尔亲见维摩；如舍不得，大似群羊触藩①。雪窦故然是舍得性命底人，所以颂出云：

【雪窦颂古】

咄这维摩老，咄他作什么？朝打三千，暮打八百。咄得不济事，好与三十棒。悲生空懊恼。悲他作什么？自有金刚王宝剑。为他闲事长无明，劳而无功。卧疾毗耶离，因谁致得？带累一切人。全身太枯槁。病则且置，为什么口似匾担？饭也吃不得，喘也喘不得。七佛祖师来，客来须看，贼来须打。成群作队，也须是作家始得。一室且频扫。犹有这个在，元来在鬼窟里作活计。请问不二门，若有可说，被他说了也。打云：和阇黎也寻不见？当时便靠倒②。苍天！苍天③！道什么？不靠倒，死中得活，犹有气息在。金毛狮子无处讨。咄！还见么？苍天！苍天！

---

① 大似群羊触藩：好像是一群羊以角抵藩篱而不得出。比喻作法不妥，劳而无功。
② 请问不二门，当时便靠倒：意为文殊请问不二法门，当时就好像将维摩逼问倒了。
③ 苍天！苍天：表达感慨。意为并不是将维摩靠倒了，而是不理解维摩"默然据坐"所表达的不二法门呀！

【圜悟评唱】

雪窦道："咄这维摩老。"头上先下一"咄"作什么？以金刚王宝剑当头直截，须朝打三千，暮打八百始得。梵语云维摩诘，此云无垢称，亦云净名，乃过去金粟如来也。不见僧问云居简和尚："既是金粟如来，为什么却于释迦如来会中听法？"简云："他不争人我。"大解脱人不拘成佛不成佛，若道他修行务成佛道，转没交涉。譬如《圆觉经》云："以轮回心，生轮回见，入于如来大寂灭海，终不能至①。"永嘉云："或是或非人不识，逆行顺行天莫测。"若顺行则趣佛果位中，若逆行则入众生境界。寿禅师道："直饶尔磨练得到这田地，亦未可顺汝意在；直待证无漏圣身，始可逆行顺行。"所以雪窦道："悲生空懊恼。"《维摩经》云："为众生有病故，我亦有病。"懊恼则悲绝也。

"卧疾毗耶离"，维摩示疾于毗耶离城也。唐时王玄策使西域过其居，遂以手板纵横量其室得十笏，因名方丈。"全身太枯槁"，因以身疾，广为说法云：是身无常无强无力无坚，速朽②之法不可信也；为苦为恼，众病所集，乃至阴界入所共合成。

"七佛祖师来"，文殊是七佛祖师，承世尊旨往彼问疾。"一室且频扫"，方丈内皆除去所有，唯留一榻等文殊至，请问不二法门也。所以雪窦道："请问不二门，当时便靠倒。"维摩口似匾担。如今禅和子便道：无语是靠倒。且莫错认定盘星。

---

① "以轮回心……终不能至"：以轮回的心识，产生的轮回见解，想悟入真空实相境界，终竟是不可能的。"轮回"，谓众生从无始以来，辗转生死于三界六道之中，如车轮一样地旋转，没有脱出之期。
② "速朽"，《龙藏》、《驹本》作"遂朽"。

雪窦挦到万仞悬崖上，却云"不靠倒"，一手抬一手搦，他有这般手脚，直是用得玲珑。此颂前面拈云："维摩道什么？""金毛狮子无处讨"，非但当时，即今也怎么。还见维摩老么？尽山河大地草木丛林皆变作金毛狮子，也摸索不著。

【点评】

此则公案列举了《维摩诘经》中维摩诘与文殊的一段对话而演绎之，借以启发学人悟入禅道的不二法门。

维摩诘问："何等是菩萨入不二法门？"经中所述，前面已有三十一位菩萨回答了此问题，大意皆为泯除各种对待关系（如有无、真俗、生灭、罪福等）即可悟入不二法门。似乎"以言遣言"（以此言来表达彼言），就可回答此问题。

维摩诘嫌其不达玄旨，遂又问文殊。文殊答道："如我意者，于一切法无言无说，无示无识，离诸问答，是为入不二法门。"表面之意为：对于一切法都无可言说，没有看到，也不去识别，远离思维语言等念头，这才是菩萨所悟入的不二法门的境界。言外之意是"无言遣言"（以无言表达有言），才能体现"不二法门"的境界。

以上情节似乎都是引子，众菩萨的答话，是为引出文殊的答话，文殊的答话是为引出维摩诘的答话。于是文殊反问维摩诘："我等各自说已，仁者当自说，何等是菩萨入不二法门？"维摩诘如何回答呢？"时维摩诘默然无言"。是维摩诘言尽词绝，被文殊靠倒了吗？

原来维摩诘的境界并非如此有限，所问所答无非是为众生请法说法而已。如果文殊的答话，是显示"不可说"，那么此时维摩诘的"默然无言"，即是显示"不可说不可说"。维摩诘是让我们"于无声处听惊雷"呀！

八五　桐峰①庵主大虫

【圜悟垂示】

把定世界不漏纤毫，尽大地人亡锋结舌，是衲僧正令；顶门放光，照破四天下，是衲僧金刚眼睛；点铁成金，点金成铁，忽擒忽纵，是衲僧拄杖子；坐断天下人舌头，直得无出气处倒退三千里，是衲僧气宇。且道总不恁么时，毕竟是个什么人？试举看：

【雪窦举公案】

僧到桐峰庵主处便问："这里忽逢大虫时，又作么生？"作家弄影汉。草窠里一个半个。庵主便作虎声，将错就错，却有牙爪。同生同死，承言须会宗。僧便作怕势。两个弄泥团汉。见机而作，似则也似，是则未是。庵主呵呵大笑。犹较些子。笑中有刀，亦能放亦能收。僧云："这老贼！"也须识破。败也。两个都放行。庵主云："争奈老僧何？"劈耳便掌。可惜放过，雪上加霜又一重。僧休去。恁么休去，二俱不了。苍天！苍天！

---

① 桐峰：唐代禅师，为临济义玄之法嗣中四庵主之一，生平不详。

雪窦云:"是则是,两个恶贼,只解掩耳偷铃。"言犹在耳。遭他雪窦点检。且道当时合作么生免得点检?天下衲僧不到。

【圜悟评唱】

大雄宗派下,出四庵主①:大梅、白云、虎溪、桐峰。看他两人怎么眼亲手辨,且道诿讹在什么处?古人一机一境、一言一句,虽然出在临时,若是眼目周正,自然活鱍鱍地。雪窦拈教人识邪正、辨得失,虽然如此,在他达人分上,虽处得失却无得失;若以得失见他古人,则没交涉。如今人须是各各穷到无得失处,然后以得失辨人;若一向去拣择言句处用心,又到几时得了去?

不见云门大师道:"行脚汉,莫只空游州猎县,只欲得提搦闲言语,待老和尚口动,便问禅问道、向上向下、如何若何。大卷抄将去,堑向肚皮里卜度②,到处火炉边,三个五个聚头举口,喃喃地便道:这个是公才语、这个是就身打出语、这个是事上道底语、这个是体里语③。体尔屋里老爷老娘!噇却饭了,只管说梦,便道我会佛法了也。将知怎么行脚,驴年得休歇去!古人暂时间拈弄,岂有胜负、得失、是非等见?"

桐峰见临济,其时在深山卓庵。这僧到彼中遂问:"这里忽逢大虫时又作么生?"峰便作虎声,也好就事便行。这僧也会将错就错,便作怕势。庵主呵呵大笑。僧云:"这老贼!"峰云:

---

① 大雄宗派:指佛教禅宗。"大雄",佛祖德号。四庵主:指四位著名的创建或住持庵寺的禅师。
② 卜度:猜测。
③ "喃喃地便道……这个是体里语":喃喃不断地说:这个是他精彩的话,这个是就自心打出的话、这个是对事境上说的话、这个是本体里的话。意为空论不切自心。

"争奈老僧何?"是则是,二俱不了,千古之下遭人点检。所以雪窦道:"是则是,两个恶贼,只解掩耳偷铃。"他二人虽皆是贼,当机却不用,所以掩耳偷铃。此二老如排百万军阵,却只斗扫帚。若论此事,须是杀人不眨眼底手脚,若一向纵而不擒、一向杀而不活,不免遭人怪笑①。虽然如是,他古人亦无许多事,看他两个怎么,总是见机而作。

五祖道:"神通游戏三昧、慧炬三昧、庄严王三昧,自是后人脚跟不点地②,只去点检古人,便道有得有失。有底道分明是庵主落节,且得没交涉。"雪窦道,他二人相见皆有放过处。其僧道:"这里忽逢大虫时,又作么生?"峰便作虎声,此便是放过处。乃至道:"争奈老僧何?"此亦是放过处。著著落在第二机。雪窦道:"要用便用。"如今人闻怎么道,便道当时好与行令。且莫盲枷瞎棒!只如德山入门便棒,临济入门便喝,且道古人意如何?雪窦后面便只如此颂出。且道毕竟怎么生免得掩耳偷铃去?颂云:

【雪窦颂古】

见之不取,蹉过了也,已是千里万里。思之千里。悔不慎当初。苍天!苍天!好个斑斑,阇黎自领出去。争奈未解用在!爪牙未备③。只恐用处不明,待爪牙备向尔道。君不见,大雄山下忽相逢,有条攀条,无条攀例。落落声光皆振地!这大虫却怎么去,犹较些子。几个

---

① "若论此事……不免遭人怪笑":如果说起这件事(接引学人),就要有坚决果断像杀人不眨眼似的手段,如果一向只知道纵不知道擒,或者是只知道杀不知道活,就不免遭人嘲笑。
② 脚跟不点地:比喻功夫不扎实不得力。
③ 好个斑斑,爪牙未备:好一只斑斓猛虎,可惜没有爪牙。意为手段不果断、不锐利。

男儿是丈夫！大丈夫见也无？老婆心切。若解开眼，同生同死。雪窦打葛藤。收虎尾兮捋虎须！忽然突出如何收？收天下衲僧在这里。忽有个出来便与一捞，若无收，放尔三十棒，教尔转身吐气。喝打云：何不道？这老贼！

【圜悟评唱】

"见之不取，思之千里。"正当险处都不能使，等他道"争奈老僧何"，好与本分草料。当时若下得这手脚，他必须有后语。二人只解放不解收，见之不取，早是白云万里，更说什么思之千里？

"好个斑斑，爪牙未备。"是则是个大虫，也解藏牙伏爪，争奈不解咬人。"君不见，大雄山下忽相逢，落落声光皆振地！"百丈一日问黄檗云："什么处来？"檗云："山下采菌子来。"丈云："还见大虫么？"檗便作虎声。丈于腰下取斧作斫势，檗约住便掌。丈至晚上堂云："大雄山下有一虎，汝等诸人出入切须好看。老僧今日亲遭一口。"后来沩山问仰山："黄檗虎话作么生？"仰云："和尚尊意如何？"沩山云："百丈当时合一斧斫杀。因什么到如此？"仰山云："不然。"沩山云："子又作么生？"仰山云："不唯骑虎头，亦解收虎尾。"沩山云："寂子甚有险崖之句①。"雪窦引用明前面公案，声光落落振于大地也。

这个些子转变自在，要句中有出身之路，大丈夫见也无？还见么？"收虎尾兮捋虎须"也须是本分，任尔收虎尾捋虎须，未免一时穿却鼻孔。

---

① 寂子甚有险崖之句：指寂子机锋多险峻。"寂子"，指仰山慧寂。

【点评】

来僧问:"这里忽逢大虫时,又作么生?"其意是在问:如何应对棒喝或呵骂般的机锋?桐峰借问呈机,故作弄假成真,将错就错"便作虎声",未尝不可。来僧就坡"便作怕势",未体会到猛虎怒吼震山岳慑群胆的雄风,这种表现就未免松懈。桐峰接下来,"呵呵大笑",亦似有转身处。随后僧云:"这老贼!"桐峰云:"争奈老僧何?"互相妥协,认可放行如同儿戏。最后竟然毫无结果地"休去"了。怪不得圜悟婉惜道:"苍天!苍天!"

雪窦拈此公案警示我们:对机锋的施用,不能仅知其事不明其理、仅知其形不明其心。不能像此二人一样,点金成铁,误己误人。

如何才是点铁成金,如何才能活人活己,下面"评唱"所引百丈问黄檗的公案正是范例:黄檗如猛虎吃人不眨眼,体现天上天下唯我独尊的气势,百丈"收虎尾兮捋虎须",体现了见佛杀佛、见魔杀魔的手段,真是"声光落落振于大地也"。雪窦后面"颂古"将两个公案对照颂出,其意自明。

这里让我想起先师元音老人举说的一则现代公案,或许能给我们更具体的启迪:

"抗战时期,虚云禅师隐居重庆,成都信众拟亲懿范,请南怀瑾的师父袁焕仙去请,袁至重庆与虚老相见,寒暄后乃致问云:'成都禅者有三种不同的看法:(1)悟后须真修;(2)一悟即休,不须再修;(3)修即不修,不修即修。请问和尚这三种看法哪一种最为正确?'此问看来平常,其实是宗下主验宾之问,端将手铐脚镣甩在你面前,看你是否上当,自己去套。虚云是当代作家,不上其当,答云:'天下乌鸦一般黑。'以后二人顾左右而言他,不再交锋了。

"此事由袁老将始末情形致信与成都的贾题韬居士,当时大愚阿阇黎亦隐居成都,看了此信说:'袁老问得好,虚老亦答得妙,但下刃不紧,可惜许。'贾问云:'怎么下刃不紧?'愚公云:'放过袁了也。'贾进问云:'怎么答才不放过?'愚公答云:'回答他:你是哪一种?'即用其人之枪还刺其人也。由此可见宗师的问答真非寻常,其中大有文章非同儿戏。"

八六 云门有光明在

【圜悟垂示】

把定世界不漏丝毫，截断众流不存涓滴①，开口便错，拟议即差。且道作么生是透关底眼？试道看：

【雪窦举公案】

云门垂语云："人人尽有光明在，黑漆桶。看时不见暗昏昏。看时瞎。作么生是诸人光明？"山是山水是水②。漆桶里洗黑汁。自代云："厨库、三门。"老婆心切。打葛藤作什么？又云："好事不如无。"自知较一半，犹较些子。

【圜悟评唱】

云门室中垂语接人：尔等诸人脚跟下，各各有一段光明，辉腾今古，迥绝见知。虽然光明，恰到问著又不会，岂不是暗昏昏地？二十年垂示，都无人会他意。

香林后来请代语，门云："厨库、三门。"又云："好事不

---

① 把定世界不漏丝毫，截断众流不存涓滴：向上把定真如佛性境界，丝毫不漏；截断众人妄虑，涓滴不存。
② 山是山水是水：山本来就是山，水本来就是水。意为真如佛性本亦如此。

无。"寻常代语只一句,为什么这里却两句?前头一句为尔略开一线路教尔见,若是个汉,聊闻举著剔起便行①。他怕人滞在此,又云"好事不如无",依前与尔扫却。如今人才闻举著"光明",便去瞠眼云"那里是厨库,那里是三门",且得没交涉。所以道"识取钩头意,莫认定盘星"。此事不在眼上,亦不在境上,须是绝知见忘得失,净裸裸赤洒洒,各各当人分上究取始得。

云门云:"日里来往日里辨人,忽然半夜无日月灯光,曾到处则故是,未曾到处取一件物,还取得么?"《参同契》②云:"当明中有暗,勿以暗相睹;当暗中有明,勿以明相遇③。"若坐断明暗,且道是个什么?所以道心花发明,照十方刹。盘山云:"光非照境,境亦非存;光境俱忘,复是何物④?"又云:"即此见闻非见闻,无余声色可呈君。个中若了全无事,体用何妨分不分。"但会取末后一句了,却去前头游戏,毕竟不在里头作活计。

古人道:以无住本,立一切法⑤。不得去这里弄光影弄精魂,又不得作无事会⑥。古人道:宁可起有见如须弥山,不可起无见如芥子许⑦。二乘人多偏坠此见⑧。雪窦颂云:

---

① 聊闻举著剔起便行:刚听到这样说,提腿便行动。
② 《参同契》:唐代禅师石头希迁所作悟道偈。
③ "当明中有暗……勿以明相遇":意为勿着意分别明暗的境界,而应领悟其中不变者。
④ "光非照境……复是何物":意为如"光"为能,"境"为所,能所俱忘,佛性即现。
⑤ 以无住本,立一切法:此意为禅宗以无住著的境界为根本,建立一切法。
⑥ 不得去这里弄光影弄精魂,又不得作无事会:意为不应该在这里玩弄境界或胡思乱想,但又不应该作什么事也没有的认识。
⑦ 宁可起有见如须弥山,不可起无见如芥子许:意为对禅道的境界的认识,如不得已宁可暂起"有"的见解如须弥山一样大,也不可产生像芥子一样小的"顽空"见解。
⑧ 二乘人多偏坠此见:二乘人多因偏颇而陷入此(无)见解。"二乘",此指声闻乘、缘觉二乘。

【雪窦颂古】

自照列孤明，森罗万象，宾主交参。列转鼻孔，瞎汉作什么？为君通一线。何止一线？十日并照，放一线道即得。花谢树无影，打葛藤有什么了期？向什么处摸索？黑漆桶里盛黑汁。看时谁不见！瞎！不可总扶篱摸壁。两瞎三瞎。见不见，两头俱坐断。瞎！倒骑牛兮入佛殿。中三门合掌，还我话头来。打云：向什么处去也？雪窦也只向鬼窟里作活计。还会么？半夜日头出，日午打三更。

【圜悟评唱】

"自照列孤明"，自家脚跟下，本有此一段光明，只是寻常用得暗。所以云门大师，与尔罗列此光明在尔面前。且作么生是诸人光明？"厨库、三门"，此是云门列孤明处也。盘山道："心月孤圆，光吞万像。"这个便是真常独露，然后"与君通一线"。

亦怕人著在"厨库、三门"处，"厨库、三门"则且从却，朝花亦谢，树亦无影，日又落月又暗，尽乾坤大地，黑漫漫地，诸人还见么？"看时谁不见"，且道是谁不见？到这里，当明中有暗，暗中有明，皆如前后步自可见。雪窦道"见不见"，颂"好事不如无"。合见又不见，合明又不明，"倒骑牛兮入佛殿"，入黑漆桶里去也。须是尔自骑牛入佛殿，看道是个什么道理？

【点评】

云门垂语："人人尽有光明在，看时不见暗昏昏。"是直截托出了宗下明心见性的境界。能领悟者闻之，或得印证、或借此悟入，手之舞之，足之蹈之倍感欣喜；不能领悟者闻之，如闻梦呓。

"人人尽有光明在"，是说人人本具自性光明；"看时不见暗昏昏"，是说如以分别心求之，反不得见。后面转语"厨库、三门"，是再为人略通一线,其意是说,此境界像寺里的"厨库、三门"一样,无言自在,本来如此。"好事不如无",是为避免偏执(睹面即是,何必"厨库、三门")而扫却前言。

我们日常或行功中,或许出现过"心不在焉,视而不见"、"脑子里一片空白"、"惊愕无措"等情况,此时即心存而境亡或境存而心亡,此时若能回光返照,即可能呈现人境俱夺、能所俱泯(内无身心外无世界)的状态,此时的灵知正是我等的"光明"。

八七　云门药病相治

【圜悟垂示】

明眼汉没窠臼，有时孤峰顶上草漫漫，有时闹市里头赤洒洒。忽若忿怒那吒，现三头六臂；忽若日面月面，放普摄慈光。于一尘现一切身，为随类人和泥合水；忽若拨著向上窍，佛眼也觑不著，设使千圣出头来，也须倒退三千里。还有同得同证者么？试举看：

【雪窦举公案】

云门示众云："药病相治，一合相不可得。尽大地是药，苦瓠连根苦。摆向一边。那个是自己？"甜瓜彻蒂甜。那里得这消息来？

【圜悟评唱】

云门道："药病相治，尽大地是药，那个是自己？"诸人还有出身处么？二六时中，管取壁立千仞①。德山棒如雨点、临济喝似雷奔则且致②，释迦自释迦，弥勒自弥勒，未知落处者，往往

---

① 二六时中，管取壁立千仞：意为在一昼夜十二个时辰中，都处在高不可及的境界。
② "致"，《驹本》同。《龙藏》作"置"。

唤作药病相投会去。世尊四十九年、三百余会应机设教,皆是应病与药,如将蜜果换苦葫芦相似,既淘汝诸人业根,令洒洒落落。尽大地是药,尔向什么处插嘴?若插得嘴,许尔有转身吐气处,便亲见云门;尔若回顾踌躇,管取插嘴不得,云门在尔脚跟底①。

"药病相治",也只是寻常语论,尔若著有,与尔说无;尔若著无,与尔说有;尔若著不有不无,与尔去粪扫堆上现丈六金身,头出头没②。只如今尽大地森罗万象乃至自己一时是药,当恁么时,却唤那个是自己?尔一向唤作药,弥勒佛下生,也未梦见云门在!毕竟如何?识取钩头意,莫认定盘星。

文殊一日,令善财去采药云:"不是药者采将来。"善财遍采,无不是药,却来白云:"无不是药者。"文殊云:"是药者采将来。"善财乃拈一枝草度与文殊。文殊提起示众云:"此药亦能杀人,亦能活人。"此"药病相治"话最难看,云门室中寻常用接人。金鹅长老一日访雪窦,他是个作家,乃临济下尊宿,与雪窦论此"药病相治"话,一夜至天光方能尽善。到这里,学解思量计较总使不著。雪窦后有颂送他道:"药病相治见最难,万重关锁太无端。金鹅道者来相访,学海波澜一夜干。"雪窦后面颂得最有工夫,他意亦在宾亦在主,自可见也。颂云:

---

① 云门在尔脚跟底:意为你自己应该承当错过时机看不到我云门境界的责任了。
② "尔若著不有不无……头出头没":意为用特殊的方法,再破除你"不有不无"的住著,从而提升到物我一如、心能转物的境界。"粪扫堆",《龙藏》、《驹本》作"粪埽堆"。

【雪窦颂古】

尽大地是药，教谁辨的？撒沙撒土，架高处著①。古今何太错！言中有响，一笔勾②下。咄！闭门不造车，大小雪窦为众竭力，祸出私门。坦荡不挂一毫，阿谁有闲工夫，向鬼窟里作活计？通途自寥廓。脚下便入草，上马见路。信手拈来，不妨奇特。错错！双剑倚空飞，一箭落双雕。鼻孔辽天亦穿却。头落也。打云：穿却了也！

【圜悟评唱】

"尽大地是药，古今何太错！"尔若唤作药会，自古自今，一时错了也。雪窦云："有般汉不解截断太梅③脚跟，只管贪程太速。"他解截云门脚跟，为云门这一句惑乱天下人。云门云："拄杖子是浪，许尔七纵八横；尽大地是浪，看尔头出头没④。"

"闭门不造车，通途自寥廓。"雪窦道为尔通一线路：尔若闭门造车，出门合辙，济个甚事？我这里闭门也不造车，出门自然寥廓。他这里略露些子缝罅教人见，又连忙却道："错错！"前头也错，后头也错，谁知雪窦开一线路也是错！既然"鼻孔辽天"，为什么也"穿却"？要会么？且参三十年！尔有拄杖子，我与尔拄杖子，尔若无拄杖子，不免被人穿却鼻孔⑤。

---

① 撒沙撒土，架高处著：意为义理之言如站在高远处，撒土撒沙蒙蔽人。"架"，《龙藏》、《驹本》作"价"。
② "勾"，原作"句"，据《龙藏》、《驹本》改。
③ "太梅"，《龙藏》、《驹本》作"大梅"。
④ "拄杖子是浪……看尔头出头没"：如果拄杖子是波浪，允许你自由驰骋；如果整个大地都是波浪，就要看你是生是死了。
⑤ "尔有拄杖子……不免被人穿却鼻孔"：学禅的初期，如果你有拄杖子，我会再给你拄杖子（破掉你的某一执著），如果你没有拄杖子，就不免被别人牵着鼻子走。

【点评】

"药病相治",是禅林中常用的比喻,"药",比喻师家接引人的手段;"病",比喻学人修持中的偏执、疑惑等情况。

善财云:大地"无不是药者"。佛陀四十九年、三百余会应机设教,皆是应病与药。应该说"药病相治"的道理并无不对。但是仅知天下之药应治天下之病的道理,陷于此中不能自拔,岂不反而因药致病?此时关键是不能忘记一切所为的中心目的,即云门所问:"那个是自己?"此"自己",并非指四大(地水火风)和合的肉身,而是五蕴(色受想行识)中所体现出来的常住真心而此心本是无病的。

那么这个真心在哪里呢?在哪里迷失的,还须在哪里找回,即还须在"药病相治"上去体悟。既然"尽大地是药",药因病而用,病因药而治,施者受者所作所为均是"自己"的体现,尽大地无非自己。原来禅家一切设施言论,皆为"破相显性",此时破"药病相治"之相,却正是"药病相治"之用,正可显现"自己"。我们切切不可执药为病,"贪观水中月,忘却掌中珠"。

八八　玄沙接物利生

【圜悟垂示】

门庭施设，且怎么破二作三；入理深谈，也须是七穿八穴①。当机敲点，击碎金锁玄关；据令而行，直得扫踪灭迹②。且道讹在什么处？具顶门眼者，请试举看：

【雪窦举公案】

玄沙示众云："诸方老宿，尽道接物利生③，随分开个铺席，随家丰俭④。忽遇三种病人来，作么生接？打草只要蛇惊。山僧直得目瞪口呿，管取倒退三千里。患盲者，拈锤竖拂他又不见；端的瞎。是则接物利生，未必不见。患聋者，语言三昧他又不闻；端的聋。是则接物利生，未必聋在。是那个未闻在？患哑者，教伊说又说不得。端的哑。是则接物利生，未必哑在。是那个未说在？且作么生接？

---

① "门庭施设……也须是七穿八穴"：意为禅宗的语言、手段等，就这样可以灵活运用；如深谈义理，也应该有能在其中自由驰骋的本领。
② "当机敲点……直得扫踪灭迹"：意为在适当的时机敲击提醒，是要帮助学人打破关键难点；据宗下正令而行，应该直截破色相显佛性。
③ 接物利生：接引化导世间众生。
④ 随分开个铺席，随家丰俭：随缘就分安排个位置，适应其丰或俭的家底。意为随机本分的接引学人。

若接此人不得，佛法无灵验。"诚哉是言，山僧拱手归降。已接了也。便打！

僧请益云门，也要诸方共知著。云门云："汝礼拜著。"风行草偃。咄！僧礼拜起，这僧拗折拄杖子也①。云门以拄杖挃，僧退后。门云："汝不是患盲。"端的瞎。莫道这僧患盲好。复唤："近前来。"僧近前，第二杓恶水浇，观音来也。当时好与一喝。门云："汝不是患聋。"端的聋。莫道这僧患聋好。门乃云："还会么？"何不与本分草料？当时好莫作声。僧云："不会。"两重公案。苍天！苍天！门云："汝不是患哑。"端的哑。口吧吧地，莫道这僧哑好。僧于此有省。贼过后张弓，讨什么碗？

【圜悟评唱】

玄沙参到绝情尘意想，净裸裸赤洒洒地处，方解恁么道②。是时诸方，列刹相望，寻常示众道："诸方老宿，尽道接物利生，忽遇三种病人来时，作么生接？患盲者，拈锤竖拂他又不见；患聋者，语言三昧他又不闻；患哑者，教他说又说不得。且作么生接？若接此人不得，佛法无灵验。"如今人若作盲聋喑哑会，卒摸索不著③。所以道，莫向句中死却，须是会他玄沙意始得。

玄沙常以此语接人，有僧久在玄沙处，一日上堂，僧问和尚云："三种病人话，还许学人说道理也无？"玄沙云："许。"僧便"珍重"下去。沙云："不是不是。"这僧会得他玄沙意。后来法

---

① 拗折拄杖子也：折断他的拄杖子。此意为问僧敢于体验云门的手段。
② "参到绝情尘意想……方解恁么道"：参禅要参到断绝六根六尘等妄想，净裸裸赤洒洒的境界，才会明白为什么这样说。
③ 如今人若作盲聋喑哑会，卒摸索不著：现在的人如果仅作盲聋喑哑去理解，到底也摸索不着那个境界。

眼云："我闻地藏和尚举这僧语,方会三种病人话。"若道这僧不会,法眼为什么却恁么道?若道他会,玄沙为什么却道"不是不是"?一日地藏道："某甲闻和尚有三种病人话是否?"沙云："是。"藏云："珪琛现有眼耳鼻舌,和尚作么生接?"玄沙便休去。若会得玄沙意,岂在言句上?他会底自然殊别。

后有僧举似云门,门便会他意云："汝礼拜著。"僧礼拜起,门以拄杖挃,这僧退后。门云:"汝不是患盲。"复唤:"近前来。"僧近前,门云:"汝不是患聋。"乃云:"会么?"僧云:"不会。"门云:"汝不是患哑。"其僧于此有省。当时若是个汉,等他道"礼拜著",便与掀倒禅床,岂见有许多葛藤?且道云门与玄沙会处,是同是别?他两人会处都只一般,看他古人出来,作千万种方便,意在钩头上,多少苦口,只令诸人各各明此一段事。

五祖老师云:"一人说得却不会,一人却会说不得。二人若来参,如何辨得他?若辨这两人不得,管取为人解粘去缚不得在;若辨得,才见入门,我便著草鞋向尔肚里走几遭了也。"犹自不省,讨什么碗出去?且莫作盲聋喑哑会好。若恁么计较所以道:"眼见色如盲等,耳闻声如聋等。"又道:"满眼不视色,满耳不闻声。文殊常触目,观音塞耳根。"到这里眼见如盲相似,耳闻如聋相似,方能与玄沙意不争多。诸人还识盲聋喑哑底汉子落处么?看取雪窦颂云:

【雪窦颂古】

盲聋喑哑,已在言前。三窍俱明,已做一段了也。杳绝机宜。向什么处摸索,还做计较得么?有什么交涉!天上天下①,正理自由,我也恁么。堪笑堪悲。笑个什么?悲个什么?半明半暗。离娄②不辨正色,瞎汉!巧匠不留踪。端的瞎,师旷岂识玄丝③?聋汉。大功不立赏。端的聋。争如独坐虚窗下,须是恁么始得。莫向鬼窟里作活计。一时打破漆桶。叶落花开自有时。即今什么时节?切不得作无事会。今日也从朝至暮,明日也从朝至暮。

复云:"还会也无?重说偈言。无孔铁锤④!"自领出去。可惜放过。便打!

【圜悟评唱】

"盲聋喑哑,杳绝机宜。"尽尔见与不见,闻与不闻,说与不说,雪窦一时与尔扫却了也。直得盲聋喑哑见解、机宜计较,一时杳绝,总用不著。这个向上事,可谓真盲真聋真哑,无机无宜。"天上天下,堪笑堪悲",雪窦一手抬一手搠,且道笑个什么?悲个什么?"堪笑"是哑却不哑,是聋却不聋⑤;"堪悲"明明不盲却盲,明明不聋却聋⑥。

"离娄不辨正色",不能辨青黄赤白,正是瞎。离娄黄帝时

---

① "天上天下",《驹本》为小字,入批语中。
② "离娄",《龙藏》附注:"《庄子·天地》作'离朱'。"
③ "玄丝",《龙藏》附注:"一作'弦丝'。"
④ 无孔铁锤:比喻对方像无孔铁锤不开窍,或比喻真如佛性像无孔铁锤,只能瞬间感受,而不容拟议。
⑤ "堪笑"是哑却不哑,是聋却不聋:可笑的是这样的人在悟性上像哑的聋的,在色身上却不哑不聋。
⑥ "堪悲"明明不盲却盲,明明不聋却聋:可悲的是色身六根明明不盲,在悟性上却像是盲的。

人，百步外能见秋毫之末，其目甚明。黄帝游于赤水沉珠，令离朱寻之不见，令吃诟①寻之亦不得。后令象罔寻之方获之。故云："象罔到时光灿烂，离娄行处浪滔天。"这个高处一著，直是离娄之目亦辨他正色不得。"师旷岂识玄丝"，周时绛州晋景公之子师旷，字子野，一云：晋平公之乐太师也。善别五音六律，隔山闻蚁斗。时晋与楚争霸，师旷唯鼓琴，拨动风弦，知战楚必无功。虽然如是，雪窦道：他尚未识玄丝在，不聋却是聋底人。这个高处玄音，直是师旷亦识不得。

雪窦道：我亦不作离娄，亦不作师旷，"争如独坐虚窗下，叶落花开自有时"？若到此境界，虽然见似不见，闻似不闻，说似不说，饥即吃饭，困即打眠，任他叶落花开；叶落时是秋，花开时是春，各各自有时节。雪窦与尔一时扫荡了也。

又放一线道云："还会也无？"雪窦力尽神疲，只道得个"无孔铁锤"。这一句急著眼看方见，若拟议又蹉过。师举拂子云："还见么②？"遂敲禅床一下云："还闻么？"下禅床云："还说得么？"

【点评】

玄沙所说的三种病人（盲、聋、哑），并非实指色身患此病的人。因为六根可以互用、六识可以互通……况且人身虽患病，人之常住本心依然圆满，岂有因色身之病而佛法不能接引的道理？那么玄沙之意何在呢？下面的"僧请益云门"，就回答了这个问题。云门以言行证明来僧

---

① "吃诟"，《龙藏》、《驹本》作"契诟"。
② 还见么：示意佛性本体虽可感受但又不可执于实见。下文"还闻么"、"还说得么"句式同此，大意亦然。

色身不盲不聋不哑,可是为什么不能领悟玄沙意旨呢?言外之意是提示来僧:你虽呈六识之能,可是你的悟性产生了盲聋哑的病患,此才是"端的"(真正的)盲聋哑呀!

  话说至此,并没有完全表达清楚此公案的意蕴。于是峰回路转,雪窦、圜悟又为我们揭示了公案的另一层含义。举离娄、师旷的事例说明:色身的眼耳再好,亦有局限;有时反成障道之物。"争如独坐虚窗下,叶落花开自有时",若到此境界,虽然见似不见,闻似不闻,说似不说,饥即吃饭,困即打眠,任他叶落花开。正如《维摩诘经·序》所说:"圣智无知,而万品俱照;法身无象,而殊形并应。"此表面的无知无象,如盲如聋如哑,才"端的"是不盲不聋不哑!

八九　云岩问道吾手眼

【圜悟垂示】

通身是眼见不到，通身是耳闻不及，通身是口说不著，通身是心鉴不出①。通身即且止，忽若无眼作么生见？无耳作么生闻？无口作么生说？无心作么生鉴？若向个里拨转得一线道，便与古佛同参②。参则且止，且道参个什么人？

【雪窦举公案】

云岩问道吾："大悲菩萨③用许多手眼作什么？"当时好与本分草料。尔寻常走上走下作什么？阇黎问作什么？吾云："如人夜半背手摸枕子④。"何不用本分草料？一盲引众盲。岩云："我会也。"将错就错，赚杀一船人。同坑无异土。未免伤锋犯手。吾云："汝作么生会？"何劳更问？也要问过，好与一捞。岩云："遍身是手眼。"有什

---

① "通身是眼见不到……通身是心鉴不出"：意为即使整个人身是眼、耳、口、心，也表述不出真如佛性的相貌。
② 若向个里拨转得一线道，便与古佛同参：如果向此中寻求到一点门径，便可以达到与古佛同参的程度。
③ 大悲菩萨：指观世音菩萨。观世音菩萨是慈悲门之主，故独得大悲的称呼。
④ 如人夜半背手摸枕子：就好像人在半夜（似睡似醒中）背过手去（用下意识的直觉）捞摸枕头。

么交涉？鬼窟里作活计。泥里洗土块。吾云："道即太杀道，只道得八成①。"同坑无异土。奴见婢殷勤，癞儿牵伴。岩云："师兄作么生？"取人处分争得？也好与一拶。吾云："通身是手眼。"虾跳不出斗。换却尔眼睛，移却舌头。还得十成也未？唤爹作爷。

【圜悟评唱】

云岩与道吾同参药山，四十年胁不著席。药山出曹洞一宗，有三人法道盛行：云岩下洞山、道吾下石霜、船子下夹山。

大悲菩萨有八万四千母陀罗臂，大悲有许多手眼，诸人还有也无？百丈云："一切语言文字，俱皆宛转归于自己。"云岩常随道吾咨参决择，一日问他道："大悲菩萨用许多手眼作什么？"当初好与他劈脊便棒，免见后有许多葛藤。道吾慈悲不能如此，却与他说道理，意要教他便会，却道"如人夜半背手摸枕子"。当深夜无灯光时，将手摸枕子，且道眼在什么处？他便道："我会也。"吾云："汝作么生会？"岩云："遍身是手眼。"吾云："道即太杀道，只道得八成。"岩云："师兄又作么生？"吾云："通身是手眼。"且道遍身是底是、通身是底是？虽似烂泥却脱洒。

如今人多去作情解道：遍身底不是，通身底是。只管咬他古人言句，于古人言下死了，殊不知古人意不在言句上，此皆是事不获已而用之。如今下注脚②立格则道，若透得此公案，便作罢参会；以手摸浑身，摸灯笼、露柱，尽作通身话会。若恁么会，坏他古人不少，所以道"他参活句，不参死句"。

须是绝情尘意想，净裸裸赤洒洒地方可见得大悲话。不见曹

---

① 道即太杀道，只道得八成：表述得也可以说太清楚了，但也只不过表达出八成寓意。
② "注脚"，《龙藏》、《驹本》作"江却"。

山问僧："应物现形如水中月时如何？"僧云："如驴觑井①。"山云："道即杀道，只道得八成。"僧云："和尚又作么生？"山云："如井觑驴②。"便同此意也。尔若去语上见，总出道吾、云岩圈缋不得。雪窦作家，更不向句下死，直向头上行。颂云：

【雪窦颂古】

遍身是四肢八节，未是衲僧极则处。通身是？顶门上有半边，犹在窠窟里③。瞎！拈来犹较十万里。放过则不可。何止十万里？展翅鹏腾六合云，些子境界，将谓奇特。点。搏风鼓荡四溟水。些子尘埃，将谓天下人不奈尔何。过。是何埃堨兮忽生，重为禅人下注脚，斩拈却著那里？那个毫厘兮未止。别别！吹散了也。截！君不见，又怎么去。网珠垂范影重重，大小大雪窦作这个去就，可惜许依旧打葛藤。棒头手眼从何起？咄！贼后张弓，放尔不得。尽大地人无出气处。放得又须吃棒。又打。咄云：且道山僧底是、雪窦底是？咄！三喝四喝后作么生？

【圜悟评唱】

"遍身是通身是？"若道背手摸枕子底便是，以手摸身底便是，若作怎么见解，尽向鬼窟里作活计。毕竟遍身通身都不是，若要以情识去见他大悲话，直是犹较十万里。雪窦弄得一句活④道："拈来犹较十万里。"

后句颂云岩、道吾奇特处云："展翅鹏腾六合云，搏风鼓荡

---

① 如驴觑井：如驴子朝井里看。意为心存有为所证尚浅。
② 如井觑驴：如井照见个驴子。意为如古镜当台，无心而自照。
③ 顶门上有半边，犹在窠窟里：意为这种说法显示顶门上仅有半只眼，还是陷落在无明的窠臼里。
④ "活"，《龙藏》、《驹本》亦同。疑为"话"之误。

四溟水。"大鹏吞龙以翼搏风鼓浪,其水开三千里,遂取龙吞之。雪窦道:尔若大鹏能搏风鼓浪,也太杀雄壮,若以大悲千手眼观之,只是些子尘埃忽生①相似,又似一毫厘风吹未止相似。雪窦道:尔若以手摸身,用作手眼堪作何用?于是②大悲话上直是未在。所以道:"是何埃堨兮忽生,那个毫厘兮未止。"雪窦自谓作家,一时拂迹了也。争奈后面依旧漏逗说个喻子,依前只在圈缋里。

"君不见,网珠垂范影重重",雪窦引帝网明珠,以用垂范,手眼且道落在什么处?华严宗③中,立四法界:一理法界,明一味平等故;二事法界,明全理成事故;三理事无碍法界,明理事相融大小无碍故;四事事无碍法界,明一事遍入一切事,一切事遍摄一切事,同时交参无碍故。所以道,一尘才举大地全收,一一尘含无边法界,一尘既尔诸尘亦然。

网珠者,乃天帝释善法堂前,以摩尼珠④为网;凡一珠中映现百千珠,而百千珠俱现一珠中;交映重重,主伴无尽。此用明事事无碍法界也。昔贤首国师⑤立为镜灯喻:圆列十镜,中设一灯,若看东镜,则九镜镜灯历然齐现,若看⑥南镜则镜镜如然。

---

① "忽生",《龙藏》同。《驹本》作"匆生"。
② "于是",《龙藏》、《驹本》作"于此"。
③ 华严宗:我国十三宗之一,依《华严经》而立宗,故名华严宗。此宗以中国唐代杜顺和尚为始祖,后为贤首国师所发扬,故又名贤首宗。此宗论一切万法理事无碍,事事无碍,一切互不相碍互相融入。修法界观,以高度平等的眼光,体察万事万物,证入一真法界即得佛果。
④ 摩尼珠:为珠玉之总称。一般传说摩尼珠有消除灾难、疾病,及澄清浊水、改变水色之德。
⑤ 贤首国师(643~712):唐代僧,曾为国师,俗姓康,武则天赐其号贤首。为华严宗第三祖。
⑥ "若看",《龙藏》同。《驹本》作"若着"。

所以世尊初成正觉，不离菩提道场，而遍升忉利诸天①，乃至于一切处，七处九会说《华严经》。

雪窦以帝网珠，垂示事事无碍法界。然六相义甚明白：即总即别，即同即异，即成即坏；举一相则六相俱该。但为众生日用而不知，雪窦拈帝网明珠垂范，况此大悲话，直是如此。尔若善能向此珠网中明得拄杖子，神通妙用，出入无碍，方可见得手眼②。所以雪窦云："棒头手眼从何起？"教尔棒头取证、喝下承当③。

只如德山入门便棒，且道手眼在什么处？临济入门便喝，且道手眼在什么处？且道雪窦末后，为什么更著个"咄"字？参！

【点评】

佛家华严境界，体现理理圆融、理事圆融、事事圆融；即所谓理事事相通，有是理必有是事，有是事必有是理，而又事事相因相入相融。云岩问道吾："大悲菩萨用许多手眼作什么？"正是从这个角度发问：此事与佛理如何圆融呢？道吾回答："如人夜半背手摸枕子。"所举这种直觉感知的境界，既不离问事，又暗合佛理，巧妙地回答了云岩所问。

云岩还算有所领悟，似乎抓着了一点边际，于是说："我会也。"道吾见有好消息，遂进一步逼拶："汝作么生会？"云岩答："遍身是手

---

① 忉利诸天："忉利"是梵名音译的略称，意译"三十三天"。此天为欲界六天中的第二天，在须弥山顶（帝释天止住于中央的大城，四方各有八城由其眷属天众居住，合计共有三十三天）。
② "尔若善能向此珠网中明得拄杖子……方可见得手眼"：你如果善于向这个珠网（见"评唱"）中明了施设手段的作用，就能达到神通妙用自由自在的程度，才可以说见到了大悲菩萨手眼的妙用。
③ 教尔棒头取证、喝下承当：意为使你在棒打之下得到印证，喝声之下能够承当（对佛性领悟）。

眼。"（虽遍身分布，总有不是处）道吾认为这种见解似是而非、不得全体，纠正说："通身是手眼。"（整体即是，无处不是）"遍身"、"通身"，虽一字之异，其境界后者比前者却又高出一层楼，当然这也是当下亲得，无尔计较是非处。

尽管如此，这还仅限于对理事的认识，如果这样想见到公案的极则处，还差十万里。雪窦"颂古"正是要在此关节处提醒我们。大悲手眼在什么处？毕竟说来"遍身"、"通身"都不是，如何是？此或牢关境界，不可言说、不可明示，只能由亲感身受者相互印心。

写到这里，忽得一偈："有心双手双眼，无心千手千眼。千千归一体，千在哪里？一在哪里？"

九〇　智门般若体

【圜悟垂示】

声前一句，千圣不传；面前一丝，长时无间①。净裸裸赤洒洒，头蓬松耳卓朔，且道作么生②？试举看：

【雪窦举公案】

僧问智门："如何是般若体？"通身无影象，坐断天下人舌头。用"体"作什么③？门云："蚌含明月。"光吞万象即且止，棒头正眼事如何？曲不藏直，雪上加霜又一重④。僧云："如何是般若用⑤？"倒退三千里，要"用"作什么⑥？门云："兔子怀胎。"险！苦瓠连根

---

① "声前一句……长时无间"：一念未生前的景象，千万个圣人也传达不出；面前的一丝光明，永远也不会间断。暗示真如佛性无时无处不在。
② "净裸裸赤洒洒……且道作么生"：意为身心脱落，全真呈现，一无能见与所见；可是又在（佛祖）蓬松的头发上、竖立的耳朵上，无处不可体现，且道这是在作什么呢？此意在暗示佛性相貌。"头蓬松耳卓朔"，见［宋］苏轼：《题王霭画如来出山相赞》。
③ 用"体"作什么：意为"体"也本空，连"体"的概念都不应该有。
④ 光吞万象：意为真如佛性之光可以融吞世界万象。曲不藏直，雪上加霜又一重：意为委婉之问无奈何径直之答，而此答又给人增加了新的疑问。
⑤ 如何是般若用：如何是般若的事用呢？
⑥ 要"用"作什么：意为"用"也本空，连"用"的概念都不应该有。

苦，甜瓜彻蒂①甜。向光影中作活计，不出智门窠窟。若有个出来，且道是般若体、是般若用？且要土上加泥。

【圜悟评唱】

智门道"蚌含明月"、"兔子怀胎"，都用中秋意。虽然如此，古人意却不在蚌、兔上。他是云门会下尊宿，一句语须具三句，所谓函盖乾坤句、截断众流句、随波逐浪句，亦不消安排，自然恰好，便去险处答这僧话，略露些子锋芒，不妨奇特。虽然恁么，他古人终不去弄光影，只与尔指些路头教人见。

这僧问："如何是般若体？"智门云："蚌含明月。"汉江出蚌，蚌中有明珠。到中秋月出，蚌于水面浮，开口含月光，感而产珠，合浦珠是也。若中秋有月则珠多，无月则珠少。"如何是般若用？"门云："兔子怀胎。"此意亦无异，兔属阴，中秋月生，开口吞其光，便乃怀胎，口中产儿。亦是有月则多，无月则少。他古人答处，无许多事，他只借其意，而答般若光也。

虽然恁么，他意不在言句上，自是后人去言句上作活计。不见盘山道："心月孤圆，光吞万象②。光非照境，境亦非存，光境俱亡，复是何物？"如今人但瞪眼唤作光，只去情上生解，空里钉橛③。古人道："汝等诸人六根门头昼夜放大光明，照破山河大地④。"不只止眼根放光，鼻舌身意亦皆放光也。到这里直须打叠

---

① "蒂"，原作"带"，据《龙藏》、《驹本》改。
② 心月孤圆，光吞万象：佛性像独圆之月，其光辉可以融吞世界万象。
③ "瞪眼唤作光……空里钉橛"：瞪着眼睛说就是佛性之光（把光看作实有），只去情尘上找解释，就好像是在做朝空中钉橛子一样的傻事。
④ 六根门头昼夜放大光明，照破山河大地：（佛性之光）在每人的六根门头昼夜不停地放大光明，照遍山河大地。

六根下无一星事,净裸裸赤洒洒地,方见此话落处。雪窦正恁么颂出:

【雪窦颂古】

一片虚凝绝谓情,拟心即差,动念即隔,佛眼也觑不见①。人天从此见空生。须菩提好与三十棒。用这老汉作什么?设使须菩提,也倒退三千里。蚌含玄兔深深意,也须是当人始得。有什么意?何须更用深深意?曾与禅家作战争。干戈已息,天下太平。还会么?打云:阇黎吃得多少!

【圆悟评唱】

"一片虚凝绝谓情",雪窦一句便颂得好,自然见得古人意。六根湛然是个什么?只这一片虚明凝寂,不消去天上讨,也不必向别人求,自然常光现前。是处壁立千仞,"谓情"即是绝言谓情尘也。法眼《圆成实性颂》云:"理极忘情谓,如何得喻齐。到头霜夜月,任运落前溪。果熟兼猿重,山遥似路迷。举头残照在,元是住居西。"所以道:"心是根,法是尘,两种犹如镜上痕。尘垢尽时光始现,心法双忘性即真。"又道:"三间茅屋从来住,一道神光万境闲。莫把是非来辨我,浮生穿凿不相关。"只此颂亦见"一片虚凝绝谓情"也。

"人天从此见空生",不见须菩提岩中宴坐,诸天雨花赞叹,尊者云:"空中雨花赞叹,复是何人?"天云:"我是梵天。"尊者云:"汝云何赞叹?"天云:"我重尊者善说般若波罗蜜多。"尊者云:"我于般若未尝说一字,汝云何赞叹?"天云:"尊者无说,

---

① "拟心即差……佛眼也觑不见":(佛性)拟用心思就会差错,一动念头就与其相隔,即使是佛也看不见他。

我乃无闻,无说无闻是真般若。"又复动地雨花。看他须菩提善说般若,且不说体用,若于此见得,便可见智门道"蚌含明月"、"兔子怀胎"。

古人意虽不在言句上,争奈答处有深深之旨,惹得雪窦道"蚌含玄兔深深意"。到这里"曾与禅家作战争",天下禅和子闹浩浩地商量①,未尝有一人梦见在。若要与智门、雪窦同参,也须是自著眼始得。

【点评】

"般若"是佛家所谓无能无所、无分别中体现出的大智慧;"般若之体",是指般若的理体,即真如心体;"般若之用",是指般若的事用,即佛性所呈现的差别现象。说来也怪,所谓"体"、"用",对不会禅道者来说似可以分别理解而得其梗概,对会禅者来说,反而难解难分。

僧问:"如何是般若体?"智门云:"蚌含明月。""如何是般若用?""兔子怀胎。"初学禅道者,从智门的答话中,似可体会"体"、"用"的不同:"明月"为体,"怀胎"为用。

悟入禅道者或许认为:这仅是喻意,并不能表达"体、用"实意。"蚌含明月"、"兔子怀胎",月光可喻其体,蚌珠、兔胎可喻其用。但如扩而言之,也可说月光为其用,时空为其体;时空为其用,真如为其体。此时又或可说,无动念、无言说时是真如之体,动念言说即为佛性之用。体、用二者如水与波,虽有不同而又浑然一体。自然可以即用见体,依体显用,体用一如。此时身心溶于此中,无处觅我,又无处非我,瞬间超越时空,感悟永恒,如高天大海,本然如此。此时"体"、"用"的念头已不可得……而此时体现的正是"般若之体"、"般若之

---

① 天下禅和子闹浩浩地商量:天下参禅的人闹哄哄地商议。意为不得要领。

用"。

最后雪窦"颂古":"一片虚凝绝谓情,人天从此见空生。……"也正是这样的境界啊!真是这样,此时还说"境界"两字作甚?请自去参读"颂古"算了。可是既然"境界"皆无,那又是什么呢?

卷 十

九一　盐官犀牛扇子①

【圜悟垂示】

超情离见，去缚解粘，提起向上宗乘，扶竖正法眼藏，也须十方齐应、八面玲珑。直到恁么田地，且道还有同得同证、同死同生底么？试举看：

【雪窦举公案】

盐官一日唤侍者："与我将犀牛扇子来！"打葛藤不少。何似这个？好个消息！侍者云："扇子破也。"可惜许。好个消息！道什么？官云："扇子既破，还我犀牛儿②来！"漏逗不少。幽州犹自可，最苦是新罗③。和尚用犀牛儿作什么？侍者无对。果然是个无孔铁锤。可惜许。

---

① 盐官：盐官齐安（？~842），唐代禅师，俗姓李，为唐宗室后裔。因曾住于杭州盐官之海昌院，故有"盐官"之称。受戒后拜谒江西马祖道一，得其钳槌而悟道，并嗣其法，大扬马祖禅风。犀牛扇子：犀牛角做扇骨或画面是犀牛的扇子。此暗喻佛性之用。
② 犀牛儿：此暗喻真如之体。
③ 幽州犹自可，最苦是新罗：意为如悟境的差距像在北方幽州也还可以，如果是在更远新罗（今朝鲜）那可太辛苦了。

投子云："不辞将出，恐头角不全①。"似则似，争奈两头三面。也是说道理。雪窦拈云："我要不全底头角。"堪作何用？将错就错。石霜云："若还和尚即无也②。"道什么？撞著鼻孔。雪窦拈云："犀牛儿犹在③。"险！洎乎错认。收头去。资福画一圆相，于中书一牛字④。草蒿不劳拈出。弄影汉。雪窦拈云："适来为什么不将出？"金鋀不辨，也是草里汉⑤。保福云："和尚年尊，别请人好⑥。"僻地里骂官人，辞辛道苦作什么？雪窦拈云："可惜劳而无功。"兼身在内，也好与三十棒。灼然。

【圜悟评唱】

盐官一日唤侍者："与我将犀牛扇子来！"此事虽不在言句上，且要验人平生意气作略，又须得如此藉言而显。于腊月三十日著得力作得主，万境摐然，睹之不动⑦，可谓无功之功，无力之力。盐官乃齐安禅师，古时以犀牛角为扇，时盐官岂不知犀牛扇子破？故问侍者，侍者云："扇子破也。"看他古人，十二时中常在里许撞著磕著⑧。盐官云："扇子既破，还我犀牛儿来！"且道他要犀牛儿作什么？也只要验人知得落处也无。

---

① 不辞将出，恐头角不全：不是不给你拿出来，只恐怕它头角不全。意为真如之体无形象，拿不出。
② 若还和尚即无也：如果我想还给您它就看不到了。
③ 犀牛儿犹在：犀牛儿还是存在的。意为真如之体无处不可体现。
④ 资福画一圆相，于中书一牛字：资福画了一幅圆相，在中间写了一个牛字（用体现真如佛性）。
⑤ 金鋀不辨，也是草里汉：连黄金与金色的石头也分辨不清楚，也是个只会说嘴的人。
⑥ 和尚年尊，别请人好：您年纪大了，别麻烦别人好（自己去拿吧）。暗示应自己去了生死。
⑦ 万境摐然，睹之不动：各种境界突而显现，不动不摇。此指直觉无分别的现量境。
⑧ 十二时中常在里许撞著磕著：意为终日处在参禅求悟的状态，随时受触动得启发。

投子云："不辞将出，恐头角不全。"雪窦云："我要不全底头角。"亦向句下便投机。石霜云："若还和尚即无也。"雪窦云："犀牛儿犹在。"资福画一圆相，于中书一牛字，为他承嗣仰山，平生爱以境致接人明此事。雪窦云："适来为什么不将出？"又穿他鼻孔了也。保福云："和尚年尊，别请人好。"此语道得稳当。前三则语却易见，此一句语有远意，雪窦亦打破了也。山僧旧日在庆藏主处理会道：和尚年尊老耄，得头忘尾，适来索扇子，如今索犀牛儿，难为执侍。故云："别请人好。"雪窦云："可惜劳而无功。"此皆是下语格式。

古人见彻此事，各各虽不同道得出来百发百中，须有出身之路，句句不失血脉。如今人问著，只管作道理计较，所以十二时中要人咬嚼，教滴水滴冻，求个证悟处①。看他雪窦颂一串云：

【雪窦颂古】

犀牛扇子用多时，遇夏则凉，遇冬则暖。人人具足，为甚不知？阿谁不曾用？问著元来总不知。知则知，会则不会。莫瞒人好。也怪别人不得。无限清风与头角，在什么处？不向自己上会，向什么处会？天上天下，头角重生，是什么？无风起浪。尽同云雨去难追。苍天！苍天！也是失钱遭罪。

雪窦复云："若要清风再复，头角重生，人人有个犀牛扇子，十二时中全得他力。因什么问著总不知？还道得么？请禅客各下一转语。"盐官犹在。三转了也。问云："扇子既破，还我犀牛儿来。"也有一个半个。咄！也好推倒禅床。时有僧出云："大众参堂去。"

---

① "十二时中要人咬嚼……求个证悟处"：意为要人整天不停地参究佛性义，如有渗漏处也要随时封冻住（指妄念微萌觉照化之），才有可能证悟佛性的境界。

贼过后张弓,被夺却枪。前不构村,后不迭店。雪窦喝云:"抛钩钓鲲鲸,钓得个虾蟆①。"便下座。招得他怎么地,贼过后张弓。佛果自征此语云②:又直问尔诸人,这僧道"大众参堂去",是会不会?若是不会,争解怎么道?若道会时,雪窦又道"抛钩钓鲲鲸,只钓得个虾蟆",便下座,且道请讹在什么处?试请参详看。

【圜悟评唱】

"犀牛扇子用多时,问著元来总不知。"人人有个犀牛扇子,十二时中全得他力,为什么问著总不知去著?侍者、投子,乃至保福,亦总不知。且道雪窦还知么?不见无著访文殊,吃茶次,文殊举起玻璃盏子云:"南方还有这个么?"著云:"无。"殊云:"寻常用什么吃茶?"著无语。若知得这个公案落处,便知得犀牛扇子有无限清风,亦见犀牛头角峥嵘③。

四个老汉恁么道,如朝云暮雨一去难追。雪窦复云:"若要清风再复,头角重生,请禅客各下一转语。"问云:"扇子既破,还我犀牛儿来!"时有一禅客出云:"大众参堂去。"这僧夺得主家权柄,道得也杀道,只道得八成;若要十成,便与掀倒禅床。尔且道:这僧会犀牛儿不会?若不会却解怎么道,若会雪窦因何不肯伊?为什么道:"抛钩钓鲲鲸,只钓得个虾蟆。"且道毕竟作么生?诸人无事,试拈掇④看。

---

① 抛钩钓鲲鲸,钓得个虾蟆:比喻接引的不是个人才。
② 佛果自征此语云:佛果自设问话说。"佛果",圜悟自谓。
③ 犀牛头角峥嵘:此比喻真如佛性像犀牛头角一样鲜明。
④ 拈掇:用手掂量轻重。此指斟酌、参详此公案。

【点评】

盐官唤侍者："与我将犀牛扇子来！"其意何在？

禅家认为，一切色境皆佛性的体现，原来此"犀牛扇"暗指佛性之用，其意是请侍者表达一下对真如佛性的体悟。侍者不明，竟就实物实情再作请示："扇子破也。"盐官果不负其所问，再作漏逗："扇子既破，还我犀牛儿来！"其意是物虽有生成毁灭，真如本体不变，即我人的真如佛性不变，请呈示出来。可惜侍者心不透亮，不能应对。

如明乎此，对后面投子、石霜、资福、保福，四尊宿的设答即不难领悟，此且不述。

那么既然盐官索扇侍者无对，我等又该如何应对呢？我想起先师元音老人所回忆的，与其师公大愚阿阇黎的一则对话，或许正可给我们以启发："一师兄拿师公的扇子道：'这是愚公的。'愚公后问曰：'大愚的，为什么在你手里？'余代答曰：'请问什么在我手外？'公首肯。又如，愚公问：'你们观心观到了没有？'师兄答：'观到了。'愚公进问：'在什么处？'余从旁伸出手掌云：'和盘托出。'"

诸位还会得吗？如明乎此即明得雪窦"颂古"大意。

"犀牛扇子"无限清风，"犀牛"头角峥嵘，到底在哪里呢？

九二　世尊一日升座

【圜悟垂示】

动弦别曲，千载难逢；见兔放鹰，一时取俊①。总一切语言为一句，摄大千沙界为一尘，同死同生，七穿八穴②。还有证据者么？试举看：

【雪窦举公案】

世尊一日升座，宾主俱失，不是一回漏逗。文殊白槌③云："谛观法王法，法王法如是④！"一子亲得。世尊便下座。愁人莫向愁人说，说向愁人愁杀人。打鼓弄琵琶，相逢两会家⑤。

---

① "动弦别曲……一时取俊"：此比喻世尊及文殊的作法像弹奏奇妙的乐曲一样，千载难逢；又像见兔放鹰一样，即刻见得成效。
② "总一切语言为一句……七穿八穴"：此比喻世尊及文殊的作法，像总括千言万语为一句话，又像统摄沙数大千世界为一粒尘土，可以与人同生同死，自由自在。
③ 白槌："白"，告白。"槌"，警示大众肃静时敲打之器具。
④ 谛观法王法，法王法如是：静观默察法王（世尊）之法，法王之法就像这样啊！暗示佛性本来现成，在不可言说处体现之。
⑤ 打鼓弄琵琶，相逢两会家：比喻就像打鼓的人碰到弹琵琶的人可以互相应和一样。

【圜悟评唱】

世尊未拈花已前,早有这个消息①。始从鹿野苑,终至拔提河②,几曾用著金刚王宝剑?当时众中,若有衲僧气息底汉绰得去,免得他末后拈花,一场狼藉③。世尊良久间,被文殊一拶,便下座。那时也有这个消息,释迦掩室、净名杜口④,皆似此这个,则已说了也。

如肃宗问忠国师"造无缝塔"话,又如外道问佛"不问有言,不问无言"之语,看他向上人行履,几曾入鬼窟里作活计⑤?有者道意在默然处,有者道在良久处,有言明无言底事,无言明有言底事。永嘉道:"默时说,说时默⑥。"总怎么会,三生六十劫也未梦见在⑦。

尔若便直下承当得去,更不见有凡有圣,是法平等,无有高下,日日与三世诸佛把手共行。后面看雪窦自然见得颂出:

【雪窦颂古】

列圣丛中作者知,莫谤释迦老子好。还他临济、德山,千个万个中难得一个半个。法王法令不如斯。随他走底,如麻似粟。三头两面。

---

① 世尊未拈花已前,早有这个消息:意为佛祖在拈花示禅之前,各种言行中早就透露出了禅的面目,只是无人觉悟。
② 鹿野苑:地名,在中印度,是释迦陀最初说四谛法、度五比丘的地方。拔提河:舍卫城侧之河名,佛陀曾在此说经二十余年。
③ "若有衲僧气息底汉绰得去……一场狼藉":意为如果碰到有衲僧悟性的人领悟得去,就免除后来世尊拈花等一场啰唆了。
④ 释迦掩室、净名杜口:像释迦佛掩室门不出、维摩菩萨闭口不言一样启发人体悟。
⑤ "看他向上人行履,几曾入鬼窟里作活计":看那些禅家向上人的修行实践中,何曾陷在固定的模式里呢?
⑥ 默时说,说时默:指禅道的事沉默时也可能表示正在言说,正言说时的表现可能是沉默。
⑦ 总怎么会,三生六十劫也未梦见在:如果总是这样来认识,三生六十劫,也不会梦见真实境界。意为心不相应。

灼然能有几人到这里。会中若有仙陀客①，就中难得伶俐人。文殊不是作家，阇黎定不是。何必文殊下一槌？更下一槌又何妨？第二、第三槌总不要，当机一句作么生道？险！

【圜悟评唱】

"列圣丛中作者知"，灵山八万大众，皆是列圣，文殊、普贤乃至弥勒，主伴同会，须是巧中之巧、奇中之奇方知他落处。雪窦意谓：列圣丛中，无一个人知有，若有个作家者，方知不恁么。何故文殊白槌云"谛观法王法，法王法如是"，雪窦道"法王法令不如斯"？何故如此？当时会中，若有个汉顶门具眼，肘后有符，向世尊未升座已前觑得破，更何必文殊白槌！

《涅槃经》云："仙陀婆一名四实：一者盐、二者水、三者器、四者马。有一智臣，善会四义，王若欲洒洗，要'仙陀婆'，臣即奉水，食索奉盐，食讫奉器饮浆，欲出奉马，随意应用无差。"灼然须是个伶俐汉始得。只如僧问香严："如何是王索仙陀婆？"严云："过这边来。"僧②过，严云："钝置杀人③。"又问赵州："如何是王索仙陀婆？"州下禅床，曲躬叉手④。

当时若有个仙陀婆，向世尊未升座已前透去，犹较些子。世尊更升座，便下去，已是不著便了也，那堪文殊更白槌，不妨钝置他世尊一上提唱。且作么生是钝置处？

---

① 仙陀客：梵语仙陀婆之略称，一名四实，指盐、器、马、水等四种物品。禅林用以称谓聪明伶俐、善解人意的才智敏慧者为仙陀婆或仙陀客。
② "僧"，原作"憎"，据《龙藏》、《驹本》改。
③ 钝置杀人：意为你已太笨了。
④ 州下禅床，曲躬叉手：赵州下来禅床，俯首弯腰叉手站在那里。意为此事就如这样，临事而应，不必啰唆。

【点评】

此则公案的关键是要警示我们两点：一是真如佛性的境界不在言语上（当然有时可以有言显无言，但毕竟不在言上），而应在末言之前，即亡言绝虑之时的灵光独现；二是此时机对于不会者来说，稍纵即逝，要如狸猫伺鼠一样，既要全神贯注，又要灵活机敏，才能不失时机与道相应。

此两点，前者是见地，后者是功行。虽可以如此解说，但更重要的是应之于心，施之于用。下面"评唱"中，关于"仙陀婆"的说明应该能给我们更深切的启发：其意为，王有所需则呼："仙陀婆！"智臣则自然应对无差呈其所需（或盐、或水、或器、或马）。我们如何学仙陀婆呢？

此公案中文殊的"白椎"，世尊"下座"，即是在呼我们："仙陀婆！"我们该如何应对呢？不管我们如何应对，雪窦都会说："列圣丛中作者知，法王法令不如斯。"为什么呢？因为"会中若有仙陀客，何必文殊下一椎"？意为此事应在文殊白椎、世尊下座之前明了啊！既然文殊白椎所云已是"因慈悲之故，有落草之谈"，我们还有何可言？

九三　大光①师作舞

【雪窦举公案】

僧问大光："长庆道'因斋庆赞'，意旨如何？"重光这漆桶，不妨疑著。不问不知。大光作舞，莫赚杀人，依旧从前恁么来。僧礼拜。又怎么去也。是则是，恐错会。光云："见个什么便礼拜？"也好一拶。须辨过始得。僧作舞，依样画猫儿，果然错会。弄光影汉。光云："这野狐精②！"此恩难报。三十二祖，只传这个③。

【圜悟评唱】

西天四七、唐土二三，只传这个些子。诸人还知落处么？若知，免得此过；若不知，依旧只是野狐精。有者道是揑转他鼻孔来瞒人，若真个怎么成何道理？

大光善能为人，他句中有出身之路。大凡宗师，须与人抽钉

---

① 大光：唐代禅师大光居诲。
② 这野狐精：僧模仿大光作舞，缺乏个体实悟之体现，仅落于模仿之葛藤，故大光以"这野狐精"喝斥之。
③ 三十二祖，只传这个：意为禅宗三十二位祖师，传授的也只是"大光作舞"所传达出来的真如佛性。"三十二祖"，据灯录相传，禅宗东土六位祖师，加上西天二十八位祖师，凡应三十三位。但其中达磨祖师既是东土初祖，又是西天第二十八祖，故称三十二祖。

拔楔，去粘解缚，方谓之善知识。大光作舞，这僧礼拜，末后僧却作舞，大光云："这野狐精！"不是转这僧，毕竟不知的当①。尔只管作舞，递相恁么，到几时得休歇去②？大光道"野狐精"，此语截断金牛，不妨奇特。所以道他参活句，不参死句。

雪窦只爱他道"这野狐精"，所以颂出。且③道"这野狐精"，与"藏头白，海头黑"是同是别？这漆桶又道"好师僧"，且道是同是别？还知么触处逢渠④？雪窦颂云：

【雪窦颂古】

前箭犹轻后箭深，百发百中，向什么处回避？谁云黄叶是黄金？且作止啼。瞒得小儿，也无用处。曹溪波浪如相似，弄泥团汉有什么限？依样画猫儿，放行一路。无限平人被陆沉。遇著活底人。带累天下衲僧，摸索不著。带累阇黎，出头不得。

【圜悟评唱】

"前箭犹轻后箭深"，"大光作舞"是前箭，复云"这野狐精"是后箭。此是从上来爪牙。"谁云黄叶是黄金"，仰山示众云："汝等诸人，各自回光返照，莫记吾言。汝等无始劫来，背明投暗，妄想根深卒难顿拔，所以假设方便夺汝粗识，如将黄叶止小儿啼，如将蜜果换苦葫芦相似。"古人权设方便为人，及其啼止，黄叶非金。世尊说一代时教，也只是止啼之说。"这野狐

---

① 不是转这僧，毕竟不知的当：意为如不是大光开导这个僧人，我们毕竟不知道正确的方向。
② "尔只管作舞……到几时得休歇去"：你只管作舞，这样相继传递下去，到什么时候才能彻见本来面目得以自在休歇。
③ "且"，原作"旦"，据《龙藏》、《驹本》改。
④ 还知么触处逢渠：还知道吗？凡所触及之处，无不能碰到真如佛性。

精"，只要换他业识，于中也有权实、也有照用，方见有衲僧巴鼻。若会得，如虎插翼。

"曹溪波浪如相似"，傥忽四方八面学者，只管大家如此作舞，一向恁么，"无限平人被陆沉"，有什么救处？

【点评】

因禅林盛传金牛和尚在斋堂弄桶作舞的公案（见七四则"公案"），所以有僧问长庆：金牛"……意旨如何"？长庆道："大似因斋庆赞。"意为金牛和尚好像是利用斋饭的时机作法事，痛快地庆喜赞叹（真如佛性）。

承上又有僧问大光："长庆道'因斋庆赞'，意旨如何？" "大光作舞"（意为本来就是如此，不可言表，只能自悟），"僧礼拜"（当作实有其事，实有所得）。光云："见个什么便礼拜（想使他有所警觉）？" "僧作舞"（不料此僧竟也模仿作舞，将自己紧紧地拴在以舞境为实的驴橛子上），大光简直是怒不可遏，只好是施以猛喝重锤："这野狐精！"意为你这不懂装懂，不悟装悟，蒙骗人的东西！

此公案应给我们这样的启示：禅师接引人的言行也好，甚至佛陀的教诲也好，都是"黄叶止啼"之举。意为暂止小儿啼，取黄叶哄之曰：黄金。（原见《涅槃经》）但黄叶毕竟非黄金，以其转过啼念之后，大人、孩子，都有会丢弃黄叶而不顾。如果我们将黄叶真当黄金，珍惜为宝，念念不舍，非但不如大人，亦复不如孩子了。

我们可能不会再模仿金牛、大光"作舞"，但又把哪个黄叶当黄金了呢？那么黄金又在哪里呢？

九四　楞严经①若见不见

【圜悟垂示】

声前一句，千圣不传；面前一丝，长时无间。净裸裸赤洒洒，露地白牛；眼卓朔耳卓朔，金毛狮子②则且置，且道作么生是露地白牛？

【雪窦举公案】

《楞严经》云："吾不见时，何不见吾不见之处？好个消息，用见作什么？释迦老子漏逗不少。若见不见，自然非彼不见之相。咄！有甚闲工夫？不可教山僧作两头三面去也。若不见吾不见之地，向什么处去也？钉铁橛相似。咄！自然非物，按牛头吃草，更说什么口头声色！云何非汝？"说尔说我总没交涉。打云：还见释迦老子么？

---

① 楞严经：唐中宗时天竺沙门般剌密帝译，房融笔受，属于秘密部。全称《大佛顶如来密因修证了义诸菩萨万行首楞严经》，略称《楞严经》、《大佛顶经》。自宋而后，盛行于禅、教之间。此经历来即有真伪之争，但其禅理精当无不认可。
② "净裸裸赤洒洒……金毛狮子"：思想上毫无牵挂，像露地白牛；眼睛竖起，耳朵立起，精神焕发，像金毛狮子。"露地白牛"（或称大白牛车）指佛乘境界。"露地"，意为空廓白露之地，喻真如之体。"白牛"，意为白色之牛（车），喻佛性之用。露地、白牛融于一色，比喻超越诸能所、相对等感受，证入佛乘境界。"金毛狮子"，文殊所乘坐骑，此象征证智断惑的佛性妙用。

争奈古人不肯承当！打云：脚跟下自家看取。还会么？

【圜悟评唱】

《楞严经》云："吾不见时，何不见吾不见之处？若见不见，自然非彼不见之相。若不见吾不见之地，自然非物，云何非汝？"雪窦到此，引经文不尽。全引则可见经云："若见是物，则汝亦可见吾之见；若同见者，名为见吾。吾不见时，何不见吾不见之处？若见不见，自然非彼不见之相。若不见吾不见之地，自然非物，云何非汝？"辞多不录。

阿难意道："世界、灯笼、露柱皆可有名，亦要世尊指出此妙精元明，唤作什么物教我见佛意[①]？"世尊云："我见香台。"阿难云："我亦见香台即是佛见。"世尊云："我见香台则可知，我若不见香台时，尔作么生见？"阿难云："我不见香台时，即是见佛。"佛云："我云不见，自是我知；汝云不见，自是汝知。他人不见处，尔如何得知？"

古人云：到这里只可自知，与人说不得。只如世尊道："吾不见时，何不见吾不见之处？若见不见，自然非彼不见之相。若不见吾不见之地，自然非物，云何非汝？"若道认见为有物，未能拂迹。吾不见时，如羚羊挂角[②]，音响踪迹气息都绝，尔向什么处摸索？经意初纵破，后夺破，雪窦出教眼颂，亦不颂物，亦

---

① "世界、灯笼、露柱皆可有名……唤作什么物教我见佛意"：像世界、灯笼、露柱，都是有物象有名称的，亦要佛祖指出这个"妙精元明"（真如佛性），是什么物象，叫什么名称，从而使我见到佛意。
② 羚羊挂角：比喻大悟之人泯绝诸有之踪迹。据说羚羊睡眠时，角挂树枝，脚不触地，完全不留痕迹。

不颂见与不见，直只①颂见佛也。

【雪窦颂古】

全象全牛翳不殊，半边瞎汉，半开半合。扶篱摸壁作什么？一刀两段！从来作者共名摸②。西天四七、唐土二三。天下老和尚，如麻似粟。犹自少在。如今要见黄头老，咄！这老胡。瞎汉！在尔脚跟下。刹刹尘尘在半途。脚跟下蹉过了也。更教山僧说什么？驴年还曾梦见么？

【圜悟评唱】

"全象全牛翳不殊"，众盲摸象，各说异端，出《涅槃经》。僧问仰山："和尚见人问禅问道，便作一圆相，于中书牛字，意在于何？"仰山云："这个也是闲事。忽若会得，不从外来；忽若不会，决定不识。我且问尔：诸方老宿，于尔身上指出那个是尔佛性？为复语底是、默底是？莫是不语不默底是？为复总是、为复总不是？尔若认语底是，如盲人摸著象尾；若认默底是，如盲人摸著象耳；若认不语不默底是，如盲人摸著象鼻；若道物物都是，如盲人摸著象四足；若道总不是，抛本象落在空见。如是众盲所见，只于象上名邈差别。尔要好，切莫摸象，莫道见觉是，亦莫道不是。"祖师云："菩提本无树，明镜亦无台。本来无一物，争得染尘埃。"又云："道本无形相，智慧即是道。作此见解者，是名真般若。"明眼人见象得其全体，如佛见性亦然。

"全牛"者，出《庄子》：庖丁解牛未尝见其全牛，顺理而解，游刃自在，更不须下手；才举目时，头角蹄肉一时自解了。

---

① "直只"，《龙藏》同。《驹本》作"直口"。
② "摸"，原作"模"，《龙藏》同。据《驹本》及下文改。下同不注。

如是十九年,其刀利如新发于硎①,谓之全牛。虽然如此奇特,雪窦道:纵使得如此,全象全牛与眼中翳更不殊。"从来作者共名摸",直是作家,也去里头摸索不著。自从迦叶,乃至西天、此土祖师,天下老和尚,皆只是名摸。

雪窦直截道:"如今要见黄头老",所以道,要见即便见;更要寻觅方见,则千里万里也。黄头老,乃黄面老子也。尔如今要见,"刹刹尘尘在半途"。寻常道:一尘一尘刹②,一叶一释迦。尽三千大千世界所有微尘,只向一尘中见。当恁么时,犹在半途,那边更有半途在,且道在什么处?释迦老子尚自不知,教山僧作么生说得?

【点评】

本则公案,引述了《楞严经》卷二中佛陀对阿难说的一段话,大意是说:当我的"见"脱离了所见之"物"的时候,你为什么看不到我不见的那种境界?如果你的"见"不能见到我的"不见",那么这个"不见"(或"见")就自然不是物象。这还不是你的真心自性又是什么呢?

这是告知我们:人们的六识能体现一种非物质的大智慧,这就是我们的真心自性。目的是启发我们认知自己的真心自性,从而达到佛的般若智慧。在此过程中,虽有顿悟而往往不是一蹴而就的,而是一个不断闯过荆棘林、不断明悟的过程。正像"评唱"所说:"若道认见为有物,未能拂迹。吾不见时,如羚羊挂角,音响踪迹气息都绝,尔向什么处摸索?"

雪窦"颂古"又提醒我们:"全象全牛翳不殊,从来作者共名摸。"

---

① 其刀利如新发于硎:他的刀锋利得就像刚从磨刀石上磨过一样。"硎",磨刀石。
② "尘刹",《龙藏》、《驹本》作"佛刹"。

意为即使见到"全象全牛"也与眼里生翳病没什么差别,从上以来的众多的行家里手也只能说都在摸索。"如今要见黄头老,刹刹尘尘在半途。"意为你要见到佛陀老子吗?即使修到一微尘中见三千大千世界,也应是在无住向上的过程之中啊!

九五　长庆有三毒

【圜悟垂示】

有佛处不得住，住著头角生；无佛处急走过，不走过草深一丈①。直饶净裸裸、赤洒洒，事外无机，机外无事，未免守株待兔。且道总不恁么，作么生行履？试举看：

【雪窦举公案】

长庆有时云："宁说阿罗汉有三毒，焦谷不生芽。不说如来有二种语。已是谤释迦老子了。不道如来无语，犹自颟顸，早是七穿八穴②。只是无二种语。"周由者也，说什么第三第四种？保福云："作么生是如来语？"好一捞，道什么？庆云："聋人争得闻？"望空启告。七花八裂。保福云："情知尔向第二头道。"争瞒得明眼人，裂转鼻孔。何止第二头③？庆云："作么生是如来语？"错，却较些子。

---

① "有佛处不得住……不走过草深一丈"：在有佛的境界不得住著，如有住著则会头角生；无佛的境界赶紧走过，如不走过，就会脚下草深一丈。"头角生"，禅林用语，指以有所得之心生起烦恼相；"草深一丈"，意为脚下不得力，未能彻悟，只是向下作义理之谈的"落草汉"。
② 犹自颟顸，早是七穿八穴：还在那里犯糊涂，早被别人全看穿了。
③ 何止第二头：意为错认本来面目，向下何止滑到第二头？

保福云:"吃茶去!"领!复云:还会么?蹉过了也。

【圜悟评唱】

长庆、保福在雪峰会下,常互相举觉商量,一日平常如此说话云:"宁说阿罗汉有三毒,不说如来有二种语。"梵语"阿罗汉",此云"杀贼",以功能彰名,能断九九八十一品烦恼①,诸漏已尽,梵行已立,此是无学阿罗汉位。"三毒"即是贪、嗔、痴,根本烦恼。八十一品尚自断尽,何况三毒?长庆道:"宁说阿罗汉有三毒,不说如来有二种语。"大意要显如来无不实语。

《法华经》云:"唯此一事实,余二则非真。"又云:"唯有一乘法,无二亦无三。"世尊三百余会观机逗教,应病与药,万种千般说法,毕竟无二种语。他意到这里,诸人作么生见得?佛以一音演说法则不无,长庆要且未梦见如来语在。何故?大似人说食终不能饱。保福见他平地上说教,遂问:"作么生是如来语?"庆云:"聋人争得闻?"这汉,知他几时在鬼窟里作活计来也?保福云:"情知尔向第二头道。"果中其言,却问师兄:"作么生是如来语?"福云:"吃茶去!"枪头倒被别人夺却了也,大小长庆,失钱遭罪。

且问诸人,如来语还有几个?须知怎么见得,方见这两个汉败缺。细检点将来,尽合吃棒,放一线道与他理会。有底云:"保福道得是,长庆道得不是。"只管随语生解,便道有得有失。殊不知古人如击石火,似闪电光,如今人不去他古人转处看,只

---

① 八十一品烦恼:即八十一品思惑。欲界有贪嗔痴慢四惑,色界与无色界各有贪痴慢三惑,合而为十惑。此十惑又分在九地(欲界五趣为一地,色界四禅天为四地,无色界四空天为四地),每地九品,共计八十一品。

管去句下走，便道长庆当时不便用，所以落第二头；保福云"吃茶去"，便是第一头。若只恁么看，到弥勒下生，也不见古人意。若是作家，终不作这般见解；跳出这窠窟，向上自有一条路。尔若道"聋人争得闻"有什么不是处？保福云"吃茶去"，有什么是处？转没交涉。是故道："他参活句，不参死句。"

这因缘与"遍身是"、"通身是"因缘一般，无尔计较是非处；须是尔脚跟下净裸裸地，方见古人相见处。五祖老师云："如马前相扑相似，须是眼辨手亲。"这个公案若以正眼观之，俱无得失处辨个得失，无亲疏处分个亲疏①，长庆也须礼拜保福始得②。何故？这个些子巧处用得好，如电转星飞相似，保福不妨牙上生牙，爪上生爪。颂云：

【雪窦颂古】

头兮第一第二，我王库中无如是事。古今榜样，随邪逐恶作什么？卧龙不鉴止水。同道方知。无处有月波澄，四海孤身独自行。徒劳卜度，讨什么碗！有处无风浪起。吓杀人。还觉寒毛卓竖么？打云：来也！棱禅客！棱禅客！勾贼破家，闹市里莫出头。失钱遭罪。三月禹门遭点额③。退己让人，万中无一。只得饮气吞声。

【圜悟评唱】

"头兮第一第二"，人只管理会第一第二，正是死水里作活计。这个机巧尔只作第一第二会，且摸索不著在。雪窦云："卧

---

① "俱无得失处辨个得失，无亲疏处分个亲疏"，《龙藏》、《驹本》作"俱无得失辨个得失处，分个亲疏"。
② 长庆也须礼拜保福始得：意谓用"礼拜"逼拶一下。
③ 三月禹门遭点额：你像桃花三月欲跳过黄河禹门的鲤鱼，虽想成龙，还是要被保福当头点了回来。

龙不鉴止水。"死水里岂有龙藏？若是第一第二，正是止水里作活计。须是洪波浩渺、白浪滔天处方有龙藏，正似前头云"澄潭不许苍龙蟠"。不见道"死水不藏龙"，又道"卧龙长怖碧潭清"？

所以道无龙处有月波澄、风恬浪静，有龙处无风起浪，大似保福道"吃茶去"，正是无风起浪。雪窦到这里，一时与尔打叠情解颂了也。

他有余韵，教成文理，依前就里头著一只眼，也不妨奇特，却道："棱禅客！棱禅客！三月禹门遭点额。"长庆虽是透龙门底龙，却被保福蓦头一点。

【点评】

此公案中长庆说："宁说阿罗汉有三毒，不说如来有二种语。不道如来无语，只是无二种语。"意为：宁可说阿罗汉还有三毒，而绝不能说如来（佛陀）有两种不同目的的语言（只说一种真实语，表达一种真实相）。不是说如来无言说，只是说如来没有另外目的的言说。

尽管语意表述得非常清楚，但这仅是一种以义理说教的方法，所谓说食不饱。学佛的关键应该是由佛语见佛心，从而以佛心印我心，所以保福不失时机地逼拶他道："作么生是如来语？"目的是让长庆直表会心之解并以之印证学人之心。而长庆却答道："聋人争得闻？"意为如来的真实语意不能耳闻，只能以心领悟。表述的方法虽然转了一个弯，但仍然是以义理说教，而不能触及人心。所以保福说："情知尔向第二头道。"意为预见你就会向第二头说，果然如此。于是长庆反问："作么生是如来语？"保福答道："吃茶去。"保福的答话将对如来真实义的体悟交给对方，希望在听者心里得到升华。

最后雪窦、圜悟仍提醒我们：如停留在辨别"第一头第二头"上，仍是"死水不藏龙",不能得佛法精神;如停留在参解"吃茶去",仍会死在句下。

雪窦道:"棱禅客!棱禅客!三月禹门遭点额。"他在招呼谁呢?小心!

九六　赵州三转语①

【雪窦举公案】

赵州示众三转语。道什么？三段不同。

【圜悟评唱】

赵州示此三转语了，末后却云："真佛屋里坐。"这一句忒杀郎当。他古人出一只眼垂手接人②，略借此语通个消息。要为人，尔若一向正令全提，法堂前草深一丈③。雪窦嫌他末后一句漏逗，所以削去，只颂三句。泥佛若渡水，则烂却了也；金佛若渡炉中，则镕却了也；木佛若渡火，便烧却了也。有什么难会？雪窦一百则"颂古"计较葛藤，唯此三颂直下有衲僧气息。只是这颂也不妨难会，尔若透得此三颂，便许尔罢参。

---

① 三转语：原指"金佛不度炉，木佛不度火，泥佛不度水，真佛内里坐"。（见《景德传灯录》卷二十八《从谂》）
② 他古人出一只眼垂手接人：意为那些古人，在描述佛性真意时，常常用半提（略作向上的显示）即放行的手法接引学人。
③ 尔若一向正令全提，法堂前草深一丈：你如果在描述佛性时，一直是向上展现全貌则无言可表，如此则无人来受教。

【雪窦颂古】

泥佛不渡水,浸烂鼻孔。无风起浪。神光照天地。干他什么事?见兔放鹰。立雪如未休,一人传虚,万人传实,将错就错。阿谁曾见尔来?何人不雕伪?入寺看额,二六时中走上走下是什么①?阇黎便是。

【圜悟评唱】

"泥佛不渡水,神光照天地。"这一句颂分明了,且道为什么却引神光?

二祖初生时,神光烛室,亘于霄汉。又一夕神人现,谓二祖曰:"何久于此?汝当得道时至,宜即南之。"二祖以神遇,遂名神光。久居伊洛,博极群书,每叹曰:"孔老之教祖述风规。"近闻达磨大师住少林,乃往彼晨夕参扣,达磨端坐面壁,莫闻诲励。光自忖曰:"昔人求道,敲骨出髓,刺血济饥,布发掩泥,投崖饲虎。古尚若此,我又何如?"

其年十二月九日夜大雪,二祖立于砌下,迟明积雪过膝。达磨悯之曰:"汝立雪于此,当求何事?"二祖悲泪曰:"惟愿慈悲开甘露门,广度群品。"达磨曰:"诸佛妙道,旷劫精勤,难行能行,非忍而忍,岂以小德小智、轻心慢心欲冀真乘?无有是处!"二祖闻诲励,向道益切,潜取利刀,自断左臂,致于达磨前。磨知是法器,遂问曰:"汝立雪断臂,当为何事?"二祖曰:"某甲心未安,乞师安心。"磨曰:"将心来,与汝安。"祖曰:"觅心了不可得。"达磨云:"与汝安心竟。"后达磨为易其名曰慧可。

---

① 入寺看额:意为须认清真佛再参拜。二六时中走上走下是什么:意为真如佛性无时不体现在你色身五蕴之中。

后接得三祖灿大师，既传法，隐于舒州皖公山。属后周武帝破灭佛法沙汰僧①，师往来太湖县司空山，居无常处，积十余载无人知者。宣律师《高僧传》载二祖事不详②。

《三祖传》云："二祖妙法不传于世，赖值末后依前悟他当时立雪。"所以雪窦道："立雪如未休，何人不雕伪？"立雪若未休，足恭诡诈之人皆效之，一时只成雕伪，则是诡诈之徒也。

雪窦颂"泥佛不渡水"，为什么却引这因缘来用？他参得意根下无一星事，净裸裸地方颂得如此。五祖寻常教人看此三颂。岂不见洞山初和尚③有颂示众云："五台山上云蒸饭，古佛堂前狗尿天。刹竿头上煎䭔子，三个胡孙夜簸钱④。"又杜顺和尚⑤道："怀州牛吃禾，益州马腹胀。天下觅医人，灸猪左膊上⑥。"又傅大士颂云："空手把锄头，步行骑水牛。人从桥上过，桥流水不流。"又云："石人机似汝，也解唱巴歌。汝若似石人，雪曲应须和。"若会得此语，便会他雪窦颂。

【雪窦颂古】

金佛不渡炉，燎却眉毛。天上天下唯我独尊。人来访紫胡。又恁

---

① 后周武帝破灭佛法沙汰僧：此指后周世宗柴荣（921~959）下诏废佛法毁寺院、禁度僧尼事。"沙汰僧"，即淘汰、整顿僧尼（强令部分僧尼还俗）。
② 宣律师：道宣（596~667），唐代律僧，又称南山律师、南山大师，为南山律宗之祖，著有《续高僧传》三十卷。《高僧传》：此指道宣所著《续高僧传》或称《唐高僧传》。
③ 洞山初和尚：洞山守初，五代禅僧，生平不详。
④ "五台山上云蒸饭……三个胡孙夜簸钱"：意为应消除色界万物对立的思想，本来事事圆融。
⑤ 杜顺和尚：杜顺（557~640），华严宗初祖，唐代雍州万年（今陕西临潼北）人，俗姓杜。十八岁出家，法号法顺。师因圣寺之僧道珍，受习定业，后住于终南山，宣扬华严教纲。其言教多贬抑浮词，彰显正理。
⑥ "怀州牛吃禾……灸猪左膊上"：意为应打破时空而达到事理圆融，事事圆融的境界。

么去也。只恐丧身失命。牌中数个字，不识字底猫儿也无话会处。天下衲僧插嘴不得，只恐丧身失命。清风何处无。又怎么去也。头上漫漫，脚下漫漫。又云来也。

【圜悟评唱】

"金佛不渡炉，人来访紫胡。"此一句亦颂了也。为什么却引"人来访紫胡"？须是作家炉鞴始得。

紫胡和尚①山门立一牌，牌中有字云："紫胡有一狗，上取人头，中取人腰，下取人脚。拟议则丧身失命！"凡见新到便喝云："看狗！"僧才回首，紫胡便归方丈。且道为什么却咬赵州不得？紫胡又一夕夜深于后架叫云："捉贼！捉贼！"黑地逢著一僧，拦胸捉住云："捉得也！捉得也！"僧云："和尚不是！某甲！"胡云："是则是，只是不肯承当。"

尔若会得这话，便许尔咬杀一切人，处处清风凛凛。若也未然，"牌中数个字"，决定不奈何。若要见他，但透得尽方见。颂云：

【雪窦颂古】

木佛不渡火，烧却了也。唯我能知。常思破灶堕。东行西行有何不可？癫儿牵伴。杖子忽击著，在山僧手里，山僧不用。人阿谁手里无？方知辜负我。似尔相似。摸索不著，有什么用处？苍天！苍天！三十年②后始得。宁可永劫沉沦，不求诸圣解脱。若向个里荐得，未免辜负。怎么生得不辜负去？拄杖子未免在别人手里。

---

① "尚"，原作"向"，据《龙藏》、《驹本》及文意改。
② "三十年"，《龙藏》、《驹本》作"二十年"。

【圜悟评唱】

"木佛不渡火，常思破灶堕。"此一句亦颂了，雪窦因此"木佛不渡火，常思破灶堕"。

嵩山破灶堕和尚，不称姓字，言行叵测，隐居嵩山。一日领徒入山坞间，有庙甚灵，殿中唯安一灶，远近祭祀不辍，烹杀物命甚多。师入庙中，以拄杖敲灶三下云："咄！汝本砖土合成，灵从何来？圣从何起？恁么烹杀物命！"又乃击三下，灶乃自倾破堕落。须臾有一人，青衣峨冠，忽然立师前设拜曰："我乃灶神，久受业报①。今日蒙师说无生法②，已脱此处，生在天中。特来致谢。"师曰："汝本有之性，非吾强言。"神再拜而没。

侍者曰："某甲等久参侍和尚，未蒙指示。灶神得何径旨，便乃生天。"师曰："我只向伊道：'汝本砖土合成，灵从何来？圣从何起？'"侍僧俱无对，师云："会么？"僧云："不会。"师云："礼拜著。"僧礼拜，师云："破也破也！堕也堕也！"侍者忽然大悟。后有僧举似安国师，师叹云："此子会尽物我一如。"灶神悟此则故是，其僧乃五蕴成身，亦云"破也堕也"二俱开悟，且四大五蕴与砖瓦泥土是同是别？

既是如此，雪窦为什么道"杖子忽击著，方知辜负我"，因甚却成个辜负去？只是未得拄杖子在。且道雪窦颂木佛不渡火，为什么却引破灶堕公案？老僧直截与尔说，他意只是绝得失情尘意想，净裸裸地自然见他亲切处也。

---

① 业报：因善恶业所招感的苦乐果报。
② 无生法：不生不灭之法，亦即真如涅槃之理。

【点评】

赵州三转语说:"金佛不渡炉,木佛不渡火,泥佛不渡水,真佛内里坐。"其意并不难领会:泥佛若渡水,则烂却了也;金佛若渡炉中,则镕却了也;木佛若渡火,便烧却了也。赵州的用意是在启发学人:凡色界物质之佛,乃至四大五蕴所成之佛皆有所忌;只有四大五蕴皆空,才能展现自由圆通之佛性,即"真佛内里坐"。

雪窦颂三转语:"泥佛不渡水,神光照天地";"金佛不渡炉,人来访紫胡";"木佛不渡火,常思破灶堕"。每句举一个公案,也都是启发学人悟入圆通。后面圜悟"评唱"所举洞山初和尚、杜顺和尚等诗偈,多读多参亦自可意会。

评唱中所举傅大士"空手把锄头"诗偈,却总使人感到玄虚难解。幸好先师元音老人曾以有言传无言,讲述过这首诗偈,谨摘录助参:

"这个偈子就是颂这个主人公的。'空手把锄头',肉体就等于你的锄头。'步行骑水牛',你能够走啊,就是主人公骑在肉体上,就等于骑水牛。'人从桥上过',肉身就是桥,人就是主人公,在这里不过住一段时期,就要走了,就圆寂了,就在桥上过去了。……'人从桥上过,桥流水不流。'人从桥上过,我们这个肉身壳子是不长久的,是变迁的。人由少而壮,由壮而老,这'桥'不就是在流转吗?在变化吗?'水不流',水是代表我们的佛性,它是不流动的。它是亘古常存,不来不去,不动不摇的。这个颂主人公的偈子好啊,就是要我们明心见性。"

九七　金刚经①轻贱

【圜悟垂示】

拈一放一，未是作家；举一明三，犹乖宗旨②。直得天地陡变，四方绝唱，雷奔电驰，云行雨骤，倾湫倒岳，瓮泻盆倾，也未提得一半在③。还有解转天关、能移地轴底么④？试举看：

【雪窦举公案】

《金刚经》云："若为人轻贱，放一线道，又且何妨。是人先世罪业，驴驮马载。应堕恶道，陷堕了也。以今世人轻贱故，酬本及

---

① 金刚经：姚秦鸠摩罗什译，又称《金刚般若经》、《金刚般若波罗蜜经》。内容为佛在舍卫国，为须菩提等初说境空，次示慧空；以空慧为体，说一切法无我之理。此经不如《大般若经》之浩瀚，又不像《般若心经》之太简，而说般若之空慧无有余蕴。故古来传持、弘通甚盛。
② "拈一放一……犹乖宗旨"：对真如佛性的描述只能提起一部分，放下一部分，还不是宗下作家；即便能作到举一让学人明三，也仍然有背禅家宗旨（不得全体）。
③ "直得天地陡变……也未提得一半在"：此比喻禅师接引人的手段（如棒喝等）即便迅猛超凡，对于佛性境界来说，也未能体现出一半。
④ 还有解转天关、能移地轴底么：还有人能领悟以心运转乾坤的关键（全展佛性）吗？

末，只得忍受。先世罪业，向什么处摸索？种谷不生豆苗①。则为消灭②。"雪上加霜又一重。如汤消冰。

【圜悟评唱】

《金刚经》云："若为人轻贱，是人先世罪业，应堕恶道，以今世人轻贱故，先世罪业，则为消灭。"只据平常讲究，乃经中常论，雪窦拈来颂这意，欲打破教家鬼窟里活计③。昭明太子科此一分为"能净业障"。

教中大意说此经灵验，如此之人先世造地狱业，为善力强未受，以今世人轻贱故，先世罪业则为消灭。此经故能消无量劫来罪业，转重成轻，转轻不受，复得佛果菩提。据教家转此二十余张经，便唤作持经④，有什么交涉？有底道"经自有灵验"，若怎么，尔试将一卷放在闲处，看他有感应也无？

法眼云："证佛地者，名持此经。"经中云："一切诸佛，及诸佛阿耨多罗三藐三菩提⑤法，皆从此经出。"且道唤什么作此经？莫是黄卷赤轴底是么？且莫错认定盘星。金刚喻于法体坚固，故物不能坏，利用故，能摧一切物，拟山则山摧，拟海则海

---

① 向什么处摸索？种谷不生豆苗：意为先世的罪业（大小轻重）向什么处摸索呢？像种谷不生豆苗一样，看现状即可知。
② "若为人轻贱……则为消灭"：此引文见鸠摩罗什译（通行本）《金刚经·第十六品》，原句为"善男子、善女人，受持读诵此经，若为人轻贱，是人先世罪业，应堕恶道，以今世人轻贱故，先世罪业，即为消灭，当得阿耨多罗三藐三菩提。"引文大意为如果有人因为受持读诵《金刚经》被人轻贱，其前世所造的罪业，如现世应堕入恶道，因遭到人的轻贱，其先世的罪业就会被消除。
③ 欲打破教家鬼窟里活计：想要打破教家固有的迷信说法。
④ 据教家转此二十余张经，便唤作持经：根据经教家的说法，能翻阅此二十余页的《金刚经》，便叫作受持此经。
⑤ 阿耨多罗三藐三菩提：梵语音译，略称阿耨三菩提、阿耨菩提等，意为无上正等正觉，真正觉知一切真理的无上智慧。

竭，就喻彰名，其法亦然①。

此般若有三种：一实相般若，二观照般若，三文字般若。实相般若者，即是真智，乃诸人脚跟下一段大事，辉腾今古，迥绝知见，净裸裸、赤洒洒者是；观照般若者，即是真境，二六时中放光动地，闻声见色者是；文字般若者，即能诠文字。即如今说者听者，且道是般若不是般若？古人道"人人有一卷经②"，又道"手不执经卷，常转如是经③"，若据此经灵验，何止转重令轻，转轻不受？设使敌圣功能未为奇特。

不见庞居士听讲《金刚经》，问座主曰："俗人敢有小问，不知如何？"主云："有疑请问。"士云："'无我相、无人相'，既无我、人相，教阿谁讲、阿谁听？"座主无对，却云："某甲依文解义，不知此意。"居士乃有颂云："无我亦无人，作么有疏亲？劝君休历座，争似直求真。金刚般若性，外绝一纤尘。我闻并信受，总是假称名。"此颂最好，分明一时说了也。

圭峰科四句偈云④："'凡所有相，皆是虚妄。若见诸相非相，即见如来⑤。'此四句偈义，全同'证佛地者，名持此经'。"又道："'若以色见我，以音声求我，是人行邪道，不能见如来。'

---

① "金刚喻于法体坚固……其法亦然"：意为这里用"金刚"来说明佛性法体的坚固，万物不能损坏它，而利用它可以摧毁万物，如用之于山则山可摧毁，用之于海则海可干涸，用此说明来彰显佛性，而佛法的作用也是这样。
② 人人有一卷经：指人人心里有此一卷经的智慧精神。
③ 手不执经卷，常转如是经：手里不拿经卷，却在常诵读此经。意为自性佛常在。
④ 圭峰：我国华严宗第五祖（780~841），唐代果州（今四川南充）人，俗姓何。世称圭峰禅师、圭山大师。因见禅门之徒互相诋毁，乃著《禅源诸诠集》一百卷（现仅存序文），集录诸宗禅语，并提倡教禅一致，奠定唐末至宋代间之佛教基础。示寂后谥号"定慧禅师"。四句偈：此似指《金刚经》中任一意义较完整的四句短语。
⑤ "凡所有相……即见如来"：大意为凡是有色相可见的，都是虚妄不真。如果能感受到与这些表面色相不同的那个相，就是见到了法身佛。

此亦是四句偈，但中间取其义全者。"僧问晦堂："如何是四句偈？"晦堂云："话堕也不知。"雪窦于此经上指出：若有人持此经者，即是诸人本地风光、本来面目。若据祖令当行，本地风光、本来面目，亦斩为三段，三世诸佛十二分教不消一捏。到这里设使有万种功能，亦不能管得。如今人只管转经，都不知是个什么道理，只管道我一日转得多少，只认黄卷赤轴巡行数墨，殊不知全从自己本心上起，这个唯是①转处些子。

大珠和尚②云："向空屋里堆数函经看，他放光么？"只以自家一念发底心是功德。何故？万法皆出于自心，一念是灵，既灵即通，既通即变。古人道："青青翠竹尽是真如，郁郁黄花无非般若③。"若见得彻去，即是真如，忽未见得，且道作么生唤作真如？《华严经》云："若人欲了知，三世一切佛，应观法界性，一切唯心造。"尔若识得去，逢境遇缘，为主为宗；若未能明得，且伏听处分。雪窦出眼颂，大概要明经灵验也。颂云：

【雪窦颂古】

明珠在掌，上通霄汉，下彻黄泉。道什么四边诸讹、八面玲珑④？有功者赏。多少分明，随他去也。忽若无功时作么生赏？胡汉不来，内外绝消息，犹较些子。全无伎俩。展转没交涉，向什么处摸索？打

---

① "这个唯是"，《龙藏》、《驹本》作"造个唯是"。
② 大珠和尚：唐代沙门慧海，俗姓朱，曾从越州大云寺道智法师受业，后至江西参访马祖道一，大悟。尝撰《顿悟入道要门论》一卷，马祖道一评曰"大珠圆明"，世人遂称之大珠和尚。
③ 青青翠竹尽是真如，郁郁黄花无非般若：南朝道生法师语。意为在开悟者的眼里，草木尽能体现真如之体和佛性之用。
④ "上通霄汉……八面玲珑"：意为佛性之光通天彻地，还说什么四边的不足、八面的玲珑呢？

破漆桶来相见！伎俩既无，休去歇去。阿谁怎么道。波旬①失途。勘破了也。这外道魔王，寻踪迹不见。瞿昙②！瞿昙！佛眼觑不见。咄！识我也无？咄！勘破了也。

复云："勘破了也。"一棒一条痕。已在言前。

【圜悟评唱】

"明珠在掌，有功者赏。"若有人持得此经，有功验者，则以珠赏之。他得此珠，自然会用。胡来胡现，汉来汉现，万象森罗，纵横显现。此是有功勋。法眼云："证佛地者，名持此经。"此两句颂公案毕。

"胡汉不来，全无伎俩。"雪窦裂转鼻孔，也有胡汉来，则教尔现，若忽胡汉俱不来时，又且如何？到这里，佛眼也觑不见，且道是功勋是罪业？是胡是汉？直似羚羊挂角，莫道音响踪迹，气息也无，向什么处摸索？至使诸天捧花无路，魔外潜觑无门。是故洞山和尚一生住院，土地神觅他踪迹不见。一日厨前抛撒米面，洞山起心曰："常住物色，何得作践如此？"土地神遂得一见，便礼拜。雪窦道："伎俩既无。"若到此无伎俩处，波旬也教失途。世尊以一切众生为赤子，若有一人发心修行，波旬宫殿为之振裂，他便来恼乱修行者。雪窦道：直饶波旬怎么来，也须教失却途路无近傍处。

雪窦更自点胸云："瞿昙！瞿昙！识我也无？"莫道是波旬，任是佛来，还识我也无？释迦老子尚自不见，诸人向什么处摸

---

① 波旬：为释迦在世时之魔王名（"波旬"，梵名音译，意译为杀者、恶物、恶中恶、恶爱等意）。此指人之生命与善根的恶魔。
② 瞿昙：释迦佛祖俗家的古代族姓，此代指释迦佛祖。

索?复云:"勘破了也。"且道是雪窦勘破瞿昙,瞿昙勘破雪窦?具眼者试定当看。

【点评】

《金刚经》中佛祖云:"善男子、善女人,受持读诵此经,若为人轻贱,是人先世罪业,应堕恶道,以今世人轻贱故,先世罪业,即为消灭,当得阿耨多罗三藐三菩提。"这是《金刚经》中很有名的一段话,但经教家与宗下禅师的解说往往并不一致:有的经教家认为,此经灵验,能诵读此经(甚或只是翻阅一遍),"以今世人轻贱故,先世罪业则为消灭";有的禅师则认为,能证入佛地即得阿耨多罗三藐三菩提者,才算受持此经,才会有此果报。

当然禅师所说自为究竟了义,正像《心经》所说"照见五蕴皆空,度一切苦厄",此时自然证佛地、超果报,也只有这样才能脱离盲信窠臼。尽管如此,我们还是应该看到,经教家的说法也未必如此简单,也许是不想为初学者说过多的道理,只是让学者由信受而奉行,渐解其理,渐证其果,就其终极目的看,也可以说与禅宗的说法殊途同归。这里还会使我们想到:净土宗强调念佛号自能升西,藏传佛教认为持印咒甚至说常转经筒自得福报,其目的或都是藏深密于平易之中,在念中、转中勿忘勿助,若能妄念不生,净念相继,究竟者可证佛地,当然可以说是升西或得福报。

雪窦最后所颂,当然是证得佛地的境界,此时可以说雪窦勘破瞿昙;但此时雪窦即是瞿昙,说瞿昙勘破雪窦亦无不可。克实言之,此时雪窦、瞿昙恐怕都不可得。

九八　天平和尚①两错

【圜悟垂示】

一夏唠唠打葛藤，几乎绊倒五湖僧②。金刚宝剑当头截，始觉从来百不能③。且道作么生是金刚宝剑？眨上眉毛④，试请露锋芒看：

【雪窦举公案】

天平和尚行脚时参西院⑤，常云："莫道会佛法，觅个举话人也无。"漏逗不少。这汉是则是，争奈灵龟曳尾。一日，西院遥见召云："从漪。"铰钩搭索了也。平举头，著。两重公案。西院云："错。"也须是炉里煅过始得。劈腹剜心。"三要印开朱点窄，未容拟议主宾分"。平行三两步，已是半前落后。这汉泥里洗土块！西院又云：

---

① 天平和尚：唐代禅师，法号从漪，因久住河南相州天平山，故有此称。
② 一夏唠唠打葛藤，几乎绊倒五湖僧：意为夏安居日修习参禅，唠唠叨叨像在扯葛藤，几乎迷惑了各地来的僧人。
③ 金刚宝剑当头截，始觉从来百不能：意为真如佛性像金刚宝剑当头截下，这时才会感觉到，满肚子禅的道理，什么作用也不顶。
④ 眨上眉毛：意为闭上眼睛，请试"金刚宝剑"能否度人。
⑤ 西院：指唐代河南汝州西院思明禅师，临济宗宝寿沼禅师之法嗣。

"错。"劈腹剜心。人皆唤作两重公案,殊不知似水入水,如金博金①。平近前,依前不知落处,展转摸索不著。西院云:"适来这两错,是西院错,是上座错②?"前箭犹轻后箭深。平云:"从漪错。"错认马鞍桥,唤作爷下颔③。以恁么衲僧,打杀千个万个有什么罪! 西院云:"错。"雪上加霜。平休去。错认定盘星。果然不知落处,轩知④尔鼻孔在别人手里。西院云:"且在这里过夏,待共上座商量这两错。"西院寻常脊梁硬似铁,当时何不赶将出去? 平当时便行。也似衲僧。似则似,是则未是。

后住院谓众云:贫儿思旧债。也须是点过。"我当初行脚时,被业风吹到思明长老处,连下两错,更留我过夏,待共我商量。我不道恁么时错,我发足向南方去时,早知道错了也。"争奈这两错何? 千错万错,争奈没交涉! 转见郎当愁杀人。

【圜悟评唱】

思明先参大觉,后承嗣前宝寿⑤,一日问:"踏破化城来时如何?"寿云:"利剑不斩死汉。"明云:"斩!"寿便打。思明十回道"斩",寿十回打,云:"这汉著甚死急,将个死尸抵他痛棒。"遂喝出。其时有一僧问宝寿云:"适来问话底僧甚有道理,和尚方便接他。"宝寿亦打赶出这僧。且道宝寿亦赶这僧,唯当道他

---

① 似水入水,如金博金:比喻针对天平开头的言论以其人之道还治其人之身,更进一步逼拶一下。
② 适来这两错,是西院错,是上座错:刚才的"两错",是我的错还是您的错? 意在提醒天平,不是外在的你错我错,而是"自性"不觉醒。
③ "爷下颔",《龙藏》、《驹本》作"驴下颔"。
④ "轩知",《龙藏》、《驹本》作"撒痴"。
⑤ 大觉:唐代魏府大觉和尚,临济义玄之法嗣。前宝寿:指唐代宝寿沼禅师,临济义玄之法嗣(因其有法嗣被称为"宝寿和尚",故称他为"前宝寿")。

说是说非,且别有道理?意作么生?后来俱承嗣宝寿,思明一日出见南院,院问云:"甚处来?"明云:"许州来。"院云:"将得什么来?"明云:"将得个江西剃刀献与和尚。"院云:"既从许州来,因甚却有江西剃刀?明把院手揿一揿,院云:"侍者收取。"思明以衣袖拂一拂便行。院云:"阿剌剌"①。阿剌剌②!"

天平曾参焦山主,本为他③到诸方参得些萝卜头禅④在肚皮里,到处便轻开大口道"我会禅会道",常云:"莫道会佛法,觅个举话人也无。"屎臭气薰人,只管放轻薄。且如诸佛未出世,祖师未西来,未有问答、未有公案已前,还有禅道么?

古人事不获已对机垂示,后人唤作公案。因世尊拈花,迦叶微笑,后来阿难问迦叶:"世尊传金襴外,别传何法?"迦叶云:"阿难!"阿难应诺,迦叶云:"倒却门前刹竿著。"只如未拈花、阿难未问已前,甚处得公案来?只管被诸方冬瓜印子印定了⑤,便道"我会佛法,奇特莫教人知"。

天平正如此,被西院叫来连下两"错",直得周慞惶怖,分疏不下⑥,前不构村,后不迭店。有者道:"说个西来意,早错了也。"殊不知西院这两"错"落处,诸人且道落在什么处?所以

---

① "明把院手揿一揿……阿剌剌"等二十八个小体字,《龙藏》、《驹本》作"思明以衣袖拂一拂,院云:侍者收取。明云"十六个常体字。
② 阿剌剌:作剃头的动作、声音。意为破除烦恼妄念,始显真性。
③ "天平曾参焦山主,本为他",原作"天平曾参进山主,来为他",据《龙藏》、《驹本》改。
④ 萝卜头禅:禅家比喻一些孤零零的表面合头话,常常是有头无尾或无以为续。
⑤ 冬瓜印子印定了:如随便用冬瓜刻作印鉴,作鉴定证明。禅林转指师家接引学人时,未严加勘验即随便印证的作法。
⑥ 周慞惶怖,分疏不下:意为惊慌害怕,分析解说不下去了。"周慞",《驹本》同。《龙藏》作"周章"。

道他参活句，不参死句。天平举头，已是落二落三了也。西院云"错"，他却不荐得当阳用处，只道我肚皮里有禅莫管他，又行三两步，西院又云"错"，却依旧黑漫漫地。天平近前，西院云："适来两错，是西院错，是上座错？"天平云："从漪错。"且喜没交涉，已是第七第八头了也。西院云："且在这里度夏，待共上座商量这两错。"天平当时便行，似则也似，是则未是；也不道他不是，只是赶不上。虽然如是，却有些子衲僧气息。

天平后住院谓众云："我当初行脚时，被业风吹到思明和尚处，连下两错，更留我度夏，待共我商量。我不道怎么时错，我发足向南方去时，早知道错了也。"这汉也杀道，只是落第七第八头，料掉没交涉。

如今人闻他道"发足向南方去时，早知道错了也"，便去卜度道：未行脚时，自无许多佛法禅道，及至行脚被诸方热瞒，不可未行脚时唤地作天，唤山作水，幸无一星事。若总怎么作流俗见解，何不买一片帽戴大家过时①？有什么用处？佛法不是这个道理。若论此事，岂有许多般葛藤？尔若道我会他不会，担一檐禅②，绕天下走，被明眼人勘破，一点也使不著。雪窦正如此颂出：

【雪窦颂古】

禅家流漆桶，一状领过。爱轻薄，也有些子呵佛骂祖，如麻似粟。满肚参来用不著。只宜有用处，方木不逗圆孔。阇黎与他同参。

---

① 若总怎么作流俗见解，何不买一片帽戴大家过时：如果总是这样作世俗之见，为什么不买顶帽子遮颜回避众人呢。
② "担一檐禅"，《龙藏》、《驹本》作"檐一檐禅"。

堪悲堪笑天平老,天下衲僧跳不出。不怕旁人攒眉,也得人钝闷①。却谓当初悔行脚。未行脚已前错了也。踏破草鞋堪作何用?一笔勾②下。错错!是什么?雪窦已错下名言了也。西院清风顿销铄。西院在什么处?何似生?莫道西院,三世诸佛、天下老和尚,亦须倒退三千始得。于斯会得,许尔天下横行。

复云:忽有个衲僧出云:"错!"一状领过,犹较些子。雪窦错何似天平错?西院又出世。据款结案,总没交涉。且道毕竟如何?打云:错!

【圜悟评唱】

"禅家流爱轻薄,满肚参来用不著。"这汉会则会,只是用不得。寻常目视云霄道:他会得多少禅,及至向烘炉里才烹,元来一点使不著。五祖先师道:"有一般人参禅,如琉璃瓶里捣糍糕相似,更动转不得,抖擞不出,触著便破。若要活泼泼地,但参皮壳漏子禅③,直向高山上扑将下来,亦不破亦不坏。"古人道:"设使言前荐得,犹是滞壳迷封;直饶句下精通,未免触途狂见。"

"堪悲堪笑天平老,却谓当初悔行脚。"雪窦道:堪悲他对人说不出,堪笑他会一肚皮禅,更使些子不著。

"错错!"这两错,有者道,天平不会是错;又有者底道,无语底是错。有什么交涉?殊不知这两错,如击石火,似闪电光,是他向上人行履处,如仗剑斩人直取人咽喉,命根方断。若向此剑刃上行得,便七纵八横。若会得两错,便可以见"西院清风顿销铄"。

---

① 不怕旁人攒眉,也得人钝闷:意为即使不怕别人皱眉头,也会使人不解。
② "勾",原作"句",据《龙藏》、《驹本》改。
③ 皮壳漏子禅:比喻颠扑不破的禅机。"皮壳漏子",皮革缝制的容器。

雪窦上堂,举此话了,意道①"错"。我且问尔:雪窦这两错何似天平错?且参三十年!

【点评】

本则公案显示:了知禅的道理与证悟禅境,虽不无关系,却又是不相同的两码事。

天平和尚常表示自己了知禅理,并自负地说:"莫道会佛法,觅个举话人也无。"可是当西院思明禅师启发他领悟禅境时他却懵然不解。

西院召云:"从漪。"是在唤醒天平的真心佛性,如果天平已在此禅境中,或动或静、或言或默,只要表示出虽有觉而不分别的境界即可;或借西院的呼唤而反观自心,亦可进入此境。看来天平未得禅心,只是想用思辨后的言动来体现禅理,来回答西院的呼唤。因此说"天平举头"已为失机,已落第二第三头了也,所以西院云"错"。天平仍不能即此观心,只道我肚皮里有禅,又"行三两步",西院又云"错",天平仍不惺惺。继而"平近前",西院云:"适来两错,是西院错,是上座错?"意在唤醒"自性",而天平仍云:"从漪错。"早已落在第七第八头了。后来天平说:"……我不道恁么时错,我发足向南方去时,早知道错了也。"应该说问他的当时他就错了,发足南行时方知错,已是错上加错,此时说与众人,更成参死句了也。

雪窦"颂"曰:"禅家流爱轻薄,满肚参来用不著。……"是本则公案的总结与升华。西院"两错",也无非是启发天平当下粉碎满腹禅理,息念明心。佛法如军法,如失机当斩,小心我们的脑袋!

---

① "雪窦上堂,举此话了,意道",《龙藏》作"雪窦上堂,尝举此话道"。《驹本》作"雪窦上堂上,举此话意道"。

九九　肃宗十身调御

【圜悟垂示】

龙吟雾起，虎啸风生①。出世宗猷，金玉相振；通方作略，箭锋相拄②。遍界不藏，远近齐彰，古今明辨。且道是什么人境界？试举看：

【雪窦举公案】

肃宗帝问忠国③师："如何是十身调御？"作家君王、大唐天子，也合知恁么。头上卷轮冠，脚下无忧履④。国师云："檀越踏毗卢顶上行⑤。"须弥那畔，把手共行⑥。犹有这个在。帝云："寡人不会。"何不领话？可惜许，好彩不分付。帝当时便喝，更用"会"作什

---

① 龙吟雾起，虎啸风生：意为自心与道相感应，就像龙吟雾起、虎啸风生的情景一样。
② "出世宗猷……箭锋相拄"：那些出世的禅宗诸祖师们，他们的心境有如金声玉振，同声相应；他们高明的手段，像两箭瞬间相拄一样的奇妙。
③ "国"，原作"问"，据《龙藏》、《驹本》改。
④ 头上卷轮冠，脚下无忧履：分别指帝王的帽、鞋式样。此暗示真如佛性就像鞋帽一样无言自在，自得其位，自显其用。
⑤ 檀越踏毗卢顶上行：意为施主您要有超越毗卢佛的气魄才能明此。"毗卢"，毗卢遮那之略称，指佛的法身。
⑥ 须弥那畔，把手共行：意为与佛祖把手同行。

么?国师云:"莫认自己清净法身①。"虽然葛藤,却有出身处。醉后郎当愁杀人②。

【圜悟评唱】

肃宗皇帝在东宫时,已参忠国师。后来即位,敬之愈笃,出入迎送躬自捧车辇。一日,致个问端来问国师云:"如何是十身调御?"师云:"檀越踏毗卢顶上行。"国师平生一条脊梁骨硬如生铁,及至帝王面前如烂泥相似,虽然答得廉纤③,却有个好处。他道:尔要会得,檀越须是向毗卢顶顶上行④始得。他却不荐,更道:"寡人不会。"国师后面忒杀郎当落草,更注头上底一句云:"莫错认自己清净法身。"所谓人人具足、个个圆成。看他一放一收,八面受敌,不见道,善为师者,应机设教,看风使帆。若只僻守一隅,岂能回互?

看他黄檗老善能接人,遇著临济三回,便痛施六十棒,临济当下便会去。及至为裴相国,葛藤忒杀,此岂不是善为人师?忠国师善巧方便接肃宗帝,盖为他有八面受敌底手段。十身调御者,即是十种他受用身,法、报、化三身即法身也⑤。何故?报、化非真佛,亦非说法者,据法身则一片虚凝,灵明寂照。

太原孚上座,在扬州光孝寺讲《涅槃经》,有游方僧即夹山典座,在寺阻雪,因往听讲。讲至三因佛性、三德法身,广谈法

---

① 莫认自己清净法身:意为不要执守在清净法身上。
② "虽然葛藤……醉后郎当愁杀人":虽然有些打葛藤,却也有启发人的地方,但好像是醉后的话,啰唆得让人费解。
③ 答得廉纤:意为答得有些啰唆(尚不够浑然含蓄)。
④ "顶预上行",《龙藏》同。《驹本》作"顶顶上行"。
⑤ 法、报、化三身即法身也:意为法报化三身都可以在法身上体现。

身妙理,典座忽然失笑,孚乃目顾。讲罢令请禅者,问云:"某素智狭劣,依文解义。适来讲次,见上人失笑,某必有所短乏处。请上人说。"典座云:"座主不问,即不敢说;座主既问,则不可不言。某实是笑座主不识法身。"孚云:"如此解说,何处不是?"典座云:"请座主更说一遍。"孚曰:"法身之理,犹若太虚。竖穷三际,横亘十方;弥纶八极,包括二仪。随缘赴感,靡不周遍①。"典座曰:"不道座主说不是,只识得法身量边事,实未识法身在。"孚曰:"既然如是,禅者当为我说。"典座曰:"若如是,座主暂辍讲旬日,于静室中端然静虑,收心摄念,善恶诸缘一时放却,自穷究看。"

孚一依所言,从初夜至五更,闻鼓角鸣,忽然契悟,便去叩禅者门。典座曰:"阿谁?"孚曰:"某甲。"典座咄曰:"教汝传持大教,代佛说法,夜半为什么醉酒卧街②?"孚曰:"自来讲经,将生身父母鼻孔扭捏,从今日已后,更不敢如是。"

看他奇特汉,岂只去认个昭昭灵灵,落在驴前马后?须是打破业识,无一丝毫头可得,犹只得一半在③。古人道:"不起纤毫修学心,无相光中常自在④。"但识常寂灭底,莫认声色;但识灵知,莫认妄想⑤。所以道假使铁轮顶上旋,定慧圆明终不失。

---

① "法身之理……靡不周遍":此段话以比喻解说法身的概念。但不能展现法身的本来面目,更不能使人当下与心相应,故引起下文情节。
② 夜半为什么醉酒卧街:夜半为什么像醉酒一样卧在街上。意为悟到家了吗?不要醉卧当街(停在此处)。
③ "须是打破业识……犹只得一半在":就是打破业识,无一点执著,也只能说得到一半。
④ 不起纤毫修学心,无相光中常自在:意为无能无所无为无昧之心,自是般若境。
⑤ "但识常寂灭底……莫认妄想":意为但感受无念的境界,不要寻伺声色;但感受无念的灵知,不存妄想。

达磨问二祖："汝立雪断臂,当为何事?"祖曰："某甲心未安,乞师安心。"磨云："将心来,与汝安。"祖曰："觅心了不可得。"磨曰："与汝安心竟。"二祖忽然领悟。且道正当恁么时,法身在什么处?长沙云："学道之人不识真,只为从前认识神。无量劫来生死本,痴人唤作本来人①。"如今人只认得个昭昭灵灵,便瞠眼努目弄精魂,有什么交涉②?只如他道"莫认自己清净法身",且如自己法身,尔也未梦见在,更说什么莫认?教家以清净法身为极则,为什么却不教人认?不见道,认著依前还不是!咄!好便与棒。会得此意者,始会他道"莫认自己清净法身"。

雪窦嫌他老婆心切,争奈烂泥里有刺。岂不见洞山和尚接人有三路,所谓玄路、鸟道、展手③!初机学道,且向此三路行履。僧问师:"寻常教学人行鸟道,未审如何是鸟道?"洞山云:"不逢一人。"僧云:"如何行?"山云:"直须足下无私去。"僧云:"只如行鸟道,莫便是本来面目否?"山云:"阇黎因什么颠倒?"僧云:"什么处是学人颠倒处?"山云:"若不颠倒,为什么认奴作郎?"僧云:"如何是本来面目?"山云:"不行鸟道。"须是见到④这般田地,方有少分相应。直下打叠教削迹吞声,犹是衲僧

---

① "学道之人不识真……痴人唤作本来人":学道的人往往不认识真心,只因为从前一直把六识当真心。这是无量劫来的生死的根本,不明白的人却把他当作本来的真面目。
② "如今人只认得个昭昭灵灵……有什么交涉":如今的人只感知个虚明的境界,便在那里玩弄妄想,这与佛性本来面目有什么关系呢?
③ 玄路、鸟道、展手:"玄路",玄玄微妙之路,取离言语文字之意;"鸟道",鸟飞空中,其迹不存,取无踪迹、断消息,往来空寂处之意;"展手",垂手接引学人之意。
④ "见到",原作"见倒",据《驹本》改。

门下沙弥童行见解在，更须回首尘劳，繁兴大用始得①。雪窦颂云：

【雪窦颂古】

一国之师亦强名，何必空花水月？风过树头摇。南阳独许振嘉声。果然坐断要津，千个万个中难得一个半个。大唐扶得真天子，可怜生。接得堪作何用？接得瞎衲僧济什么事？曾踏毗卢顶上行。一切人何不恁么去？直得天上天下，上座作么生踏？铁锤击碎黄金骨，畅快平生，已在言前。天地之间更何物②？茫茫四海少知音，全身担荷撒沙撒土③。三千刹海夜沉沉，高著眼，把定封疆。尔待入鬼窟里去那。不知谁入苍龙窟？三十棒一棒也少不得。拈了也。还会么？咄！诸人鼻孔被雪窦穿了也。莫错认自己清净法身！

【圜悟评唱】

"一国之师亦强名，南阳独许振嘉声。"此颂一似个真赞相似。不见道，至人无名？唤作国师亦是强安名了。国师之道不可比伦，善能恁么接人，独许南阳是个作家。

"大唐扶得真天子，曾踏毗卢顶上行。"若是具眼衲僧眼脑，须是向毗卢顶上行，方见此十身调御。佛谓之调御，便是十号之一数也。一身化十身，十身化百身，乃至千百亿身，大纲只是一身。这一颂却易说。后颂他道"莫认自己清净法身"，颂得水洒

---

① "直下打叠教削迹吞声……繁兴大用始得"：就是当下打消声色，也只是佛门初学者的见解，更应该从俗尘烦劳中解脱出来，发扬佛性的大机大用才行。
② 铁锤击碎黄金骨，天地之间更何物：意为清净法身虽贵如黄金，但如执守不变即成枯骨，只有粉碎对清净法身的执著，才能体现"十身调御"的佛性境界。
③ 茫茫四海少知音，全身担荷撒沙撒土：意为能领悟此意的人甚少，即使全心全力担荷此事，如学人不能正确领悟（执为实有），也等于撒土撒沙迷人眼目。

不著,直是难下口说。

"铁锤击碎黄金骨",此颂莫认自己清净法身。雪窦忒杀赞叹他,黄金骨一锤击碎了也,"天地之间更何物"?直须净裸裸赤洒洒,更无一物可得,乃是本地风光。

一似"三千刹海夜沉沉",三千大千世界香水海中有无边刹,一刹一海。正当夜静更深时,天地一时澄澄地,且道是什么?切忌作闭目合眼会,若怎么会,正堕在毒海①。"不知谁人苍龙窟",展脚缩脚,且道是谁?诸人鼻孔一时被雪窦穿却了也。

【点评】

此公案中肃宗问:"如何是十身调御?"其意是在问:如何是真佛,如何是真如佛性?忠国师答:"檀越踏毗卢顶上行。"其意是说:施主您要有踏在佛祖法身头顶上走的本事才能明此。这不是在解说概念,而是提撕肃宗如何才能亲得。肃宗说:"寡人不会。"于是国师应病与药道:"莫认自己清净法身。"其意是说:不要执守在清净法身上。

国师所开药方非仅治肃宗一人之病,乃为治天下所有此类人之病。天下人不见清净法身者甚多,此类人虽可悲而不可惜;有人见得清净法身,而又滞此法身,落得个不前不后、不青不黄,实为可惜。国师痛下针砭,正为救活后一类人,使他们获得新生。

国师之意是警戒学人:在禅修过程中,要空诸所有,勿住所得,才能有长足的进步。所谓空诸所有,不但要空世俗声色之见、情尘意想之虑,而且要空掉清净法身乃至佛祖三身的概念,即所谓要"踏毗卢顶上行"。

此时"铁锤击碎黄金骨,天地之间更何物"?

---

① "切忌作闭目合眼会……正堕在毒海":意为千万不要仅仅理解为不见声色,如这样理解,正跌落到顽空的毒海之中。

一〇〇　巴陵吹毛剑

【圜悟垂示】

收因结果，尽始尽终，对面无私，元不曾说①。忽有个出来道："一夏请益，为什么不曾说？"待尔悟来向尔道！且道为复是当面讳却，为复别有长处？试举看：

【雪窦举公案】

僧问巴陵："如何是吹毛剑？"斩！险！陵云："珊瑚枝枝撑著月。"光吞万象，四海九州。

【圜悟评唱】

巴陵不动干戈，四海五湖多少人舌头落地②！云门接人正如此，他是云门的子，亦各具个作略③。是故道"我爱韶阳新定机，一生与人抽钉拔楔"。这个话正恁么地也。于一句中，自然具三

---

① "收因结果……元不曾说"：归结全部业因感招果报，从始至终就是如此；它就在面前展现，可是原来又不曾有人能把它描摹出来。此暗指佛性本来面目。
② 巴陵不动干戈，四海五湖多少人舌头落地：意为巴陵禅师不讲义理、不动声色（只用一句话）所表达的境界，使五湖四海多少人都无话可说了（即只能意会不可言说）。
③ 他是云门的子，亦各具个作略：他们虽都是云门的嫡传弟子，但也是各有不同的手段。

句：函盖乾坤句、截断众流句、随波逐浪句①。答得也不妨奇特。

浮山远录公云："未透底人参句不如参意，透得底人参意不如参句。"云门下有三尊宿，答"吹毛剑"俱云"了"；唯是巴陵答得过于"了"字，此乃得句也。且道，"了"字与"珊瑚枝枝撑著月"，是同是别？前来道，"三句可辨，一镞辽空"，要会这话，须是绝情尘意想净尽，方见他道"珊瑚枝枝撑著月②"；若更作道理，转见摸索不著。

此语是禅月《怀友人》诗曰："厚似铁围山上铁，薄似双成仙体缬。蜀机凤雏动蹳鳖，珊瑚枝枝撑著月。王凯家中藏难掘，颜回饥汉愁天雪。古桧笔直雷不折，雪衣石女蟠桃缺。佩入龙宫步迟迟，绣帘银篁何参差③。"即不知骊龙失珠，知不知巴陵于句中取一句答"吹毛剑"则是"快"？剑刃上吹毛试之，其毛自断，乃利剑谓之吹毛也。巴陵只就他问处便答这僧话，头落也不知。颂云：

【雪窦颂古】

要平不平，小若虮虱，大丈夫汉须是怎么。大巧若拙。不动声色，藏身露影。或指或掌，看！果然这个不是。倚天照雪。斩！觑著则瞎。大冶兮磨砻不下，更用锻炼作什么？干将莫能来④。良工兮拂

---

① 函盖乾坤、截断众流、随波逐浪：此称为德山三句，为德山所总括云门宗之法要，广为云门宗所尊用。"函盖乾坤"，指禅之体用，函盖天地；"截断众流"，指日常保任，净念相续；"随波逐浪"，暗示应机说法，为活泼无碍。
② "月"，原作"有"，据《龙藏》、《驹本》及上下文改。
③ "厚似铁围山上铁……绣帘银篁何参差"：禅月此诗用各种比喻让人体悟真如佛性虽无形貌又无时无处不可体现。"双成仙体缬"，像仙女双成的绣衣。"蜀机凤雏动蹳鳖"，蜀锦织就的鲜活的雏凤不敢随意触动。"颜回"，孔子的弟子，是安贫乐道的典型。
④ "来"，《龙藏》、《驹本》作"求"。

拭未歇。人莫能行，直饶干将出来也倒退三千！别别！咄！有什么别处？赞叹有分。珊瑚枝枝撑著月。三更月落，影照寒潭，且道向什么处去？直得天下太平。醉后郎当愁杀人。

【圜悟评唱】

"要平不平，大巧若拙。"古有侠客，路见不平以强凌弱，即飞剑取强者头。所以宗师家眉藏宝剑、袖挂金锤，以断不平之事。"大巧若拙"，巴陵答处，要平不平之事，为他语忒杀伤巧返成拙相似。何故？为他不当面挥来，却去僻地里一截，暗取人头而人不觉。

"或指或掌，倚天照雪。"会得则如倚天长剑凛凛神威。古人道："心月孤圆，光吞万象。光非照境，境亦非存。光境俱忘，复是何物？"此宝剑或现在指上，忽现掌中。昔日庆藏主说到这里，竖手云："还见么？"也不必在手指上也，雪窦借路经过，教尔见古人意，且道一切处不可不是吹毛剑也。所以道"三级浪高鱼化龙，痴人犹戽夜塘水"。

《祖庭事苑》载《孝子传》云：楚王夫人尝夏乘凉，抱铁柱感孕，后产一铁块。楚王令干将铸为剑，三年乃成双剑，一雌一雄。干将密留雄，以雌进于楚王。王秘于匣中，常闻悲鸣。王问群臣，臣曰："剑有雌雄，鸣者忆雄耳。"王大怒，即收干将杀之。干将知其应①，乃以剑藏屋柱中，因嘱妻莫耶曰："日出北户，南山其松。松生于石，剑在其中。"妻后生男，名眉间赤，年十五问母曰："父何在？"母乃述前事。久思惟，剖柱得剑，日

---

① "知其应"，《龙藏》、《驹本》作"知其意"。

夜欲为父报雠。楚王亦募觅其人,宣言:"有得眉间赤者厚赏之。"眉间赤遂逃。俄有客曰:"子得非眉间赤邪?"曰:"然。"客曰:"吾甑山人也,能为子报父雠。"赤曰:"父昔无辜,枉被荼毒。君今惠念,何所须邪?"客曰:"当得子头并剑。"赤乃与剑并头。客得之进于楚王,王大喜。客曰:"愿煎油烹之。"王遂投于鼎中。客诒于王曰:"其首不烂。"王方临视,客于后以剑拟王头堕鼎中,于是二首相啮。客恐眉间赤不胜,乃自刎以助之。三头相啮,寻亦俱烂。川本无此楚王一段。

雪窦道:此剑能"倚天照雪"。寻常道,倚天长剑光能照雪。这些子用处直得"大冶兮磨砻不下",任是"良工拂拭也未歇"。"良工"即干将是也。故事自显。

雪窦颂了,末后显出道"别别",也不妨奇特。别有好处,与寻常剑不同。且道如何是别处?"珊瑚枝枝撑著月",可谓光前绝后独据寰中,更无等匹。毕竟如何?诸人头落也。

老僧更有一小偈:"万斛盈舟信手拿,却因一粒瓮吞蛇。拈提百转旧公案,撒却时人几眼沙①。"

【点评】

僧问巴陵:"如何是吹毛剑?"是用吹毛过刃的利剑暗喻真如佛性。僧的真意是在问:如何能见到真如佛性的本来面目?巴陵答道:"珊瑚枝枝撑著月。"是用另一种比喻来体现真如佛性。巴陵之所以用"珊瑚枝枝"来比喻佛性,也是针对问僧的"吹毛剑"而来:你可吹毛断发,

---

① "万斛盈舟信手拿……撒却时人几眼沙":意为禅家公案像万斛盈舟的珠宝可以信手拈来玩赏,但往往因为领悟了其中一则公案的真谛,心念就会像狂蛇入瓮一样不会再走脱了。现在选举出一百则禅家旧公案进行反复评唱,又恐怕人们不能正确领悟,反如撒土撒沙迷障了世人的眼睛。

我这里的珊瑚光硬无毛,你这所谓利剑又有何用?以此启发学人"凡有言说皆无实义",应从思想上亡能所、泯对待,使无为之心与无为之法相应。

雪窦"颂古"更点明了公案的用意:

"要平不平,大巧若拙。"意为巴陵的答话是在削平问僧的妄念,用似乎拙笨的手段,巧妙地暗取人头,使人在不觉中断妄念见真心,死而复生。"或指或掌,倚天照雪。"意为如能空掉"吹毛剑"等语言概念,则无处无时不可现"吹毛剑"的真意。"大冶兮磨砻不下,良工兮拂拭未歇。"意为真如佛性本来面目,高明的匠人也不能锻造,精良的工师也只能是拂拭不止。"别别!珊瑚枝枝撑著月。"意为关键是即"指"见"月",了悟真如佛性本来面目。

圜悟禅师最后说:"万斛盈舟信手拿……撒却时人几眼沙。"此短偈是本则公案"评唱"的结语,也是百则公案"评唱"的结语。语重心长地告诫我们:诸祖师苦口婆心,谆谆举唱之"垂示"、"公案"、"颂古"、"评唱"等,亦不过是指月之指。不善学者,如刻舟求剑、认指为月,则诸师苦心无异撒沙障目;善学者,如能因指见月、得意忘言,则平步丹霄。如何避免刻舟求剑?如何领悟得意忘言?其奥妙既在《碧岩录》之中,又在《碧岩录》之外,就在你我参读会心的一念之间!

后　序

雪窦《颂古百则》，丛林学道诠要也。其间取譬经论或儒家文史以发明此事，非具眼宗匠时为后学击扬剖析则无以知之。

圜悟老师在成都时，予与诸人请益其说；师后住夹山道林，复为学徒扣之。凡三提宗纲，语虽不同，其旨一也。门人掇而录之，既二十年矣，师未尝过而问焉。流传四方或致踳驳，诸方且因其言以其道不能寻绎之，而妄有改作，则此书遂废矣。学者幸谛其传焉。

宣和乙巳春暮上休牢人关友无党记

重刊圜悟禅师《碧岩集》疏

雪窦《颂古百则》，圜悟重下注脚，单示丛林，永垂宗旨，经也；学人机锋捷出，大慧密室勘辨，知无实诣，毁梓不传，权也。此书诸佛正眼，列祖大机，两经钳锤，一无瑕颣。兹欲与大慧长书并驾，同圜悟心要兼行，揭杲日于迷途，指南针于慧海，快然一睹，开彼群愚，相与圆成，不无利益。幸甚！

右伏以十七岁便悟云门、睦州，可道是口头三昧；二百年不见碧岩雪窦，忽遭渠手下一交，怎忘得弓冶裘箕？莫断却儿孙种草，随人去脚跟后转。谁下得钓龙钩？有个具眼目底来，不看作系驴橛。此事当如筏喻，他时自会筌忘。家家门户透长安，前者呼后者应；种种因缘归大数，昔之废今之兴。

莫怪山僧口多，终是老婆心切。不读东土书，安知西来意，重兴一代宗风；虽无南去雁，看取北来鱼，便有十分消息。持同文印，读无尽灯。谨疏

今月日疏

圆悟老祖居夹山时集成此书，欲天下后世知有佛祖玄奥，岂小补哉！老妙喜深患学者不根于道，溺于知解，由是毁之，谓其父子之间矛盾可乎？

今崛中张居士重为板行，果何谓哉？览者宜自择焉。
大德壬寅中秋　住天童第七世法孙比丘净日拜手谨书

圜悟禅师"评唱"雪窦和尚《颂古百则》，剖决玄微，抉剔幽邃，显列祖之机用，开后学之心源。况妙智虚凝，神机默运，晶旭辉而玄扃洞照，圆蟾升而幽室朗明，岂浅识而能致极哉？

后大慧禅师，因学人入室下语颇异，疑之才勘而邪锋自挫，再鞠而纳款自降曰：我《碧岩集》中记来，实非有悟。因虑其后

不明根本，专尚语言以图口捷，由是火之以救斯弊也。然成此书、火此书其用心则一，岂有二哉？

崞中张明远偶获写本后册，又获雪堂刊本及蜀本，校订讹舛，刊成此书，流通万古。使上根大智之士，一览而顿开本心，直造无疑之地，岂小补云乎哉！

延祐丁巳迎佛会日　径山住持比丘希陵拜书以为后序

儒门子贡，极有功于东家圣人，藉令良马见鞭影而奔，皆如瞠若乎后之颜子。吾圣师游乎何言之天久矣。灵山会上，四众海集，世尊拈花宗旨，诸人罔措，独迦叶尊者，微为之破颜，与吾教中一唯之外口耳俱丧，同一顿彻悬悟。当时曾参，不直下剖击忠恕之秘钥，岂惟门人之惑滋甚，千载之下何以祛一贯之迷云乎？

异时成都佛果圜悟老禅笏夹山丈室，拈提雪窦《颂古百则》，其大弟子杲上座，惧学人泥于言句，辜负从上诸祖，取老和尚舌头一截并付烈焰。烟而飏之拉榾堆，自以巨擘太虚投置毫滴，如古德德山卖弄油糍婆前，此《疏钞》已埃冷而无余矣。

野火烧不尽，春风吹又生。花落碧岩，阳坡如绣。历过去劫，死灰复然。不知何许，许多葛藤，一一从崞中张居士手栽无影树子上全体败露，直得般若无说、诸天雨花。百七八十年，衲僧蓦地横穿鼻孔。从前不曾嗅底宝熏，一旦水涌云蒸，于八万四千毛孔，悉普悉遍。可谓甚深希有，难值难遇之事。

已而居士二子得心疾，或谓：勤宝经杲上座毁板，居士不当拾遗烬，而日月光景之故，受如是报。居士者疑其说，以质于予。予谓：圜悟门人人人而杲上座，碧岩自碧，何得有说杲上座见月亡指，遂乃追尤古佛？毒燎亘天，倒却刹竿，不放一线，彼未尝识月者，谁将乘一指而示之？或者又谓：杲上座火此书，盟之社鬼者深重，居士二子之患正坐此。予谓：当杲上座灼然秉炬时，炼得故纸通红，何缘密室通风？老勤巴命门舌根，别自有不坏处，一星迸散，明月空山。张居士那里得这消息来，把天然一段西蜀锦机，依旧织作旧日花样？意者主林神阴为之地，诃护至今，料亦是此书合出世因缘时节，清凉池上针芥相逢。则书写读诵，为人演说之功，应获殊胜福德，何况金石刻镂，展转流布！居士二子之心疾根本，本不在此。客作汉妄以情识卜度，居士缘其目前不足计拔之祸福，亦以情识卜度之，是相随赴火坑也。岂不冤哉！

《冥验记》：沛国周氏，三子并瘖。一日，有客造门曰：君可内省宿愆。忽猛忆儿时见燕窠三子，伺其母出，各以一蒺藜吞之，斯须共毙。母还，悲鸣而去。常自悔责。客曰：君既知悔责，罪今免矣。三子即皆能言。然则居士二子之病风丧心，得无亦有可悔恨之事乎！谈般若者，若为人轻贱，是人先世罪业应堕恶道，以今世人轻贱故，先世罪业即为消灭。居士能于此有省，纵无始劫来所造诸业，当应时消灭。即君二子之心疾，当如周氏三子之应时能言，可以不疑。

世尊住世四十九年，六百函文字，覆藏遍界。若从杲上座之说，万年一念，更留踪迹作么？向上禅林无限尊宿有两句最端的，曰"任尔即心即佛，我但非心非佛"。今而后有谤如来正法轮者，君但应之曰："任汝说杲上座底是，我只说勤老师底是。"若不如是，即恐燎却面门，四百四病一时发矣，将如居士二子心疾何？

不见古人道"养子方知父母恩"，居士学佛知恩，临老忏悔，他日作家炉鞴，跳出丈六金身，不知还见勤老师真个扬眉竖拂否？若还一句荐得，向道佛祖有誓，罪不重科，莫殃及他家儿孙好。虽然如是，且得没交涉。

　　　　是年延祐丁巳中元日　海粟老人冯子振题

《碧岩集》行于世者数版，卷套多多，到上学徒盛笈非便也。故予欲成小字缩行省纸册，有年所矣。

安政丁巳秋，笃信檀士戮力舍财，喜资上木，即命剞劂氏，事既竣焉，喜舍刊梓制本贱价，固予初志也。

若夫碧岩曲节，先哲序跋善美尽尽，予何言乎简省刻成，故书詹言于笑端尔。

　　　　安政六年岁在己未秋七月初吉
　　　　敕住华园玉桃庵主万宁玄汇敬识

主要参考书目

中华电子佛典协会：大正新修大藏经，光碟，2001年。
国家图书馆缩微中心：乾隆大藏经，2002年。
圜悟老人碧岩集，日本驹泽大学藏古刻本。
[明] 朱棣：金刚经集注，上海古籍出版社，1984年。
[元] 唯则：大佛顶首楞严经会解，上海古籍出版社，1991年。
江味农著：金刚经讲义，影印本，1942年。
圆瑛著：首楞严经讲义，上海佛教协会，1993年。
禅宗语录辑要，上海古籍出版社，1992年。
[宋] 释延寿集：宗镜录，三秦出版社，1994年。
苏渊雷点校：五灯会元，中华书局，1984年。
萧萐父，吕有祥点校：古尊宿语录，中华书局，1994年。
郭朋著：坛经校释，中华书局，1983年。
周绍良编著：敦煌写本坛经原本，文物出版社，1997年。
杨曾文编校：神会和尚语录，中华书局，1994年。
[清] 湛愚老人著：心灯录，宗教文化出版社，2001年。
虚云老和尚法汇，黄山书社，2006年。
净慧编：虚云和尚法汇续编，河北省佛教协会，1990年。

净慧编：虚云和尚开示录，书目文献出版社，1992年。

黄夏年主编：太虚集，中国社会科学出版社，1995年。

赵晓梅整理：王骧陆居士全集，中国藏学出版社，1993年。

元音老人著：佛法修证心要丛书，宗教文化出版社，2004年。

南怀瑾著：禅海蠡测，中国世界语出版社，1994年。

南怀瑾著：如何修证佛法，北京师范大学出版社，1993年。

释本光著：周易禅观顿悟指要，巴蜀书社，1998年。

贾题韬著：转识成智，四川人民出版社，1999年。

冯友兰著：中国哲学史新编，人民出版社，1998年。

赖永海著：中国佛性论，上海人民出版社，1988年。

方立天著：佛教哲学，中国人民大学出版社，1991年。

熊十力著：体用论，中华书局，1994年。

印顺著：中国禅宗史，上海书店，1992年。

吴立民主编：禅宗宗派源流，中国社会科学出版社，1998年。

吴言生著：禅宗哲学象征，中华书局，2001年。

洪修平等著：如来禅，浙江人民出版社，1997年。

董群著：祖师禅，浙江人民出版社，1997年。

王志跃著：分灯禅，浙江人民出版社，1997年。

［日］铃木大拙著，［英］韩福瑞辑录：禅学随笔，影印本。

［日］铃木大拙、［美］佛洛姆著，孟祥森译：禅与心理分析，民间文艺出版社，1986年。

［日］秋月龙珉著，汪正求译：禅海珍言，漓江出版社，1991年。

［美］萧甫斯坦等著，徐进夫等译：禅与文化，北方文艺出版社，1988年。